007 아랍이슬람총서

한국인과 소통을 위한 **아랍 문화**

공일주 저

세창출판사

아랍이슬람총서 007

한국인과 소통을 위한 **아랍 문화**

초판1쇄 인쇄 2012년 4월 1일
초판1쇄 발행 2012년 4월 10일

저자 공일주 | **펴낸이** 이방원
편집 김명희 · 안효희 · 조환열 · 강윤경 | **디자인** 박선옥 · 손경화 | **마케팅** 최성수
펴낸곳 세창출판사
출판신고 1990년 10월 8일 제300-1990-63호
주소 120-050 서울 서대문구 냉천동 182 냉천빌딩 4층
전화 723-8660 | 팩스 720-4579
이메일 sc1992@empal.com
홈페이지 http://www.sechangpub.co.kr

ISBN 978-89-8411-374-9 94210
978-89-8411-272-8 (세트)

값 29,000원

잘못 만들어진 책은 바꾸어 드립니다.

국립중앙도서관 출판시도서목록(CIP)

한국인과 소통을 위한 아랍 문화 / 공일주 저. --
서울 : 세창출판사, 2012
p. ; cm. --

ISBN 978-89-8411-374-9 94210 : ₩29000
ISBN 978-89-8411-272-8(세트) 94210

아랍 문화[--文化]

919-KDC5
956-DDC21 CIP2012001328

한국인과 소통을 위한 **아랍 문화**

■ 머리말 ■

아랍은 다문화사회이고 다인종 사회이다. 모로코에서 베르베르인이 영국의 어느 대학에 입학하였는데 아랍인들이 그를 아랍인들의 모임에 초대하였다. 그런데 그는 자신이 아랍인이 아니고 모로코는 아프리카 문화를 갖는다고 하면서 아프리카 동아리로 가버렸다. 일반적으로 한국에서는 모로코가 아랍연맹에 속하여 있으니 모든 모로코인들이 아랍인인 줄 안다. 어느 미국인이 이라크에서 아람어와 아랍어를 섞어 사용하는 아슈르 기독교인들의 교회에 초청되었다. 그런데 아슈르인들의 할아버지 할머니는 아람어로 찬양하고 그들의 자녀들은 아랍어로 기도를 드렸다. 이라크가 모두 아랍인들만 사는 게 아니고 무슬림만 사는 것도 아니었다. 고대 이집트인들은 누비아인들을 검게 그렸는데 오늘날 누비아인들은 수단과 이집트의 남쪽에 살고 그들의 언어는 아랍어와 다르고 지역별 방언이 다르다.

아랍 문화에 대하여 지금까지 많은 학자들이 실수한 것은 아랍문화의 다이내믹한 모습을 무시하고 그 다양성을 너무 단순화하거나 판에 박힌 논조로 글을 써 왔다는 것이다. 물론 이 책에서 제시된 아랍 문화의 특징들도 연령, 성, 교육, 부, 사회적 배경과 현대화 정도에 따라 다르다는 전제하에 전형적인 판에 박힌 문화적 내용보다는 오늘날 아랍인들의 실제 삶의 현장을 서술하고자 한다. 1980년대 한국에서는 아랍 문화와 이슬람 문화를 구별하지 않았다. 그러다가 1996년 <아랍 문화의 이해>에서 아랍 문화가 처음으로 따로 설정되었다. 그렇다면 한국인들은 아랍 문화를 어떻게 인식하고 있을까? 2010년 영국의 버밍햄에서 한국인 청년들에게 실시한 설문조사에서 "이슬람 문화와 아랍 문화가 같다고 생각한다"고 응답한 사람이 전체 한국인 청년들 중에서 60%를 차지하였다.

2003년 미군이 이라크에 들어가서 폭탄이 있는지를 검색하기 위하여 남자 병사가 아랍 여성들의 몸수색을 했다가 큰 곤욕을 당한 일이 있었다. 이라크의 문화를 몰랐던 까닭이다. 아랍의 어느 국가에 살던 한국인 여성이 무슬림 남편의 명예살인이 두려워 집을 나왔는데 남편의 신고로 공항에서 출국을 하지 못하고 되돌아갔다. 18년 이상 아랍 무슬림 남편과 살았지만 아랍 문화와 이슬람을 몰랐기 때문에 다시 제자리로 갔다. 요르단에서 신연성 대사가 당시 대학 총장의 아버지가 돌아가신 것을 알고 문상을 갔다. 총장은 자기 가문의 식구를 모두 불러 한국 대사를 맞이하였다. 그런데 이 일이 총장에게 가문의 명예를 높여주는 계기가 되었고 이 일로 인하여 그 대학교에 한국어 과정을 열 수 있는 기회를 가졌다. 신연성 대사는 아랍 문화를 잘 알았기 때문에 국가의 일을 잘 수행할 수 있었다. 그러면 아랍 문화는 모두 동일한가?

아랍 문화라고 부를 수 있는 지리적 영역은 중동과 북아프리카이다. 이 지역에서의 아랍문화는 첫째, 이 지역에 응집된 문화 영역coherent cultural area이 도전을 받아 왔다. 아랍국가 간의 차이와 지역 간의 차이로 아랍을 하나의 단위로 묶기 어려운데 모로코 산간 지역의 문화와 베이루트 도시의 문화가 동일하다고 할 수 없다. 둘째, 아랍인의 전통과 현대의 차이를 무시하고 이 둘을 동일시할 때 문제가 있다. 아랍 사회가 급격하게 변화하고 있기 때문이다. 전통문화가 현대 아랍문화와 충돌하고 있다. 그래서 과거에 의존한 가설적인 문화적인 이해보다는 현재의 문화에 더 치중할 필요가 있다. 오늘날 아랍문화의 주요한 이슈들을 이해하려면 개별 국가가 갖는 각 사람의 현재의 견해에 관심을 가져야 한다. 아랍인들과 만나서 부대끼며 살아 본 경험들이 필요하다. 셋째, 오늘날 아랍 세계의 대부분(3억 명)은 무슬림이다. 7세기 이슬람이 등장한 이후 중동과 북아프리카의 역사, 종교, 문화가 이슬람화되었지만 그 이전에 이 지역의 종교는 기독교, 유대교, 다신 숭배 등이었다.

그렇다고 아랍문화를 이슬람문화라고 할 수 있는가? 요르단 대학교 문과대학 학장을 지낸 라자이 알칸지 교수는 아랍문화에 대한 필자의 질문에 "아랍문화는 언어, 관습, 전통과 관련되어 있으나 무슬림이 아닌 아랍 기독교인들이 있기 때문에 종교와는 상관이 없다. 이슬람 문화는 무슬림의 문화, 꾸란과 그 적용, 사회적 종교적 생활 등과 관련되어 있다"고 했다. <이슬람>은 한 분 알라에게 항복하고 알라가 무함마드에게 내려준 법을 개인과 커뮤니티가 지키는 것을 말한다. 그런데 아랍 국가에는 알라를 믿지 않는 불가지론자가 있고 한 분의 신을 믿지만 무함마드를 예언자로 믿지 않는 유대교인, 기독교인, 바하이 교인 등이 살고 또 이슬람 율법을 따르지 않는 사람들이 많이 산다. <아랍 무슬림>이란 말은 아랍인 중에서 이슬람교를 믿는 사람이란 말이고 <아랍 이슬람 문화>라는 말은 아랍 세계의 이슬람 문화를 가리키고 <인도네시아 이슬람 문화>는 인도네시아 무슬림들의 문화를 가리킨다.

일반적으로 문화는 인간 특성 그 자체를 규명해 나가는 작업이므로 한마디로 아랍문화 연구는 인간(아랍인)에 대한 총체적인 연구라고 하겠다. 문화에는 가치관과 생활 관습이 나타나므로 아랍인이 무엇을 생각하는지(가치관), 무엇이 사실인가(세계관), 그리고 어떻게 행동하는가와 이들 행동이 어떤 의미를 갖고 있는지를 아는 것이 중요하다. 사실 우리가 아랍문화를 잘 알면 아랍인과의 소통에 큰 도움을 받는다. 아랍문화에는 종교가 그 핵심 어휘가 아니기 때문에 다른 핵심어휘key word들을 찾아보아야 하는데 그 핵심 어휘로는 아라비아 반도(지리적인 개념), 아랍어(언어적인 개념), 아랍인(종족적 개념), 베두인(부족적인 개념) 등이 있다. 아랍어에서 '아랍Arab'이란 어휘는 유목민Bedouin, 아랍인, 사막의 아랍인을 가리킨다. 아랍어로 '아라비Arabī'는 아랍인Arab, 아랍어Arabic, 아라비아Arabian 반도를 의미하는데 인종, 언어, 지리적 구분을 각각 가리킨다.

그러면 오늘날 아랍인들은 아랍에 대하여 어떤 의미로 이해하고 있는가? 이집트에서 2011년 1월 25일부터 연일 시위가 이어지면서 모스크의 쉐이크들은 "이집트의 안정이 아랍 움마의 안정을 가져다주고 아랍 움마의 안정이 중동의 안정을 가져온다"고 했다. 이 말에서 <이집트>, <아랍 움마>, <중동>이란 단어들이 작은 공간에서 더 큰 공간으로 확대되며 사용되었다. 이집트는 나라 이름이고 아랍 움마는 아랍인들의 국가와 종족들을 가리키고 중동은 아랍, 이스라엘, 터키, 이란 등을 포함하는 말이다. 아랍인들을 만나 그들의 정체성을 물어보면 아랍 무슬림들은 <무슬림>이라고 먼저 말하고 나서 또 물으면 <아랍인>이라고 답하고 아랍 기독교인들은 <아랍인>이라고 먼저 답하고 나서 그 다음에 <이집트인> 또는 <요르단인>이라고 자신을 소개한다. 아랍 무슬림들이 20여 개 국가에서 자신들의 국적(사우디아라비아, 요르단, 이집트, 이라크, 모로코 등)을 말하지 않고 그들 자신의 정체성을 '무슬림'이라고 하는 것은 오늘날 아랍인들에게 '종교적인 신분'이 '국민적 동질성을 나타내는 국적'보다 더 우선한다는 것을 보여준다. 다시 말하면 아랍 무슬림들의 문화에 대한 인식이 종교적인 요인에 압도되어 있어 객관적인 문화인식이 뒤틀려 있다는 것을 알 수 있다. 그 예로 이집트의 문화를 아랍 문화라고만 할 수 없는데 그 이유는 이집트의 문화가 콥드 기독교 문회, 이슬람 아랍 문화, 이슬람 터키 문화, 아프리카 문화, 지중해 문화 등을 포함하고 있기 때문이다. 이집트 문호 따하 후세인은 "이집트는 아랍Arab이 아니고 아프리카 국가"라고 했다. 또 이집트 안에는 <콥트의 움마(국민)와 무슬림의 움마> 둘이 있다고 무슬림들이 말하는데 그 말 속에는 콥트 기독교인의 문화와 무슬림의 문화가 있다는 것을 인식한다는 것이다.

아랍문화와 이슬람 문화의 변화 원인은 무엇인가? 대체적으로 그 원인은 아랍인에 대한 교육, 석유와 경제, 세계화, 종교 등에서 찾을 수 있다. 아랍 부족적인 전통과 문화 종교적 충성이 결합되어 있어서 어느 것이 이슬람 문화이고 어느 것이 아랍 문화인가를 구분하기 어려울 때도 있고 아랍 여성들의 문화적인 지위는 경제, 종교, 교육에 따라 달라졌다. 그래서 이슬람의 가치가 아랍 여성 교육과 사회적 행동을 거부하기도 하고 아랍의 전통이 현대화 물결을 거부하기도 하면서 지금은 아랍 문화가 무력하게 되었고 아랍 문화에서 현대적인 전승이 약화되고 있다.

아랍이 가장 많은 변화를 일으킨 것은 이슬람의 출현이라고 할 수 있다. 그 뒤 1970년대 아라비아 반도에서 원유가 수출되면서 아랍인들은 경제적 소득을 통하여 교육이 크게 진전되었다. 그리고 1990년대 걸프 전쟁으로 서구 문화와 접할 기회가 더 많아졌고 TV와 위성 방송을 통하여 안방에서도 외래문화를 더 많이 접하게 되었다. 그러나 2001년 9·11 테러 이후, 아랍은 서구인들에게 테러리스트로 인식되었고 아프간과 이라크의 파병으로 아랍인들에게 반서구 문화가 비등하고 있었다. 그런데 2011년 아랍 세계는 배고픈 서민들과 청년들이 정치적인 변화를 꾀하고자 아랍혁명을 일으켰고 튀니지와 이집트에서 일어난 비폭력 혁명은 글로벌 지하드 운동에 새로운 조율을 해줄 것으로 기대되었다. 사실 아랍 문화는 다문화이고 다인종 문화이므로 20여 개 아랍 국가의 문화들을 과도하게 단순화하려는 것은 무모한 일이 될 수 있다. 일반적으로 문화 연구에서 문화의 정의는 그리 간단하지 않다. 19세기 후반에는 문화를 '생활방식'으로, 20세기에는 '전통문화'로 그리고 20세기 후반에는 문화를 '체계'로 인식하는 경향이 강했다. 무슬림들은 이슬람을 생활방식이라고 말하는데 실제 무슬림들과 같이 살면서 그들의 삶을 보면 이슬람을 제대로 그들의 삶에 적용하는 무슬림들은 그리 많지 않다.

문화 비평cultural criticism은 문화적인 컨텍스트를 살펴봐야 하므로 아랍의 문학, 아랍의 언론, 아랍의 비교 문화 연구물들을 중시한다. 각 개인은 다른 생활환경과 다른 양육방식, 교육의 정도 등과 같은 차이에 의해 각자 다양한 경험 때문에 문화를 비평하는 관점들이 달라질 수 있다. 그런 점에서 한국인이 어떻게 아랍인과 소통할 것인가는 한국인들에 의하여 연구되고 저술될 필요가 있다. 그렇다면 아랍문화에 대한 학술적인 연구는 어떻게 하는 것이 좋은가? 아랍 문화에 대한 첫 번째 연구 방법은 이 분야의 이론적인 면을 살피고 나서 문화에 문화인류학적 분석을 적용하는 문화적 비평이 있다. 이런 연구 방식은 주로 서구에서 행해졌고 이와 관련된 몇 가지 이론들이 동원되었다. 두 번째 연구 방법은 아랍 문화에 이론적인 틀을 적용할 때 전적으로 현장연구에 의존하여 구두 전승, 일화, 신화, 농담, 문화적인 유머 등에 대한 자료를 모은다는 것이다. 이런 현장연구는 사람들의 태도와 행동을 결정짓는 문화적인 체계cultural systems를 이해하는 데 그 목적이 있다. 아랍에는 오랜 세월 많은 역사적인 요소들이 쌓여서 아랍 문화적인 체계가 형성되었다. 아랍 문화의 체계는 오랜 세월에 걸쳐 뿌리를 깊게 내렸지만 이런 문화가 변화하기도 한다. 이 책은 위의 두 번째 연구 방법을 가지고 아랍 문화와 문화적 체계들을 기술하였고 특히 요르단과 이집트에서 오래 살았던 경험과 아랍인 성인과 대학생들을 가르친 경험, 특히 아랍어를 30년 이상 연구하면서 아랍인에게 아랍어 문법을 가르친 경험과 여러 아랍 국가를 여러 차례 방문한 현장 연구의 결과들을 모았다.

사실 아랍과 한국, 아랍어와 한국어, 한국문화와 아랍문화는 필자와 늘 함께하고 있었던 주제이기에 이 책의 제목을 『한국인과 소통을 위한 아랍 문화』라고 했다. 이 책을 읽으면서 아랍어에 대한 질문이 생기면 필자의 『아랍어의 이해』를 참조하면 좋고 이슬람 용어의 적확한 의미를 파악하기 위해서는 문화체육 관광부가 2011년 우수 교양 도서로 선정해 준 『이슬람의 수피즘과 수쿠크』 그리고 2006년의 우수 교양 도서로 선정된 『이슬람 문명의 이해』를 참고하면 좋다. 만일 독자 중에 꾸란에 대한 바른 이해를 원하는 분은 2010년 한국외국어대학교 출판부가 간행한 『꾸란의 이해』와 예영커뮤니케이션이 발간한 『코란의 의미를 찾아』를 참조하는 것이 좋다. 이 책이 필자의 스물한 번째 책이 되는데 이번에는 안식년을 맞이하여 미국 Los Angeles와 Denver에 소재한 여러 대학교와 Princeton 대학교의 도서들을 열람할 수 있었다. 특별히 필자의 질문에 답을 준 레바논인 Tony 교수, 미국의 Helene 교수와 Chung 교수, 영국의 Hoover 교수, 이집트의 Imad 교수와 요르단의 al-Khanji 교수 그리고 이들 대학교에서 도서 열람에 도움을 주신 분들에게 고마움을 전한다. 그리고 이 책은 세창출판사의 집필 요청을 받고 이집트, 요르단, 서울, 미국 등 여러 지역에서 오랫동안 원고를 집필하게 되었고 특히 이 책의 원고를 집필할 수 있도록 도와주신 모든 분들 그리고 아늑한 집을 제공해 주신 Fellowship 가족들에게 깊은 감사를 드린다.

이 책은 '현대 아랍학'(Contemporary Arab Studies)의 개론서로서 아랍 세계와 관련된 정부 기관, 비즈니스와 금융, 한국어 교육과 아랍어 교육, 저널리즘과 문화, 정치와 사회, 예술과 문학, 철학과 신학, 역사와 종교, 여성과 인권, 다문화사회와 소통 등 다양한 분야에 활용될 수 있도록 기획 집필되었고 이 책에 나오는 인명, 지명 그리고 전문 용어들은 아랍어 발음에 따라 표기되었다.

2012년 1월 15일

공 일 주

■ 차 례 ■

제 4장 | 아랍의 경제

제 5장 | 아랍의 사회와 종교

제 6장 | 아랍의 사상과 정치

제 7장 | 아랍의 예술

제 8장 | 아랍의 언어

제 9장 | 아랍의 여성

제 10장 | 아랍의 교육과 아랍의 한국학

제 11장 | 현재와 미래의 아랍

제 1 장

아랍과 아랍 문화

한국인과 소통을 위한 **아랍문화**

1. 아랍이란?

오늘날 아랍 국가에 속하는 나라는 사우디아라비아, 이라크, 요르단, 레바논, 시리아, 팔레스타인, 쿠웨이트, 카타르, 바레인, 오만, 예멘, 아랍에미리트, 이집트, 리비아, 알제리, 튀니지, 모로코, 수단, 남수단, 모리타니 등 20개 나라이다. 물론 아랍 연맹에 가입된 국가는 이보다 더 많다. 오늘날 아랍인들이 <알알람 알아라비: 아랍 세계>와 <알알람 알이슬라미: 이슬람 세계>라는 용어를 구분하여 사용하고 <움마 아라비야: 아랍 움마>와 <움마 이슬라미야: 이슬람 움마>라는 말이 있어 이 둘 사이를 서로 구분한다. 또 이집트에서는 <사까파 낍띠야: 콥트 문화>와 <사까파 아라비야: 아랍 문화>를 구분한다. 흔히 "아랍Arab은 아랍어를 사용하는 모든 사람들이라고 한다. 또 아랍인들을 무슬림들과 혼동해서도 안 된다"[1]고 한다. 아랍이란 말은 아랍 연맹, 범아랍주의, 아랍인 등의 어휘에서 찾아볼 수 있다. 3억 명의 아랍인이 있고 그 중에 5%가 기독교인이나 타종교인이다.[2]

아랍 문화는 주로 중동과 북아프리카의 아랍국가와 관련되어 있다. <아랍>이란 단어가 <언어> <인종> <지리> 등 세 가지 요인 중 어느 영역에 더 많은 비중을 두고 있을까? 아랍 문화의 정의는 그리 단순하지 않아 오랜 세월 이 분야를 연구한 사람들의 통찰이 필요한 정

1_ Margaret K. Nydell, Understanding Arabs, Intercultural Press, 2006, xxii.

2_ 위의 책, xxiii.

의였다. 이집트 헬완 대학교 이마드 박사는 아랍은 언어적 요인이 주요 포인트라고 했다. 그러나 아랍은 본래 아라비아 반도에서 시작하였기 때문에 지리적 요인도 무시할 수 없었다. 이집트 아랍인들에게 당신이 <아랍>이란 단어를 들으면 무슨 의미가 머릿속에 떠 오르냐고 물으니 다음과 같이 3가지로 나누어 설명했다.

(1) 아랍은 아랍어(언어적 측면)를 가리킨다.
(2) 아랍은 아랍인(인종적 측면)을 가리킨다.
(3) 아랍은 아라비아 반도(지리적 측면)를 가리킨다.

아랍 문화를 정확하게 규정하기 위해서는 역사적인 측면, 지리적인 측면, 언어적인 측면, 정치와 종교적인 측면, 종족적인 측면, 문화 인류학과 민속학적 측면 모두를 살펴보아야 한다. 아랍 문화의 연구는 이슬람 이전의 아랍인의 자료, 이슬람 이후 무슬림과 주변 국가의 자료, 현대 이슬람학자들이 쓴 자료와 외국인 학자들이 쓴 자료들은 물론 아랍 국가에서 살아본 경험들이 절대 필요하다.

우선 아랍인들의 자료를 살펴보자. 이슬람 이전의 아라비아 반도에는 남부 아랍인과 북부 아랍인이 언어와 인종에서 차이가 있었다. 7-8세기 아랍이 정복지역을 넓혀가면서 그들은 아랍보다 우월한 문화들을 만나기도 했다. 이들 문화들 중에는 그리스-로마 문화, 파라오 문화, 페르시아 문화, 앗시리아-바빌로니아 문화 등의 영향을 받았다.[3] 그리고 이슬람이 정복지를 넓혀가면서 피정복자들은 아랍인들의 언어와 종교 그리고 전통을 받아들이게 되었고 그 지역의 사람들이 아랍화되어 갔다.

고전 아랍어 형성에 대한 여러 가설들이 있지만 그중에서도 7세기 이슬람의 등장과 함께 아랍어의 다양한 구어체와 구별된 문학적 형태

3_ Aziz Bensmaali El-Mouloudi, Arabic Language Planning: The case of Lexical Modernization, Georgetown University, 1986, 44-45.

가 존재하게 되었다고 추정해 볼 수 있다. 이슬람 이전의 아랍인들은 지적이고 문학적인 전통을 발전시키지 못했다. 이슬람이 시작된 지 100년 후에 주석학, 문법, 어휘 연구 등 아랍어학이 등장했다. 그러나 이슬람이 확장되면서 아랍인들은 행정과 종교의례의 언어로서 아랍어의 중요성을 강조했다. 아랍어는 꾸란의 메시지를 전하는 유일한 도구라고 여겼다. 우마위야조(661-750) 아랍인들은 다른 종족과의 결혼을 통하여 순수한 아라비아의 아랍인의 특징을 잃어가기 시작했다. 이제는 종족적인 차이가 있음에도 아랍어로 말하고 이슬람을 믿는 사람들을 '아랍인'이라고 생각했다.[4] 그러나 이슬람화가 반드시 아랍어화를 이끌어 간 것은 아니었다. 많은 아람인, 터키인, 페르시아인, 콥트인, 베르베르인들 중에는 이슬람을 받아들인 사람들조차도 그들의 언어를 계속 사용했다.

이라크의 쿠파와 바스라 학파가 생기면서 아랍어 언어학의 최고 수준의 발전을 보였다. 새로 이슬람으로 개종한 사람들에게 꾸란을 더 쉽게 전하기 위하여 여러 언어적인 연구가 진행되어 더 빨리 국가의 일에 참여하고 동화되었다. 새로 개종한 사의 언어들과 방언들이 아랍어와 상호 교차하면서 아랍어를 변질시켜서 결국 꾸란의 고전어와 점차 구별되어 갔다. 이러한 광범위한 언어 변질 과정을 '라흔Lahn'이라고 불렀다. 압바시야 조(750-1258)에서는 이제 국가는 아랍인이 아니고 무슬림이었다. 아랍인들의 탁월함이 페르시아의 민족적인 슈우비야(반아랍 운동) 시가 가져다 준 사회 문학적 운동에 의하여 공격을 받았다. 터키와 페르시아 등 다양한 인종간의 경쟁이 결국 제국의 분열을 촉진시켰다. 이 시기의 아랍 이슬람 제국은 지적이고 문화적인 발전을 가져왔다. 아랍어가 제한적으로 사용되다가 이 시기에 이르러서는 지적이고 학문적인 성취의 도구가 되었다. 신학, 수학, 천문학, 철학 등 여러 학문이 발전하였다. 이런 지적 깨어남은 인도와 페르시아의 영향이기도 했

4_ 위의 책, 49-50.

지만 주로 헬레니즘의 영향이 더 컸다. 압바시야 조의 칼리파들은 번역과 창의적인 활동에 지원을 아끼지 않았고 칼리파 알마으문(813-833) 때는 유명한 도서관과 학술 기관이었던 지혜의 집bayt al-hikmah이 생겨났다. 풍요로운 헬레니즘 문화에 동화되어 유명한 철학자 알킨디(873년 사망)가 나왔고, 정치학과 음악이론에 능한 알파라비(956년 사망), 의학과 물리, 천문학과 철학에 뛰어난 이븐 시나(980-1037), 물리와 의학에서 뛰어난 알라지(865-925) 등의 학자들을 배출했다. 그러나 1258년 제국의 지적 정치적 중심지였던 바그다드가 몽골에 짓밟히자 이슬람 제국이 쇠퇴의 길을 걷기 시작했다. 이슬람 제국의 정치적 분열은 점차 이슬람 사상의 침체를 가져오게 했다. 창의성과 독창성은 극히 제한되고 글쓰기는 먹고 살기 위한 수단으로 전락했다. 본질이 형식에 자리를 내어주고 언어의 간결성, 경제성, 정확성이 화려하게 장식된 문체에 자리를 내주었다. 이런 문학적 스타일이 마까마maqamat에 잘 나타났다. 작가들은 그들의 능변(화술)과 운율이 있는 스타일에 관심을 갖다보니 내용에는 관심을 덜 가졌다. 작품의 극적이고 일화적이며 풍자적인 성격의 마까마가 등장한 것이다. 7세기부터 15세기까지 아랍 이슬람 문명은 황금시대를 구가하고 있었다.

16세기부터 19세기까지 오스만 터키 시기에 아랍어는 다른 세계와는 고립되어 또 다른 긴 동면의 시기를 거쳤다. 고전 아랍어의 지위는 더 나아지지 않았고 단지 모스크에서 의식의 언어로만 남았다. 그러다가 식민주의 출현과 서구 문명의 영향으로 아랍어 세계에 문화적인 일깨움이 일어났다. 1798년 나폴레옹의 이집트 침입으로 이런 일이 일어났다고 학자들이 주장해왔다. 나폴레옹의 침입 기간은 짧았지만 이 기간에 이집트는 계몽기 이후의 유럽 문화와 직접적으로 접촉할 수 있는 아주 좋은 기회였다. 서구 문명에 대한 가장 직접적인 영향은 18세기와 19세기에 이슬람 세계에 불었던 개혁주의자들의 강력한 활동 때문이었다. 서구 팽창에 저항하기도 하였지만 일부는 아랍인들의 무력감에서 벗어나고자 했다. 무슬림들은 이슬람 사회가 타락하고 퇴폐적

이라고 생각하고 새로운 활기와 순수성이 필요하다고 느꼈다. 그리고 현대세계의 도전에 부응하기 위하여 이슬람 사회가 재조직이 되어야 한다고 생각했다. 개혁운동의 내용에 대하여 광범위한 견해들이 나왔지만 서로 연합하여 서구에 저항하기보다는 서구로부터 뭔가를 배워야 한다는 것이 더 실용적이라고 판단했다. 아랍의 지적 부흥은 주로 언어적 부흥에 기인했다.[5] 안와르 샤흐나Chejne(1965)는 "아랍의 깨어남awakening은 언어와 역사에 관심을 두는 것 이외에 다른 어느 곳에서 찾아보기 어렵다"고 했다. 민족주의적인 열기가 가미된 언어적 부흥은 체계적인 아랍어 확산을 도모하고 개혁의 절박한 필요성을 가져오게 했다.

아랍어 언어학은 꾸란과 하디스(무함마드 언행록), 그리고 이슬람 이전의 시로 대표되는 푸스하(문학적 아랍어)의 온전한 상태Integrity를 보존하려는 관심에서 태동되었다.[6] 그러나 오늘날 아랍인들은 푸스하를 일상생활에 사용하지 않고 아랍 각국마다 자기네 암미야(이집트 등)나 다리자(모로코)를 사용하고 있다. 더구나 푸스하 아랍어가 교육의 언어(특히 과학과 기술의 언어 등)로 널리 사용되지 못하고 국세적인 소통의 언어로 사용되지 못하는 것은 아랍의 문맹률이 높고 외국어의 영향을 많이 받고 있기 때문이다. 특히 아랍인들이 이런 양층(푸스하와 암미야) 언어 현상을 탈피하지 못하고 있다. 아랍인들이 아닌 다른 인종들이 이슬람을 믿게 되면서 아랍 문화는 아라비아 반도를 떠나 다른 지역으로 전해졌다. 아랍어는 꾸란을 이해하기 위한 언어이므로 아랍인들이 아닌 비아랍인들이 무슬림이 되면서 꾸란과 아랍어를 접하게 되었고 이들의 문화는 아랍어와 꾸란이 그 중심에 자리하게 되었다. 그리고 아라비아 반도에 살고 있던 아랍 기독교인들은 아랍 문화가 자신들의 문화라는 자부심을 갖고 있었다. 그러나 역사를 거치면서 이슬람 이전 아랍 문화의 정의가 새로운 국면을 맞이하게 되었는데 지리적인 측면과 인

5_ 위의 책, 54.

6_ 위의 책, 54-55.

종적인 측면의 의미가 약화되는 시기를 맞았다. 특히 오스만 제국(1300-1922)이 발칸반도와 비옥한 초승달 지역 그리고 이집트까지 점령하였을 때 오스만 제국의 사람들은 아랍어를 말살하고 아랍인들에게 행정용어로 터키어를 사용하게 하였다.

그런데 21세기에 들어와서 오늘날 아랍인들은 아랍의 지도를 서쪽의 대서양에서 동쪽의 아랍 만까지 그리고 북쪽의 지중해에서 남쪽으로는 사하라 남부의 아프리카까지라고 한다.[7] 앞서 말한 대로 아랍어는 아라비아 반도에서 시작되었다. 아라비아 남부에는 아랍 인종 까흐탄(예멘)이 그리고 북부에는 아드난이란 아랍 인종이 살았다. 그러나 아라비아 반도 남부의 예멘에서 마으립 댐이 붕괴되면서 북부 아랍어가 오늘날 아랍인들의 문학적 아랍어가 되었다. 이때 아랍은 아랍어(언어)와 아랍 족(인종)을 가리켰다. 그때까지만 해도 아랍어가 아라비아 반도의 영역을 뛰어넘지 못하였다. 그러나 이슬람이 확산되면서 이슬람이 들어간 곳에 아랍어도 뒤따라갔다. 이슬람의 경전 꾸란을 읽으려면 아랍어를 알아야 했다. 꾸란은 아랍어 없이는 퍼져 갈 수 없었다. 다시 말하면 아랍어의 도움 없이는 꾸란이 이해될 수 없었다. 아랍어가 이집트 콥트인들에게도 들어갔다. 당시에 모든 콥트인들이 기독교인은 아니었으나 모든 기독교인들은 콥트인이었다. 콥트인들이 점차 무슬림화되어 갔다. 이슬람이 이집트를 거쳐서 리비아, 알제리, 튀니지, 모로코에 이르렀다. 모로코에는 베르베르어를 사용하는 아마지기의 문화가 있었다. 그들에게 아랍 문화는 꾸란과 이슬람의 문화였다. 아랍인의 춤과 의상과 풍습보다는 이 두 가지가 더 두드러졌다. 그들은 아랍어를 통하여 이슬람을 이해하고자 하였다. 아랍어가 이슬람의 언어로 여겨졌다. 물론 오스만 제국의 모든 사람이 무슬림이 아니었고 모든 오스만 무슬림들이 모두 터키turks족은 아니었다. 아랍인은 물론 아르메니아 인과 그리스 인들도 있었기 때문이다.

7_ 이집트의 조간 신문 알아흐람지 2011. 1. 22, 19면.

아랍 세계의 역사적인 배경은 아랍 문화에 영향을 준 다른 문화와 문명들을 빼놓고는 불완전한 설명이 된다. 아랍 세계는 여러 다른 문화와 문명이 그 자국을 남긴 용광로인데 베르베르, 유럽, 아프리카, 페르시아, 인도, 터키 등의 여러 문화가 섞인cross-cultural 도가니이다. 아랍인이 정복한 지역의 문화는 아랍인 정복자가 남긴 정치적이고 종교적인 엘리트들의 문화이기도 했다. 또 아랍 문화에는 유대 문화, 기독교 문화, 헬레니즘 문화, 비잔틴 문화, 사산(페르시아) 문화의 일부가 선택되기도 하고 통합되기도 하였다.[8] 아랍 문화의 풍요로움은 아랍문화의 정체성을 잃지 않고 다른 문화의 영향력을 흡수할 수 있는 능력을 갖고 있었다.

지금도 아랍 걸프 국가를 여행하다보면 음식, 보석, 건축 등에서 인도와 페르시아 문화의 영향을 느낄 수 있고 오만에 가면 오만의 음악, 옷, 수공예에서 아프리카의 영향을 볼 수 있다. 시리아와 레바논을 여행하다보면 터키 문화의 영향이 있었다는 것을 알 수 있고 약간의 유럽의 영향을 레바논에서 찾아 볼 수 있다. 이집트에는 모스크와 궁정에서 터키문화와 아프리카 문화의 영향을 느낄 수 있고 모로코와 안달루시아(스페인 남부)를 여행하면 아랍, 아프리카 문화와 고딕식이 혼합된 건축물을 볼 수 있다.

아랍 정복자들은 여러 인종이 모인 도시들에서 응집된 생활을 할 수 있도록 통합된 문화를 창출했다. 순전한 아랍 문화라기보다 시대를

8_ Ira M. Lapidus, A History of Islamic Societies, Cambridge University Press, 2006, 99.

거치면서 순수한 아랍문화가 타 문화와 섞이게 된 것이다. 이슬람이 확산되기 전에는 아랍 사람들의 대다수는 유대인, 기독교인, 조로아스터교, 다신 숭배자들이었다. 무슬림으로 개종한 사람들은 자신이 속한 지역의 교육과 문화적인 양식을 가져왔고 새로운 신앙에 대하여 정치적으로 동일시하였다. 신플라톤주의와 헬레니즘 철학이 이슬람 철학과 수피즘의 일부가 되었다. 헬레니즘의 학문 그리고 사산과 비잔틴의 궁정 의식, 예술과 건축, 행정과 정치적인 개념들이 우마위야조(661-750)와 압바시야조(750-1258)에 동화되었다.[9] 이슬람 문명이 형성되는 과정은 수동적인 동화가 아니라 서로 다른 견해를 갖는 사람들 사이에서 적극적으로 경쟁하였다. 아랍어가 제국의 주요언어가 될 때까지는 아랍어와 페르시아어 지지자들이 1세기 동안 서로 싸웠다. 궁정의 이슬람과 주요 도시의 이슬람 사이에 운명적인 대결이 있었다. 이슬람 궁정문화는 시각적이고 문학적이며 철학적이고 과학적이었다. 그러나 이슬람의 도시 버전version은 이슬람적인 삶의 방식을 추구한 개별적인 공헌이 있었다.[10]

이슬람 제국 이후에는 두 가지 지배적인 경향이 나타났다. 하나는 이슬람 종교적인 문화와 이슬람 우주적인 문화가 분기되려는 압바시야조의 성향이 지속된 것이다. 두 번째는 지역적 다양성을 향하려는 경향이었다. 바그다드가 쇠락하면서 사마르칸트, 부카라, 니샤푸르, 이스파한, 카이로, 페즈, 코르도바가 이슬람 문명의 새로운 도시들이 되었다. 하나의 우주적인 궁정 문화 대신에 이슬람의 모티브와 지방의 유산이 혼합되어갔다. 이런 다양성으로 인하여 압바시야조의 이전 지역들이 두 개의 언어적이고 문화적인 지역들로 나뉘었다. 이라크, 이집트, 시리아를 포함한 동부지역 그리고 북아프리카, 스페인을 포함하는 서부지역에서는 문학적인 문화와 대중 언어적인 담화에서 아랍어가 지배적인 언어가 되었다. 이란과 트랜스옥사니아를 포함한 동부 지역에서는

9_ 위의 책, 99.

10_ 위의 책, 101.

페르시아어가 지배적인 문학적인 언어가 되었다.[11] 압바시야조 이후에 바그다드는 이슬람 종교학과 아랍 문학적 연구의 중심지 역할을 지속했다.

아랍이 정복하기 전 동부 이란의 언어적인 상황을 보면 사산 조 말기 때부터 파르시parsi(파흘라위pahlavi), 즉 중기 페르시아어가 공식 언어이었고 제국의 문학어이었다. 다리dari어는 이란의 많은 지역에서 사용된 방언이었다. 페르시아어는 공용어이었고 다리어 방언은 대중과 지방 토후의 구전 문학에 쓰였다. 그러나 아랍이 페르시아를 통치하고 나서는 아랍어가 행정과 종교의 주된 언어가 되었다. 아랍어가 중세 페르시아어를 대신하자 페르시아어로 된 고전들이 아랍어로 쉽게 번역되었다. 아랍어는 페르시아의 고급문화의 도구가 되었고 이런 현상은 11세기까지 지속되있다. 파르시어는 약화되어 서부 이란에서 조로아스터교 사제들에게만 사용되었다. 아랍의 정복으로 쿠라산과 아프가니스탄에서는 다리어가 공통된 구어spoken가 되었다. 10세기에 일부 시인들은 아랍어와 페르시아어로 시를 짓기도 하였다. 알루미(1207-73)는 페르시아 수피 시인 중 가장 유명한 사람으로 알려졌다. 페르시아 문학의 만발과 더불어 이슬람이 아랍어와 연결되는 것이 사라져가는 듯했다. 트랜스옥사니아transoxania의 통치자로서 사만 조를 계승한 까라칸조 qarakhanids의 후원하에 이슬람 문화가 터키어로 되살아났다. 새로운 터키어가 처음에는 번역 때문에 개발되었고 나중에는 페르시아 문학이 학문적으로 문학적으로 재창조되면서 터키어가 발전하여 이슬람 문명을 담는 언어가 되었다.[12] 중동과 북아프리카의 아랍 지역들이 하나의 문화적이고 인종적인 단위를 형성했다. 아랍어와 인종으로 서로 연결된 이 지역들은 16세기부터 19세기까지의 오스만 제국 통치의 공통된 경험도 공유하게 되었다. 오스만 제국 사람들이 1517년 이집트를 점령하고 이 지역에서 아랍어 사용을 금하였다. 오스만 제국의 공용어는

11_ 위의 책, 126.

12_ 위의 책, 130.

터키어였다. 아랍 문화의 핵이었던 아랍어가 금지되었고 일상생활에서 터키어가 행정 용어가 되었다. 그리고 아랍 무슬림들이 비아랍인(콥트인, 아마지기 인, 아슈르 인, 아르메니아 인, 시르카시아 인, 체첸 인, 누비아 인 등)들과 혼인하면서 그들의 자녀들은 아버지의 언어인 아랍어를 배웠다.

그 후 아랍어는 아랍 문화의 떡밥이 되었다. 아랍어 없이는 아랍 문화가 성장하기 어렵다고 보았다. 아랍 문화의 영양 공급을 아랍어가 해준다고 생각했다. 그런데 오늘날 아랍 나라에서는 아랍어가 문학 아랍어(푸스하)와 대중 아랍어(암미야)로 나뉘어져 있고 대중 아랍어는 아랍 국가마다 상당히 달라 대중 아랍어를 통해서는 아랍 국가 간의 소통이 어렵다. 요르단의 학생이 모로코 친구의 아랍어를 이해하지 못한다. 그래서 아랍 국가 간에는 문학 아랍어를 사용하여 소통을 증대시키려고 하지만 이 문학 아랍어마저도 아랍 국가마다 조금씩 차이가 있다. 물론 아랍 국가끼리 문학 아랍어(푸스하) 간의 차이가 대중 아랍어(암미야) 간의 차이보다는 현저하게 적지만 대부분 아랍인들이 대중 아랍어를 사용하므로 문학 아랍어로도 모든 아랍인들이 소통하기 어렵다. 그럼에도 아랍어가 아랍을 통합시켜 주는 주요 매체가 된 것은 자명하다.

아랍은 아랍 종족(종족적 측면)이고 나라마다 다양한 신체적 특징을 가졌다. 그러나 아랍인을 베두인이라고 부르기도 했다. '베두인 Bedouin'이란 단어는 '사막의 유목민'이라는 의미이지만 세월이 흐르면서 문명화된 전통보다는 유목민에 뿌리를 두었고 가끔은 산적의 동의어가 되기도 했다. 사실 '아랍Arab'이란 단어는 베두인Bedouin이란 단어와 섞여 쓰였고 아직도 시리아와 이집트의 일부 아랍인들은 '아랍'이란 단어를 유목민들을 가리키는 말로 사용한다.[13] 베두인이 도시민과의 갈등을 계속 겪고 있고 아직도 일부 아랍인들은 아라비아 반도의 베두인을 야만인이라고 자녀들에게 가르치기도 한다. 레바논의 어머니들

13_ Naser S. Alhujelan, Worldviews of The Peoples of The Arabian Peninsula: A Study of cultual System, Indiana University, 2008, 203.

중에는 자녀들에게 "조용히 해, 베두인이 온다Uskutū.. al-Badawī jā'"라고 말한다. 시리아의 알리 알딴따위는 레반트의 도시민들이 사우디의 베두인들의 외모와 행동을 보고 이들이 더럽고 잔인하다고 생각했다고 전했다.

아라비아 문화Arabian culture를 아라비아 반도 안에서 분석할 때 부족문화tribal culture가 매우 큰 영향력을 갖는다. 이런 영향력은 사회적인 지위를 넘어서서 일부 사람들의 행동에 영향을 주었고 그들의 결혼에 영향을 주었다. 그 부족과 연고가 있는 사람과는 혼인이 장려되고 부족에 속하지 않는 사람과는 이혼하게 했다. 베두인들은 부족 출신tribal origin이냐 아니냐에 따라 차별을 받았다. 그러므로 부족tribe은 아라비아 반도의 주민들의 세계관에 상당하게 중요한 것이었다. 물론 이 영향력은 사우디아라비아에 사는 모든 주민들에게 농일한 영향력을 준 것은 아니다. 그것은 교육의 수준에 따라 달랐고 변화와 모더니티와의 갈등의 정도에 따라 달랐으며 출신이 부족 안 혹은 부족 밖이냐에 따라 달랐다. 주목할 것은 일부 부족원은 상당히 교육을 잘 받아 변화와 모더니티를 추구하는데 이들이 부족이 있는 마을에서 살면 교육을 덜 받은 사람들보다 부족적인 소속감에 대하여 별로 관심을 갖지 않았다. 아라비아 반도에서 부족적인 출신tribal origin이 아직도 의미 있는 것이고 그들의 삶의 여러 면에 영향을 끼친다. 부족적 소속감은 명예와 자긍심과 관련되어 높은 수준의 도덕성, 명예와 이어진다고 믿고 특히 혼인관계는 부족사람들에 의하여 부족적인 기원과 관련되었다.

20세기 이집트의 가말 압둔 나세르는 아랍 민족주의를 부르짖었다. 그가 주장한 아랍 민족의 개념은 이라크에서 예멘 그리고 북아프리카의 모로코에 이르는 지역에 국한되어 있었다. 그에게 아랍 민족주의는 정치적인 용어로서 이슬람 종교보다는 아랍어가 강조되었다. 물론 아랍이란 지리적인 경계를 뛰어넘지도 않았다. 만일 이슬람 문화를 강조하였더라면 비이슬람 문화와 대조되는 것을 정치적인 논제로 내 놓아야 하고, 만일 이슬람이 강조되었더라면 아랍 국가에 살고 있는 비무슬림들을 포용할 수 없었기 때문이다. 마치 2010년 이집트에서 어느 콥트 기독교인이 무바라크 대통령에게 자신을 소개하면서 “저는 콥트인인데요…”라고 말을 시작하자 대통령은 그의 말을 막고 “콥트인이라고 하지 말고 또 무슬림이라고도 말고 이집트인이라고 말하라”고 그의 말을 고쳐 준 적이 있었다. 이슬람과 기독교 간의 갈등이 심각한 이집트에서 대통령은 이 둘 사이를 피하고 싶었던 것이다. 그도 역시 정치인이기 때문이다. 정치가 문화를 이용하는 예는 세계 어디서나 볼 수 있다. 2011년 이집트 헬완 대학교 아흐마드 박사는 “이슬람 문화가 아랍어를 보호한다”고 했다. 아랍 기독교인들은 아랍 민족주의를 강조하면서 아랍 무슬림과 아랍 기독교인의 공통점은 종교가 아니라 <아랍>이라고 강조해왔다.

아랍 이슬람 국가들이 민간인의 삶과 방언, 대중말을 연구하는 것을 등한시하는 이유는 이들 연구로 인하여 이슬람에 해악이 될까봐 무슬림들이 못 한다고 이집트 헬완 대학교 아흐마드 박사가 귀띔한다. 다시 말하면 이슬람대학교 안에서 그리고 무슬림들 사이에서 <이슬람>의 이슈가 엄청나게 크기 때문에 이슬람과 관련 없는 것은 별로 중시되지 않았다. 또 아랍의 대학 안에서 문학적 아랍어(푸스하)만 배운다면(실제로 오늘날 아랍 대학에서 문학적 아랍어로만 의사소통하는 대학은 없다) 대학 밖의 일반 아랍 서민들이 말하는 대중 아랍어를 들어도 전혀 이해하지 못할 때가 있다. 심지어 아랍의 대학교에서 학생들은 외국인 교수들이 자기 나라 암미야(대중 아랍어)로 말해주기를 바란다. 아랍 세계에서 각국의 방언 연구가 푸스하(문학 아랍어) 연구보다 그 규모가 터무니없이 적은 것은 무슬림 학자들의 문학적 아랍어(푸스하) 선호 현상 때문이다. 대부분의 아랍 무슬림들이 문학적 아랍어를 매일 생활에서 사용하지 않는데도 꾸란을 이해하기 위해서 꾸란의 언어에 가까운 문학 아랍어를 학교교육에서 강화하려고 한다. 아랍 서민들의 문화를 국가적으로 연구하지 않는 것은 혹여나 이슬람 문화를 약화시키면 어쩌나 하는 노파심에서라고 한다. 아랍 각국 방언 연구가 정치적으로 보면 매우 위험한 연구라고 본 것이다. 그러나 학자들은 한 나라의 대표가 되는 공식적인 문화(라스미야)와 서민 문화(샤아비야)를 모두 연구해 봐야 한다.

이상의 내용을 정리해 보면 이슬람 이전의 <아랍>은 지리적, 인종적, 언어적 요소가 두드러졌고 이슬람 이후에는 아라비아 반도(지리적 개념)의 아랍인(인종 개념)이란 개념보다는 아랍어와 꾸란이 중심 요소가 되었다. 이슬람 초기에 아랍이란 어휘는 지리적 요인(아라비아 반도)과 언어적인 요인(아랍어)이 핵심 요소로서 인종적 요인(아랍 인종)이 첨가되어 있었으나 시대를 거치면서 종교적 요인도 부여되었다. 오늘날에는 이집트 정치인들이 아랍과 이슬람 두 가지를 혼합한 <움마 이슬라미야 아라비야(아랍 이슬람 국민)>라는 말을 자주 사용한다. 그 말은 <아랍>과 <이슬람>을 구분한다는 것이다. 그러나 종교적인 요인이 너무 크게 부각되면 아랍은 이슬람이란 등식으로 잘못 이해되기도 하였고 중동과 북아프리카의 비아랍인들이 아랍인으로 도매금 취급당하는 일도 비일비재하다. 가령 오늘날 알제리나 모로코의 베르베르인들은 자신들이 아랍이 아니고 아마지기라고 한다. 아랍인의 정복으로 자신들의 언어와 문화를 잃어가고 있는 북아프리카의 아마지기, 이집트의 콥트, 레바논의 마론파, 이라크의 앗시리아인,[14] 이라크의 쿠르드인 등은 아랍인이 아니었다.

이집트인들의 대다수가 자신을 무슬림-아랍인으로 소개하는 것을 보면 이집트인들도 아랍과 이슬람이란 말이 서로 다르다는 것을 안다. 이집트의 지성이자 교육부 장관을 지낸 따하 후세인(1889-1973)은 1926

14_ 현재 레바논의 마론파가 자신의 정체성을 레바논인-기독교인-마론파로 보는 경향이 있고 민족주의가 활발하던 시기에 강조되던 페니키아인이라는 정체성이 줄어든 반면, 이라크의 앗시리아인은 자신의 정체성을 앗시리아인-기독교인-이라크인으로 본다. 다시 말하면 마론파는 가장 먼저 레바논인으로 생각하는 경향이 있다는 것이고 앗시리아인은 민족개념이 강해서 원래는 Church of the East였으나 오늘날 앗시리아인으로 자신들의 정체성을 갖는다(네스토리우스파는 경멸의 의미가 있어서 부적절하다). 앗시리아인은 자신들이 고대 앗시리아인Assyrian의 후손이라고 생각한다. 아랍어로는 아슈르인이라고 한다(이성옥, A Cultural Comparative Study on the Self-Identification of Maronites in Lebanon and Assyrians in Iraq, Lebanese University, 2011 참조).

년 그의 책에서 이슬람 이전의 아랍 시는 가짜라고 한 것이 아랍에 큰 파문을 일으켰고 1938년 <이집트에서 문화의 미래>란 글에서는 "앞으로 이집트의 문화는 현재의 문화가 확대되는 것"이라고 하면서 "이집트 문화의 미래는 먼 과거와 오늘의 빛 안에서 생각해 보아야 한다"고 했다.[15]

인류 역사는 제국의 흥망성쇠와 더불어 문명의 흥망을 보여준다. 무슬림들은 610년부터 시작된 이슬람 문명보다 더 놀라운 문명은 이 세상에 없다고 주장한다. 이슬람 문화는 이슬람 안에서 서로 결속력을 갖는 제도와 세계관 그리고 1400년 이상 무슬림의 삶의 방향과 의미를 가져다 주었고 금세기에는 국제 정치와 맞물려 이슬람 전통이 정치와 이데올로기적인 거대한 도전에 직면해 있다. 아랍 민족주의Arab Nationalism는 아랍어와 아랍 문학을 골자로 하는 아랍 문화의 영광을 기리는 이데올로기로서 아랍 세계의 정치적인 연합을 꾀하고자 했지만 오늘날에는 범아랍 민족주의Qawmiyyah가 단일 국가 주의(애국주의Wataniyyah) 때문에 그 빛을 잃고 있다. 오늘날 이슬람 세계에서 너무나 커져 버린 이슬람주의가 여러 가지 사회적인 병폐를 준다고 생각한 이집트의 무바라크는 이슬람주의를 배척하기 위하여 단일 국가 개념을 더 확대하고 거기에 무와따나(국민으로서의 의무와 책임) 개념을 도입하였다.

2010년 시리아의 시인 아도니스는 "문화는 제도들institutions의 변화 없이는 바뀔 수 없다"고 했다. 지금 아랍인들이 느끼는 문화는 무력화되어 있다고도 했다. 아랍 문화는 언어와 전통, 관습에 깊이 관련되어 있다. 종교는 반드시 아랍문화와 상관이 없다고 요르단 대학교 라자이 알칸지Rajai al-khanji 교수는 말한다.[16] 아랍 기독교인들은 무슬림이

15_ John J. Donohue and John L. Esposito, Islam in transition, Oxford University Press, 2007, 54.

16_ The Arab culture is related to language, customs, traditions … but not necessarily religion as there are Christian Arabs who of course are not muslims. Islamic culture has to do with the muslim culture, the quran and its applications, social and religious life … such as the Muslims in some parts of the Sudan who are not Arabs. Korean muslims are

아니기 때문이다. 그리고 이슬람 문화는 무슬림 문화와 관련되어 있어서 꾸란, 무함마드 그리고 이슬람 사회와 종교적 생활 등과 관련되어 있다. 수단의 일부 지역에 사는 무슬림들은 아랍인들이 아니다. 한국인 무슬림도 아랍인들이 아니다. 라자이 알칸지 교수는 아랍 문화의 주요 컨텐츠는 종족성ethnicity, 언어, 전통tradition 등이고 종교는 아랍인Arab이 되는 조건이 아니라고 했다. 북아프리카에 살고 있는 일부 베르베르인들은 아랍 국가에 살고 있는 무슬림들이지만 그들은 아랍인들은 아니다. 이라크에 살고 있는 쿠르드인[17]들도 아랍인들은 아니다. 이런 것들을 종합하면 아랍어는 오늘날 아랍 민족의 언어라는 것이다.

아라비아 사회에서 아랍이란 단어는 곧바로 아라비아 반도의 주민들을 가리키는 말이었지만 이집트, 이라크, 시리아, 모로코, 리비아, 튀니지에시 아랍은 베두인을 가리키는 말로 사용된다. 그런데 아라비아 반도에서 부족의 기능과 형식의 가장 중요한 변화는 베두인들이 사막에서 도시로 이동한 것이다. 사우디아라비아에서 도시 주민의 86%가 사막에서 도시로 이주한 사람들이다. 아랍과 베두인 사이에 문화적인 변화를 뛰어넘는 유사성이 있다. 그것은 이슬람 이전의 모습대로 베두인과 아랍 사회들이 부족의 형식과 기능에 근거하는 사회 정치적 제도들과 함께 부족적인 경향을 띠기 때문이다. 그러나 이슬람의 등장과 함께 사람들이 부족적인 소속감보다 종교적인 연관성에 자신들의 정체성identity을 장려하면서 부족의 중요성이 약화되기도 했다. 물론 우마위

not of course Arabs but they share only religion with Muslim Arabs. The major contents of Arab culture are ethnicity, language, tradition and the language of course, but religion is not a condition to be an Arab. The berber people in North Africa are muslims living in Arab countries but they are not Arabs and so are the Kurds, who are not Arabs. Arab Christians living in Arab cultures have both the Christian and the Islamic culture since they are familiar with most islamic tradition(알칸지 교수의 이메일 답변을 그대로 인용함).

17_ 아랍인들에게 유명한 살라딘(살라흐 알딘)은 이집트에서 아이윱조를 창설한 쿠르드인이었고 스페인의 안달루시아를 정복한 따리끄 븐 지야드는 베르베르인이었다. 이베리아 반도의 남단에 있는 지브롤터Gibraltar는 따리끄 븐 지야드가 정복한 지역이란 뜻에서 자발 따리끄(따리끄의 산)이란 말에서 온 것인데 영어로 가서 Gibraltar가 되었다.

야조 말기까지도 부족주의로 회귀하려는 강한 흐름이 있었다. 오늘날 아라비아 반도의 사람들은 역사를 통하여 그들의 부족적 연대감을 아직도 갖고 있고 부족의 가치들이 우세하게 남아 있다. 고등교육을 마치고 상당수가 해외에서 공부했어도 많은 사람들이 아직도 그들의 부족들과 강한 연대감을 갖는다. 심지어 그들의 부족 이름만 들어도 기뻐하는 강한 연대감을 가끔 갖는다. 아랍은 역사를 거치면서 결혼과 정복된 국가와의 동맹을 통하여 아랍화를 가속화시켰다. 특히 아랍화 과정은 시리아의 우마위야 모스크, 이집트의 알아즈하르 대학교, 튀니지의 알 자이투나 대학교, 모로코의 알까라윈 모스크 등 모스크와 학교를 통하여 아랍화를 확산시켜나갔다. 그러나 역사적이고 문화적인 이유 때문에 아랍 문화의 큰 몸체에 전적으로 통합되지 않았거나 전적으로 아랍화되지 않은 인종 그룹ethnic group들이 있다. 이라크와 시리아의 쿠르드인들인데 이들은 아랍 문화의 여러 속성을 공유하지만 언어, 의상, 음식 등은 자신들의 문화를 버리지 않았다. 이런 현상은 이라크와 비옥한 초승달 지역에 소수민으로 살고 있던 아르메니아인, 터키인, 코카서스인 등에게 나타나고 요르단의 우즈베키스탄의 사람들은 아랍어를 사용하지만 자신들의 의상과 음식문화를 지키고 있었고 요르단의 정교회 사람들은 그들만이 먹는 '보르바라'라는 음식이 따로 있다. 정치적으로 가장 두드러진 종족 집단은 북아프리카의 베르베르인과 시리아, 이라크의 쿠르드인이었다. 북아프리카의 토착민이었던 베르베르인들은 자신들의 문화를 지켜왔고 일부 베르베르 부족들은 아랍의 영향력에 적극적으로 저항하였다. 오늘날 시리아, 이라크, 터키, 이란에 흩어져 살고 있는 쿠르드인들은 독립에 대한 소원을 갖고 있다. 그러나 이들 종족도 아랍문화의 영향을 받고 있다. 사실 일부 학자들은 아랍은 종족race의 문제라기보다는 언어(아랍어)와 사고 방식mindset의 문제[18]라고 보기도 하는데 지금까지 논의에서 보듯이 '아랍'이란 정의는 정치적, 종

18_ Jehad Al-Omani, Understanding the Arab Culture, Oxford: Howtobooks, 2009, 74.

교적, 역사적, 문화적, 지정학적 시각에 따라 또는 학자의 성향에 따라 그 의미가 달라지기도 하였다. 다음 장에서는 '아랍'을 중동과 서아시아 지역으로 확대하여 그 의미를 구분해 보려고 한다.

2. 아랍과 중동 그리고 서아시아

아랍 국가는 사우디아라비아, 이라크, 요르단, 레바논, 시리아, 팔레스타인, 쿠웨이트, 카타르, 바레인, 오만, 예멘, 아랍에미리트, 이집트, 리비아, 알제리, 튀니지, 모로코, 수단의 일부, 모리타니 등이다. 아랍인은 사우디아라비아(남아시아인 제외), 이라크(쿠르드인, 아슈르인 제외), 요르단(시르카시아인, 아르메니아인, 체첸인 제외), 레바논(아르메니아인 제외), 시리아(쿠르드, 아르메니아, 시르카시아인은 제외), 팔레스타인[19](유대인 제외), 쿠웨이트(이란인, 인도인 제외), 카타르(동남아시아인 제외), 바레인(이란, 아프리카, 인도인 제외), 오만(파키스탄, 방글라데시, 인도, 필리핀인 제외), 예멘(유대인 제외), 아랍에미리트(50%의 남 아시아인과 이란인 제외), 이집트(누비아인 제외)에 살고 있다. 그리고 리비아, 튀니지, 알제리와 모로코에는 아랍인과 아랍화된 베르베르인 이외에 아마지기인(베르베르인)들이 산다.

오늘날 우리는 <아랍Arab>, <중동Middle East>, <이슬람 Islam> 이란 어휘들을 서로 교환하며 사용하기도 한다. 아랍이란 말이 현대 아랍정치에서 가끔 '중동'이라는 말 대신에 사용되어 왔는데, 아랍 대학

19_ 2011년 미국은 팔레스타인 해방 기구의 일반 대표부를 워싱턴에 열어 주었다. 그러나 러시아와 일부 남미 국가(브라질, 콜롬비아, 아르헨티나 등)는 이미 팔레스타인을 <국가>로 인정하고 1967년 이스라엘이 점령한 지역을 포함한 영토를 팔레스타인 땅으로 인정하였다. 팔레스타인 해방기구가 1988년 알제리에서 공식 출범한 이래, 상당한 외교적 약진을 하고 있는 셈이다.

생들에게 '중동'이 어디를 가리키느냐 물으면 모른다고 했다. 그들에게는 아랍과 이슬람이라는 말이 중동이란 말보다 더 익숙하다. 우리에게 중동이라고 하면 아랍과 터키, 이란, 이스라엘 등이 포함된 개념이다. 그러나 '중동'이란 개념은 불확실하다. 중동에 대한 협의의 개념은 이란-터키-아라비아 반도와 이집트를 포함하는 개념이지만 그것의 광의의 개념은 아프가니스탄 등이 포함되기도 한다. 해군 제독 알프레드 alfred Thayer Mahan가 1902년 <국제 문제의 페르시아 만>(National Review September 1902, 27-45)이란 그의 글에서 '중동'이란 용어를 처음 사용하였다. 지중해와 인도 사이의 지역을 긋고 동시에 극동과 구별되는 용어로서 중동이란 용어를 사용하려고 했다. 그러나 이와 완전하게 동일하지는 않으나 지중해 동부를 따라 터키와 아랍 지역을 포함하는 '근동near East'이란 용이가 이를 대체하기도 하였고 나중에는 레반트(시리아, 레바논, 요르단 등지)라는 용어와 교체되기도 하였다. 그러나 좀 더 최근에는 중동이란 말 대신에 서 아시아west Asia라는 용어로 바꿔 부르고 있다.[20] 일반적으로 아랍 세계의 동부 지역이 중동에 포함되어 터키, 이란, 이스라엘을 포함하나 관례상 아프가니스탄과 파키스탄을 포함하기도 한다.[21]

중동이란 어휘가 서구가 구분한 제국주의적인 기원에도 불구하고 중동의 언어들이 중동을 가리키는 단어들을 갖고 있다. 아랍어로는 al-sharq al-awsat(앗샤르끄 알아우사뜨) 라고 한다. 2003년 미국의 정책에 따라 만들어진 신조어로 '대 중동Greater Middle East'이란 말이 있었는데 이 용어는 아프가니스탄을 포함하고 파키스탄을 제외시켰다. 그러나 대 서아시아Greater West Asia라는 말은 아프가니스탄과 파키스탄을 둘 다 포함하는 개념이다.[22]

20_ Fred Halliday, 100 Myths about the Middle East, Berkeley: University of California Press, 2005, 228.

21_ 위의 책, 228.

22_ 위의 책, 228.

2010년 말 튀니지에서 시작된 시민혁명의 바람이 이집트, 예멘, 바레인, 요르단, 사우디아라비아, 오만, 시리아, 리비아 등지로 불었는데 이들 국가들은 모두 중동국가이지만 좀 더 정확한 명칭은 중동(이집트, 예멘, 바레인, 요르단, 사우디아라비아, 오만, 시리아)과 북 아프리카(튀니지, 리비아)라고 말할 수 있다. 중동이란 단어 대신에 서아시아(이집트, 예멘, 바레인, 요르단, 사우디아라비아, 오만, 시리아)와 북아프리카(튀니지, 리비아)라고 말할 수 있다.

이집트 민족주의 대통령이었던 나세르는 통치시절 아랍, 이슬람, 아프리카에서 이집트가 주도적인 역할을 할 수 있기를 기대하였다. 그러나 그의 명성은 아랍 안에 그것도 이집트와 그 주변 국가에 머물고 말았다. 오늘날 이집트는 아랍 문화, 아프리카 문화, 이슬람 문화, 지중해 문화와 관련되어 있다. 아랍 무슬림들은 <아랍>과 <이슬람>이란 어휘를 자신들의 정체성을 나타내는 데 즐겨 사용하므로 중동이란 말은 그들에게는 상당히 애매모호한 어휘이다. 그래서 등장한 용어가 서아시아이다. 서아시아 북아프리카West Asia & North Africa; WANA 지역은 서쪽의 모로코에서 동쪽의 파키스탄과 아프가니스탄, 북쪽의 터키 그리고 남쪽의 수단을 포함하는 개념이다. 이상과 같이 협의의 중동은 터키, 이란을 포함한 아라비아 반도 전체 국가들과 이집트를 포함하는 개념이고 광의의 중동은 서쪽으로는 대서양까지, 북쪽으로는 지중해, 흑해, 코카서스, 카스피 해까지, 카자흐스탄, 타지키스탄까지, 동쪽으로는 인더스 강까지, 남쪽으로는 수단까지를 포함한다.

중동과 서아시아에 포함된 아랍은 무슨 의미를 지니고 있을까? '아랍Arab'이란 말은 이슬람 이전에 아라비아 반도와 시리아 사막에 살던 사람들을 가리켰다. 기원전 854년의 아슈르 기록에 의하면 아랍인들은 낙타들과 관련지어 등장하는데 아랍이란 단어가 역사에 처음 등장한 것은 그들이 낙타와 관련될 때였다.[23] 그들이 낙타를 모는 사막의

23_ Raphael Patai, The Arab Mind, Charles Scribner's sons, 1983, 12.

유목민이었다는 것이다. 이때부터 아랍이란 단어는 쉽게 사막을 연상하는 말이 되었다. 기원전 600년쯤 예레미야 3:2에 나오는 '광야에 있는 아랍(유목민) 같아서'란 말은 유목민, 광야, 아랍인이 서로 관련되어 있었다. 이보다 1세기 전에 이사야(13:20) 선지자는 "아라비아 사람도 거기 장막을 치지 아니하며"라고 하여 아랍인과 텐트를 서로 연결지어 주었다. 아랍이라는 말과 유목민Bedouin이라는 두 용어는 서로 개념상 긴밀하게 연관되어 자주 아랍인을 유목민이라고 칭했다.

610년 이슬람이 처음으로 태동되기 전에 아라비아 반도에는 기독교인, 유대교인, 우상숭배자 등이 있었다. 꾸란을 읽어보면 이슬람 이전에 기독교보다는 유대교가 이슬람에 더 많은 영향을 주었다. 무함마드(570-632) 이후 아라비아 반도와 시리아 사막 외곽지역으로 이슬람 세력이 확산되면서 이때부터 '아랍'이라는 말에 다른 개념이 들어가기 시작하였다.

그렇다면 아랍은 아라비아 반도에 살면서 아랍어를 사용하는 아랍 종족(유목민)이라고 말할 수 있을까? 이슬람이 확장되면서 '아랍'이란 단어는 이슬람에 개종한 다른 인종의 사람들이 그들 조상의 언어를 버리고 그 대신 아랍어를 수용한 사람들을 가리켰다. 새로운 영토에서 아랍인 정복자들은 그들 고유의 부족적인 특징을 보류하고 과거 유목적인 삶을 버리고 도시에 거주하는 정착민이 되었다. 이제 새로운 국가에서 아랍인 정복자와 그 지역 주민 간에 있었던 서로 간의 차이는 점차 사라지고, 무슬림들이 비교적 짧은 기간에 북아프리카와 서남 아시아에서 유일한 지배적인 그룹이 되었다.

그러면 아랍인은 이슬람 국가에 살고 아랍어를 하는 사람들(도시 정착민)이라고 할 수 있을까? 아랍과 서구의 많은 학자들이 아랍인은 누구인가에 대한 대답을 찾으려고 애썼다. 그렇다고 시원한 답을 내놓은 학자들은 없었다. 그만큼 아랍인의 용어규정이 불확실했다. 아랍을 아랍어로 말하고 아랍 문화 속에서 자라나 아랍 국가에 살고 있고 이슬람을 믿는 사람들이라고 정의를 내린 아랍인도 있었다. 그러나 이 정의에

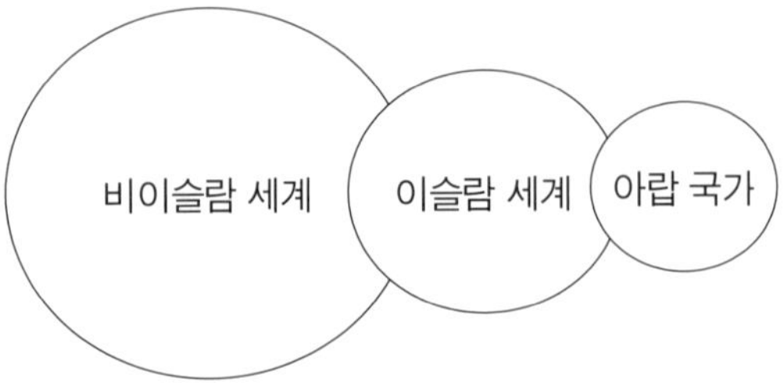

서 아랍어를 사용한다는 말 이외에는 아랍이란 말의 뜻풀이로 적합하지 않았다. 아랍어를 사용하면서 서구 문화 속에 살고 있는 아랍인도 있고 이슬람을 믿지 않지만 오늘날 아랍 국가에 살고 있는 기독교인과 유대교인이 있기 때문이다. 그런데 아랍어를 사용하고 자신이 아랍인이라고 느끼는 사람이 아랍인이라고 하는 사람도 있었다. 문제는 이슬람과 아랍주의arabism를 동일시하는 아랍인들이 많았다. 아랍과 무슬림 간의 차이를 구별하지 않는 아랍 학자들을 보고 라파엘 파타이는 "아랍 역사에서 보여준 아랍 인종 우월주의의 중요한 특징"이라고 하였다.[24] 사실 아랍인들이 역사를 왜곡하려는 것은 아닐지 모르나 일부 역사 자료의 진실성이 의심될 때가 있다. 그것은 이슬람 우월주의가 스며든 글에서 더욱 잘 나타난다. 그래서 이슬람학을 공부하는 학자들은 서구의 자료와 아랍의 자료들을 번갈아 보면서 아랍인들과 만남 속에서 얻어진 사실이 무엇인지를 확인하는 작업이 필요하다.

아랍에 대한 다른 자료들의 설명을 찾아보자. 첫째, 아랍어 사전 알 피루자바디에 의하면 <아랍>은 이브라힘이 살았던 지역과 땅을 가리킨다고 하였다. 그렇지만 이브라힘은 아랍의 직접적인 조상이 아니고 아람 인Aramaean으로서 유프라테스 강을 건넌 사람 즉 가나안으로 이주한 사람이었다.[25] 오늘날 아랍인들은 이스마일의 자손이거나 이브라힘

24_ 위의 책, 15.

25_ Samuel Prideaux Tregelles, Gesenius' Hebrew and Chaldee Lexicon to the Old Testament Scriptures, Grand Rapids: WM. B Eerdmans Publishing Company, 1846, 604.

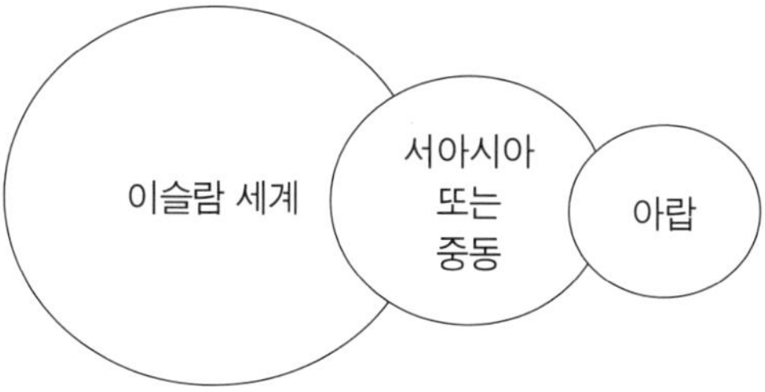

의 처 그두라가 낳은 자손이거나 유대인과 혼인한 자손일 수도 있다. 그러나 역사를 거치면서 유럽과 주변국의 침입으로 단일 민족성이 사라져서 이런 계보가 과학적으로 증명이 안 된다고 생각하는 학자들이 늘어났다. 아랍 역사를 보면 가끔은 이슬람 종교를 믿은 이란인들이 아랍 중심주의(우루바, 우루비야)를 받아들이지 않았다. 이란인들은 슈우비야shu'ūbiyyah 운동(반 아랍 운동)을 일으켰다. 후자는 아랍인의 사고 방식과 아랍적인 것들을 거부하고 페르시아 가치관을 받아들였으므로 아랍 문화와의 결별 운동이라 할 수 있다.

둘째는 아랍인은 아랍어를 사용하고 꾸란과 무함마드의 가르침을 믿고 과거 아랍제국의 영광을 자랑스럽게 여기는 아랍국가의 시민권을 가진 사람이라는 정의이다. 그러나 프랑스, 미국, 영국, 독일, 라틴 아메리카 등지에 살고 있는 아랍인들은 그들이 사는 곳은 서로 다르지만 자신들이 아랍인이라고 생각한다. 또 아랍어를 사용하고 아랍국가의 시민권을 갖고 있지만 꾸란과 무함마드를 믿지 않는 아랍인들도 있다. 그들 중에 1700만-2000만 아랍 기독교인들이 아랍 땅에 살고 있다. 과거 아랍기독교인들은 아랍어와 아랍민족주의를 부흥시키는 데 많은 공헌을 했다. 19세기 말과 20세기 초 이집트에 이어서 레바논과 시리아에서 일어난 부흥(나흐다)운동을 일으킨 사람들 중의 상당수가 아랍 기독교인들이었다. 그중에 레바논의 기독교인 나시프 알야지지Nasif al-Yaziji가 있었고 무슬림들 중에는 이집트에서 서구 문화에 대한 글을 쓴 리파아 알따흐따위와 이슬람에 대하여 모더니스트 해석을 한 자말 알딘 알아프가니도 있었다. 현대 아랍어 사전을 최초로 만든 부뜨루스 알부스타니Buṭrus al-Bustānī는 레바논의 마론파 기독교인이었다. 2011년 이집트 알아즈하르 이슬람 종교 수장 아흐마드 알따입은 아랍 기독교인들이 아랍 세계의 사회 구성에 본질적인 부분을 차지하고 있다고 하면서 기독교인 사회의 융성이 아랍 문화의 풍요를 이루는 바탕이 되었다(2011. 1. 23. 알아흐람지)고 했다. 공산주의자들이나 또 다른 이유로 아랍 제국의 영광을 자랑스럽게 생각하지 않는 부류가 있다. 모로코의 사회학자 파띠마 메르니시Fatima Mernissi는 그녀가 학교 교육을 영어와 프랑스어로 받았기 때문에 처음에는 주로 이들 언어로 글을 썼으나 모로코 방언을 통하여 문학 아랍어(푸스하)를 배운 다음에는 문학 아랍어로 글을 쓰기도 했다. 반면에 모로코의 라일라 아부 자이드Leila Abou zeid는 프랑스어는 모로코를 식민 통치한 나라의 언어라는 정치적 이유 때문에 프랑스어로 글을 쓰는 것을 거부하였다. 동일 국가에 사는 아랍인들도 외국어에 대한 인식의 차이가 크다고 하겠다.

셋째, 팔레스타인 사람으로서 이라크 바그다드에 살았던 아랍 소설가이자 시인이었던 자브라 이브라힘 자브라Jabra Ibrahim Jabra의 아랍에 대한 정의가 있다. 자브라는 "아랍어를 자신의 언어로 말하고 자신이 아랍인이라고 느끼는 자"는 누구나 아랍인이라고 했다. 이것은 아랍인들이 각기 다른 정치 체제 속에서 살고 있지만 공통점은 아랍어라는 것이다. 아랍 지도자들 사고 속에는 적어도 자신의 세대 동안에 아랍은 하나의 국가를 이룰 수 있을 것이라고 생각했다. 그러나 그런 소망은 실현되지 못했다. 아랍 지도자들은 지금은 아랍이 여러 국가로 나뉘어 있지만 조만간 하나로 될 것이며, 하나가 되어야 한다고 주장한다. 그러나 실질적으로 아랍이 하나의 나라가 될 가능성은 거의 없다.

넷째, 아랍 연맹에 속한 나라들의 국민이 아랍인이라는 정의이다. 한국에는 2007년 아프간 사태 이후 중동에 대한 인식을 재고하고 아랍과의 교류를 확대하기 위하여 2008년에 <한국 아랍 소사이어티>를 설립했다. 한-아랍 소사이어티의 회원국은 아랍 연맹 회원국으로 국한되었는데 아랍 연맹Arab League은 아랍인Arab의 발전과 관련된 문제들을 조정하고 각종 현안과 아랍인들의 위기와 관련된 사항을 논의하는 정치적인 기구이다. 아랍 연맹은 아랍 국가들의 현안을 논의해왔지만 이들 안건을 제대로 실행해 본 적이 별로 없다. 한-아랍 소사이어티는 회원국을 아랍 연맹 회원국 22개로 한정했다.[26] 그러나 아랍 연맹에 속한 일부 국가는 문화적이라기보다는 정치적인 이유로 가입되어 있기 때문에 한 아랍-소사이어티가 문화 교류를 목적으로 한다면 사회 정치적인 기구 아랍 연맹과는 걸맞지 않는다.

아랍 연맹에 속한 소말리아는 소말리어와 아랍어가 공용어이다. 소말리와 아파르 인종이 사는 지부티는 아랍어와 프랑스어를 공용어로 사용하고 있다. 그래서 소말리아와 지부티를 아랍arabness과 관련시킨다면 이는 문화적인 이유라기보다는 정치적인 성격이 더 강하다. 코모로는 코모로어, 아랍어, 프랑스어가 공용어이다. 사실 아랍 세계Arab World는 모로코에서 아랍 걸프 지역(북아프리카와 서아시아)에 이르는 지역을 가리키므로 아랍 연맹에 가입된 모든 국가들이 아랍 세계인 것은 아니다.

아랍인과 이슬람은 어떤 관계인가? 7세기 이전에는 아라비아 반도에는 무슬림이 없었다. 그러나 610년 무함마드가 하늘에 있던 꾸란을 지브릴 천사를 통하여 내려 받았다고 주장하면서 새로운 종교 이슬람이 등장하였다. 2011년 아랍인들 중에는 무슬림과 비무슬림들이 있다. 비무슬림 중에는 기독교인과 유대교인, 바하이교와 기타 종교인들이 있다. 그런데 꾸란이 아랍어로 기록되어 있다 보니 아랍어를 "이슬람의 언어"라고 한다.

26_ <한- 아랍 소사이어티> 공식 홍보 책자, 15.

3. 아랍 문화와 이슬람 문화

아랍 문화는 아랍인의 문화이고 무슬림의 문화와 다르다. 이라크 무슬림들의 문화는 이라크의 독특한 문화가 들어 있고 모로코 무슬림의 문화에는 모로코의 순수한 베르베르 문화가 들어 있다. 이집트 카이로의 헬완 대학교 아랍어과 교수 이마드 샤이르는 아랍 문화와 이슬람 문화는 다르다고 했다. 그에게 아랍어로 "<아라비>라고 하면 무슨 의미가 머리에 떠오르느냐?"고 물으니 '언어'를 가리킨다고 주저 없이 말했다. 그는 '이집트인'은 국적을 가리키는 말이라고 했다. 아랍어는 꾸란이 글로 기록되기 전에 아랍인들의 구어spoken문화였다. 문어written의 문화가 아니었다. 앞서 말한 것처럼 역사를 거치면서 아랍어가 갖는 함의가 달라졌다. 이슬람 이전에는 아랍어가 아라비아 반도에 살던 아랍인의 언어이었다. 그러나 610년 이후 아랍어로 된 꾸란이 퍼지면서 아랍어는 아랍인들만의 언어가 아니라 피정복민의 언어가 되어 갔다. 꾸란이 등장하기 전에 아랍인들은 글이 아닌 말로만 아랍어를 사용했고 꾸란 안에도 아람어Aramaic가 사용되었다. 아랍인들은 시리아와 이라크, 요르단 등 주변 아람인들과도 많은 교류가 있었다. 3세기 아라비아 반도의 북부지역(시리아, 이라크, 요르단 등지)에는 아람어가 사용되고 있었고 그 지역의 기독교인들의 언어는 아람어이었다. 570년 무함마드가 메카에서 태어났고 610년 첫 꾸란 구절이 내려와 632년 무함마드가 죽을 때까지 꾸란 구절이 내려왔다고 하고 그가 죽자 꾸란 구절이 내려오지 않았다.

무함마드가 살아 있는 동안 아랍어는 문어written가 아닌 구어spoken 이었고 그 당시 아람어는 문어이었다. 그리고 오늘날 아랍인들이 사용하는 28개의 아랍어 자음이 아닌 15개의 글자로 꾸란이 처음 기록되었고 자음에는 점이 찍혀 있지 않았다. 꾸란의 최종본이 무함마드를 따르던 사람들에 의하여 만들어졌을 때 그런 편집 작업을 하던 사람들이 꾸란 언어의 의미를 모두 다 이해하지 못하고 억지로 그리고 임의적으로 고전 아랍어로 바꾸어버렸다고 했다. 다시 말해서 초기 무슬림들이 꾸란을 잘못 읽기도 하고misreading 잘못 해석하기도 했다.[27] 오늘날 아랍인들이 사용하고 있는 '알라'라는 신의 명칭도 이미 이슬람 이전에 사용되고 있었는데 그 증거 중의 하나는 무함마드의 아버지의 이름 '압드 알라'(압둘라)에서 찾아볼 수 있다. 더구나 아랍어 '알라'라는 단어가 아람어 '엘라하'와 시리얀어syriac '알라하'에 어원을 두고 있어서 단순히 알라를 아랍 무슬림들만의 어휘라고 하는 것은 역사 언어학자들이 받아들이기 어렵다.

2011년 오늘날 아랍 무슬림들은 꾸란의 언어를 잘 이해하지 못한다. 이집트와 요르단에서 만난 무슬림들은 꾸란을 해석하기 어려워하였다. 21세기의 아랍어로 7세기의 아랍어를 이해하기 힘들기 때문이다. 아랍 국가가 아닌 다른 이슬람 국가에서 아랍 무슬림들이 아랍어로 쓴 꾸란을 비아랍 무슬림이 제대로 이해하기란 현실적으로 불가능하다. 또 일부 무슬림들은 "자신이 아랍 무슬림이기 때문에 꾸란이 쉽다"고 하는데 실제 그런 말을 하는 무슬림에게 꾸란의 구절의 의미를 물으면 그 뜻을 잘 모르는 경우가 많다. 보통의 아랍 무슬림들은 꾸란을 완벽하게 이해하지 못한다. 더군다나 아직도 꾸란의 <난해한 글자>들을 해독하지 못하고 있고 요르단의 대학교 수업에서는 아랍어 자음에 구별점이 없는 아랍어 문장을 써 놓고 그 문장에 쓰인 자음에 점찍기를

27_ Christoph Luxenberg, The Syro-Aramaic Reading of the Koran: A Contribution to the Decoding of the Language of the Koran, Berlin: Verlag Hans Schiler, 2007, 221.

하여 문장의 의미가 통하는지를 확인하는 수업이 있었다.[28]

오늘날 무슬림이 꾸란을 읽는다는 말은 7세기 꾸란을 오늘날 21세기의 아랍어로 읽는다는 말이다. 언어에는 문화가 들어 있다. 그래서 꾸란이 기록될 당시의 아랍인의 문화를 아는 것이 꾸란을 이해하는 데 도움이 된다. 21세기 아랍인의 문화를 아는 것이 아니라 꾸란이 기록될 당시의 문화를 아는 것이다. 그러므로 꾸란 읽기는 고전 문학 읽기와 유사한 점이 있다. 그래서 꾸란의 미적 기법과 수사법(발라가)을 알아야 꾸란을 바로 이해할 수 있다. 고문의 어휘가 오늘날 아랍인들이 사용하는 어휘와 같더라도 그 시대가 갖는 독특한 의미를 가지고 있어서 일부 어휘는 오늘날의 의미와 다르다.

꾸란의 의미를 이해하려고 할 때는 꾸란의 문장들을 오늘의 일상적인 말로 해석해 내야 한다. 여기에 해석학이 중요한 문제로 부각된다. 꾸란 해석학은 과거 전통을 그대로 이어가자는 사람들의 해석과 자신의 견해를 넣어 해석해야 한다는 사람들의 견해에 따라 꾸란 본문에 대한 해석이 달라진다. 해석학은 인간의 이성의 활동에 의존한다. 어차피 인간이 꾸란을 해석한다고 해도 그 사람의 아랍어 능력과 이슬람학이나 꾸란학의 깊이와 사고 활동의 결과가 해석한 내용 속에 녹아 들어 있게 마련이다.

아랍어는 아라비아 반도에서 시작하였다. 그럼에도 오늘날 아랍인들은 아랍어(아라비)는 언어를 가리키는 말이라고 했다. 물론 이슬람 정복과 더불어 아랍어가 다른 지역으로 이동하면서 토착민의 문화가 섞였다. 오늘날 이집트 나라 안에서도 북부의 델타 지역과 남부의 싸이

28_ 2011년 1월 이집트 알아즈하르(이슬람 교육 기관) 대학교 압둘라 알후세이니 총장은 비아랍인을 위한 아랍어 교육 센터의 문을 열면서 "대학이 아랍어 교육과 보급에 관심을 갖는 것은 아랍어가 꾸란의 언어이므로 종교학을 더 쉽고 정확하게 이해하기 위해서 아랍어 교육을 강화해야 한다"고 하였다. 그가 지적한 아랍어는 물론 문학적 아랍어 Literary Arabic(푸스하)를 가리키고 오늘날 아랍 각국마다 사용하는 대중아랍어(암미야 혹은 다리자)는 아니다. 그의 말로는 아랍어가 이슬람의 언어이고 이슬람의 경전 꾸란의 언어임을 강조하고 있다.

드 지역 간에는 아랍어 발음과 어휘에서 차이가 난다. 아랍어가 이 두 지역에 들어가서 그 땅에 살고 있던 토착민의 언어에 영향을 받았다. 전술한 바와 같이 아랍 문화라고 하면 아랍어의 문화를 가리킨다. 아랍 문화는 아랍어를 사용하는 3억 아랍인의 문화이다.

아랍어를 사용하는 사람 모두를 아랍인이라고 할 수 있을까? 그러나 역사를 보면 요르단의 페트라에서 인종은 아랍인인데 아랍어가 아닌 아람어를 사용한 나바트인들이 살고 있었다. 인종과 언어가 반드시 일치하는 것은 아니었다. 오늘날 상당수 아랍의 소수 민족들(쿠르드, 아슈르, 콥트, 베르베르)이 자신들의 언어를 잃어버리고 아랍어를 사용하는 경우도 있다. 2011년 이집트에서 아랍 국가들의 정상들이 모여 경제회담을 했는데 소말리아가 이 회의에 참가하였다. 소말리아가 아랍 국가들의 대의에 적극 참여하겠다고 했다. 소말리아는 오늘날 아프리카 대륙에 있지만 아랍의 부족이 그 지역에 가서 이슬람을 전한 다음에 소말리아가 아랍 연맹에 가입하였다. 그런데 소말리아 어는 아프리카-아시아 어군에 속하고 1972년부터 아랍어가 아닌 소말리 글자 자모를 사용하고 있다. 물론 소말리아에서 종교의 언어로서 아랍어를 공부하고 있으나 공용어는 소말리어이다. 그렇다면 아랍 연맹에 속한 소말리아라고 할지라도 소말리아의 문화는 아랍 문화라고 할 수 없다.

누군가가 아랍인이라고 하면 우리는 그가 아랍어를 사용한다고 생각한다. 누군가를 무슬림이라고 한다면 그가 이슬람 종교를 믿는다는 개념을 먼저 떠올린다. 사실 남부 수단 사람들은 인종으로 보면 검은 피부를 지녀 아랍인들이 아니다. 지부티 사람들도 아프리카 사람들이지만 아랍인이 아니다. 그런데 이들이 아랍 연맹에 가입하였다고 해서 아랍인들이라고 할 수 없다. 이집트 남부에는 누비아인들이 산다. 이들이 이집트 국가 안에 살면서 아랍어를 사용하지만 아랍인이 아닌 누비아인이고 이라크에는 아슈르인(혹은 앗시리아인)들이 사는데 이들은 아람어를 사용했다. 물론 그들의 자녀들이 아랍 학교에 가서 아랍어를 배운다. 아슈르인들은 주로 기독교인들이었다. 이라크를 방문하여 이라크 무슬림들에게 아슈르인을 아느냐고 물으니 기독교인들을 왜 만나려고 하느냐고 되물었다. 이라크 무슬림에게 아슈르인들은 기독교인이었고 아람어는 기독교인의 언어라고 생각했다.

그런데 누군가 아랍어를 사용한다고 해서 그를 아랍인이라고 하기 어려울 때가 있다. 그가 아랍 인종인지 아닌지를 따져 보아야 한다. 본래 <아랍어>는 언어에 대한 용어이고 <아랍인>은 아랍 종족에 대한 용어이다. 그래서 이집트인들은 자신들이 아랍인이냐에 대하여 사람마다 서로 다른 정의를 내린다. 이집트에 이슬람이 들어오지 않았을 때는 이집트에서 아랍어가 사용되지 않았다. 이슬람 이전의 이집트인들은 아랍 종족이 아니었다. 아랍 종족과 혼인을 거듭하면서 일부 이집트인들이 자신을 아랍인이라고 말하는 사람들이 늘어났던 것이다. 이집트 정부가 2002년에 발행한 학생용 아랍어 사전에서 아랍은 "아랍 반도에서 시작된 셈족 근원의 사람들의 움마(국민)"라고 정의했다. 지리적 개념(아라비아 반도)과 종족이 강조되고 있다.

2011년 남부 수단(국명: 남수단)이 북부 수단(국명: 수단)에서 독립하는 국민투표를 시행했다. 이집트 무슬림 우사마 가이스는 신문 칼럼을 통하여 수단에서 아랍 무슬림들과 아프리카 사람들을 구별하려는 움직임이 꾸준히 계속되어 왔다고 지적하고, 아랍 무슬림들이 아프리카 노예 무역을 한 사람이었다는 것을 부각시켜 남부 수단 사람들을 종으로 부려 먹은 무슬림들도 있었다고 했다. 무슬림들이 시장에서 노예들을 팔았다고 했다. 이런 글을 썼다가 감옥에 간 수단인 교수도 있었다. 노예 무역이 남부 수단 사람들에게 전해져서 수단 북부의 아랍 무슬림들을 남부 수단인들이 증오하게 되었다. 그리고 세월이 흐른 뒤 2011년 남부 수단인들은 하나로 똘똘 뭉쳐 남수단을 독립된 국가로 만들었다. 그는 수단 북부와 남수단은 아랍의 정체성과 아프리카 정체성 간의 싸움이라 했다. 수단의 다르포르 인종 학살은 아프리카인 무슬림 부족과 아랍인 무슬림 부족 간의 문제였다. 아랍인 무슬림들이 아프리카 무슬림을 대량 살해한 것이다. 이것은 종족 간의 싸움이었다.

북부 아프리카는 이슬람이 널리 퍼져 이슬람의 특색을 많이 지니고 있다. 그런데 그들 대부분의 주민은 사하라 부족에 속해 있었다. 이들은 아랍 인종에도 속하지 않았다. 북부아프리카에서 아랍 마그립 연맹의 회원국은 모로코, 튀니지, 알제리, 리비아, 모리타니이다. 블랙 아프리카 부족들은 그들 나름대로의 전통이 있었고 아랍 마그립 국가에서 분리 운동의 주체가 되기도 했다. 남수단이 (북부) 수단과 분리된 주요인은 인종적인 요인이 컸다. 민족주의 운동의 리더와 남수단 정부의 수반 셀파케르가 테레사 가톨릭 교회에 다녔다. 남수단이 북부 수단과 분리되기 전에 남부 수단의 대부분 부족들의 리더가 뽑힌 수단 정부 관료들 대부분은 기독교인들이었다. 남부 수단에 들어간 무슬림은 주로 장사꾼들이었고 그들이 수피[29] 이슬람을 퍼뜨렸다. 주로 알까디리야와 알부르히니야 수피 사람들이 북부 수단에서 힘을 얻으면서 남부에도 이 수피 종단들이 퍼졌다. 남부의 수단인들 중 96%가 남과 북의 분리에 찬성했다. 남부 수단인들은 그들의 삶과 행동에서 아직도 예로부터 내려오는 관습과 전통을 그대로 지키고 있다. 남부 수단의 대다수는 아랍 인종과 상관이 없다. 만일 그들을 아랍이라고 한다면 그것은 아랍어를 사용하고 있다는 것인데 사실 남부 수단인들 모두는 아랍어를 사용하지 않는다. 2011년 1월 9일 수단 남부가 북부와 분리를 묻는 국민투표를 하였다. 남부 지역에 속한 아비에이Abyei[30]에 수단 원유의 80%가 있고 북부는 그동안 남부의 원유를 통하여 북부 사람들에게만 혜택이 돌아가는 것에 남부 수단인들의 불만이 컸다. 더군다나 다르포르에서 남부 수단인들을 대량 살상함으로써 인종청소로 악명이 높은 북부 이슬람 정부가 노골적으로 남부 수단인들을 착취했다. 남부 수단인은 검은 피부 빛깔을 가진 아프리카 사람이지 아랍인이 아니다. 물론 이집트도 642년 아랍 무슬림들이 이집트를 점령하기 전에는 아프리카의 콥트인들이었다.

29_ 공일주, 수피즘과 수쿠크, CLC, 2011, 150-168.

30_ 더글러스 H. 존슨, 수단 내전, 최필영 옮김, 양서각, 2011, 315.

또 다른 나라의 예를 들어보자. 이란은 이슬람을 믿지만 아랍인들이 아니다. 그래서 시아파 무슬림이 이라크에서 정권을 잡자 주변 아랍 국가들은 이란은 페르시아인이지 아랍인들이 아니라며 인종 차별적인 말들을 쏟아냈다. 이슬람 역사를 보면 아랍지배계층을 거부한 압바시야조는 지배계층이 아랍인이 아닌 무슬림이었다. 1970년대 범 이슬람주의는 아랍이 아닌 이슬람을 중심으로 하나가 되기를 모색한 시기였고 1979년 이란에서 이슬람 혁명이 일어났다. 아랍 문화가 이슬람 문화와 같은 말로 사용되는 원인 중의 하나는 이슬람이 팽창하면서 이슬람이 지배하는 곳에서 피정복지의 언어가 말살되고 이슬람화가 진행되었다는 것을 반증한다. 북아프리카에서는 이슬람이 정복하기 전 그 지역의 언어들이 있었고 시리아, 레바논, 이라크 지역에는 이슬람이 정복하기 전에 아람어를 사용하고 있었다. 그런데 이슬람이 정복한 뒤에는 이 지역의 언어들이 점차 사라지고 토착어는 그 지역의 기독교인의 언어로만 남게 되었다. 이집트에서는 한동안 콥트 기독교인들이 콥트어를 자녀들에게 가르치고 아랍어를 못 배우게 한 적이 있었다. 그러나 이라크와 시리아의 아람어 상황은 콥트어와 조금 달랐다. 아람어와 아랍어 그리고 히브리어는 셈어이고 콥트어는 함족의 언어이다. 오늘날에도 아람어와 아랍어 간의 공통된 어휘들을 많이 찾아볼 수 있고 히브리어와 아랍어 간의 공통된 어휘도 많이 찾아볼 수 있다. 그러나 콥트어와 아랍어 어휘들은 앞서 말한 두 경우와 비교해 볼 때 공통된 부분을 찾기 힘들다. 아람어 사용지역이었던 이라크, 시리아, 요르단 등지에서는 아람어가 많이 아랍어에 들어가 있었고 반면에 이집트에서는 이집트 대중 아랍어에 콥트어와 여러 정복 국가의 언어들이 들어가게 되어 오늘날 이집트 대중 아랍어가 문학 아랍어(푸스하)에서 상당히 멀어지게 되었다.

아랍 문화가 언어, 인종, 지리적인 관점에서 아랍인의 풍습과 전통 그리고 아랍어와 관련되어 있다. 아랍인들 사이에 유사성과 차이점은 다음과 같이 범 아랍의 가치, 역내regional 가치 그리고 국가적인 가치에 따라 달라진다.

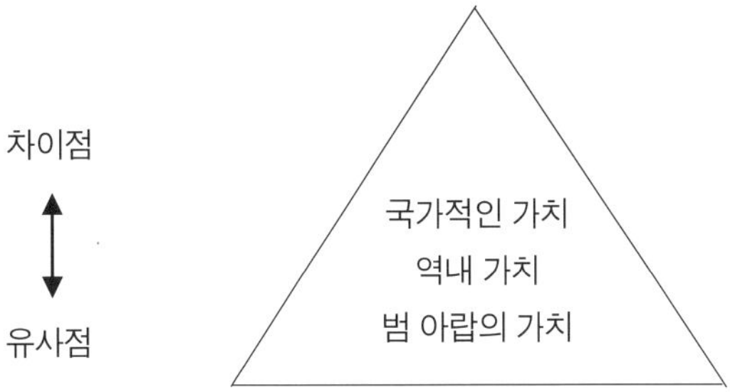

범 아랍의 가치는 아랍어, 가족제도, 역사관, 건축 등이고 역내 가치는 역사적, 경제적, 지리적인 요인에 따라 역내 국가 간의 영향이 있는데 시리아와 이라크에서 터키의 영향력을 무시할 수 없고 이라크와 일부 길프 국가에서 페르시아의 영향도 감지할 수 있기 때문이다. 국가적인 가치는 북아프리카의 알제리, 튀니지, 모로코가 각각 서로 다른 사고 방식을 갖는다. 그렇다면 오늘날 아랍인들의 특징은 무엇일까? 20여개 아랍 국가들을 하나의 영토one territory 또는 하나의 국민one nation이라고 말하기는 어렵다. 그렇지만 아랍인들은 아랍 국가들이 모두 하나라고 한다. 그 하나는 실질적으로 영토적으로 하나가 아니라 정치적으로 하나가 되자는 것이었다.

둘째, 아랍 국가 간 진정한 아랍인의 연합이 없다. 유럽은 언어와 문화가 전혀 다른데도 모든 유럽 국가들이 유럽 연합에 속하여 마치 한 나라를 여행하는 것과 같다. 그러나 아랍 국가들은 서로 이해관계가 달라서 한국인이 두세 개 아랍 국가를 가려면 국경이나 공항에서 비자를 다시 받아야 한다. 하나의 국민이라고 주장하는 아랍인들Arabs은 유럽에서처럼 한 번 비자를 받으면 다른 국가에 갈 수 있는 시스템도 없다. 아랍 연맹(사무국: 이집트 카이로 소재)은 있으나 실질적인 아랍 연합Arab union은 없다. 아랍 연맹은 구속력도 없지만 실질적으로 한 목소리를 내지 못한다. 아랍 연맹 회의가 열리면 서로 설전을 하고 말은 많은데 실질적으로 회의 결과를 실천하는 일이 거의 드물다. 아랍이 하나가 되는 것Arab unity 그리고 아랍 국가들이 진정한 연합Arab Union을 이루지 못한 상황에서 아랍과 아랍 상호간 협력inter-Arab과 아랍 안에서intra-Arab 협력을 모색하는 중이다. 그 중 하나가 걸프 지역 국가들이 단일 통화제를 만들어보자고 한다.

셋째, 아랍 국가 안에 다수 문화와 소수 문화가 존재한다. 이집트에는 이슬람(다수)의 문화와 콥트 기독교(소수)의 문화가 충돌하고 있다. 카이로 아메리칸 대학교에서 2011년 가을부터 콥트 이집트학에 대한 석사학위 과정을 열었다. 고대 이집트 예술, 고고학, 역사, 문헌학 등을 공부하는데 아메리칸 대학교 고고학 교수 파이자 하이칼은 역사와 건축, 예술을 강조하는 이집트학 코스, 종교, 과학, 문학, 경제와 관련된 문헌과 문헌학을 강조하는 이집트학(일므 알미쓰리야트) 과정 그리고 이집트 기독교 사회를 연구하는 콥트학(일므 알끼따야)을 포함한다고 했다. 오늘날에는 지배 계층의 문화와 소수 종교인들의 문화가 충돌하기도 한다. 그것은 이슬람 국가에서 지배자가 이슬람 혹은 무슬림인 경우, 다수의 지배층의 문화가 비무슬림인 소수인들의 문화에 무관심하다. 이슬람 국가의 경우 그 문화가 종교 색깔을 가질 때 소수민의 문화를 더더욱 허용하지 않으려 한다. 모스크는 종교적인 건물일 뿐만 아니라 그 안에 거대한 문화가 정박하는 곳이기도 하다. 진정한 의미에서 이슬람 국가에는 소수 종교인들의 권리는 없다. 그 권리는 이슬람이 허용하는 범위 안에서 소수인들의 국가에 대한 책임이 인정될 뿐이다.

4. 아랍 문화의 기원과 연구 방향

아라비아 반도는 아랍인Arab people들의 기원이 되는 곳이고 그런 면에서 아랍 문화와 전통을 공부할 때 아라비아 반도가 중요하다. 아랍 문화의 뿌리들은 고대 시대로 되돌아긴다. 흔히들 아랍문화가 오늘날 이슬람 문화라고 생각하는 것은 아랍문화를 역사적으로 깊이 연구한 학자들이 부족해서다. 아라비아 반도의 많은 부족들이 주변 국가들, 즉 이라크, 시리아, 이집트 및 일부 아프리카 국가들로 이주했는데 그들 나라의 부족들의 이름이나 과거 전통이 아랍 문화에서 온 것들도 있다.[31] 아라비아 반도의 부족과 지역이 아랍 문화적인 특징을 갖고 있어서 아직도 공통된 아랍 문화와 종교들이 아라비아 반도 밖의 나라들의 문화에 공유되어 있다. 그러나 역사를 거치면서 아시아, 아프리카, 유럽의 사람들이 아랍인들과 만나면서 문화적인 동화도 일어났다.

아랍 문화 속에 들어와 있는 다른 민족의 문화를 연구하는 것은 현대 아라비아 반도의 사람들을 이해하는 데 중요하다. 아랍 문화 연구는 아랍인들과 그들의 지리, 시간 관념 그리고 다양한 문화적 코드들과 어

31_ 아랍의 땅들은 부족을 중심으로 나누어져 있었다. 각 부족은 주민과 가축이 사는 곳이 할당되었다. 문화적으로 한 부족의 땅은 다른 부족에게 출입이 금지되었다. 만일 어느 땅에 침입자가 들어오면 곧 전쟁이 시작되었다. 그러나 강한 부족의 명성을 얻기 위하여 다른 약한 부족의 땅을 침입하기도 했다. 그 땅의 소유주를 나타내기 위하여 지명을 부족의 이름으로 짓기도 했다. 그리고 지명을 인명에 사용하여 어느 지역 출신인지를 서로 쉽게 알도록 했다.

떤 관계인지를 연구하고 부족적인 기원, 사회적인 지위, 그런 영향의 사회적인 결과, 그리고 어떻게 아랍 사회가 소수민과 사회적으로 교류하였는가를 살펴보는 것이다. 사우디아라비아 킹사우디 대학교의 알갓다미Al-Ghadhdhāmī는 아랍 문화의 구성요소들과 양상들이 다양한 내용으로 되어 있다고 주장했다. 아랍 문화에 대한 연구는 전통문화(민속)적인 측면folkloric perspective과 아랍 문화에 대한 학술적인 측면을 고려하고 다양한 요인들이 아랍인과 어떤 상호작용을 하였는지를 고찰하는 것이라고 했다. 그래서 이런 정보들이 오늘날 문학적, 사회적, 정치적 상황에서 어떻게 표출되는지를 고찰하는 것이다. 아라비아 반도에서 일어난 여러 차례의 전쟁은 사회적인 변화를 가져오게 했고 아랍을 정치적인 곤경에 빠지게 했다. 우선 페르시아인, 바빌로니아인, 앗시리아인과 악카드인들의 침입이 있었다. 기원전 583년에는 페르시아인들이 걸프 해안을 침입하여 바레인에 군사기지를 세웠다. 그리고 기원전 3세기 그들이 떠날 때까지 예멘과 오만을 200년간 점령했다. 16세기에는 포르투갈 사람들이 이 지역에 와서 동부 걸프에 머물렀다. 그 후 영국인들이 이 지역에 와서 150년 동안 머물고 1971년 그 땅을 떠났다. 이렇게 다른 문화들이 아라비아 반도에 들어왔다는 것을 알면 이들 침입자들이 아랍 문화와 언어 사용에 영향을 주었다는 것도 알 수 있다.

이슬람이 7세기에 아라비아 반도에서 등장했을 때 아랍인들은 다른 나라에 이슬람을 전파하고 그들의 국경을 방어하면서 상업을 했다. 그런 과정에서 다른 문화들을 가진 사람들과 섞이고 다른 문화들 속에 사는 사람들과 만나기 위하여 다른 문화에 동화되기도 했다. 아랍인들이 고국으로 돌아왔을 때 그들이 자신들과 다른 문화적 가치와 행위들을 가져왔고 이것이 아랍 문화를 변화시키는 원인이 되었다. 그리고 다른 나라와 문화를 가진 사람들이 아라비아 반도로 이주하면서 이들은 자신들의 언어와 전통들도 가져왔다. 이들 이주민이 사는 곳에서는 약간의 문화적 변용이 일어났다. 아라비아 반도의 여러 지역에서 문화적인 통합이 이뤄졌는데도 아랍어는 그들 간의 소통의 언어로 남아 있었고 이슬람은 공식 종교로 잔존하게 되었다.

아라비아 반도는 20세기 후반 석유 붐 이후에 급격한 변화를 겪었다. 이 변화는 경제적인 변화뿐만 아니라 사회적, 문화적, 정치적인 변화를 가져왔다. 전통적으로 주로 사막에 살던 유목민 베두인Bedouins들이 천막을 떠나 집에서 살도록 권장되었고 사람들은 문명의 이기를 사용하기 시작했다. 아랍인들이 테크놀로지를 사용하면서 항상 전통적인 수단을 사용하도록 권장된 문화에 다시 한 번 변화가 일어났다. 사람들이 천막과 진흙 집을 떠나서 콘크리트로 된 다층 가옥으로 이사했고 이동수단으로서 동물을 사용하던 것 대신에 아랍인들은 자동차와 컴퓨터를 사용하게 되었다. 이제 스마트폰뿐만 아니라 서구 문화가 위성 채널을 통하여 안방에까지 들어갔다. 아랍인들은 서구 문화에 대하여 완전 수용, 완전 거부 또는 이 둘 사이에서 갈등하는 사람으로 나뉘었다.

그 동안 대부분의 아랍 문화 연구는 정치학, 사회학, 종교, 역사와 같은 주제 안에서 다뤄졌다. 한국에서도 아랍 문화 연구가 종교와 역사에서 주로 다루어지면서 아랍 문화사라는 용어가 등장했다. 서구 여행가나 탐험가들이 다룬 책에서는 아랍 문화에 대한 정보가 지리, 정치, 사람들의 행동에 초점을 두었다. 오리엔탈리스트들의 아랍 문화 연구는 아랍 학술 기관에서 공식적으로 연구한 일종의 문학에 해당되는 엘리트 문학에 초점을 두었다. 그러나 아랍 문화의 다양성은 단순히 엘리트 문학만을 연구하는 것이 아니라 서민들이 숨쉬는 문화도 반드시 연구되어야 한다. 아랍인의 민속과 엘리트 문학이 모두 다뤄져야 아랍 문화의 전체를 볼 수 있다. 아랍 문화 연구가 단순히 책상에서 이론연구나 기존 학자들의 책들을 인용하는 것으로 끝나는 것이 아니라 이것을 포함하여 아랍 국가들을 여행하면서 그들과 만나고 그들 속에 살아본 경험들이 녹아나는 연구가 필요하다. 아랍인에 대한 문화적인 정보의 권위는 이렇게 아랍인들이 직접 행하고 아랍인들이 실제 믿고 있는 것을 기술하는 것이고 민간인들의 이야기 속에서 얻는 실제 문화real culture와 아랍인들이 다른 외국인에게 공개적으로 행하고 제시하는 이상적인 문화ideal culture가 구분되어야 한다. 아랍인들이 써 놓은 책들은 주로 이상적인 문화를 기술할 때가 많은데 아랍인 학자, 고위 정치인, 서민과 시골의 노인에 이르기까지 다양한 체험을 할 수 있어야 아랍인들의 전체를 균형 있게 볼 수 있다.

일부 오리엔탈리스트들이 지역적인 민속을 파악하려 했으나 그런 연구들이 피상적인 관찰과 판에 박힌 견해 그리고 잘못된 분석으로 인하여 오히려 아랍 토박이들의 삶과 관련 없는 내용들이 있었고 이런 잘못된 서술로 인하여 아랍문화에 더욱 가까이 노출될 수 있는 기회를 막기도 했다. 대부분의 서구 여행가들은 오일 붐 이전에 다녀간 사람들이므로 그들의 견해가 현재의 아랍인들의 삶을 대변하기는 어렵다. 왜냐하면 너무나 많은 영역에서 문화적 변화가 일어났기 때문이다. 그들의 연구는 주로 지리, 인구, 부족 간의 정치적인 관계에 초점을 두었다.

아랍의 전통문화folklore의 연구가 쉽지 않은 것은 대부분의 연구자들이 현장에 모두 갈 수 없는 여건 때문이기도 하다. 연구자들이 엘리트 문학을 연구하는 것이 민속 문학이나 전통에 대한 연구보다 자료를 구하기가 더 쉽다. 민속과 전통문화는 발로 걸어서 직접 자료들을 모아야 하는 어려움이 있고 설령 이런 자료들을 모았다고 해도 아랍의 관계기관에서 해외로 반출되는 것을 원하지 않는 경우에는 그 자료가 사장되고 만다. 또 아랍 정부나 학술기관에서 자국민을 만나지 못하게 통행증을 발급해 주지 않으면 현장에 갈 수도 없고 더구나 현장에 가더라고 자료 제공자가 자신의 문화적인 정보가 외국인에게 전달될 때 아랍 문화에 대한 잘못된 판단이나 아랍 문화를 왜곡을 할 것이라는 두려움 때문에 아랍 문화에 대한 정보에 방어적인 태도를 갖기도 한다. 그래서 아랍 문화 연구가 어렵다는 것이고 아랍에 대한 이해가 아직도 한국인들에게 오해되어 언론에 보도되는 것은 이런 자료 제공자의 정직하지 못한 정보가 특히 이슬람 종교 문제에서 더욱 많아지기 때문이다.

아랍 문화 연구는 문화 비평이 있어야 다른 분야와 관련된 내용의 중요성을 설명하는 데 더욱 큰 도움을 줄 수 있다. 문화 비평cultural criticism은 우리의 행동과 세계의 비전에 영향을 주는 문화적인 체계들을 발견하기 위하여 여러 분야의 이론들을 의존한다. 이것은 사회에 문화의 결과를 허용해주는 다른 학문의 요소들을 널리 사용하여 문화 속에 드러나거나 숨겨진 현상들을 밝혀보는 것이다. 문화 비평은 미학뿐만 아니라 이데올로기와 그것의 역사적, 정치적, 사회적, 철학적, 경제적 맥락 사이의 관계를 이해하려고 시도하는 것이다. 문화 비평의 핵심은 문화와 사회를 연결해 보는 것이고 문화 연구에서 텍스트text는 문화적 텍스트와 떨어져서 읽혀질 수 없고 텍스트를 인식하는 독자의 인식에 영향을 주는 환경에 대한 문화적 영향과 고립되어 분석될 수 없다. 어느 텍스트를 이해하기 위해서는 믿을 수 있는 문화적인 내용을 상황화하는 것이 필요한데 가령 아랍인들이 낙타에게서 볼 수 있는 것을 한국인들은 보지 못하고 고대 아랍인들이 말에서 본 것을 오늘날 아랍인들이 보지 못하는 것과 같다. 이는 곧 사물에 대한 사람들의 바라봄vision이 문화에 따라 다르고 시간의 변화에 따라 다르고 생활의 변화에 따라 달라지기 때문이다.

더 생각해 보기

아라비아 반도에서 학술적인 연구를 위한 인터뷰는 사전에 당국의 통행허가를 받아야 하는 경우가 많고 당국의 허가를 받아도 가족들이 거부하면 일이 성사되기 어렵다. 아랍 여성들은 남성들보다 조리있게 이야기하므로 연구자가 만나서 이야기를 듣고 채록하기에 아주 좋다. 그런데 여성 스토리텔러에게 녹음을 했다가도 가족의 남동생이 그 녹음내용을 빼앗아 없애 버리기도 하고 여성 스토리텔러가 처벌받을 수 있는 비밀이 누설될까 두려워 이야기를 중단해버리는 경우도 있다. 남자들은 자주 공적이고 이상적인 아랍 문화 상(이미지)과 충돌하여 아랍 문화의 단점에 대한 이야기라고 판단되면 당국의 응징이 두려워 말을 중단해 버린다. 이런 아랍 남성들은 당국의 처벌을 피하거나 상을 얻고자 정부 찬양의 말들을 쏟아 놓기도 한다. 또 외국인에게 그들에 관한 부정적인 정보가 녹음되어 나중에 자신들의 혐의가 발각되는 것을 막고자 자신의 말이 녹음되는 것을 거부하기도 한다.

더 질문해 보기

1. 아랍 문화와 이슬람 문화를 역사적으로 또는 공시적으로 설명해보라.

・역사적인 고찰: 아랍 문화가 아라비아 반도에 먼저 있었고 7세기에 이슬람 문화가 등장했다.

・공시적인 고찰: 아랍 문화의 주류가 이슬람 문화이다. 소수 인종(베르베르, 코카서스, 쿠르드, 아슈르, 누비아 등)과 소수 종교(아랍 기독교, 유대교 등)의 문화가 있다.

2. 아랍인은 누구인가? 다음 요인 중 어느 부문이 주류를 이루었는지 시대적으로 설명하라.

・언어적 요인: 아랍어

・종족적 요인: 아랍인

・지리적 요인: 아라비아 반도(와 북아프리카)

제2장

아랍인의 정체성

한국인과 소통을 위한 **아랍문화**

1. 아랍인의 기질

아랍인의 기질은 일반적으로 자존심이 강하고 과장과 허세가 많다. 이와 같은 기질이 나타나게 된 배경에는 아랍인들이 전형적인 남성 중심적 기질을 갖고 있는데다가 아랍족에 대한 긍지와 아랍 역사와 문화에 대한 자긍심 그리고 이슬람 시대의 자랑스런 역사를 자기 의식의 근거로 삼기 때문이다. 이런 기질이 긍정적으로 표출되면 한때 유럽에 영향을 주었던 문화 민족의 기상이 품위 있는 관대함으로 나타나지만 이런 기질이 부정적으로 표출되면 남을 업신여기고 시기하고 무시하는 안하무인의 태도로 돌변한다. 후자의 기질이 잘 나타나는 민족은 사우디아라비아 사람들이고 정도는 다를지 모르나 이런 사람들을 아랍 국가에서 자주 볼 수 있다.

정치적으로 아랍인들은 19세기 말부터 서구세력의 지배를 받아서 자신들의 자존심에 크게 상처를 받았다. 서구 세력에 의하여 시온주의자들이 아랍 땅에 들어와 이스라엘 나라를 세웠다는 것에 대하여 무슬림들이 분개하며 오늘의 이스라엘 배후에 있는 미국을 증오한다. 아랍 무슬림은 미국 국민은 미워하지 않으나 미국 정부를 증오한다고 말한다. 20세기에 아랍 땅에 들어온 복음주의 교회들을 무슬림들은 시온주의자들이라고 하면서 이들의 선교 활동을 금한다. 또 아랍 무슬림들은 비무슬림들에게 자신들의 약점을 보이지 않으려고 과장과 허세를 부리며 때로는 작은 일에도 강하게 반발하는 기질을 보이기도 한다.[1]

아랍 무슬림들은 대개 인사가 끝나면 상대방에게 다짜고짜 '무슬림이냐'고 묻는다. 그것은 자신과 같은 이슬람 동질집단에 속한 사람인가를 먼저 확인하고자 하는 것이다. 아랍인들은 오랜 세월 외세의 지배를 받으면서 '적대감'과 '복종'이라는 상반된 양면성을 지니고 있었다. 스스로 독립할 수 없다고 느끼거나 확신이 서지 않으면 자신을 굽혀 복종하고 어느 정도 자신과 맞상대가 된다고 느끼면 자만, 이기주의, 자기 중심 주의를 고집한다. 대학교수들도 예외는 아니다. 서로 아는 사람끼리는 속내를 보이며 돕다가도 전혀 모르는 사람에게는 그의 요구에 금방 답을 주지 않거나 자신의 도움을 아주 대단한 일로 치부한다. 그리고 다른 사람의 작은 비난이라도 굉장히 큰 모욕으로 여긴다. 또, 아랍인들의 개인적인 불안감은 그들의 성격을 친절과 의심이라는 양극단으로 치닫게 한다. 이들은 과장된 친절로써 자신을 지키려 하므로 손님들에게 친절을 베푸는 것이 진정에서 나온 것인지 생각해 보아야 한다.

동일한 무슬림끼리도 순니파 무슬림들은 이란을 중심으로 퍼져 있는 시아파들을 싫어하며 이들을 경계한다. 아랍인은 일반적으로 의심, 공포 그리고 미래에 대한 불안을 갖는다. 의심은 개인이 자라온 과정에서 생기기도 하지만, 아랍인의 역사적 소산이기도 하다. 특히 서구인에 대한 의심이 많고 그들이 아랍을 곧 지배해 버리지 않을까 하여 불안감을 가졌다. 더구나 일부 결정권자는 자신에게 맡겨진 권리를 횡포에 가깝게 전횡하는 경우가 있고 자신의 기대에 어긋나게 행동한 상대를 차갑게 냉대한다. 아랍인의 공포와 불안정은 미래에 대한 확신이

1_ 아랍 역사에서 각 부족마다 성격을 특징적으로 표현하였는데 마크줌Makhzūm과 우마위야Umawiyyah(Umayyad)는 과도한 자만심으로 알려졌고 따이 부족은 후함과 사기로 그리고 타밈에서 온 바누 사아드는 다른 사람들보다 덜 종교적인 것으로 알려졌다. 반대로 꾸라이쉬 부족은 특히 종교적인 부족으로 알려졌고 바누 라합Banū Lahab은 미신적이라고 알려졌다. 또 카리지파는 도움이 되는 종파로 시아파는 장난기 많거나 놀기 좋아하는 것으로, 수피는 천천히 먹는 습관으로 알려졌고 무르지아 파는 위선자로 알려졌다. 또 히자즈 서부 사람과 바스라 사람들은 어리석음으로 알려졌고 나즈드 사람들이 히자즈 사람들보다 덜 종교적이었다.

결여되고 남이 나를 어떻게 생각할까에 관심이 많다. 그들은 좋은 일 하려다가 사회적인 비난이 쏟아지면 선불리 그 일에 가담하려 하지 않는다. 그리고 어느 사람을 채용하려고 할 때는 그 사람에 대한 소문에 민감하다. 아랍인들의 실수나 실패는 수치로 여겨 자신의 잘못을 쉽게 고백하려 들지 않는다.

서두름과 느긋함

유목민 생활에서부터 오랫동안 배타적인 생활을 해 온 아랍인들은 아집(아싸비)과 자부심이 강하다. 그래서 상거래에 있어서 설사 자기에게 손해가 있을 것 같아도 끝까지 거래해 보려는 아집을 보인다. 반대로 이익이 예상되지만 처음 거래에서 탐탁지 않았을 경우에는 거래를 하지 않으려 한다. 만약에 아랍인이 자존심을 상하게 되면 상대는 큰 손해를 입게 된다. 이를테면 상대방이 없는 곳에서 그를 비난하는데 그것을 본인이 알게 되면 자존심에 심한 손상을 입었다고 생각하고 그에게 도움을 구하면 끝까지 도와주지 않는다. 그래서 아랍인의 자존심을 세워주고 칭찬을 해 주면 때로는 도움을 받을 수 있다. 자기들의 생활방식을 이해해 주는 사람과는 쉽게 사귀지만 그렇다고 외국인을 자신보다 더 높이려 하지 않는다. 아랍인들은 천성적으로 행동이 느리다. 물론 요즈음 세상이 많이 변하여 아랍인들이 서두르는 경우도 있으나 그런 경우에는 자신의 절박한 문제와 관련되어 있을 때이고 외국인의 절박한 문제는 친밀도에 따라 달라진다. 그리고 외국인이 아랍인에게 빨리 해달라고 서두르면 왜 그렇게 서두르냐고 하면서 도리어 면박을 준다. 혹시나 아랍인이 수치감을 느낄 만한 일이 외국인과 생겼을 때 그 외국인에 대하여 이곳 저곳에서 흉을 본다.

아랍의 여성들은 환성, 울음 등 굉장히 큰 몸짓으로 감정을 표현한다. 아랍인들은 사람들이 많이 모여 있는 시끄러운 곳을 좋아하며 찻집에 모여 오랜 대화를 즐긴다. 가끔 심한 농담을 하여 상대방의 감정을 상하게 하기도 한다. 아랍인들은 어떠한 오명이나 치욕을 받을 때 곧장 자제심을 잃거나 감정의 폭발로 치닫는 경우가 많다. 아랍인들은 어느 정도 인내심을 보이기는 하는데, 그것은 사막이라는 자연환경의 탓도 있으나 혹자는 종교적인 원인도 있다고 한다. 아랍인 동료들 중 한 사람이 특정 외국인을 싫어하면 아랍인들은 동료들의 눈치를 보는 경우가 많다. 아랍 무슬림들이 일단 자제심을 잃으면 성난 파도처럼 짧은 시간에 자신의 생각을 바꾸어 버린다. 특히 본성적으로 외국인을 무시하려고 덤벼드는 아랍인은 어느 정도 그와 친해져도 언제든지 그 본색을 드러낼 소지가 있다. 결국 좋은 아랍인은 언제나 좋고 한번 사람이 나쁘다고 생각되면 그 본색은 언제든지 드러날 수 있다.

아랍인의 기질을 사막의 와디(비가 올 때만 생기는 골짜기)나 바위가 많고 좁은 협곡과 비교되기도 한다. 1년 중 대부분 메마른 사막에 비가 오면 물의 흐름이 갑자기 급류로 바뀌고 큰 바위를 굴리며 급한 물살로 인해 모든 것을 파괴해 버린다. 그리고 언제 있었냐는 듯이 몇 시간 후에 재빨리 조용하게 가라앉아 버린다. 아랍인들이 갑자기 화를 내다가도 금방 조용해지는 것을 보면 사막의 와디를 생각나게 한다. 아랍인들은 화가 날 때 소리를 높인다. 감정의 상처를 심하게 받았을 때에도 그 고통을 말과 소리와 제스처를 써서 표현한다. 불평을 털어놓을 때에도 투덜거리며 그가 당한 것을 말로 표현한다. 아랍인은 감정과 슬픔을 공개적으로 드러내기를 좋아한다. 상을 당했을 때 여성들은 큰 소리로 울부짖으나 아랍 남성들은 비탄에 젖는다. 강한 충격이 왔을 때 감정을 표현하는 것은 남성다움을 잃어버리는 것이 아니라고 생각한다.

시민의식

남자 대학생들은 자신의 생각에 맞지 않으면 외국인 교수의 수업시간에 나가버리는 반면에 아랍인 교수의 수업에서는 교수의 말에 꼼짝 못한다. 여대생들은 다소 참을 줄 아는데 잘 삐지고 뭔가를 도와달라고 하면 그 대가를 바란다. 군중이 모인 곳에서는 군중의 힘에 의지하여 억눌렸던 감정의 고삐가 풀리기 쉽다. 가우서Gauthier는 아랍인의 감정과 생각을 한마디로 '극단의 공존'이라 표현했다. 레바논의 사회학자 하마디는 『아랍인의 기질』에서 아랍인들은 사회적 감각이나 책임감이 결핍된 채 자존심을 발동하고 있기 때문에 보편적으로 정부에 대해서 반항적이고 협조정신이 부족하며 상호불신의 경향이 많다고 지적했다.

이슬람 사회에서 공중도덕이나 공공질서가 형편 없어서 요르단 수도 암만이나 이집트 수도 카이로에서 대낮에 남자들이 길가에서 방뇨하는 것을 볼 수 있고 심지어 차가 달리면서 승객들이 쓰레기를 창밖으로 내던지기도 한다. 이집트는 자동차 사고가 가장 많이 발생하고 같은 찻길에서 역주행도 서슴지 않기 때문에 외국인은 방어 운전을 해야 한다.

경쟁심

아라비아 반도에서 사람들은 그들의 부족, 출생지(도시, 마을, 지방)에 따라 구분된다. 아라비아반도에서 부족은 가장 중요한 변수가 된다. 소규모 부족에서 온 사람은 그들의 직업과 조상 때부터 이어온 직업이 무엇인지 질문을 받는다. 아랍인에게 정육점 주인은 폭력을 연상하고 대장장이는 옆 사람에게 냄새와 연기로 폐를 끼치는 사람으로 간주된다. 또 사향을 파는 사람은 좋은 것만 주는 사람으로 인식하고 목수는 가족을 희생시켜가며 다른 사람을 돌보는 사람으로 생각한다. 오늘날 아랍의 가난한 사람들은 직업을 얻으려 경쟁을 해야 하지만 고위층 자제들은 부모의 도움으로 쉽게 취업한다. 중산층 가족들은 자녀들의 교육에 깊은 관심을 갖는다. 그러나 가난한 가정의 딸들은 학교에 가지 않고 부모의 일을 돕기도 한다. 교육열은 요르단이 이집트보다 더 강한 편이고 문맹률은 이집트가 요르단보다 더 높다. 딸과 다르게 아들들을 대부분 학교에 보내려 하나 너무 가난한 이집트 가정에서는 아이들이 학령기에 돈벌이에 나선다. 이집트 사회에서는 전공을 살리는 직업을 얻기가 어렵다. 그래서 전공과 관련 없는 직장에서 일하는 게 대부분이고 요르단과 이집트인들은 하루에도 두세 개 이상의 직업을 갖는다. 가령 낮에는 공무원이고 저녁에는 택시 운전사를 하고 때로는 에어컨 애프터 서비스 회사에 다닌다. 이집트 정부도 취업자의 학위를 보고 선발하지 않기 때문에 전문 직종의 기술이 크게 뒤떨어져 있다. 어느 이집트인은 자신이 변호사인데도 건물 경비원을 맡고 있었다.

무슬림 가족들은 자녀들의 교육을 위하여 많은 희생을 하는 편이다. 그래서 아이들의 성적에 많은 관심을 갖는데 특히 대학입시를 위하여 대부분 아랍 국가에서 과외가 성업 중이다. 대학의 교수들도 동료 교수들에게 자녀들과 친척들의 학점을 도와달라는 말을 자주 한다. 심지어 동료 아랍인 교수는 외국인 교수에게 대학 총장을 만나면 자기에 대하여 말 좀 잘해 달라고 한다.

가족 중심

아랍인들이 오랜 여행에서 돌아왔거나 와병, 사망, 혼인, 제사에는 가까운 사람들이 반드시 찾아가야 한다. 아무리 멀리 있어도 이런 경우 그들을 방문하지 않으면 가혹한 비난을 받는다. 외국인이라고 할지라도 그가 자신의 가족들과 친한 사람이면 어려울 때 그를 도와주려 한다. 아랍 사회가 가족 중심 사회이므로 가족의 어느 구성원과 친하게 지내면 어디서나 그의 가족들로부터 도움을 받게 된다. 또 가족끼리 아주 친하면 해외에 살고 있는 아랍인 자녀들과도 연결되어 서로 교제하게 해준다. 이집트는 핵가족 중심이다. 시골에는 아직도 대가족이 있지만 대부분 핵가족 시대로 진입했다. 이집트에서는 딸들이 부모를 떠나 멀리 시집가서 살아도 된다고 생각한다. 자녀들이 멀리 여행 갔다가 돌아오면 부모를 방문한다. 평소에 부모님은 아들 집보다는 딸네 집을 주로 찾는다. 딸은 시집을 가서도 친정아버지와 연락을 끊지 않는다. 혹 남편과 문제가 생기면 그 일을 당장 도와줄 사람이 친정아버지라고 생각한다. 아랍 처녀들은 옛날에는 혼인으로 그들이 태어난 곳을 떠나려 하지 않았다. 요즈음은 국제결혼이 잦아지면서 그들의 삶의 수준을 높여주는 곳으로 떠나는 사람이 늘고 있다. 여성은 부모나 가족에게서 멀리 떠나 있으면 그들의 도움을 받을 수 없다는 불안감이 있다. 큰아들이 부모의 사랑을 가장 많이 받는다. 이슬람에서 상속(미라스)은 아들이 딸 지분의 두 배이다. 아버지 유언을 보고 이슬람 율법이 규정한 지분에 따라 유산을 나눈다. 이슬람 명절에는 남자들이 여동생이나 누나, 이모나 고모를 찾아 명절 축하금(이디야)을 준다. 요즈음 한국인은 부모와 외할머니와 외할아버지를 가족이라고 하고 친할아버지와 친할머니는 가족으로 생각하지 않는다고 하는데, 아랍인들은 아직도 아버지 쪽 가족들과 친하다.

환 대

과거에는 아랍인들의 특징 중의 하나가 환대라고 쓴 책들이 많았다. 그러나 요즈음 아랍 대도시에서는 아랍인들이 이웃에 사는 사람들과 친하게 지내지 않는다. 특히 외국인이 아파트에 살아도 수년간 아는 체하지 않는 아랍인들이 많다. 이집트에서는 큰 건물마다 경비원이 있고 그 경비원에 대한 월급도 입주자들이 거둬 주는데 외국인이 시장에서 뭔가를 사달라고 하면 금방 도와주지 않다가도 집주인이나 아랍인들이 그에게 도와달라고 하면 금방 돕는다. 이집트에서는 이삿짐을 나를 때 이웃 사람들이 와서 도와주고는 터무니없이 많은 돈을 달라고 한다. 이집트인들은 요르단인들에 비하여 남의 일에 더 많이 참견한다. 요르단과 이집트의 도시에 사는 무슬림들은 이제 이슬람 명절에도 이웃에 사는 사람들과 음식을 나눠 먹는 일이 드물다. 그러나 아랍의 시골에서는 아직도 이런 환대가 조금은 남아 있어서 도회지 사람들과 인심이 다르다. 요르단은 길에 사람들이 많이 오고가지 않기 때문에 사람들이 북적거리는 모습은 대형매장과 시내 중심가에서만 볼 수 있다. 외국인 교수가 현지 문화나 언어를 모르면 학과장이 무조건 학교 방침이라고 우기기도 하고, 요르단에서 아랍인 교수들이 좋은 책상을 먼저 차지하고 나서 남은 책상을 외국인 교수에게 주는 것이 상례이다. 외국인이 뭔가 아랍인에게 베푼 게 없으면 푸대접을 받기도 한다.

속 임

식당에서 많은 사람들이 식사할 경우 일부 숫자를 부풀려 손님에게서 돈을 더 받아가고 은행에서 일부 직원들은 이윤이 좋은 상품이 있다고 설명하다가 다른 직원과 대면을 요청하면 입을 다물기도 한다. 외국인들이 현지 물정을 잘 모를 것이라고 생각하여 외국인을 속이는 택시 운전사가 많다. 외국인은 현지 언어를 모르거나 현지 상황을 잘 모르면 속임을 당할 수밖에 없다. 요르단 대학교에서 한국 지도를 연구실 복도에 걸었는데 일본인 선생이 학과장에게 한국지도를 복도에서 떼어 달라고 했다. 학과장은 요르단 정부가 학교 안에 지도를 걸지 못하게 한다는 핑계를 댔는데 그의 말은 거짓말이었다. 거짓말은 일부 아랍인에게는 그 자체가 악이 아니고 거짓말이 다른 사람에게 폭로되었을 때만 나쁜 것이라고 생각한다. 아랍인들은 자신의 말이 맞다는 말을 강조하기 위하여 "왈라히"(알라에게 맹세한다)라고 하거나 우끄시무 빌라히(알라를 두고 맹세한다) 혹은 쌋딧끄니(내 말을 믿어 주세요) 라는 말을 자주 사용한다. 그래서 아랍어에는 과장과 강조의 표현이 많이 들어 있다. 강조를 위하여 아랍어 동사에 까드qad를 접두시키거나 명사 앞에 인나inna를 붙이고 동사 끝에 <-na>, <-nna>을 접미시킨다. 아랍인들은 강조가 없으면 상대를 의심하거나 그의 말을 받아들이지 않기 때문이라고 한다.

아 첨

아랍의 대학교에서 중요한 학사 문제는 주로 학장들이 처리한다. 아랍인들은 대개 자신이 우두머리가 되기를 바라고 외국인은 자신들의 수하에 오기를 기대한다. 새로 임명된 학장과 평소에 친하지 않은 교수들은 보직을 그만둔다. 학장 자리에서 밀려나면 아랍의 다른 대학으로 1년 정도 떠나 있다가 돌아오기도 한다. 학장들은 외국인 교수를 통해 학교 발전을 꾀하려 하므로 외국인 교수들이 자꾸 시달리기도 한다. 무슬림들은 자신들이 급할 때는 서둘러 상호간 협력을 하자고 하지만 자신들이 필요를 느끼지 못하면 절대로 서두르지 않는다. 무슬림들은 속마음과 다르게 상대방에게 아첨하는 일을 잘한다. 상대방 앞에서는 온갖 칭찬을 다하다가도 그가 없는 곳에서는 그를 험담하기 일쑤다. 그래서 잘 모르는 아랍인이 칭찬을 과도하게 하면 큰 의미를 두지 않는 게 좋다. 아랍 무슬림들은 "안타 아프달 민니"(네가 나보다 더 낫다) 혹은 "안타 아흐산 민니"(네가 나보다 더 잘한다)라는 말을 좋아한다.

분 노

아랍인은 쉽게 불끈 성을 내므로 격분을 삼가지 않는다. 일단 분노가 시작되면 격노는 한계가 없다. 이런 격노 뒤에 사과하는 일은 거의 없다. 대부분 아랍인들도 이런 분노를 늘 보기 때문에 그러려니 하고 받아들인다. 가정 내에서 부부 간의 언쟁은 자주 일어난다. 시리아, 레바논 속담에 "끼니 때마다 싸움이오, 한 술 뜰 때마다 걱정이다"라는 말이 있다. 무슬림 여성의 성적 명예는 남자들의 분노를 쉽게 일으키는 원인이 된다. 무슬림 여성들이 같이 모이면 다른 여자가 바람피운 것에 대하여 입방아를 찧는다. 아랍인들은 남의 평판에 대하여 관심을 가지지만 모르는 사람과의 관계는 일회성이란 생각을 가지기 때문에 아무렇게나 대하기도 한다. 그런데 상하관계가 있는 상급자 자신을 제쳐두고 그의 밑에 있는 사람을 한국으로 초청하면 그 상급자는 노골적으로 화를 낸다. 조금 섭섭하게 하면 '자알란'(화가 났다)이란 말을 쓰기 때문에 이런 말을 들은 외국인은 그 문제에서 회피하기 어렵다.

무 례

아랍 무슬림 학생들이 무례하고 상대를 존중하지 않는다는 것은 잘 알려진 일이다. 아랍이 학교교육에서 실패하고 있다고 아랍인들은 한탄한다. 길가에 놓인 외국인의 새 차를 긁어버리고 외국인에게 침을 뱉기도 한다. 어느 요르단의 초등학교에서는 화장실을 청결하게 하려고 문을 잠그니 학생들이 학교 공터에 방뇨를 했다. 한국인이 정중하게 고개를 숙여 인사하면 극단적이고 보수적인 무슬림은 왜 알라에게만 절을 해야지 사람에게 절을 하냐고 화를 낸다. 아랍 무슬림들은 자신들의 종교심이 외국인의 관습보다 더 낫다는 것을 과시하려 든다. 일부 아랍인들은 오늘날 아랍인들이 직접적으로 정치적인 참여를 할 수 없어서 분노와 좌절이 팽배하여 무례한 행동을 한다고 설명한다. 아랍인들은 자녀들이 잘못하면 자녀들을 바로 꾸짖기 보다는 자녀들을 두둔하는 경우가 많다. 이집트에서는 외국인 여성의 엉덩이를 만지고 또 달리는 승합차 안으로 손을 집어넣어 외국인 여성의 가슴을 더듬는다. 카이로 지하철에서는 청소년들이 큰 소리로 자기네끼리 왁자지껄 떠들어대도 어른들은 아무도 제지하지 않았다. 외국인이 아랍 청소년보다 나이가 많으면 다소곳하게 듣기보다는 버릇없이 대들기도 한다. 아랍인들에게 공공 서비스가 가장 뒤떨어져 있다. 외국인들은 정당한 돈을 지불하고도 서비스를 충분히 받지 못한다. 그렇다고 이것을 불평하면 불평하는 사람이 이상하다고 한다. 아랍 무슬림에게 남을 배려하는 마음이 가장 부족하다. 이집트에서 전혀 모르는 사람이 외국인에게 새벽이나 밤에 핸드폰으로 전화를 걸어 괴롭힌다. 외국인의 악센트를 듣고 외국인에게 아무렇게나 대한다. 그때 현지인들이 그 사람에게 전화를 하여 다시 그런 짓을 하지 말라고 해도 중단하지 않았다. 택시를 타고 가면 가끔 아랍 운전수는 승객의 양해도 구하지 않고 자신의 담배나 차 그리고 빵을 사기 위하여 가던 길을 멈춘다. 아랍을 잘 모르는 것 같다고 생각되는 외국인들 앞에서는 제 멋대로 행한다. 외국인을 만나는 중요한 부서에서 일하는 아랍인들은 상당히 고자세로 나오는 경우가 많다. 이밖에도 한국 정부의 도움으로 한국에 유학을 갔다가 고국으로 돌아간 아랍인들 중에 한국을 비판하는 글을 쓰는 아랍인들이 많다.

감추려는 마음

한국으로 유학을 신청한 아랍 대학생들을 위하여 다방면으로 수고하여 장학금을 마련해주니 그는 막판에 개인 사정으로 한국에 갑자기 갈 수 없다고 한다. 또 한국 회사에 아랍인을 소개하여 주었는데 막판에 갑자기 자신은 그 회사에 입사할 수 없다고 한다. 아랍 학생들이 시험 시간에 커닝은 절대 안 한다고 말하고서 커닝을 한다. 이슬람 명절에 어떻게 무슬림 학생이 커닝을 할 수 있느냐고 강변한 학생들이 시험 시간에 커닝을 했다. 외국인이 아랍어를 모르는 것 같으면 자기네끼리 아랍어로 이야기하면서 시험 답안을 주고받는다. 일부 학생들은 웃으면서 아랍 무슬림 형제들끼리 서로 도와야 하는 것 아니냐고 커닝하는 이유를 댄다. 자신들의 잘못을 남에게 전가하기도 하고 가능한 한 자신의 잘못은 숨기려 한다. 무슬림 남성이 간통한 부인과 이혼하려는 것은 자신의 아내를 벌하는 것이 목적이 아니라 자신의 수치를 감추려고 하는 데 있다. 무슬림들의 사생활은 아우라(몸의 내밀한 부분)와 시트르(숨김)에 해당한다. 아랍 이슬람 건축에서도 감추는 것과 관련된 부분들이 있는데 내궁 안채와 정원이 중앙에 있고 창문들이 바깥이 아닌 안쪽으로 나 있으며 바깥벽은 막혀 있는 것도 이런 숨김과 감춤과 관련되어 있다.

2. 아랍인의 에티켓

인사법

아랍인의 에티켓은 전통적으로 내려오는 예절과 종교적 가르침에 의한 예절 그리고 오늘날의 신세대의 예절 등 3가지가 있다. 이미 아랍 국가 안에는 아랍 기독교인과 아랍 무슬림이 있고 이들에게는 각기 종교가 갖는 예절과 전통적으로 예부터 내려오는 관습이 따로 있다. 오늘날 젊은 세대가 갖는 에티켓이 부모 세대와 다른 모습을 띠는 경우가 있다. 또 아랍 국가별로 조금씩 예절이 다른데 전통적으로 그 땅에 내려오는 풍습이 다르기 때문이다. 요르단의 공항에 가 보면 자녀들이 늙은 부모를 오랜만에 뵐 때 손에 키스하는 것을 보는데 이는 각별한 존경을 표시하는 일이 된다. 그러나 이집트의 카이로 공항에서 이런 모습을 보기 어렵다. 이런 에티켓은 나라별 독특한 예법에 해당한다. 한국에서처럼 연장자에 대한 배려는 젊은이들의 대화 중에 잘 나타나지 않는다. 아랍어가 존대말이 한국어만큼 발달되어 있지 않은 까닭도 있다.

아랍인을 보고 그가 무슬림인지 아닌지를 알아볼 수 있는 몇 가지 외모적인 특징이 있다. 수염을 길게 기른 사람들은 대체적으로 보수적인 무슬림들이고 여성들 중 히잡(얼굴을 남기고 머리 전체를 가린 것)이나 니깝(눈만 조금 남기고 얼굴 전체와 머리칼을 감춤)을 쓰지 않는 여성은 상당히 개방적인 가정에 사는 여성이거나 비무슬림 여성이다. 그리고 이집트의 경우 무슬림 남자의 이마 한가운데 까만 점이 있는데 무슬림들은 이것을 기도를 많이 한 흔적으로 여기고 이런 기도 흔적이 있는 사람이 존경받는다고 여긴다. 대체로 아랍 군인들은 그 나라 최고 통수권자에게 경례하지만 허리를 굽히지 않는다. 이집트나 요르단 등 주변 아랍 국가들은 자신을 낳아준 부모님에게 여행을 다녀와서 손에 입맞춤을 한다. 사우디에서는 국민들이 왕의 콧등에 키스한다. 인사는 연소자가 연장자에게 먼저하고 먼저 본 사람이 먼저하며 차타고 가는 사람이 보행하는 사람에게 먼저 인사한다. 또 방문하는 사람이 주인에게 먼저 하고 소수가 다수에게 먼저 인사를 한다.

두 사람이 같은 아파트에 사는 데 아래층에 사는 사람이 자신의 집 앞에서 '타팟달'(우리 집에 들어갔다 가시지요)이라고 말하면 상황에 따라 들어가서 차를 마시고 만일 바쁘고 다른 할 일이 있으면 양해를 구하고 나중에 오겠다고 하고 그 자리를 뜨면 된다.

가정을 방문할 때는 불쑥 문을 열어서는 안 되고 반드시 허락을 받고 들어간다. 대학생들도 수업에 늦어 교실에 들어올 때는 항상 문을 노크하고 들어온다. 손님이 윗사람이면 집주인은 문까지 나와서 손님을 영접하고 손을 잡아 안으로 모시고 손님을 잘 모르면 응접실로 안내한다. 주인은 방문객에게 자리를 권하며 다과를 대접할 때도 주인이나 그의 자녀 그리고 직장에서는 고용원이 서빙한다. 처음 방문하는 집에는 조그만 선물을 준비하여 가는 것이 좋다.

- 일반적인 인사말: 알쌀라무 알라이쿰[2](안녕하십니까?)
  답변: 와알라이쿠뭇 쌀람; 이슬람교인에게만 사용하고 무슬림이 아닌 사람에게는 이런 인사말을 사용하지 않는다.
- 고마움을 표시할 때: 알함두릴라(신에게 감사드린다) / 슈크란(감사합니다) / 티슬라무(이데이키): (여성에게서)맛있는 것을 제공 받

2_ 원래 아랍어 발음은 앗쌀라무 알라이쿰인데 대표 형태 표기는 알쌀라무 알라이쿰이다.

을 때

- 건강과 안녕 등 안부 물을 때: 케이파 하알락?(어떻게 지내시나요?) / 케이파 앗싸하?(건강은 어떠세요?)
  답변: 알함두릴라, 아나 비카이르(잘 있습니다)
- 칭찬할 때: 바라칼라후 피카(알라의 축복이 함께 하길 빈다)
  답변: 알라이 바아릭픽(알라가 너에게 복을 주시기를 빈다) 혹은 라-이아(아주 잘했어요) 혹은 아흐산트(잘했어요) 혹은 아블레이타 발라안 하사난(잘했다). 샤뚜르(숙제 잘한 아들에게 하는 말) 제이드 짓단(잘했어요).
- 헤어질 때: 마아 쌀라마(안녕히 가세요)
  답변: 마아 쌀라마 혹은 일랄리까 혹은 바이(안녕) 혹은 아라카라-히깐(나중에 만나요).
- 재채기 할 때(코): 본인이 '함두릴라'(신에게 감사드린다)라고 하고 그 주위에 있는 사람들이 "야르하무쿠물라: 야르하무나 야르하무쿰 인샤알라"(심장이 멎었다가 다시 생명이 돌아오기를 바라면서 신이 자비를 베풀어 주기를 기원한다는 의미)라고 한다.
- 기침할 때: 앗싸하 왈아피야(건강하시기를 바란다)라고 한다.
- 조의를 표할 때: 앗자말라후 아즈락(신이 이 어려운 시기에 보상을 주시기를 빕니다) 대답(샤카라 알라후 싸으야쿰: 발자국을 옮길 때 마다 감사하라), 혹은 "알바끼야 피 하야탁 또는 알바까 피 하야탁"(죽은 사람의 나머지 생명이 너에게 보태지기를 바란다)이라고 죽은 자의 가족에게 말한다.

위와 같이 아랍어로 특정 상황에서 사용하는 말들이 정해져 있기 때문에 하나 하나 익혀서 사용하는 게 좋다. 교수와 학생들의 인사말을 비교해 보면 학생들의 인사말이 교수의 인사말보다 더 길다. 교수 앞에서 뭔가 더 공손해 보이려는 마음이 드러나는 것이다. 우리가 흔히 알고 있는 아랍어 표현들이 아랍 사회에서 어떻게 사용되고 있는지에 대한 연구들이 잇따라야 한다. 특히 아직도 '앗쌀라무 알라이쿰'을 '그대에게 평화가 있기를'이라고 번역해 쓰는 것은 아랍어 표현들의 사회 언어학적 연구의 결과를 전혀 반영하지 않고 아랍어 사전에 나와 있는 용어로만 아랍어를 번역한 것으로 보인다. '앗쌀라무 알라이쿰'은 '안녕하세요'의 의미라고 해야 사회언어학적인 의미가 잘 전달된 번역이라고 할 수 있다. 아랍어는 반드시 이렇게 사회언어학적 쓰임과 화용론적인 쓰임 등 문맥과 화맥에서 어떻게 어휘나 표현의 의미가 사용되는지를 아랍인의 언어 생활에서 연구해 보아야 한다.

호칭과 안부

아랍인들의 인사말 뒤에는 서로의 안부, 건강 상태와 가족과 친척들의 안부를 묻는다. 이런 인사말이 다 끝나고 나서 방문의 목적을 이야기한다. 아랍어에는 애정 섞인 표현을 사용하여 사람을 부르는 경우가 많다. 요르단에서는 아주 친한 연인 사이에 '하비비habibi'(남자에게)라고 하나 이집트에서는 상대방과 다툼이 있을 때 상대방의 분노를 식히려고 할 때 하비비(남자에게), 하비바(여성에게)라고 한다. 그리고 아들을 부를 때는 '왈라' 혹은 '왈라드'라고 하고 '이븐'(아들이란 뜻)이라는 단어는 호칭으로 사용하지 않고 직접 아들의 이름을 부른다. 가끔 부모가 화가 나면 아들을 제프트(도로에 포장된 재료)라고 부르기도 한다. 물론 이렇게 화가 잔뜩 나면 아들에게 이집트에서는 호마르(당나귀)라고 한다. 아랍인들이 '아크'(akh; 형제)라고 부르는 경우가 있는데 그를 나의 형과 동생으로 대접한다는 말이어서 아주 정답게 느껴진다. 하지만 아랍 무슬림들에게 아크는 같은 종교 안에서 형제라는 말을 연상시키는 말이다. 상대가 친자식이 아닌데 만일 '이브니'(ibni, 우리 아들)라는 말을 아랍인이 사용했다면 그 말은 애정이 듬뿍 담긴 말이라고 봐야 한다. 이 말은 연장자가 연하자를 친밀감 있게 말할 때 사용하는 말이다. 동년배끼리 이 말을 사용하는 것은 농담할 때나 비아냥거릴 때이다. 반면에 '야 왈라드'라는 말은 '야 꼬마야'라는 뜻으로 길가에 있는 신문팔이 아이를 부를 때 쓰인다. 아랍인의 인사는 꽤나 길다. 그래서 요르단에서는 전화비를 낮추려면 이런 의례상 하는 인사말을 줄이라는 말까지 나온 적이 있었다. 앞서 말한 대로 아랍인들은 대부분 상대방의 이름을 부르는 것을 좋아한다. 상대의 이름 앞에 '야 우스타즈sir'라고 하는데 대개는 대학교수를 수업시간에 부를 때는 '야 독토르'라고 부른다. 본래 박사학위를 가진 사람에게 '야 독토르'라고 하지만 대학 교수들은 대부분 박사학위를 가지고 있기 때문에 박사학위가 없는 사람에게도 이렇게 부르기도 한다. 정부 장관직에 있는 사람에게는 사이드 와지르(이집트), 앗사아다(사우디)라고 하고 대통령에게는 '싸히브 알파카마', 왕이나 여왕에게는 '잘랄라'를 사용하고 요르단과 레바논에서는 총리를 '다울라 알라이스'라고 부른다. 이집트나 요르단에서 일반적으로 흔히 존경을 표시하는 말에는 '하드리탁Hadritak'(남자에게)이라고 하는데 서로 처음 만나 서로 이름을 모를 때 사용하고 그의 이름을 알고서 이 말을 사용할 때에는 상대를 존경한다는 의미이다. 그리고 부인에게는 '야 마담'이라고 하거나 '하드리틱'이라고 한다. 또, 공손하고 예의바른 표현으로는 '라우 싸마흐트'(law samaht: 실례합니다)를 사용하고 상대를 대접할 때 '타팟달'(itfaddal: 앉으세요, 들어 오세요, 먼저 하세요, 그렇게 하십시오, 드십시오)이라고 한다. 얄라yalla를 한번 사용하면 갑시다라는 말인데 두 번 말하면 서둘러라는 말이다. 마알레쉬는 괜찮아라는 말이고 진정해, 속상해 하지마라는 의미도 있다. 이 밖에 '꾸웨이스'(좋다, 건강하다), '야으니'(내 말뜻은), '마아쉬'(오케이), '슈웨이야'(천천히, 조금), '맙쑤뜨'(기쁘다, 만족한다), '바씨따'(별 것 아니다) 등이 있으나 이런 말들 역시 요르단이나 이집트 등지에서 쓰이고 다른 아랍 국가에서는 사용되지 않는 경우도 있고 또 다른 의미로 쓰이기도 한다. 가령 맙쑤뜨는 이라크에서 매를 맞은 사람이란 뜻이다. 아랍어 어휘는 아랍 국가마다 그 의미가 달라지는 경우들이 많아 나라별 차이를 잘 익힐 필요가 있다. 처음 만나서 상대를 잘 모르는 여성에게는 아랍어로 '아니싸Miss'라고 한다. 요르단에서 가장 많이 듣는 인사말 중에 '하이야칼라'를 빼놓을 수 없다. 이 말은 뭔가를 부탁을 하려고 할 때 쓰이기도 하지만 의례적으로 하는 인사말이다. 그리고 자주 듣는 표현으로 보통 때 병 없이 오래 살라고 기원하는 말로 '알라 칼리익'이라는 말이 있다. 요르단에서는 수박을 파는 젊은이가 수박을 사가는 손님에게 "빗싸하 왈아-피야"(건강하시기를 바랍니다)라고 인사를 건넨다. 이걸 먹고 건강하시라는 말이다. 요르단에서 택시를 타고 내릴 때 요르단 사람들은 (신이) 당신에게 건강을 주시길 바랍니다(야으띠칼 아-피야)라고 하면 운전수가 차를 멈춘다. 그러나 '아피야'라는 말을 이집트를 비롯한 북아프리카에서 인사말로 잘 쓰이지 않는 것도 유념할 필요가 있다.

요르단에서 손님을 불러 놓고 음식을 같이 먹을 때 혹은 먹고 나서 '싸하테인'(두 배의 건강을)이라고 말하면 이걸 먹고 오래 사시라는 말로서 음식을 권할 때 쓰이는 말이다. 이 대답으로 '알라 알박'(네 심장에도)이라고 답한다. '네 심장에도'라는 말은 심장이 몸에서 제일 중요하니 다시 말하면 '당신도 건강하십시오'라는 인사가 된다. 그런데 이 표현들은 이집트인들이 사용하지 않는다. 이 밖에 '두 배의 환영'(마르합테인), 아흘렌(두 배의 welcome)이란 말도 흔히 쓰인다. 요르단 사람들은 'welcome' 혹은 'most welcome' 하고 외국인을 환영한다. 손님을 의자에 앉으라고 해놓고는 다른 이야기를 하기 전에 새삼스럽게 '아흘란 와 싸흘란'(어서 오십시오)을 연발한다. 다시 말하면 정적의 시간이 오래 지속되지 않게 맛깔나는 인사말을 중간 중간에 덧붙이는 것이다.

요르단의 인사법

아랍사람들은 공공장소에서 남녀가 만나는 간격이 나라마다 조금씩 차이가 난다. 수단사람들은 우선 상대의 어깨에 오른손을 가볍게 걸치고 나서 악수를 한다. 그러나 요르단 사람들은 포옹의 거리까지 다가가야 한다. 요르단 사람들은 친하면 '입맞춤의 인사'를 한다. 우리가 볼 때는 아무런 격식 없이 이루어지는 것 같은 인사이지만 사실 그 속에는 다양한 격식과 에티켓이 들어 있다. 요르단 사람은 친한 친구나 친척이 아니면 그냥 악수만 한다. 물론 이런 인사는 일반적인 아랍인의 인사법이기도 하다. 친한 친구나 가까운 친척일 경우에는 얼굴을 서로 엇갈려 대는데 이때는 서로의 오른쪽 뺨을 마주 대고 입맞춤을 한다. 그러면 감정의 표현은 어떻게 할까? 이들은 감정의 진한 정도에 따라 일반적으로는 두 번(오른쪽-왼쪽) 그 이상은 세 번(오른쪽-왼쪽-오른쪽)까지 인사를 한다. 그러나 이렇게 몸만 갖다 대는 게 아니라 안부를 묻는 인사말을 꼭 덧붙이고 있다. 직급상 상급자 혹은 소속 기관장(생계의 책임을 지는 자리에 있는 사람)이라면 가끔 상대의 어깨에 입을 맞춘다. 이런 경우는 앞서 말한 얼굴 입맞춤이 끝나고 나서 이어서 어깨로 내려오는 인사의 연결법이다. 그러나 나이 많은 어머니, 아버지, 할머니, 할아버지께는 얼굴에 입맞춤을 하기 전에 손등에 인사를 하고 자세를 아래로 낮춘다. 그러나 대부분 이 인사를 받는 사람이 얼른 손을 뿌리치려 한다. 자녀가 이렇게 인사를 할 경우 부모는 얼른 손을 잡아뗀다. 만일 왕이나 나라의 장관급 이상의 사람으로 자신의 인생에 폭넓은 영향을 주는 사람이라고 판단되면 그는 얼굴 입맞춤이 끝난 뒤 곧 이마에 입맞춤을 한다. '이별과 만남의 장소'인 공항에서는 좀 더 진한 포옹이나 얼굴에 입맞춤이 일어나고 애정 어린 포옹시간은 상당히 긴 경우를 가끔 볼 수 있다. 얼굴을 가린 아랍여인들이지만 사랑하는 사람과의 애정표현은 오히려 한국공항보다 그 정경이 더 뜨겁다. 이런 요르단의 인사법은 다른 아랍국가에서는 크게 달라진다.

대학에서 교수들이 앉아서 인사를 받을 때 손을 흔들어 주거나 가슴에 손을 얹어서 고개를 숙이는 것으로 인사를 교환한다. 아랍인들은 식사 중에 인사를 하지 말라고 하는데 이 말은 멀리 눈인사는 하지만 손을 내밀어 인사하지 말라는 것이다. 요르단 유목민들은 오늘날 도시의 아랍인들이 '싸바할 카이리'(아침인사), '마싸알 카이리'(저녁인사)라고 인사하는 대신에 '임 싸바한'(아침인사), '임 마싸안'(저녁 인사)이라고 인사한다. 영어의 Good afternoon에 해당하는 아랍어 인사말은 따로 없고 저녁 인사에 사용되는 마싸알 카이리를 사용한다.

그리고 '아흘란'(어서 오십시오) 대신에 '할라, 할라'라고 인사를 한다. 아랍 무슬림들은 앗쌀라무 알라이쿰보다 마르하바Hello를 더 많이 사용한다. 대답은 마르합테인(두배의 마르하바)을 사용하는데 마르합테인이란 말은 요르단, 팔레스타인, 레바논, 시리아 등에서 사용된다. 외국인이 아랍인을 방문할 때 아랍인들은 아흘란 와 싸흘란welcome이라고 하고 대답은 상대가 남자인 경우 아흘란 빅이라고 하고 상대가 여자인 경우에는 아흘란 비키라고 한다. 아랍인을 사무실 안으로 들어오라고 할 때, 차와 커피를 드시라고 할 때, 식사를 시작하라고 할 때 남자에게는 타팟달, 여자에게는 타팟달리 그리고 여러 사람들에게는 타팟달루라고 한다. 감사하다는 말은 슈크란인데 걸프 아랍인들은 마슈쿠르라고 하고 이집트인들은 가끔 무샤키르라고 하며 이들의 대답은 아프완이라고 한다. 헤어질때는 마앗쌀라마 혹은 쌀람이라고 하고 걸프지역 아랍인은 피 아마닐라fi amān illāh라고 하고 대답은 동일하다.

모르는 여성이 아랍인에게 먼저 말을 걸어오거나 인사를 오래 끌면 남자에게 관심이 있는 것으로 비쳐진다. 그러므로 외국인 여성은 무슬림 남자들의 인사에 반드시 답할 필요는 없다. 한국 여성들이 아랍 무슬림 남자와 혼인을 결정하기 전에 반드시 이슬람 종교와 율법(샤리아) 그리고 아랍 국가별 가족법을 충분히 알아야 한다. 이슬람 문화가 너무 강하고 한국과 다른 가족법을 갖고 있기 때문이다. 요르단 사람들은 문을 열고 들어갈 때 동행하는 사람 중 오른쪽에 있는 사람이 먼저 들어가게 한다. 그리고 외국인이 어느 사무실에 앉아 있는 여러 아랍인에게 인사를 할 때에는 오른쪽에서 왼쪽으로 인사를 해 나가면 무난하다. 이집트에서는 계단을 오르내릴 때 좌우가 구별 없이 아무렇게나 오르내린다. 아랍인들의 인사법으로는 악수, 포옹, 뺨을 맞대는 인사, 오른손을 들어서 하는 인사, 목례, 가슴에 손을 얹어서 하는 인사, 눈썹으로 하는 인사, 손등과 이마에 입을 맞추는 인사 등 다양하다.

아랍사회가 현대화modernism되어 가는 경향이 있지만 그러나 아직도 남자가 여자를 처음 만나 악수를 요청하는 것은 삼가야 한다. 그것은 악수할 때 여성의 손목을 잡는 것이 음탕한 생각을 가지고 악수하려 한다고 아랍인들이 생각하기 때문에 보수적인 아랍여성은 외국인 남성에게 손을 내밀지 않는다. 그래서 손을 내밀었다가 낭패를 보는 수가 있다. 물론 예외도 있다. 일부 아랍 여성이 한국 등과 같이 자유로운 나라에 오면 한국인 남성들의 악수를 응해 주는 것이다. 이슬람 국가를 떠나면 자신들이 어떻게 행동해야 하는가를 알고 새로운 문화에 맞춰 가는 것이다. 그렇다고 외국에서 아랍인들이 자신의 모든 문화를 버리는 것은 아니다. 특히 이슬람 종교와 관련된 문화는 해외에서도 반드시 지키려 한다. 가령 아랍 무슬림들이 기도를 하러 가기 전 손발을 다 씻은 후 만일 여자의 몸에 자신의 신체 일부가 닿았으면 불결하다고 생각하여 다시 씻고 온다. 그러므로 무슬림이 기도하기 전에는 여자와 악수하지 않는다. 여성은 월경을 하면 더럽혀진 것으로 무슬림들은 생각한다.

이슬람 국가들 중에서 사우디처럼 극보수적인 국가는 대부분 여성의 얼굴을 전혀 볼 수 없고 요르단처럼 약간 개방적인 국가에서도 상당히 보수적이고 이슬람주의적인 가정에서 여성은 눈만 나오게 하고 얼굴 전체를 다 덮는 니깝을 한다. 그러나 일반적으로 대부분 아랍 여성은 얼굴을 보이고 머리에서 아래로 내려오면서 목을 감아 덮는 히잡을 한다. 이 같은 여성 베일의 사용법은 아랍 이슬람 국가마다, 보수적인 가정마다 그리고 이슬람에 대한 맹목적인 정도에 따라 서로 다르다.

시간 개념

고대 아랍인들은 그들이 태어난 해를 '추운 해'라고 말해 시간을 계절과 관련지어 설명했고 농부들은 씨를 파종하는 때와 수확하는 시기로, 그리고 유목민들은 비가 오는 때, 가축이 새끼를 낳는 때와 우유가 나오는 때와 관련지어 시간을 표현했다. 바닷가에 살던 사람들은 바람의 방향이나 새들을 관찰하여 시간을 설명했다. "나는 수확 전에 이틀간 여행했다"거나 "가축이 젖을 뗄 때 우리 아이가 태어났다" 혹은 "밤이 깊어질 때 내가 집으로 돌아왔다"는 표현을 사용했다. 이슬람이 시작되면서 아랍인들은 기도, 금식, 순례를 해와 달이 뜨고 지는 때를 중심으로 정했다. 아랍 문화에서 일출과 일몰을 이해하려면 먼저 빛과 그림자에 대한 아랍인들의 인식을 알아야 한다.

일반적으로 햇빛의 반사로 나타난 그림자의 의미는 사람과 동물에게 생기는 그림자가 물체나 벽으로 인하여 생긴 그림자fay의 의미와 다르다. 전자의 그림자는 아침에 그림자가 서쪽으로 드리우고 정오에 사라질 때까지 동쪽으로 향하면서 점점 짧아진다. 후자의 그림자는 오후에 나타나는 그늘인데 서쪽을 가리키기 시작하여 일몰 때 사라질 때까지 점점 길어진다. 전통 문화에서 그늘의 형태에 대하여 특별한 가치를 갖는다. 그것은 인간의 삶을 그늘로 표현하기 때문이다. "우리가 그의 그늘Zill 안에 있는 동안 우리는 평안하다", "너의 그늘이 사라지지 않기를 바란다", 에서 그늘이 사라진다는 말은 죽음을 의미한다.

아랍인들은 밤에 별과 달이 뜨고 지는 것을 통과의례와 관련시켰다. 대중의 전통 문화에서 해가 지는 시각Ghasaq에 대한 두려움이 있다. 가사끄는 일몰 직후 밤의 어두움 혹은 한밤중의 짙은 어두움을 표현하는 말이다. 전통 문화에서는 해가 지는 시간은 마귀Demon가 인간을 납치하기 위하여 땅으로 내려오는 시간이라고 생각했다. 많은 미신들이 어둠과 관련지어졌고 오랫동안 아이들을 빨리 잠재울 때 이런 이야기가 활용되었는데 이와 관련된 어휘들로는 굴스(Ghūls: 사람 잡아 먹는 괴물) 혹은 실루와(Silūwah: 잔인한 짐승) 등이 사용되었다. 이들 어휘는 어둠 속에서 아이를 잡아먹는 짐승으로 표현된 것이다. 하늘이 빨개지는 일몰에 대한 두려움은 해가 뜰 때 하얀색이 되는 일출의 행복과 낙관적 의미와 대조가 되었다. 일출이 되면 농부들은 농토로 가고 새들이 지저귀고 가축들은 목초지로 이동하는 시간이다. 아침 일찍 걷는 것은 이슬람에서 중요한 문화 중의 하나였고 하루의 첫 시간이 복이 되는 시간으로 여겼다. 해가 지는 것과 관련된 미신들이 있는데, 해는 산 뒤에서 잠잔다고 생각하거나 해가 나이가 들어 죽었는데 다음 날 젊은 해로 교체된다고 생각했다. 그런데 이슬람이 특정 시간 동안에는 기도를 금한다고 한 것은 주목할 만하다. 새벽부터 해가 뜰 때까지 그리고 오후 기도(아스르 기도) 시간부터 해가 질 때까지의 시간에 기도하지 말라고 했다. 이 시간은 낮과 밤 사이의 통과의례의 시간이다. 이 짧은 시간에 사람들이 의무적인 기도를 행하기 어렵고 정신이 산만해지기 쉽기 때문이라고 한다. 시간은 문화적 측면에서 어떤 주술이나 초자연적인 결과를 가져오게도 하고 이런 주술이나 초자연적인 일을 피하게 하기도 한다.

아라비아 반도는 점심 기도(주흐르) 시간과 오후 기도(아스르) 시간 사이가 해가 가장 뜨겁다. 이때를 낮잠 자는 시간Qaylūlah이라고 부르는데 이 시간에 낮잠 자는 사람은 '마낄Maqīl'이라고 불린다. 꾸란은 내세에 완벽하게 쉬는 것을 낮잠 자는 것에 비유한다. 알라를 믿는 사람은 선행을 하고 알라를 두려워하고 낮잠으로 쉬는 사람이라고 했던 것이다. 무슬림들은 낮잠을 진jinn과 연관 짓기도 하는데 진jinn은 그 시간에 낮잠을 자지 않기 때문이라고 한다. 낮잠 자는 시간에 진이 와서 소년, 소녀, 나이든 여성들을 납치해 간다고 사우디 민간 신앙에서 말하곤 했다. 이처럼 종교와 전통 문화가 서로 결합하여 어떤 특정한 관습을 촉진하게 한다. 육체와 심리에서 오는 질병은 전통적으로 악령과 관련되어 있다고 아랍인들은 생각한다. 그래서 샤먼과 같은 사람들에게 가거나 일부는 꾸란을 읽는다. 치료행위는 집안에서 혹은 치료사의 집에서 행해진다. 또 어느 환자에게는 귀신 쫓기를 행하고 이런 경우 치료사가 환자를 최면 상태로 만들기 위하여 꾸란을 읽는다. 환자가 의식을 잃고 땅에 쓰러지면 치료사는 환자 안에 진jinn이 들어 있다고 믿고 환자의 몸을 때리거나 진이 몸에서 나가라고 외친다.

많은 무슬림 철학가들은 시간은 과거와 미래이고 현재는 아니라고 했다. 현재는 모호하고 과거와 미래가 공통적으로 만나는 시점이라는 것이다. 과거는 발화나 행동이 일어나기 전이고 미래는 그 이후에 일어나는 것이다.

아랍인의 시간개념은 '부크라 인샤알라'(내일, 그렇게 되기를 바란다)로 널리 알려져 있다. 부크라는 내일이란 뜻이지만, 이 말은 내일이 아닌 다음 주, 다음 달, 내년 등을 뜻하는 일이 많다. 부크라 인샤알라는 "나는 너에게 지금 아무것도 약속해 줄 수 없다"는 부정적인 의미를 갖기도 한다. 그러나 아랍인이 다급할 경우에는 제 시간에 나타나고 자신보다 상관이거나 뭔가 부탁을 할 때 미리 나와 기다리기도 한다. 문제는 "부크라 인샤알라"라고 말한 무슬림이 약속 시간에 안 나올 때 이런 경우 이 말을 어떻게 이해할 수 있을까? 비즈니스로 아랍을 방문한 사람들이 가장 놀라는 것이 약속시간에 아랍 무슬림을 만나러 갔는데 그가 없거나, 아랍인들이 '약속' 자체를 깨고도 전혀 신경을 쓰지 않는다는 것이다. 약간 서운한 말을 진하면 '마알레쉬'(별거 아니지)라고 한마디를 던진다.

식사예절

아랍인들은 멀리 있는 음식은 대개 삼가고 우선 자기 앞에 있는 음식에 집중하라고 가르친다. 이집트에서 식사 시간은 시골과 도시가 서로 다르다. 시골에서는 아침 식사는 8-9시에 하고 점심은 1-2시 그리고 저녁은 7-8시이다. 도시에서 아침 식사는 11시(학생이 있는 경우 아침 8시), 점심은 3-4시 그리고 저녁은 밤 10시에 한다. 이집트에서 아침식사는 따으미야와 푸울이 가난한 가정의 조식이고 카이로에서는 따으미야, 푸울, 우유, 콘플레이크, 치즈, 달걀을 먹는다. 점심은 중산층은 마카로니, 쌀, 야채, 샐러드, 달걀, 고기 등을 먹고 시골에서는 야채, 쌀밥, 고기 등이다. 저녁은 도시에서는 요구르트, 치즈, 켄터키 치킨, 햄버거 등이고 시골에서는 치즈, 감자, 빵 등을 먹는다. 고기는 대체로 닭고기를 많이 먹는다.[3] 시골에서 일부 가정은 모두 손을 걷어 붙이고 밥그릇 주위에 둘러앉아 손으로 음식을 먹기도 하나 도시에서는 대부분 숟가

락이나 포크를 사용한다. 식사 중에는 가족 구성원들끼리 여러 가지 화제로 대화를 나누며 오랫동안 식사를 하는데, 보통 요르단에서 아침 식사는 차(커피), 빵을 먹고 점심은 주로 닭고기나 양고기, 샐러드, 쌀밥, 빵, 야채에 쌀을 넣어 만든 음식 등을 먹는다. 요르단에서 저녁식사는 우유, 치즈, 잼, 빵, 차, 과일, 채소류 등을 먹는다. 대표적인 요리로는 케밥(양고기를 꼬치로 하여 구운 것)이 있는데 따으미야(짭짤하게 튀긴 것)가 별미이고 요르단에서는 양갈비를 얇게 저민 '리야쉬'가 아주 맛있다. 일반적으로 음주는 공개적으로 이슬람 국가에서 금지된다. 그래서 사우디아라비아나 일부 국가에서는 술을 가지고 입국하는 것을 허용하지 않으나 요즈음 대부분의 아랍 국가들은 공항 면세점에서 술을 팔기 때문에 외국인이 기본적으로 필요한 한두 병의 술은 반입이 허용되는 아랍 국가가 있다. 아랍인들이 자주 마시는 것은 홍차이고 커피도 좋아한다. 요르단과 같은 나라는 차와 커피를 마시는 다도가 있으나 이집트에는 그런 복잡한 다도는 없다. 대체로 오늘날 이집트 가정에서 부모들은 차를 마시기를 좋아하고 대학생들은 커피를 좋아한다. 아랍에는 전통적인 카페와 서구식 카페 두 종류가 있다. 사우디아라비아는 전통적인 찻집에서 차, 커피, 후카(담배와 허브를 같이 넣음) 등이 있고 서구식 카페는 인터넷 서비스도 해 준다. 사우디아라비아에서는 남녀가 카페에 들어갈 때 서로 다른 문으로 들어가고 내부도 서로 벽이 막혀 있다.

아랍 음식 중에서 시리아와 레바논 음식이 한국인에게 가장 맛이

3_ 2011년 1월말 카이로 재래시장에서 감자와 양파와 오이가 킬로그램당 3파운드(1500원) 정도이고 고구마는 킬로그램에 1파운드 반(800원)이었다. 유수프 판디(귤)는 킬로당 2.5파운드이고 마늘이 3.5파운드, 배꼽 오렌지는 킬로그램당 3파운드이었다. 배추가 킬로그램당 3파운드이고 파는 한 단에 1파운드 반이고, 당근은 킬로그램당 3파운드이고 고추는 킬로그램당 6파운드 그리고 무는 킬로그램에 4파운드이었다. 이집트는 재래 시장이 가장 싸고 동네 가판대에서 파는 경우는 약간 비싸고 메트로 등 수퍼마켓이 가장 비싸다. 요르단의 경우 암만의 시내 중심가의 시장이 서부 암만의 동네 가게보다 더 싸고 자르카나 마다바 등 수도 암만에서 먼 시장에서는 암만 물가보다 훨씬 더 싸다. 물론 이집트나 요르단 등 대형 마트에서 사는 경우 물건은 좋아 보이는데 가격은 재래시장보다 더 비싸다.

있고 그 다음이 요르단, 이라크 등지이고 이집트나 수단 등지의 음식은 별로 맛이 없다. 일반적으로 무슬림들은 악수를 하거나 음식을 먹을 때, 선물을 주고 받을 때 반드시 오른손으로 하라고 가르친다. 그러나 오늘날 아랍인들에게 이런 관습은 거의 사라져 가고 있다. 화장실에 들어갈 때 오른발이 먼저라고 하는 것은 이슬람의 관습이지만 일반 무슬림들은 오른발 또는 왼발에 신경 쓰지 않는다. 모스크를 들어갈 때 오른 발이 먼저 들어가고 나갈 때는 왼발을 먼저 내민다고 하나 이 역시 잘 안 지킨다. 아랍 무슬림들은 오른발이 먼저 들어가면 복을 받는다고 생각한다. 또 아랍인들은 샘물이 있는 곳을 위쪽이라고 하고 샘물에서 멀리 떨어진 곳은 낮은 곳이라고 부른다. 무슬림들은 금요일이 공휴일이므로 금요일 날 일부는 아침 늦게까지 잔다.

몸짓 언어

아랍인들은 한국인보다 몸짓 언어를 더 많이 사용한다. 몸짓 언어란 비언어적인 행동 중 몸짓, 자세, 눈 동작, 얼굴표정, 전신동작 등과 같은 신체동작을 말한다. 아랍인은 손동작 등 제스처를 사용하는 것을 무척 좋아한다. 대중 아랍어(암미야)가 아랍 각국마다 차이가 나서 아랍 국가마다 따로 그 나라의 대중 아랍어를 배워야 하듯이 아랍 국가에 가면 그 나라의 몸짓언어를 배워야 한다. 이집트와 수단에서 고개를 위아래로 흔들면 '네'라는 말이고 고개를 옆으로 흔들면 '아니오'라는 의미이다. 손을 가슴에 올려 고개를 약간 숙이면 감사하다는 의미이고 집게(둘째) 손가락을 좌우로 흔들면 '아니오'라는 의미이다. 다른 사람이 모르게 둘만 서로 아는 체할 때는 눈 위를 위로 치켜세운다. 사우디에서는 가볍게 고개를 상하로 끄덕이며 동시에 양 눈을 껌벅이면 "예 또는 그렇다"는 긍정의 뜻이고 눈썹을 치켜세우며 입술을 오므리고 혀를 잇몸 가까이 대고 혀 차는 소리를 내면서 동시에 머리를 위로 약간 쳐들면 '아니오'라는 뜻이다. 이집트에서는 '에입'(eib: 창피한 짓)을 표시할 때는 눈을 부릅뜨고 좌우로 돌린다. 그리고 손가락을 서로 비비면 돈을 의미한다. 아랍인에게 턱 끝은 전통적으로 명예나 체면과 통한다. 아랍인들이 집게손가락을 펴면 '1'을 의미하고, '6'은 다섯 손가락을 편 후 집게손가락을 하나 더 편다. 거스름돈을 내 줄 때는 작은 단위부터 계산하여 먼저 주고 나서 큰 단위를 셈하여 준다. 가령 236을 받을 경우 6을 먼저 주고 30을 준 다음 200을 돌려준다. 수단에서 오른손 네 개의 손가락을 모아 주먹을 쥐고 엄지를 위로 향해 엄지와 집게를 비비면 '돈을 센다', '돈이야'의 뜻이다. 문상을 갈 경우에는 상주 앞에까지 걸어가서 손바닥을 위로 향해 마주 들고 꾸란 몇 구절을 암송하거나 상주에게 위로의 말을 건넨다.

아랍인의 지칭

호칭이란 어떤 사람을 직접 부르는 말이고, 지칭이란 어떤 사람을 다른 사람에게 말할 때 가리키는 말이다. 아랍 지역에서 운전 면허증이나 전화번호 신청을 하려고 할 때 이름을 적는 공란이 있다. 그곳에는 자기 이름+아버지 이름+할아버지 이름+성(라깝이라고 부름)의 순으로 적도록 되어 있다. 그래서 운전면허증에는 '길상 상일 금성 홍' 등으로 쓴다. 물론 여기서 상일은 아버지 이름이고 금성은 할아버지 이름 그리고 홍은 성이다. 만일 아버지 이름이나 할아버지 이름을 안 적으면 아랍 무슬림은 즉시 새 이름을 만들어 주는데 '길동 홍 홍 홍'등으로 써 준다. 그러나 일반적으로 이렇게 네 개의 이름을 다 사용하는 것은 아니고 평상시에는 자기 이름+아버지 이름+할아버지 이름 이렇게 셋만 쓰고, 보통 때는 자기 이름만 밝힌다. 그러나 사람들이 나(결혼하지 않는 경우)를 지칭할 때에는 이름을 주로 부르지만 자기 가족의 성이 널리 알려진 경우에는 성의 이름이 불리기도 한다. 이집트에서는 집에서 자녀들이 부모를 부를 때 '바바(아빠), 마마(엄마)'라고 부르고, 엄마가 수헤르이면 고등학교 정도 다니는 자녀들은 엄마를 '수수'라고 부르고 아버지 이름이 자말이면 '제미'라고 부른다. 이집트에서 남편은 아내를 후끄마(국가의 내각)라고 부르고 어른이 되면 다른 사람 앞에서 자기 부모를 왈리디(아버지), 옴미(어머니)라고 부른다. 다른 사람들이 나(자녀가 있는 경우)를 지칭할 때는 아부 카말(카말의 아버지), 옴무 카말(카말의 어머니), 혹은 임무 카말(카말의 어머니)이라고 부르는 것이 일반적이다. 성인이 되어 장가를 가면 이름은 직접 부르지 않고 자녀 이름을 따서 부르는 것이 한국과 유사하다. 아랍인들도 엄마 아빠라는 말을 자주 사용하는데 특히 60세 노인이 90세 어머니에게 마마(엄마)라고 부른다. 그래서 이집트에서는 대학생 자녀가 '아빠가 왔어'(바바 게), '엄마가 왔어'(마마 가트)라고 할 때 바바나 마마라는 말을 자주 사용한다. 아랍 국가에서 호적을 등록하거나 혹은 외국인으로서 체류 비자 신청을 할 때에는 꼭 써야 하는 것이 한 가지가 더 있다. 그것은 어머니 이름을 기재하는 공란이 있다. 아버지 이름을 쓰라는 곳은 없으나 결혼한 사람은 아내나 남편의 어머니 이름을 알아야 하고 아이는 부모 중 아버지 이름은 필요 없고 어머니 이름을 반드시 기재하도록 되어 있다. 그것은 아랍이 일부 다처를 인정하여 아버지는 하나이지만 어머니가 여럿이어서 그 구분이 명확하지 않은 것을 막기 위함이다. 아랍 이슬람 사회가 일부 다처를 인정하고 있다는 중요한 예라고 할 수 있는데 일부 한국인들은 아랍 무슬림들이 일부 다처제가 아니라고 우긴다. 일부 다처 사회인 이슬람 국가에서는 어머니가 자녀들의 호적에서 중요한 것이다.

문턱 문화

아랍인들은 집 앞의 층계에서 남자들과 아이들이 앉아서 이야기를 하나 여성들은 이곳에 앉지 않는다. 아랍 문화에서 문턱Thresholds은 밖과 안을 연결해 주는 곳으로서 걱정과 긴장과 관련된 곳이다. 이슬람 국가의 민간 문화에서 문턱은 불길한 곳이고 집안으로 들어오려고 하는 진Jinn들이 둘러싸고 있는 곳이다. 이런 믿음은 이슬람 종교에 그 기원을 두고 있다. 알라의 이름을 말하지 않고 집 안으로 들어가려는 사람은 마귀들devils이 그와 함께 집안으로 들어가고 만일 알라를 언급하면 마귀들은 집 밖에서 머문다고 믿는다. 이브라힘의 아들 이스마일의 아내들은 문턱을 아내들의 우아함 그리고 대접하는 것과 연관지었다. 이브라힘이 방문했을 때 그를 알아보지 못한 이스마일의 첫째 부인은 그에게 환대를 베풀지 않고 그를 문턱에서 떠나게 했다. 그래서 이스마일이 그녀와 이혼했는데 둘째 부인은 이브라힘을 알아보지 못했어도 그분을 극진하게 대접했다고 한다.

화장실 문화

서양식 화장실이 아랍 국가에 도입되었으나, 요르단의 가정 집에는 아랍식 화장실과 서양식 화장실 등 두 종류가 설비되어 있다. 이집트 카이로의 가정집에는 주로 서양식 화장실로 되어 있다. 이집트의 베니 스웨프에 사는 아랍 청년은 도시에는 서양식 화장실이 있으나 시골에는 여전히 구멍만 뚫려 있는 아랍식 화장실이라고 했다. 시골의 아랍식 화장실에 들어가면 일반적으로 변기와 수도, 빈 깡통이 놓여 있거나, 양동이에 물을 담아 놓은 것을 볼 수 있다. 화장실 안에 구멍이 뚫린 화장실은 아랍식 화장실이라고 부르고 서양식으로 된 것은 이프란지Ifranjī 화장실이라고 부른다. 아랍식 화장실에서는 화장지를 사용하지 않는다. 그 대신 통에 물을 담아서 왼손으로 항문을 씻거나 호스를 대고 흐르는 물로 닦는다. 남자들의 경우에는 소변을 본 후, 물로 씻어내고, 배변 후 처리는 왼손으로 한다. 특이한 것은 남자도 소변을 볼 때 남자들이 입는 전통 복장 '잘라비야'(갈라비야)를 입은 채로 앉아서 볼 일을 본다. 샤워는 우리처럼 옷을 다 벗고 하는 게 아니라 속옷을 입은 채 하는 사람이 많다. 요르단의 화장지는 따로 버리지만 이집트는 대부분 변기 안에 버린다. 요르단의 온천에서 여성들은 옷을 입은 채 입수하고 남자들은 수영복 바지를 입는다. 요르단은 일주일에 한두 번 수돗물이 각 가정에 배달되므로 물이 늘 부족하다.

아랍인들은 어려서부터 화장실에 가고 싶을 때 완곡어법을 사용하도록 요구받는다. 시골에서는 "자유스런 장소에 가고 싶다"고 하고 도시에는 "욕실에 가고 싶다"고 말한다. 유목민들은 아직도 아무도 보지 않는 공터에서 배변을 한다. 아랍인들은 50년대 이전에는 서양식 화장실을 쉽게 볼 수 없었고 어떻게 사용할지도 몰랐다. 사우디아라비아 사람들은 쓰레기장을 칸Khān이라고 부른다. 보통 쓰레기를 버리는 곳에서 씨앗이 발화하여 무성하게 되면 가축이 그걸 먹기도 하는데 가난한 사람들이 쓰레기장 옆에 살았다. 메카 순례 이후에 메카와 메디나에 머물러 집이 없는 사람들은 쓰레기 더미를 뒤지며 살기도 한다. 이집트에서는 쓰레기를 일정한 장소에 버리지 않아 도시 전체가 지저분한데 쓰레기 치우는 청년들이 각 층마다 들어와 쓰레기를 가져간다.

3. 아랍인의 문화코드

도축 문화

독실한 무슬림들은 식사나 새로운 일을 시작하기 전에 "비스밀라히 앗라흐마니 앗라힘"(가장 자비롭고 자애로운 알라의 이름으로)이라고 말한다. 알라의 이름으로 무슨 일을 시작한다는 말이다. 그러나 외국인들을 자주 만난 아랍인들이나 일부 아랍인들은 이런 말을 되뇌지 않는 경우가 많다. 요르단 대학 교수들도 몇 명을 제외하고는 이런 말을 하지 않는다. 아랍 무슬림이 인터뷰할 때나 공개석상에서 학술 논문을 발표할 때 먼저 <비스밀라히>를 하고 자신의 말을 시작하는 사람도 있고 그렇지 않은 무슬림도 있다. 사실 알라의 이름으로 말하고서 나쁜 말을 하고 상대를 업신여기는 말을 하는 무슬림도 있다.

아랍 무슬림들은 짐승을 도살할 때 "비스밀라히 알라후 아크바르" (알라의 이름으로, 알라는 가장 위대하다)라고 말하고 나서 도살한 짐승을 <할랄halal>이라고 한다. 만일 이런 절차를 무시하고 잡은 짐승은 먹지 못한다고 하여 이를 <하람haram>이라고 한다. 동물의 도살은 목을 잘라 피를 흘려 내보내야 하고 짐승의 피를 먹거나 마시는 것을 금한다. 돼지고기는 이슬람에서 금한다. 돼지는 음식 찌꺼기를 사료로 먹고, 뭐든 가리지 않고 먹으며 기생충, 박테리아 등 상당수의 병균을 가지고 있어 질병의 원인이 되는 것으로 간주한다. 그러나 목숨을 부지하기 위해서 돼지고기를 먹는 것을 이슬람이 허용한다. 돼지고기, 그리고 돼지에서 뽑은 젤라틴이 든 음식과 알코올을 넣어 만든 사탕이나 알코올, 피, 뱀, 개구리 등 이슬람에서 금지한 짐승을 무슬림이 먹는 것이 금지(하람)된다. '내가 짐승을 도살한다'는 것을 아랍어로 '아드바하'라고 하는데 이라크에서 미군과 외국인을 칼로 살해할 때에도 무슬림들은 '아드바하'라는 동사를 사용했다. 잔인한 무슬림들의 살해 장면을 청소년들이 핸드폰에 저장하여 외국인들에게 보여주기도 했다.

인샤알라 문화

'인샤알라'는 글자 그대로 하면 '알라가 원하면'이라는 조건문이다. 모든 것이 알라의 뜻이라는 의미를 담고 있어서 알라가 정해준 운명대로 매사가 된다는 의미가 들어 있다. 그런데 문제는 어느 무슬림이 이렇게 말하고서 자신이 할 수 있는 일인데도 태만하여 약속을 안 지키는 것을 외국인이 본 다음에 이런 말을 다시 들으면 "아! 약속을 안 지키려나 보다"라고 생각한다. 그러나 이 표현은 본래 무슬림들이 세상은 알라가 정해준대로 일이 진행되므로 어떤 일을 인간이 빨리 진행하지 않아도 알라가 원하면 이뤄준다는 생각에서 비롯된 것이므로 아랍 무슬림들은 '인샤알라'를 '내가 그렇게 되기를 바란다I hope'는 의미로 사용한다. 그러므로 한국인은 아랍 무슬림이 인샤알라라고 하면 이 의미가 어떤 문맥과 어떤 상황에 사용되었는지를 먼저 살펴봐야 그 의미를 정확히 알 수 있다. 단순히 인샤알라를 <알라가 원하면>이란 의미로 번역해서는 서로 다른 상황에 따라 달리 쓰이는 그 의미를 정확하게 파악하기 어렵다.

인샤알라는 미래에 일어날 계획과 사건에 대한 소망을 나타내는 말이다. 인샤알라는 꾸란 18:23-24에 나오는 말인데 "인샤알라라는 말을 덧붙이지 않고서는 '내일 그 일을 하겠다'는 식의 말을 하지 말라"고 했다. 그러나 7세기에 나온 꾸란과 오늘날 아랍인들이 이 표현을 사용하는 것과는 그 의미의 뉘앙스가 달라진 부분이 있다. 다시 말하면 오늘날 아랍 무슬림이 사용하는 '인샤알라'는 그 문맥과 상황에 따라 의미 차이가 있다. 다음 대화를 보라.

(마날) - 이집트에서 어디에 사실거예요?
(마나르) - 알렉산드리아요, 인샤알라.
(마날) - 마샤알라.

위 대화에서 이집트에 가면 어디 살 거냐고 물으니 알렉산드리아에 살 거라고 말하면서 그 뒤에 인샤알라라는 표현을 쓰고 있다. 인샤알라 때문에 알렉산드리아에 살 것이라는 미래의 계획을 표현하는 말이 되었다. 인샤알라는 미래와 관련된 말에 사용된 것이다. 마날이 이미 알렉산드리아가 이집트에서 아름다운 도시라는 것을 알고 있어서 마나르가 그곳으로 가서 살 거라는 말을 듣고 마날이 기뻐서 하는 말이 마샤알라(알라가 원하는 대로)라고 한 것이다. 먀샤알라는 좋은 소식을 듣고 기쁨, 칭찬, 감사 등을 표현하는 말이다. 어떤 사람이 아이를 낳은 것을 보았을 때 사용하는 말이고 남학생이 거리에서 예쁜 여성이 지나가는 것을 보고 말할 때 사용하는 말이다. 이런 표현은 흉안을 막거나 시기나 질투에서 오는 해악을 막기 위함이다.

우리가 인샤알라를 <알라가 원한다면> 혹은 <알라가 원하면>으로만 해석한다면 다음과 같이 아랍인들이 사용하는 이 표현의 진정한 의미를 완벽하게 이해하지 못한다. 첫째, 인샤알라는 말하는 사람의 통제에서 벗어난 상황을 표현한다. "내일 바람이 세차게 불 거야. 인샤알라"라는 말에서 말하는 사람이 바람을 통제하기 어렵다는 것이다. 둘째, 말하는 사람이 어느 정도 통제가 가능할 때 사용된다. "내일 수업시간에 늦지 않게 오겠습니다. 인샤알라." 이런 경우 제 시간에 오기 위하여 아침 일찍 일어날 수도 있고 자동차 기름을 미리 넣어 두었다가 제 시간을 맞출 수도 있고 아예 학교를 떠나지 않고 약속된 시간을 지킬 수도 있기 때문이다. 셋째, 완전히 말하는 사람의 통제 하에 놓이는 상황에 쓰인다. "나는 사실만을 말하겠다. 인샤알라"라는 말에서 말하는 사람이 이렇게 결정하면 아무도 그 계획을 변동시키기 어렵다는 것을 표현하는 말이다.

아랍어는 조건문과 미래 간의 구별이 분명하지 않다. 인샤알라에서 '샤'는 아랍어에서는 과거형인데 그 해석은 미래로 한다. 아랍인들은 I will go to work.와 I would go to work.를 서로 구별하기 어려워한다. 전자는 미래(나는 ‒ 할 것이다)이고 후자는 조건(‒ 하면 ~할 것이다)을 나타내는 말인데 아랍어로 표현하면 이 둘 사이가 구별이 안 된다. 아랍인들은 미래에 사건이 일어날 것을 확신한다는 개념을 표현하기 어려워한다. 아랍인들은 미래의 사건이 일어나는 것은 모두 불확실한 것으로 간주하기 때문이다. 영어 문장이 미래를 나타내는 경우, 아랍인들은 이 문장 뒤에 인샤알라를 넣어서 불확실성의 원래 의미를 유지하게 한다.

인샤알라는 그럴 기회가 있다는 것을 의미하는 것 이상의 의미를 표현한다. 그 이유는 인샤알라가 이슬람 문화에 속한 종교적인 요소를 포함하고 있기 때문이다. 무슬림들은 이 세상에서 일어나는 것은 알라의 손아래에 있다고 본다. 말하는 사람이 어떤 동작을 완전히 통제하고 있다고 할지라도 그런 행동과 동작은 신의 뜻의 결과라는 것이다. 인샤알라는 확실성을 가지고 미래를 예상하고 계획할 수 없다는 것을 의미한다. "오늘 부자가 될 거야, 인샤알라"라고 했어도 신의 운명에 따라 내일 망할 수도 있다는 것이다. 결국 인샤알라는 미래의 불확실성과 신의 운명과 관련된 말이라고 하겠다. '인샤알라 쿠웨이스'라는 말이 있는데 이 말은 다른 사람의 안부를 물을 때 '인샤알라, 잘 있겠지' 혹은 '그가 잘 있기를 바란다'는 의미이다. 아랍어와 관련된 어휘는 상황과 관련된 어휘라는 것을 잊어서는 안 되고 아랍어는 문맥에 따라 의미가 달라지는 다의어라는 사실을 명심할 필요가 있다.

상거래 문화

외국인이 아랍 무슬림들 가게에서 뭔가를 사려고 하면 정가보다 더 많이 부르는 경우가 있다. 특히 아랍의 택시 운전사들은 어느 나라를 막론하고 외국인들을 속이려 한다. 잔돈을 준비하지 않으면 대부분 잔돈을 그냥 안 주기 때문에 기분이 나빠질 수도 있어서 아예 잔돈을 포기하는 마음으로 택시를 타거나 미리 잔돈을 준비하고 타는 게 낫다. 이집트의 경우 미터기가 있는 하얀 택시를 타더라도 미터기가 잘 작동되는지 확인하고 만일 미터기가 없는 까만 색 택시를 탈 경우에는 반드시 사전에 요금을 흥정해야 한다. 가끔 이집트 무슬림 운전수가 대충 얼버무리면서 그냥 타라고 하고서 막상 목적지에 도착하면 운전수 자신이 생각한 요금을 주지 않으면 행패를 부리는 경우가 있다.

아랍인 가게에서는 손님이 마치 살 것 같으면서 가버릴 듯한 태도를 보이면 값을 낮춰 주기도 하지만 한번 정한 값에서 조금도 내려 주지 않는 무슬림들도 있다. 우리나라에서는 단골에게 좀 더 싼 비행기표를 주어 손님을 잡으려고 하지만 요르단 여행사들은 외국인 단골에게 더 많은 값을 부르기 때문에 매번 다른 여행사들을 이용하는 게 더 낫다. 이집트에서는 매달 아파트 월세를 제 날짜가 되면 칼같이 재촉하는 집주인이 있는가 하면 아주 너그럽게 외국인을 대해 주는 경우도 있다. 이집트에서는 전기 영수증이 집을 사거나 은행 계좌를 여는 데 매우 중요하다.

아랍어 숫자는 대중 아랍어로 하나(와헤드), 둘(이뜨넨), 셋(딸라따), 넷(아르바아), 다섯(캄싸khamsa), 여섯(씻타), 일곱(싸브아), 여덟(따마니야), 아홉(티쓰아), 열(아샤라), 스물(이쉬린), 서른(딸라띤), 마흔(아르바인), 쉰(캄씬), 예순(씻틴), 일흔(싸브인), 여든(따마닌), 아흔(티쓰인), 백(미아), 4백(아르바아 미아), 천(알프alf)이라고 한다.

여성 할례

뚜흐르라는 단어는 원래 여성들의 월경들 사이의 기간을 가리켰다. 즉 여성이 월경으로부터 깨끗해지는 기간인 25일간부터 28일간 동안을 가리킨다. 어느 부인이 무함마드에게 자기 남편이 잠자리를 안 해준다고 하니 그 남편이 매 뚜흐르마다 한 번 잠자리를 한다는 말에서 연유된 말이다. 그런데 이 단어가 이집트에서는 할례라는 말로도 쓰인다. 여성이 월경을 치르고 있는 기간을 아랍어로 꾸루으Qurū'라고 했다. 꾸란에는 "너의 꾸루으 날 동안에는 기도를 그만두어라"라고 되어 있다. 무슬림 남자는 이 기간이 불결하고 해로우므로 부부관계를 하지 말도록 되어 있다. 이혼할 사람은 세 꾸르으를 기다리라고 했다. 다시 말하면 당시 임신을 과학적으로 정확하게 알 수 없던 시기이므로 이 방법이 임신이 되었는지 알 수 있는 가장 좋은 방법이었다.

할례는 고대 이집트 신전에서 행해지던 습관이라고 하나 역사를 거치면서 일부 무슬림 학자들이 할례를 의무사항으로 규정하기도 했다. 이슬람에서는 인간에게 청결이 중요하다고 보고 오늘날까지 남성 할례가 이어져 오고 있다. 이슬람 법학파들 중에 할례를 의무로 간주하는 학파는 샤피이 학파, 말리키 학파, 한발리 학파이고 이 가운데서 샤피이 학파가 가장 엄격한 입장을 취한다. 하나피 파는 할례를 반드시 의무 사항으로 보지 않고 있다. 그러나 오늘날 무슬림 쉐이크들 중에는 여성의 할례를 의무라고 말하는 무슬림도 있다. 할례가 단지 신체 부분의 청결이라고 하는 관점에서 보면 여성의 할례는 원래 종교적인 의무에서 이뤄지는 것이 아니라고 할 수 있다. 실제로 일부 아랍 국가에서 뿌리 깊게 이어져 내려져 오는 여성 할례는 사회적인 문제가 되고 있을 뿐만 아니라 여성의 생명과 여성의 권리 보호가 중대한 문제가 되고 있다. 요르단의 경우, 아주 극소수의 여성들이 부모의 강요로 할례를 받고 있으나 모든 남자 아이는 할례가 의무이고 생후 한 달 후에 무땃히르(할례시키는 남자)나 의사가 할례를 행하는데[4] 이집트에서는 대부분의 여성들이 할례를 하기 때문에 무면허 시술이 성행하고 있다.

성차별 문화

아랍 남자와 그의 아내가 동석하는 경우, 그때 대화의 주도권은 아랍 남자에게 있다. 우리처럼 결혼해도 이름은 안 바뀌지만 항상 대화의 주도권은 남자가 갖는다. 명함도 아랍사회에서 매우 중요하다. 사회적 지위를 알 수 있는 것이 명함이기 때문이다. 그래서 아랍인은 처음 만나면 직업을 우선 묻는다. 어느 직장에서 무엇을 하느냐에 따라 지금 만나고 있는 상대에 대한 태도가 달라지기도 한다.

아랍 속담에 "감옥은 남자만을 위한 곳이다" 혹은 "감옥은 긴 콧수염 달린 사람들을 위한 곳이다"라고 한다. 이는 아랍 남자들이 자유와 품위를 찾는 것을 완곡어법으로 표현한 것이다. 감옥은 자주 정치적 부패와 관련된 장소로 알려져 있는데 저명한 학자들도 감금되는 곳이었다. 여성 감옥수에게는 감옥이 그의 도덕을 부끄럽게 한 곳으로 여겨 부정적인 시각을 갖는다. 아라비아 반도의 정치권은 여성들이 종교나 정치에 관여하는 것에 대하여 나라마다 서로 다른 태도를 갖는다. 일부 국가에서는 여성들이 이런 활동을 하다가 감금되기도 하나 다른 국가에서는 허용되기도 했다. 아라비아 반도에서는 통치자가 어느 섬으로 추방하는 판결을 내리기도 했고 범인을 자기 부족에게 되돌아가지 못하게 하기도 했다. 사우디아라비아 정부는 사막을 유전으로 바꾸는 것을 반대한 사우디 소설가 압드 알라흐만 무니프를 2005년 그가 죽기 전에 박해를 했다. 그는 석유 유전이 사람과 환경에 절대 도움이 안 된다고 주장했다. 그는 살아 생전에 아내와 아이들을 절대로 볼 수 없었다. 사우디 당국이 결코 그의 문제를 해결해 주지 않았기 때문이다. 성차별 문화에서 여성들을 은유적으로 감금이라 묘사되기도 한다. 딸랄

4_ 공일주, 이슬람 율법, 51-56.

알타미미의 소설 '사우디아라비아'에서는 남성 중심의 아랍 사회가 여성을 출산과 남자의 즐거움을 위한 도구로 여긴다고 고발하였다.

사우디아라비아 부족들은 부족의 가치와 전통을 어긴 사람은 사막으로 추방했다. 이슬람 이전에 추방은 아랍인들의 전통이었다. 아랍 문학에는 이런 추방된 사람들의 시와 모험을 기록한 내용이 자주 나타났다. 한 부족 안에서 서로 의견이 불일치할 때 처벌 방법은 추방이었다. 이슬람 이전에 같은 조상을 가진 자아파르와 바누 바크르 간의 의견 불일치로 서로 전쟁이 벌어졌고 자아파르 족이 전쟁에서 졌다. 바누 바크르는 전쟁에서 죽은 피의 값을 자아파르가 갚을 때까지 예멘으로 추방하였다. 1년 뒤 그가 부족의 법규를 지키기로 약속하고 피의 값을 치르고 나서 고향으로 돌아왔다. 이슬람 설화에는 하자르와 이스마일이 이브라힘과 사라에 의하여 사막으로 추방당했는데 이들은 사막에서 새로운 왕조를 건설하였다고 전한다.

결혼 문화

아랍 처녀들은 자기가 어느 남자를 좋아할 때 그 남자에게는 좋아한다는 것을 직접 말하지 않고 엄마에게 먼저 말하기도 한다. 물론 다른 여성들은 부모 몰래 어느 청년을 좋아하면서 그런 사실을 부모한테 말하지 않는 경우도 있다. 결혼의 최종 결정은 보통 아버지가 한다. 때로는 양가의 아버지끼리 결정하기도 하고 때로는 연인끼리 먼저 결정할 수도 있다. 이집트 젊은 여성들은 신랑감으로 자신을 존중하는 좋은 남자, 즉 자기를 사랑하는 사람을 우선한다고 말하면서 실제 남편감으로 고를 때는 그의 재산을 먼저 본다. 그러나 부모 세대들은 좋은 신랑감으로 무슬림이어야 하고 돈이 있고 아파트를 준비해 줄 수 있는 남자를 찾았다고 한다. 대체로 이집트에서 신부는 부엌과 부부 방을 꾸미는 데 돈을 보태고 여기에 필요한 혼수를 준비하지만, 남편은 집을 장만한 뒤 아이들의 방을 꾸미는 데 돈을 낸다. 요르단은 대체로 신랑이 아파트와 가구들을 마련한다. 아랍의 기성세대들은 결혼식 후에만 처녀가 키스를 허용한다고 하나 요즘 젊은이들은 결혼 전에도 키스를 하는 사람들이 많다. 25년 전에는 젊은 청춘 남녀가 서로 좋아해도 그 사실을 어머니한테 털어놓지 못하였고 대개는 남자가 결혼 의사를 전달했다. 대체로 아랍 여성들은 좋아하는 남자에게는 무관심한 척한다. 여자가 무관심한 척하면 아랍 남자들은 몸이 달아서 자꾸만 여자를 조른다. 결혼 의사를 정하기 전에 서로 데이트를 하기도 하고 일부는 서로 연애를 먼저 하고 나서 부모를 만난다. 아랍 여성들은 '쉽게 만나면 쉽게 헤어진다'고 생각한다. 아랍 여대생들에게 22살이 결혼 적령기이다. 일부 여성들은 취직을 먼저 하고 나서 결혼하려고 한다. 만약 신랑감을 제때에 못 구하면 직장 생활을 계속하려 한다. 아랍 여성이 30살을 넘어도 결혼을 못 하면 엄마들은 야단이다. 노처녀는 <아니스>라고 부르고 엄마들은 딸을 시집보내야 맘이 편하다고 한다. 카이로 여성들은 대체로 연애결혼을 한다. 이집트 남부 사이드와 시골에서는 대가족(삼촌) 안에서 서로 아는 경우에만 혼인이 가능하게 한다. 이집트 무슬림들에게 혼령기는 대체로 15세에서 20세 사이의 여성을 배우자로 선택하는 경우가 많아 조혼이 사회적인 문제가 되고 있다. 더구나 여름에 걸프 지역의 무슬림 부자들이 이집트의 가난한 가정의 소녀와 여름 동안만 부부로 지내는 것을 이슬람 학자들이 비이슬람적이라고 했지만 어린 여자와 늙은 무슬림 남자가 혼인하는 것이 지금 늘고 있다. 걸프 국가들이 유가 상승으로 돈을 많이 벌고 있고 기타 아랍 국가들은 빈부차가 심하여 가난한 무슬림 부모들은 딸들을 부자에게 주는 것을 반겨한다. 무슬림들의 혼인은 '마으둔'이라는 서기가 혼인 서류를 작성한다. 이집트의 경우, 마으둔은 신랑에게서 500파운드를 받고 혼인 서류를 작성해 주고 법원에 이 서류를 제출한다. 2011년 이집트에서는 공석이 된 마으둔 한 사람을 공채하는데 4명의 여성들이 신청을 했는데 혹시 밤늦은 시간에 이혼 사무를 봐야 하는 마으둔이란 직업에는 여성들이 적합하지 않다고 무슬림 남자들이 이의를 제기하기도 했다.

수단 사람들은 결혼식 잔치를 자파프라고 하고 이집트인들은 파라흐라고 하고 요르단 사람들은 결혼식을 오르스라고 한다. 이집트에서는 향토 고유의 춤이 있어서 이런 기쁜 날에는 덩실 덩실 춤을 춘다. 요르단에서는 혼인식을 동네 회관에서 갖기도 하는데 무슬림 남자들은 혼인식에 참석하지 못하고 아래층에서 차를 마시고 신랑과 여성들만 결혼 파티를 한다. 물론 요르단 기독교인들은 대개는 교회에서 식을 올린 다음 호텔을 빌려 피로연을 갖는다. 옛날에는 대부분의 경우 혼전에 결혼 당사자들이 서로 선을 보지 않은 채 혼인을 했으나, 지금은 나라별로 조금은 달라서 개방적인 가정에서는 자녀들이 서로 맘이 맞아 좋아한다고 하면 부모끼리 만나 이를 받아들이기도 한다. 과거에는 사촌누이와 꼭 혼인해야 한다는 관례가 있었으나, 지금은 요르단의 경우 이런 혼인과 자유 연애 결혼이 50 대 50이다. 신랑이 신부 값을 반드시 준비해야 하는데 이집트의 경우 이런 신부값을 여성의 학력과 미모에 정비례하여 신부 가정에 준다. 무슬림 남자는 기독교 여자나 유대교 여자와 결혼하는 것은 가능하나, 무슬림 여자는 기독교나 유대교 남자와 결혼하는 것이 불가능하다. 무슬림 여자의 경우 만16세부터 결혼을 할 수 있지만, 대부분의 이집트 남성들의 결혼 적령기는 30-40대이다. 혼인 서약에는 여성의 아버지나 가까운 친척(작은아버지, 큰아버지 등) 또는 남자 형제가 여성의 의사를 대신 전하기도 한다. 신랑이 신부에게 주어야 하는 혼전 예물로는 보통 귀금속류이지만, 가난한 사람들이 결혼한 경우에는 간소한 결혼예물을 주기도 한다. 신부 값의 액수는 신부의 나이, 용모, 평판이라든지 쌍방의 가문과 재산, 사회적인 명성 등에 의해 결정된다. 일반적으로 수단의 중산층 청년이 결혼을 하는 경우 약 100만 원 가량의 돈이 들고, 이집트에서는 6000파운드(120만 원) 정도 든다. 그러나 수단에서 대졸자의 초임이 한 달에 10만 원이고 이집트에서 경비원이 하루 8시간 일하고서 한 달에 500파운드(10만 원)를 받기 때문에 신부 지참금(마흐르)을 마련하여 혼인하려면 남자의 나이가 더 많아진다. 결혼식은 대부분 목요일에 호텔에서 하고 이집트의 경우 관광지 후르가다나 샤름 알쉐이크에서 허니문을 보내기도 한다. 혼례에 오신 분들에게 뷔페를 내놓기도 한다. 무슬림들의 약혼식에는 아무 옷이나 가능하나 결혼식에서는 반드시 흰색 옷을 입는다. 이집트에서는 대개 신랑과 5일간 허니문을 가고 허니문 가기 전에는 부모들이 신랑집으로 가서 새 신혼 살림방에 양가 가족이 모인다. 아랍의 거리를 목요일 저녁에 걷는다면 신랑 신부가 탄 차들의 앞뒤에서 경적을 울려대는 광경을 자주 볼 수 있다. 요르단에서는 결혼식이 있기 전 2일 동안 신부는 여자 친구들과 같이 지내면서 친구들이 화장을 시켜 주고 수단의 경우에는 힌나(손 발을 물들이는 것, 일정 시간 지나면 없어짐)를 한다. 부자의 경우 시내에 있는 일류 호텔을 빌려 결혼식과 피로연을 함께 하지만, 대부분은 집 주위에 색색이 전등으로 불을 밝히고, 클럽 앞 마당이나 집 앞의 뜰에서 결혼식을 갖는다. '자가리드'라고 불리는 괴성을 엄마들이 소리지르며 트럼펫과 탬버린, 드럼 등이 연주되면서 신랑신부를 피로연장으로 안내한다. 가끔은 초청된 가수의 노래와 춤, 음악이 어우러지며 밤늦은 시간까지 계속된다. 우선 친구나 가족 친지들이 모여 춤을 추면 신랑 신부가 나와서 춤을 추는데 신부가 춤을 출 때는 신랑이 나가서 신부가 춤추는 것을 도와준다. 결혼식이 끝나면 신랑신부는 신혼여행을 가지 않고 곧장 침실로 들어가기도 간다. 가끔 침실에 들어간 신부는 일주일 동안 침실 밖에 나오지 않고, 외부에서 날라다 주는 음식을 침실에서 먹기도 한다. 이혼녀가 재혼하는 경우에는 부모의 동의 없이도 결혼이 가능하며, 이집트 사회에서는 전혀 거리낌 없이 재혼이 이루어진다. 아랍 기독교인들은 아랍 무슬림 남자들에게 딸을 시집보내지 않으려고 과거에는 무슬림 남자와 혼인하려는 딸을 죽이기도 했다. 그러다보니 아랍 기독교인들 중 여성들 중에는 아직도 노처녀가 많다. 아랍 무슬림들을 기독교 여성의 신랑으로 맞이할 수 없어서 요르단 기독교인들은 시리아 기독교인들의 자녀들과 혼인을 하기도 한다. 기독교인 가정에는 옛날 성인들의 사진들이 집안에 걸려 있고 마리아와 예수의 사진들도 볼 수 있다. 아랍 기독교인들이 이슬람 국가 안에 살

고 있어서 이슬람 문화의 영향을 많이 받고 있지만 기독교인들만의 독특한 문화가 있다.[5]

장례 문화

아랍에서 장례 절차는 무슬림과 기독교가 서로 다르다. 무슬림들은 사람이 죽으면 모스크에 가서 기도를 하고 장지에 관을 메고 간 다음 관을 빼고 시신만 묻는다. 이때 시신은 아무것도 안 입히고 천으로 동동 말아서 땅에 묻는다. 부모의 경우 자녀들이 염을 하고 씻기도 하는데 이집트에는 죽은 사람의 몸을 씻는 '하누티'가 따로 있다. 물론 누군가가 죽었으면 가족과 친지들에게 먼저 알리고 시신을 씻는다. 대개는 하누티에게 맡기지만 남자 시신은 남자가 씻고 여자 시신은 여성이 씻는다. 그러나 가끔 아내는 죽은 남편의 시신을 씻을 수 있으나 남편은 죽은 아내의 시신을 씻지 않는다. 무슬림들의 시신은 지체 없이 매장한다. 냉동 시설이 없는 더운 기후에서 부패될 위험이 크기 때문이다. 사람이 죽으면 먼저 크게 소리 내어 울기 때문에 주변에서도 금방 알 수 있다. 망자의 가족들은 검은색 옷을 입는다. 무슬림들은 모스크에서부터 장지까지는 남자들만 갈 수 있고 여자들은 장지까지 따라갈 수 없다. 죽은 시체는 머리가 끼블라(메카 방향)[6]를 향하도록 한다. 장지에서 돌아오면 상주는 집 앞에 천막을 치고, 3일 동안 조문객을 받는다. 설탕이 없는 커피를 대접할 뿐 음식은 없다. 요르단의 아랍 기독교인들은 기독교인들에게 허용된 공동묘지에 가서 공동 묘지내 건물 내부에

5_ 아랍 기독교인들만이 사용하는 교회 용어들이 따로 있어서 무슬림들이 사용하는 낱말과 혹시 같더라도 그 의미가 다른 경우가 있다. 가령 "쌀라"라는 단어는 아랍 무슬림들에게는 기도 전에 일부 신체 부위를 씻고 메카를 향하여 기도한다는 의식적인 기도를 떠올리지만 아랍기독교인들에게 "쌀라"는 교회나 집에서 직장에서 하나님께 기도하는 것을 떠올리므로 무슬림처럼 메카를 향하거나 신체 부위를 기도 전에 씻어야 한다는 의미는 없다.

6_ 끼블라는 카아바의 방향인데 메카의 북쪽에서 끼블라는 남쪽이고 나즈드에서는 끼블라가 서쪽 방향이다.

관을 중앙에 올려두고 교우들과 가족 친척들이 둘러서서 예배를 드린다. 예배를 드린 후 남자들이 관을 메고 가서 매장지에 묻는다. 이집트 룩소에 가면 여인들이 죽은 사람을 위한 곡을 하는 풍습이 있다. 이들을 '이디드'라고 하는데 죽은 사람을 위한 곡을 한다. 파라오 시대부터 이집트에서는 죽은 이를 슬퍼하는 가족과 친척 그리고 곡을 해 주는 사람들이 있었다. 이라크에서는 다른 아랍국가와 다르게 '앗다다' 혹은 '물라야'라고 하는 곡하는 여성이 죽은 자에 대하여 곡을 한다. 이라크에서는 죽은 사람을 영웅으로 기리고 그를 기념하는 탐지드 음악이 있다.

부족문화

부족적 전통은 부족 안과 밖에서 집단들에게 적용되는 친족(혈연) 관계의 복잡한 제도에 근거한다. 아랍 부족tribe들은 친족kinship에 굉장한 관심을 보인다. 근친 정도의 수준에 따라 부족에서부터 가족에게 까지 십여 개 등급으로 나뉜다. 많은 아랍인들에게는 개인이 사회에 속하여 있다는 것보다 그가 어느 부족에 속해 있다는 것에 대해 더 특별한 감정을 갖는다. 사우디아라비아 같은 나라에서 자신이 사우디 사람이라는 것보다는 자신이 어느 부족에 속해 있다는 것이 더 중요시된다. 부족적인 전통은 각 부족원이 그들 부족의 이름을 자신들의 신분증에 반드시 기록하도록 요구받는다. 일부 큰 부족들은 여러 나라에 퍼진 수백만 명의 부족원들을 갖는다. 가령 타밈Tamīm, 샴마르Shammar, 안자Anzah 부족들은 예멘, 사우디아라비아, 이집트, 터키, 이란, 튀니지, 이라크, 시리아 등지에 자신들의 부족원이 산다. 이들은 부족의 공통된 가치관을 갖는다. 친족들에게 유배와 추방은 개인에게 가혹한 처벌로 인식된다. 압드 알아지즈(1902-1953) 때 그의 정부는 범죄인들과 국가에 불복종하는 사람들을 사막으로 몇 년간 유배banishment시켰다. 가장 유명한 유배 중의 하나는 사우디의 지성 압드 알라 알까시미가 와하비 사상을 반대한 책을 써서 추방당했다. 1966년 그가 죽을 때까지 그는 이집트와 베이루트에서 살아야 했다. 영국 식민지 통치자들은 이집트에서 아랍 전통을 모방하여 무함마드 압두흐를 1883년 우라비 혁명에 참여한 죄목으로 유배시켰다. 오늘날 개인이나 부족의 권위가 민법 때문에 사회에 영향을 덜 끼치면서 추방의 의미도 변화를 가져왔다. 2004년 사우디아라비아에서 테러가 일어났는데 그 테러리스트가 속한 부족은 서둘러서 그 테러를 부인하였다. 해당 부족장은 왕을 만나 테러리스트가 행한 일을 받아들일 수 없다고 말하고 일간 신문 인터뷰에서 그의 부족은 그들의 범죄 행위 때문에 그들을 완전히 받아들일 수 없다고 강변했다.

이슬람 종교 공휴일

이슬람에서는 무함마드가 정한 금요일을 중요한 종교적인 날로 간주한다. 금요일은 남자들이 기도하러 나가는 날이고 일주일 중 가장 중요한 종교적인 날로서 그 지역의 가장 큰 모스크(자미으)에 모여 이맘의 설교를 듣는다. 금요일의 가장 중요한 특징은 남자들이 씻고 깨끗한 옷으로 갈아입고 일부 남자는 금요일 날만 입는 옷을 입는다. 일부 남자들은 첫줄 이맘 뒷자리(라우다)를 예약해 둔다. 어떤 남자들은 라우다 자리를 확보하려고 자리다툼을 벌이기도 한다. 그들이 모스크에 일찍 와서 기도에 깊은 관심이 있다는 것을 자랑하고 싶어하기 때문이다. 그와 반대로 기도하는 모스크의 가장 뒷자리는 기도에 관심이 적은 사람들이 앉는 곳으로 생각한다. 그러나 여성들에게는 이런 논리가 적용되지 않는다. 여성들에게 가장 좋은 장소는 남자들로부터 가장 먼 가장 뒷자리이다. 물론 오늘날 아랍 무슬림들이 모두 모스크에 나가는 것은 아니다. 여성들은 금요일 일찍 일어나 집을 청소하고 향Bakhūr을 피워 좋은 냄새가 나게 한다. 일부 여성은 이웃집을 방문하거나 설교를 들으러 모스크에 가고 이 날은 이웃 사람들을 만나는 날이다. 금요일은 다른 날과 달리 종교적이고 사교적인 날이다.

라마단 금식 이후의 첫날이 이드 알피뜨르이다. 전날 저녁부터 이 날을 준비하는데 여성들은 손에 힌나로 장식하고 머리에는 빌랄라 향수를 뿌리고 특별한 음식을 장만한다. 남자들은 전날에 달을 보면서 언제 새로운 달이 시작되는가를 알고 먼저 안 사람이 이웃에게 전한다. 샤우왈 달의 첫 날이 이드 알피뜨르가 된다. 축복과 기쁨의 이드이다. 이드 알피뜨르 아침 일찍 일어나 모스크에 가서 가장 나이 많은 사람이 기도를 인도하고 악수를 하며 서로를 축하해준다. 집으로 돌아올 때는 아침에 가던 길이 아닌 다른 길로 돌아온다. 부모들은 아이들에게 1달러 정도의 돈을 준다. 음식을 갖고 동네 한가운데로 모두 나와서 식사를 같이 한다. 여성들은 자신이 만든 음식을 동네 사람들이 맛있게 먹기를 기대한다. 점심 기도 후에는 모든 행사를 마치고 평상시처럼 일터로 나간다. 물론 오늘날 도시에 사는 대부분의 무슬림들은 이웃들과 음식을 나누지 않는다.

이슬람력 마지막 달의 제10일째는 이드 알 아드하이다. 축하하는 노래 소리가 좀 더 낮은 것을 제외하고는 이드 알피뜨르 행사와 비슷하다. 왜냐하면 순례를 간 일부 이웃들이 없기 때문이다. 3~4일 지나서 순례를 다녀온 사람의 집을 방문하고 메카 순례에서 가져온 선물을 기대한다. 이 같은 두 가지 이드는 이슬람 문화의 대표적인 종교일이다. 라마단 달은 2개의 종교적인 부분으로 나뉜다. 첫 부분은 그 달의 시작부터 그 달 20일까지인데 일과 기도를 같이 섞어서 한다. 라마단 달의 두 번째 부분은 그 달 21일째부터 마지막 날까지인데 이 기간 중에 기도가 밤 시간에 더 강화되고 사람들은 모스크에 가서 오랫동안 기도를 하는데 낮 시간의 기도들보다 더 긴 이런 밤 기도를 타핫주드tahajjud라고 한다. 사우디의 일부 사람들은 라마단 달의 마지막 10일간 메카에 가서 천명의 밤Laylat al-Qadr을 기다린다. 전통 문화에서는 이 밤이 신비하다고 믿는다. 어떤 사람들은 새로운 직장을 얻거나 예기치 않은 돈을 벌었을 때 이 밤의 효력이라고 말한다. 무슬림에게 이 밤은 행운이 가득한 밤이라고 생각한다. 무슬림들은 이 밤에 드리는 기도는 모두 응답을 받는다고 믿는다. 그러나 중년 여성들은 여대생들보다는 이 밤에 대한 기대가 적었다.[7] 몇 차례 그 밤에 대한 기대를 가져봤는데 별 효험이 없었다는 것이다.

아랍인들은 수요일은 징크스가 있는 날이라고 생각했다. 아라비아 반도의 하릅 부족은 주마다Jumādā의 두 달 동안(5번째와 6번째 달) 혼인식을 올리지 않는데 그 달에는 축복이 없다는 미신이 있다. 또 샤으반 달(8번째 달)에 혼인하면 결혼이 오래 가지 않는다고 하고 수요일은 재수가 없는 날이라서 여행도 안 가고 혼인식도 안 치르고 중요한 집안 행사도 안 치른다. 사우디아라비아 무슬림들은 각 달의 21일도 재수 없는 날이라고 했고 일요일도 부정적인 것과 연관된 날이라 했다.

아랍인의 정신구조

이집트의 따리끄박사는 아랍인의 사고 방식에 나타난 결점들은 주로 다음과 같은 문화적 결함에서 비롯되었다고 했다. 우선 아랍 사회에 널리 퍼져 있는 억압된 분위기이고 두 번째는 현대식 교육을 따라잡지 못하는 낙후된 교육, 그리고 세 번째는 정치적 당리당략에 좌우되는 대중 언론 매체의 잘못된 보도라고 했다. 그가 제시한 현대 아랍인들이 겪고 있는 아랍인의 심성mind-set에 대한 특징은 다음과 같다. 지성적인 환대가 부족하다. 다양성을 거부하고 획일화를 부추기는 이슬람 문화다. 타자the Other에 대한 관용이 부족하다. 비판을 받아들일 만한 아량이 부족하고 자기 반성이 부족하다. 일관성, 타당성과 적법성 등에 의지하지 않고 자신의 입장과 태도를 부족과 종교적인 연고에 근거하여 선택한다. 타자와 불평등하다는 감정이 만성적으로 깊어져 있다. 음울한 현실을 벗어나려는 방법으로 과거 업적을 찬양하고 과도하게 자기

7_ 공일주, 꾸란의 이해, 388-389.

자랑에 빠지는 경향이 있다. 말이 많은 문화로서 지나치게 부풀리는 수사법을 사용하고 구체적인 실천이 결여되어 있다. 객관성이 부족하고 극도의 이기주의가 증가하고 있다. 과거로 도피하려는 마음이 강하다. 타협을 회피하려 한다. 여성에 대한 존중이 부족하다. 전형적인 체면문화를 강조하는 경향이 짙다. 상대의 가증스러운 음모와 권모술수의 희생양이 되어 왔다는 피해의식이 있다. 그래서 아랍인을 직원으로 둔 사장이라면 잘못한 일만 추궁하지 말고 반드시 한 가지 이상 칭찬할 이야기를 먼저 꺼내고 일을 시키는 것이 적절하다고 한다. 단도직입적으로 아랍인 직원을 비판하면 그것을 자신에 대한 인격적인 모욕이라고 받아들이기도 한다.

베두인과 가문

유목민(베두인) 사회의 사회적 조직의 주요 단위는 일가(문중, clan)이다. 그들은 어느 개인이 속한 문중의 사람들이 누구인지를 알아본다. 개인에게 압력을 가할 수 있는 유일한 사회적 조직이 문중이다. 각 문중에는 모든 일을 해결하는 남자 어른이 있다. 그가 문중의 의무를 다하는 한 문중 사람들은 그를 리더로 모신다. 개인은 그 집단의 이익을 위하여 일한다는 점에서 개인과 문중은 떼어놓을 수 없다. 이런 특정한 사회조직의 결과는 부족주의라는 특징을 갖는다. 베두인들은 적과 대항하는데 아버지쪽의 친척들을 불러서 그들의 문중을 규합한다. 그래서 부족주의는 그들의 부족을 보호하기 위하여 세대를 거쳐 내려오게 된다. 부족주의는 자기 가문을 사회적, 심리적, 지리적으로 다른 부족과 구별되게 한다. 베두인 사회 조직의 핵은 가족이다. 베두인 사회는 가장 중심이고 아버지는 가족이 복종하기를 기대한다. 문중에서 가족의 지위와 권리는 가족의 크기와 재산에 비례한다. 그래서 베두인들은 남아들을 많이 낳으려고 하는데 그 이유는 가족이 문중clan 안에서 그리고 문중이 부족tribe 안에서 그리고 부족이 다른 부족에게 위신과 영광과 능력에서 중요한 요인이 되기 때문이다. 베두인들이 높은 인구 증가율을 보인 것은 대가족 제도, 일부다처 그리고 문화적인 요인들 때문이었다. 아랍 베두인들은 도시 외곽 지역이나 외딴 지역에 살았었다. 아랍어 바두badw(또는 바디야 bādiya)는 유목민(베두인)이란 뜻이다. 사막에 사는 베두인은 낮에는 목동이 되고 밤에는 짐승 가죽이나 털로 만든 천막에서 잤다. 우유 제품과 대추야자 그리고 쌀이 그들의 주식이었다. 베두인은 한 부족에 속한 여러 집단들이 같이 살고 부족장에게 복종하며 부족장은 관대한 사람으로 인식되었다. 그들은 도시에 사는 아랍인들과 매우 다른 생활을 했다. 사막은 긍정적이지 않고 부정적이지도 않았다. 베두인들에게 바나나 밭은 귀신이 나타나는 곳이라 여겼고 로투스lotus 나무는 천사들이 머무르는 곳이라고 하여 바나나 밭에서는 염세적이 되고 로투스 나무가 있는 곳에서는 낙관적이 되었다. 아라비아 반도의 베두인들은 남쪽의 땅보다 북쪽의 땅을 선호했는데 그 이유는 사람이 적게 살고 비옥했기 때문이었다. 사막은 꾸란에서는 상징적으로 신으로부터 멀리 떠나 길을 잃은 것을 의미했다. 오늘날 유목민들은 상당수 도시 생활자로 유입되었지만 아직도 시골이나 도시 주변에 살고 있는 유목민들이 있다. 이집트의 경우 유목민은 시나이 반도에 살고 요르단은 마프락 주변에 산다. 레바논에서 일부 유목민들은 주민 등록이 안 되어 자녀들이 학교에 들어가기 어려운 일도 있었다. 한때 유목민들은 목축과 농업에 종사하는 이동하는 공동체이었으나 오늘날 레바논의 유목민들은 20세기 중반부터 그들의 전통적인 유목 생활을 포기하고 레바논 동부에 정착했다. 이들은 가난과 정부의 무관심과 차별 속에 살아가고 있다. 그들의 시민권이 거부되어 정치적인 참여, 교육, 건강 등의 도움을 레바논 정부로부터 받지 못하고 있다.

아랍인의 복식코드

아랍 국가에서 의복 코드는 나라마다 그리고 한 나라에서도 지역마다 조금씩 다르다. 아랍의 큰 도시를 벗어나면 시골에는 전통적인 의상을 입은 여성들을 볼 수 있다. 또 일부 국가는 다른 국가보다 더 보수적인 의상을 입고 다른 국가에서는 다소 개방적인 의상을 입는다. 이 두 극단에는 극보수의 사우디아라비아와 리버럴한 레바논이 있다. 걸프 국가는 다른 아랍 국가보다 전통적인 의상과 민족 의상을 더 많이 입는다. 일반적으로 꼭 끼는 옷, 짧은 옷, 살갗을 드러내는 옷은 권장되지 않는다. 무슬림 남자들도 이슬람 복식 코드에 따라 금과 은을 달지 않는다. 걸프 국가 안에서 여성의 솝thob(혹은 톱)은 금속으로 장식되었고 비옥한 초승달 지역에서 솝은 수를 놓은 것이 흔하고 팔레스타인의 솝은 상당히 아름답다. 무슬림 여성들의 너울은 부르꾸으Burqū'(눈을 포함한 전신을 가림)와 니깝Niqāb(눈을 제외하고 전신을 가림)과 히잡hijāb(두건 모양으로 얼굴만 내어 놓음) 등이 있다. 사우디 남자 옷은 깃이 있으나 오만의 남자 옷은 깃이 없다. 이집트에서는 남자들이 잘라비야(갈라비야)를 입기도 하는데 갈라비야는 가끔 잠옷 대용으로 입기도 한다. 요르단과 팔레스타인 남자들은 머리 위에 천을 두르기도 하는데 그 색깔에서 차이가 난다. 팔레스타인에서 머리 위에 두르는 천에는 파란줄이 있고 요르단은 빨간 줄이 있다.

아랍인들은 민트, 파슬리, 로즈마리, 백리향 등 허브를 좋아한다. 아랍 음식과 지중해 음식이 상당히 비슷하고 올리브도 빼놓지 않는다.

아랍인 남자 의상: 모로코, 예멘, 오만, 아라비아반도, 수단

걸프 음식은 인도와 페르시아의 영향을 받았고 생선과 채소를 즐겨 먹는다. 걸프 음식 중에는 낙타 고기와 콩류를 오랫동안 끓인 하리스harees라는 음식이 유명하고 캅세kabseh와 인도 음식인 비르야니biryani도 이라크에서 먹을 수 있다. 북아프리카 음식 중에는 꾸스꾸스가 있고 이집트에는 꼬샤리가 있다. 그러나 가장 풍요롭고 가장 다양한 음식은 역시 레반트 지역의 음식이다. 팔레스타인 음식 중에 닭고기로 만든 무삿칸이 있는데 정말 맛있고 요르단에서 가장 유명한 음식은 만싸프와 마끌루베인데 한번 정도는 먹을 만하다. 시리아 음식도 만만치 않은데 다마스커스와 알레포의 음식이 유명하다. 이라크 음식은 페르시아와 터키의 영향을 받았는데 대추야자 잎으로 싸서 생선을 바비큐한 마스구프masgoof가 있고 양배추, 양파 등을 토마토 소스로 요리한 돌마dolma가 있다. 아랍의 단과자helwa는 너무 달아서 한국인들이 쉽게 나가가려 하지 않는데 그 중에 크나페와 바클라와가 아주 맛있다.

더 생각해 보기

문화 영역cultural area은 문화특질이 공통으로 분포하는 지리적 영역을 가리키는 개념이다. 학자들은 다양성을 부족, 문화 영역, 지리 영역, 문화특성 등으로 조직하고 분석하는 데 여러 개념들을 사용해왔다. 이 중에서 문화영역은 주민들의 생태적, 경제적, 사회적, 이데올로기적 체계를 공유하는 영역이다. 아랍의 가족 제도와 생활패턴의 역사를 이해하는 데 도움이 되는 아랍의 문화 영역을 간과하기 어렵다. 그러나 문제는 그동안 아랍 문화를 너무 과도하게 일반화한 점이 보인다. 그 중의 하나가 아랍 문화를 이슬람 문화와 동일시한 점이다. 일부 학자들은 아랍의 전통문화가 개인성을 억제하고 개성을 약화시킨다고 한다. 또 아랍 학자들 중에 무함마드 나자티는 서구 심리학의 철학적인 근거를 비판하면서 『이슬람 심리학』이란 책을 썼고 무쓰타파 마흐무드는 프로이드의 심리학을 비판하면서 심리학은 본래 과학적이 아니고 문화적이라고 했다. 그는 『새로운 꾸란 심리학』이란 책을 썼다. 사실, 아랍인의 가치관, 자기 인식, 종교적인 태도가 아랍 문화의 기본적인 패턴의 중심을 이룬다. 꾸란의 이슬람과 오늘의 이슬람이 다르고 정통 이슬람과 민속 이슬람이 다르다. 무슬림들이 규정한 이슬람의 내용과 실제 무슬림들이 삶속에 드러난 이슬람 사이에는 큰 차이가 있다. 이슬람의 윤리적인 덕목으로 무슬림이 제시한 진실, 올바름, 품위, 용기, 다른 사람에 대한 사랑, 어른을 높이는 것, 어린 사람에 대한 애정, 형제애의 미소, 친절한 말, 약자 돕기, 약속 지키기, 신뢰, 좋은 이웃관계, 부모 효도, 길을 막지 않기, 사람들에게 자비를 베풀고 여성과 고아를 돌봐야 한다는 내용 등이 있지만 이것을 오늘날 지키지 않는 무슬림들이 많고 심지어 무슬림들이 서로 증오하고 시기하고 저주하고 거짓말하고 배신하고 부모에게 불순종하고, 교활하고 음흉하고, 여성과 간음하고 절도하는 자들도 많다. 요르단, 이집트, 알제리, 오만 등 아랍인들이 축구 경기에 패배하면 상대팀에게 폭력과 난동을 부리므로 한국인은 안전에 유의하는 것이 좋다.

더 질문해 보기

1. 무슬림이 지켜야 할 당위성과 실제 오늘날 무슬림의 생활을 보고 종교로서의 이슬람과 사람people으로서 무슬림을 서로 구분할 수 있다고 보는가?
2. 아랍문화는 아랍 땅에 살고 있는 모든 아랍인들에게 공유된 생활 방식a way of life인가? 아니면 아랍인 각자에게 균질되지 않게 배분된 가치관, 의미, 관습 등의 총체인가?

제3장

아랍의 지리와 국가 개황

아랍은 1,300만 평방킬로미터의 땅을 갖고 있다. 아랍은 지리적으로 아라비아 반도와 북아프리카로 나뉘는데 아랍학자들은 마쉬리끄(이라크에서 이집트에 이르는 국가들)와 마그립(리비아, 알제리, 튀니지, 모로코, 모리타니 등)으로 구분하였다. 아랍인들은 '샤르끄'(East, 동양)라는 단어를 사용하는데 이들에게 동양은 '아랍'이란 의미이다. 아랍인들은 알알람 알아라비(아랍 세계)와 알알람 알이슬라미(이슬람 세계)라는 말을 따로 사용한다. 아랍인들이 과거에는 지금보다 더 넓은 지역에서 살았다.

모든 아랍 국가들이 아랍어를 사용하지만 오늘날 아랍어는 현대 문학 아랍어(푸스하)와 아랍 각국별로 사용되는 대중말(암미야)이 있다. 특히 아랍인들은 자신들을 하나로 묶는 용어로 <움마 아라비야와 움마 이슬라미야>라는 말을 자주 사용하는데 그 말의 뜻은 <아랍 커뮤니티와 이슬람 커뮤니티>라는 말이다. 아랍 무슬림들이 이처럼 아랍 세계와 이슬람 세계 그리고 아랍 커뮤니티와 이슬람 커뮤니티를 서로 구분하고 있다. 이미 전술한 것처럼 한국인 중에는 아랍과 이슬람을 구분하지 못하는 분도 있다. 또 한국을 떠나 아랍 국가를 여행하다보면 한국에서 들었던 아랍 국가의 국명과 수도명이 다음 괄호 안에 쓰인 실제 아랍인의 발음처럼 서로 다른 것을 모르고 현지에서 금방 알아듣지 못하는 경우도 있다.

요르단 - 암만
아랍 에미리트 연합 - 아부 다비
바레인 - 마나마(알마나마)[1]
튀니지 - 튀니지(투니스)
알제리 - 알제리(알자자이르)
사우디아라비아 - 리야드(앗리야드)
시리아 - 다마스쿠스(디마쉬끄)

1_ 괄호 안의 표기는 아랍인의 실제 발음이다.

수단 - 카르툼(알카르뚬)

이라크 - 바그다드

오만 - 무스카트(마스까뜨)

팔레스타인 - 예루살렘(알꾸드스)

카타르 - 도하(앗다우하)

쿠웨이트 - 쿠웨이트(알쿠와이트)

레바논 - 베이루트(바이루트)

리비아 - 타라불루스(따라불스)

이집트 - 카이로(알까히라)

모로코 - 라바트(앗라바뜨)

모리타니 - 누악쇼트(누왁슈뜨)

예멘 - 사나(싼아)

그런데 우리가 흔히 사용하는 '중동'이라는 말과 더불어 오늘날 일부 아랍인들은 서아시아 북아프리카라는 용어를 선호하기도 한다. 서아시아 북아프리카(The West Asia North Africa: WANA) 지역은 서쪽의 모로코에서, 북쪽의 터키, 남쪽의 에티오피아, 수단 그리고 동쪽의 파키스탄과 아프가니스탄을 포함하는 지역을 말한다. 이 지역은 높은 인구 증가율, 불규칙하게 적은 강수량, 제한된 경작지, 극히 제한된 수자원을 갖는 지역이고 농경지나 관개의 확대가 거의 불가능한 지역이다. 서아시아와 북아프리카 국가들을 유엔이 발간한 인간 개발 지수에 따라 구분하면 아랍 국가들은 동아시아, 중앙아시아, 유럽, 라틴아메리카와 태평양 지역의 국가들보다 인간 개발 지수가 낮다.

(1) 최고급 수준의 인간 개발 국가(2010년): 한국이 12위이고 이스라엘이 15위이다. 아랍 국가들 중에는 카타르가 38위이고 바레인이 39위이다.

(2) 고급 수준의 인간 개발 국가: 47위가 쿠웨이트이고 리비아가

53위, 사우디아라비아가 55위, 이란이 70위, 요르단이 82위 그리고 알제리가 84위이다.

(3) 중간급 수준의 인간 개발 국가: 101위가 이집트, 시리아가 111위, 모로코가 114위이다

(4) 하급 수준의 인간 개발 국가: 133위가 예멘, 136위가 모리타니, 154위가 수단이다

또 2010년을 기준으로 1인당 GDP가 10,000달러가 넘은 국가들로는 바레인(17,390), 카타르(90,149), 아랍 에미리트(40,175), 쿠웨이트(38,984), 사우디아라비아(23,731), 오만(25,109) 등 모두 GCC 국가들이다. 많은 서아시아 북아프리카(WANA) 국가에는 빈곤 국가와 부유한 국가가 섞여 있다. 리비아, 오만, 사우디아라비아, 쿠웨이트, 아랍 에미리트 연합United Arab Emirates이 주요 석유수출국이다. 이들 국가들과 나머지 와나(WANA) 국가들 사이에는 국가 소득에서 많은 격차가 있다.

2010년 12월 이후 튀니지의 시민 혁명과 이집트의 시민 혁명 그리고 리비아와 요르단, 바레인, 예멘, 시리아 등의 아랍 국가에서 민주화를 열망하는 시민들의 대규모 시위가 있었다. 리비아의 가다피는 42년간, 예멘의 살리흐 대통령은 33년, 이집트의 무바라크는 30년, 튀니지의 벤 알리는 24년 동안 장기 집권을 했다. 이들의 재임 중에 권력의 독식과 높은 실업률 그리고 경제적 불평등이 아랍의 봄을 가져오게 한 이유들이 되었다.

와나WANA 지역에서 인구의 7%만이 가장 높은 1인당 GNP를 보여주고 있고 평균 9,400달러이다. 와나 인구의 93%는 이보다 훨씬 낮은 1인당 소득을 갖고 있다. 경제적으로 가장 빈국에 해당하는 국가는 에리트리아, 에티오피아, 소말리아, 수단이고 이들 국가의 개인당 GNP는 88달러이다. 이 지역의 인구 2억 4천만 명 중에서 42%가 매일 1달러 이하의 1인당 GNP를 갖고 있어서 심각한 빈곤 상태라는 것을 알 수 있다. 이 지역에서는 도시 지역보다 시골지역이 절대 빈곤이 더

심하다. 지난 20년간 아랍 시골 지역의 인프라가 많이 좋아졌는데도 취업과 빈곤 탈출에 별다른 도움이 안 되었다. 와나WANA 지역의 대부분 주민들은 농업에 종사하는데 터키와 모로코가 그렇다. 이 지역 농업인구의 절반은 여성이다. 와나 지역의 대부분의 단백질 칼로리는 농작물에서 오는데 주로 곡물과 일부 두류(빈민층의 식량)들이고 낙농, 가금, 어업이 증가하고 있으나 선진 공업국보다는 아직 부족하다. 미량 영양소의 결핍은 여성과 아이들에게 삶의 질에서 부정적인 영향을 미치고 있다. 이집트에서 농업은 주로 물을 대어 농사짓는 방법에 거의 대부분 의존하고 있으나 대부분의 나머지 와나 국가의 농업은 강우량에 의존하는 천수답이다. 곡물 생산은 인구 증가와 덩달아 증가되어야 하나 1인당 모든 곡물의 소비가 더 증가하고 있다. 곡물과 두류 이외에 이집트는 과일, 채소, 식용류, 고기, 낙농제품, 달걀 등을 생산한다. 모든 식량의 1인당 소비가 변화가 없을 것이라고 가정한다 해도 이집트에서 국내 생산은 2%씩 증가되어야 한다. 이집트를 제외한 다른 지역은 더 심각하다. 파키스탄, 아프가니스탄, 수단, 에티오피아는 인구 증가에 맞게 곡물 수입을 증가시키지 못하고 있다. 결국 와나 지역은 농업과 자연 자원의 부족이 갈수록 심각해져서 농업 발전을 통하여 식량수급을 돕고 일자리 창출을 도와야 할 형편이다. 아랍인은 대략 3억 명 정도의 인구이고 그 절반이 이집트, 알제리, 수단, 모로코에 살고 있는데 알제리를 제외하고는 이들 국가들은 가장 가난한 나라들에 해당된다. 이와 대조적으로 인구가 비교적 적게 살고 가장 부유한 국가로는 사우디아라비아, 아랍 에미리트, 쿠웨이트, 카타르 등이다. 아랍 주민의 60% 이상이 24세 이하이고 실업문제가 많은 아랍 국가들의 심각한 문제들 중의 하나이고 많은 아랍 정부에 지금 도전이 되고 있는 것은 민주적인 개혁을 실행할 능력이 있느냐 하는 문제이다.

1. 마그립 국가

일반적으로 아랍인들은 마쉬리끄와 마그립으로 나눈다. 마그립은 아랍어로 '해가 지는 곳'이라는 말이다. 마그립 국가에 속하는 국가들로는 모로코, 알제리, 튀니지, 리비아, 모리타니이다. 모로코, 알제리, 튀니지는 프랑스의 식민지이었고 리비아는 이탈리아의 식민지였다. 기원전 3천년부터 이 지역에는 베르베르인(요즈음 아랍인들을 그들을 '아마지기'라고 한다)들이 살았다. 마그립에 1억 2,000만 명 인구가 살고 대부분이 이중언어bilingual 구사자들이다. 알제리, 튀니지, 모로코는 아랍어, 프랑스어, 베르베르어 중 두세 개 언어를 구사한다. 아마지기 인들의 민족주의 운동이 증가하여 사회적 정치적 불안 요인이 될 수 있다. 마그립 국가들은 언어적으로 보면 문학 아랍어(혹은 현대 표준 아랍어)에서 크게 일탈한 지역들이다. 대중 아랍어가 프랑스어에 크게 영향을 받은 모로코, 알제리, 튀니지는 문학 아랍어가 잘 소통되지 않는다. 알제리 사람들이 그동안 외국인을 많이 살해해 왔고 리비아는 오랫동안 미국 등 서구와 불편한 관계를 가졌기 때문에 국민성으로 보면 튀니지, 모로코 사람들이 상대적으로 외국인들에게 부드러운 편이다. 북한과 직간접 접촉을 하고 있는 나라는 리비아였고 마그립 지역은 우리나라와 교류가 비교적 많지 않은 아랍 국가들이다.

모로코

모로코는 왕정이고 유럽의 영향을 많이 받았다. 1956년 독립될 때까지 프랑스의 식민지였다. 교육받은 지식층은 프랑스어와 아랍어의 이중언어 화자이다. 전문 직종에는 프랑스어가 사용되고 모로코 북부에는 스페인어가 사용된다. 그리고 상업적인 목적으로 젊은 층은 영어를 구사한다. 소수의 모로코인들만 아랍 족속이고 대부분은 베르베르족이다. 인구의 1/4이 순수한 베르베르인이고 베르베르족의 압력으로 라디오, 신문과 잡지가 베르베르어로 되어 있다. 2001년 국왕은 베르베르 왕립 연구소를 설립하였고 2004년부터 처음으로 초등학교에서 베르베르어를 가르쳤다. 모로코 왕가는 무함마드의 후손이라고 자부하고 있고 1999년 하산 2세 왕이 서거한 뒤 현 국왕 무함마드 6세 왕이 즉위하여 정치 자유화에 힘쓰고 있다. 젊은 층은 이슬람 과격주의에 영향을 받아 2003년 카사블랑카에서 폭탄 테러를 저질렀고 2004년 모로코 정부는 2,100명의 이슬람주의자들을 체포했다. 현재 이슬람주의자 정당과 조직의 영향력이 증대되고 있고 모로코는 미국과 자유 무역 협정을 한 아프리카의 첫 번째 국가이다. 모로코는 왕가와 엘리트 층, 상업과 전문직에 종사하는 중산층, 그리고 인구의 절반 이상인 하층민으로 나뉜다. 인구는 2005년 3,200만 명이고 34%가 15세 이하이다. 2010년 인구는 31,627,428명이고 2008년 GNP는 4,628달러이다.

모로코에서 부족주의가 가장 중요한데 시골지역에서 부족주의가 더 심하다. 인구의 절반이 전통적인 농업을 하고 있고 20세기 초에 시작된 도시화(2002년 56%의 주민이 도시 거주)로 인하여 심각한 주택 문제와 도시 빈민층의 슬럼가가 형성되었다. 170만 명의 모로코인들이 프랑스와 스페인에 거주하고 있고 모로코의 문자해득률은 2002년 51%였다. 아랍어가 공용어이지만 학교에서는 아랍어와 프랑스어를 가르친다. 대학 입학생의 절반이 여학생이고 판사의 20%가 여성이다. 2004년 가족법을 개정하여 아내들에게 가족문제의 책임을 맡게 했고 여성들이 이혼과 자녀 양육을 맡도록 했다. 또 여성이 결혼 기간 중에 번 돈은 부부가 동등하게 나누도록 했다. 이 가족법은 소녀의 혼기를 15세에서 18세로 높였고 일부다처를 제한하는 법을 통과시켰다. 모로코인의 99%가 무슬림이고 아랍 세계에 거주하는 유대인들의 절반이 모로코에 산다. 1950년대 35만 명이었는데 지금 유대인들은 4천 명에서 7천 명 정도이고 기독교인들은 7만 명이 있는데 모두 유럽에서 온 사람들이다. 이슬람 신앙이 지역의 민속 신앙과 혼합되는데 쉐이크(수피 지도자)들의 무덤을 방문하는 수피들이 흔하다. 모로코 경제는 농업, 관광이고 모로코가 세계 최대의 인산염 수출 국가이다. 노동인구의 40%가 농업과 어업에 종사하고 섬유산업이 증가하고 있다. 모로코의 종교는 무슬림이 98.86%이고 불가지론자가 0.92%, 바하이교가 0.1% 그리고 기독교인이 0.1%이다.

모로코의 간략한 역사를 보면 788년 아랍이 북아프리카를 점령한 뒤 100년쯤 지나서 모로코를 아랍인들이 다스리기 시작했다. 16세기에 사아디 왕조가 특히 아흐마드 알만수르Ahmad al-Mansur(1578-1603) 시절에 외국인 침입자를 몰아내고 황금기를 가졌다. 1912년 프랑스가 모로코를 보호령으로 만들었고 오랫동안 끌어오던 프랑스와의 독립투쟁에서 결국 1956년 성공하였다. 국제화되어 있던 딴자Tangier와 대부분의 스페인 소유가 새 국가로 편입되었다. 1970년대 말에는 서부 사하라를 자국으로 합병시켰으나 그 지역의 지위에 대한 최종 결정은 아직도 내려지지 않고 있다. 1990년대 점진적인 정치 개혁으로 드디어 1997년 양원제의 의회가 출범했다. 무함마드 6세의 인권에 대한 노력이 있었지만 왕실, 이슬람, 서부 사하라의 지위 문제가 주요 이슈이다.

알제리

알제리는 사회주의 국가이고 프랑스 식민지에 대한 상처 때문에 아랍화를 강조하는 국가이다. 알제리는 100만 명의 알제리인과 28,000

명의 프랑스인이 죽는 비싼 대가를 치르고 1962년에 독립하였고 국민 자유 전선National Liberation Front(FLN)이 정치를 이끌어갔다. 아랍어가 공용어임에도 프랑스어가 널리 쓰인다. 아랍 민족주의가 강하다. 1989년에 정부가 확인한 이슬람 구국 전선Islamic salvation Front이 가장 큰 이슬람주의 그룹이다. 1990년 이슬람구국전선의 후보들이 지방 선거에서 54%를 차지하여 압승하였다. 1992년 1월 그들의 압도적인 대선 승리를 염려한 정부는 총선을 철회하고 이슬람구국 전선의 활동을 금지시켰다. 1992-98년 극단주의자들에 의하여 마을 사람들이 무참히 살해되었다. 1990년대 알제리는 여러 차례 폭력의 악순환을 겪었고 외국인들 중 120명이 살해됐다. 알제리인 15만 명이 사망했고 알제리인들은 아직도 이슬람주의자(온건 혹은 과격)와 세속주의자 둘로 양분되어 있다. 압둘 아지즈 부타플리카Abdelaziz Bouteflika가 군대의 도움으로 1999년 대선에서 권력을 쟁취하였고 2004년 압도적인 득표로 재선에 성공하였고 2009년에 다시 연임되었다. 그러나 오랫동안 대규모 실직, 주택 부족, 전기와 물 공급의 불안정을 겪고 있으며 정부의 비효율적인 행정과 부패 그리고 극단주의의 계속된 활동이 이어지고 있다. 2006년 살라피Salafist Group for Preaching and Combat(GSPC) 그룹이 알카에다그룹과 함께 등장하여 마그립지역에서 계속된 납치와 폭파 그리고 알제리인을 대상으로 한 자살 공격을 감행했다.

거의 모든 알제리인들은 베르베르 인종에 속하나 그들 스스로는 9%가 아랍인이라고 말하고 30%만 베르베르인이라고 한다. 아랍어는 80% 주민의 공용어이고 나머지는 베르베르어를 사용하거나 이 두 언어를 동시에 구사한다. 알제리 사회 계층은 소수의 전문직과 테크노크라트(정치적 권력을 갖는 과학 기술 분야의 전문가) 엘리트, 성장하는 중산층 그리고 수많은 빈민층으로 되어 있다. 알제리는 국토의 85%가 사하라 사막이고 북부 해안가에 있는 3% 토지가 농지로 적합하다. 알제리의 인구는 2005년에 3천 2백만 명(2010년 34,586,184)이고 인구 성장은 세계에서 가장 높은 나라들 중의 하나이다. 평균 수명은 72.9세이다.

2008년 GNP는 8,320달러이다. 국민의 70%가 30세 이하이고 2025년에는 5,200만 명으로 늘어날 것으로 예상했다. 2004년 2백만 명의 알제리인들이 해외 근로자로 나갔고 그들 중 70만 명이 프랑스에 산다. 도시에서 미취업자는 30%에 이르고 사람들이 흩어져서 사는 남부 출신들이 일자리를 찾아 혼잡한 북쪽으로 이동하고 있다. 알제리는 세계 최대 천연 액화 가스 생산국이고 석유, 광업, 농업으로부터 부가적인 소득을 얻는다. 외화소득의 95%가 석유와 가스로 벌어들이고 있으나 인구가 너무 급속도로 증가하면서 늘 빈곤에 시달리고 있다. 알제리는 1969년 국내 수급될 식량의 73%를 생산했으나 2004년 식량의 75%를 수입하고 있다. 알제리의 대학 졸업자의 절반이 여성이고 여성은 노동인구의 12%를 차지한다.

북부 아프리카에서 다른 어느 국가보다도 히잡을 한 알제리 여성이 더 많은데 그 이유는 가족과 사회적인 전통이 보수적이기 때문이다. 1984년 알제리 정부는 여성의 권리를 제한하는 가족법을 통과시켰다. 수정안을 내놓고 있는데 그 수정안 속에는 남성의 이혼의 근거를 제한하고 이혼한 아내에게 재정적인 지원을 허락하며 일부다처를 어렵게 만드는 내용을 담고 있다. 알제리의 종교 분포는 무슬림이 97.92%, 불가지론자 1.83%, 기독교인 0.17%이다.

튀니지

튀니지는 1956년 프랑스에서 독립한 아주 작지만 다양성을 갖는 나라이다. 독립한 이후 2011년까지 세속적인 1당이 통치하였다. 하비브 부르기바가 독립을 이끌었고 1987년 자인 알압딘 븐 알리(벤 알리)가 권력을 계승하였다. 튀니지인들은 외국인들과 잦은 접촉으로 적어도 도시에서는 그들 사회가 범세계주의라는 것을 표방한다. 외국인 여행객에게 상당히 우호적이고 친절하다. 튀니지인들은 베르베르족과 아랍족의 후손이고 아랍어는 공용어이고 모두 아랍어를 구사한다. 지식층은 아랍어와 프랑스어의 이중 언어를 구사한다. 학교에서 아랍어 이외에 프랑스어를 배울 수 있는데 정부는 교육의 아랍화를 위한 캠페인을 벌여왔다. 튀니지 정부가 사기업을 장려하여 국민의 60%가 상류 혹은 중산층이다. 튀니지는 아랍 사회에서 남녀평등, 가족계획, 교육에서 가장 앞선 국가들 중의 하나이다. 그래서 튀니지는 경제 개혁의 성공적인 모델로 간주된다. 2011년 이전에 정부는 정치적인 반대자를 묵인하지 않았고 세계에서 가장 능률적인 경찰 국가 중 하나였다. 그 당시 정부는 이슬람주의 행동대를 두려워했다.

튀니지 경제는 관광에 주로 의존하고 연 소득의 35%를 차지하며 국가 소득의 12%는 농업에 종사한다. 튀니지 수출의 3/4이 유럽 국가로 향하고 같은 비율의 수입도 유럽국가에서 온다. 61만 명의 튀니지인들이 해외근로자이고 주로 프랑스와 리비아에서 일한다. 튀니지 정부는 국가 예산의 20%를 초등과 고등교육에 투자하였는데 세계에서 가장 높은 비율의 교육 투자를 하는 셈이다. 2001년에 92-99%의 초등학생들이 문자해독을 하였다. 불행하게도 이런 좋은 교육을 받았는데도 졸업 후 취업이 보장되지 않았다. 교육받은 젊은이들의 많은 수효가 취직을 하지 못하였고 2004년 실업률은 16%이었고 동시에 숙련된 기술자 부족사태를 겪었다. 튀니지는 사회를 자유화하려는 노력에서 아랍 국가들 중의 맨 선두에 자리했다. 2011년 이전에 튀니지 여성들은 아랍 여성들 중에서 가장 많이 자유화되어 있었다. 여성들은 교육을 잘 받았고 교육, 사회서비스, 보건소, 사무실 업무, 법원 등에서 일한다. 여성들은 남성과 동등하게 이혼할 권리를 갖는다. 일부다처는 불법이고 여성의 법적 혼령은 17세이다. 1992년과 1993년에 여성의 권리는 더욱 강화되었고 대부분 자녀 양육과 재정적인 지원에 대한 문제였다. 그 법은 1995년, 1996년, 1998년에 더욱더 명확한 법조문이 되었다. 2011년 이전에는 대부분의 여성들이 서양 옷을 입고 나이든 여성들은 외투를 입었다. 정부는 관공서와 학교에서 여성들이 히잡이나 니깝을 쓰는 것을 금지시켰다. 튀니지인들의 98%가 무슬림(2010년 1,050만 명의 인구)이고

1,800명의 유대인이 살고 있는데 수도에 절반이 살고 남부 제르바Jerba에 절반이 산다. 정부는 유대교의 랍비의 월급을 지급하고 회당의 수리와 보수비용도 지불했다.

튀니지 이슬람은 많은 민속 신앙과 혼합되어 있고 쉐이크의 무덤을 숭배하는 무슬림들이 많다. 2010년 노점상의 분신자살로 촉발된 반정부 시위가 벤 알리 대통령을 사우디아라비아로 망명하게 하여 야스민(자스민) 혁명이 성공하였다.

리비아

리비아는 이탈리아가 식민지한 아랍의 유일한 국가이다. 1949년에 이탈리아는 리비아 왕정에 완전한 통치권을 인계해 주었다. 왕정은 1969년에 전복되었고 좌익 군사 정권인 무암마르 가다피(그의 본명은 무암마르 아부 민야르 알까다피Muammar Abu Minyar al-Qadhafi)가 집권하였다. 그는 과격한 사회주의와 경제개발 프로그램을 도입하였고 국민을 정치화하였다. 그의 독단적이고 과격한 혁명운동으로 리비아는 국제사회에서 따돌림 받는 국가가 되었다. 최근까지 도시 밖에 사는 대부분의 리비아인들은 농부들이거나 부족의 반유목민이며 주로 비교육층이고 어렵게 살았다. 1951년 리비아는 세계에서 가장 가난한 국가들 중의 하나이었다. 1959년에 석유가 발견되었고 경제에 대한 효과는 직접적이었다. 1969년 국가 수익은 1962년에 비해 20배로 뛰어올랐다. 펜암기 폭파로 인하여 1986년부터 미국의 경제 제재를 받았으나 2003년 4월에 제재가 대부분 해제되었다. 유엔의 제재는 1992년에서 2003년까지 지속되었다. EU의 제재도 2004년 10월에 해제되었다. 경제가 나아졌어도 실업률은 30%를 넘었다. 2011년 시민들의 장기 집권과 독재타도를 위한 시위에 가다피는 전투기와 용병으로 시민들을 대량 사살했고 2011년 그는 분노한 시민에 의하여 사살되었다. 2011년 3월 유엔 안보리가 리비아 내전에 유엔의 군사적 개입을 승인하기도 하였다. 다

국적군에는 카타르와 아랍 에미리트의 지원도 포함되었는데 카타르는 공군 전투기와 수송기를, 아랍에미리트는 공군과 해군함정을 지원하였다.

가다피가 국가원수일 때 리비아의 체제는 부분적으로는 부족의 관행에서 파생한 이슬람과 사회주의가 결합된 형태이었는데 그는 70년대와 80년대 리비아 밖으로 그의 이데올로기를 확산시키는 데 오일 달러를 사용했다. 1973년 그는 차드 정치의 내정에 간섭하려고 북부 차드에서 군사작전을 감행했고 1987년 철수했다. 펜암기Pan AM 격추로 1992년 유엔의 제재를 받아 정치적으로 고립되었고 1990년대 유럽과 관계를 개선시켰다. 2003년 가다피는 대량 살상무기 개발을 포기하는 데 약속하고 테러리즘을 비난한다고 약속한 뒤 유럽의 정치 지도자들과의 관계가 크게 나아졌고 2004년 그는 15년 만에 처음으로 브뤼셀로 여행했다. 2006년 미국은 리비아를 테러 지원국 명단에서 삭제하였다. 그리고 1973년 이후 중단된 미국과의 외교 관계가 2009년에 재개되었다. 리비아는 석유가 시장에 나오기 전에는 국민의 25%가 도시화되었으나 2001년에 도시화율은 88%로 높아졌다. 리비아의 2010년 인구는 6,461,454명이고 2008년 GNP는 17,068 달러이다. 다른 나라들처럼 시골에서 도시로 이주하는 사람들이 늘고 있다. 리비아인들은 베르베르인 족과 아랍 족이 혼합되어 있고 모두 아랍어를 사용한다. 부족주의가 정체성의 중심적인 근거이고 특히 시골 사람들에게는 더욱 그러하다. 정부의 평등주의 정책 때문에 이론적으로는 사회적 계층이 없으나 가다피가 전제 정치를 하여 소수만이 엘리트 상류층을 형성했다. 리비아 경제는 석유에만 의존해 왔고 토양이 나쁘고 자연자원과 물이 부족하다. 토지의 10% 이하만이 농업에 적합하고 90%가 사막이다. 국가 식량의 75%를 수입하고 리비아는 숙련된 기술자를 필요로 하여 1995년에는 100만 내지 150만 명의 외국인들이 리비아에 살았다. 그들 대부분은 팔레스타인, 수단, 이집트 사람들이었다. 2004년 비공식 통계로는 외국인 근로자가 200만 명이 넘었다.

리비아의 대학교육이 1970년대 이후 활발했는데 국민의 82%가 문자해독을 할 수 있다. 리비아는 대학생들을 미국과 유럽으로 유학을 보내왔고 1978년에 3천 명 이상이 미국에서 공부했으나 2002년에는 리비아 제재로 33명으로 급감했다. 리비아 여성들의 21%가 노동력에 흡수되어 교육, 간호, 사무직, 공장에서 일했다. 2003년 이후 리비아 정부는 핵무기 개발을 포기하고 국제 테러 지원을 중단한다고 약속했다. 리비아 정부는 사회주의 주도의 경제를 자유화하기로 하고 세계 무역기구의 회원국이 되었다. 리비아인들은 보수적이고 99%가 무슬림이고 다소 수정된 이슬람 율법을 따른다. 정부는 사회 변화와 반대자를 통제하기 위하여 강력한 혁명적인 메시지를 이슬람과 혼합시켰다. 아랍 민족주의와 범 아랍 통합을 강조하고 외국인들과 자유스런 교류는 장려되지 않았다. 리비아의 종교는 이슬람이 96.63%이고 기독교인이 2.7% 그리고 불교가 0.32%, 불가지론자는 0.17%, 힌두교가 0.09%이다. 1983년 이후 한국 기업 특히 동아건설이 리비아 대수로 공사에 참여했는데 이는 단일공사로는 세계 최대의 공사라고 한다. 2010년 한·리비아 수교 30주년을 맞은 한·리비아 관계가 한국 외교관의 '간첩활동' 논란으로 한때 불편한 관계를 가졌다. '간첩 사건'으로 주한 리비아 경제협력대표부의 영사업무가 잠정 중단되기도 했다. 당시 리비아 보안당국이 리비아 한국대사관 정보업무 담당 직원의 리비아 내 활동이 리비아의 국가안보에 위해를 야기했다는 이유로 이 직원을 구금 조사한 뒤 추방해 버린 사건이었다.

모리타니

1960년에 프랑스에서 독립한 모리타니는 1976년에 스페인 사하라(지금은 서부 사하라라고 불림)의 1/3인 남부지역을 합병했다. 그러나 그 지역의 독립을 쟁취하기 위한 폴리사리오Polisario 게릴라의 3년에 걸친 공격으로 그 땅을 포기했다. 사하라는 원래 옛 스페인 식민지로 아프리카 북서부에 위치하여 대서양을 마주하고 있다. 모로코가 1976년 사하라의 3분의 2 북부지역을 합병하였고 나머지는 모리타니가 1979년 철수하면서 모로코가 그 지역을 합병하였다. 마요야 올드 시드 아흐메드 타야 Maaouya Ould Sid Ahmed Taya가 1984년 쿠데타로 권력을 잡았고 모리타니를 철권으로 20년 이상 다스렸다. 그가 치른 일련의 대통령선거는 부정의혹이 많았다. 2005년 무혈 쿠데타로 타야를 폐위시키고 민주적인 통치로 전환되는 것을 감독하는 군사위원회가 설치되었다. 2007년 시디 올드 쉐이크 압달라히Sidi Ould Cheikh Abdallahi 후보가 모리타니 사상 첫 자유 선거를 통하여 대통령으로 취임하였다. 그런데 무함마드 올드 압둘아지즈Mohamed Ould Abdel Aziz가 이끄는 군사 정부가 그를 2008년에 폐위시키고 군정을 시작했다. 압둘 아지즈는 2009년 대통령으로 피선되었고 모리타니는 흑인(아프리카 모리타니 인)과 흑백 무어Moor(아랍 베르베르인) 간의 종족간 갈등을 지속하고 있다. 지금은 알카에다 조직의 테러 위협에 시달리고 있다. 2008년도 GNP는 2,118달러이고 2010년 인구는 3,205,060 명이다. 모리타니의 종교는 무슬림이 99.1%이고 기독교인이 0.26% 그리고 불가지론자가 0.1%이다.

2. 동북 아프리카의 국가

이집트

이집트는 오랜 역사와 고대의 전통을 갖고 독특한 문화를 형성해 왔다. 나일강의 풍부한 물이 세계적인 문명을 일으켰는데 통일 왕국은 기원전 3200년 경에 이뤄졌고 그 뒤 3천년 간 여러 왕조가 있었다. 기원전 341년 페르시아에 점령당했고 그 뒤 그리스, 로마, 비잔틴의 지배를 받았다. 7세기 이슬람과 아랍어를 소개한 아랍인들이 침입해 들어와 600년간 다스렸다. 1250년 마믈루크(또는 맘룩)들이 정권을 잡았고 1517년 오스만 제국의 정복 때까지 그들이 다스렸다. 1869년 수에즈 운하의 완공 후에는 이집트는 세계의 운송 허브가 되었고 한편으로는 심한 부채에 시달렸다. 영국은 1882년 이집트 정부에 대한 통제권을 확보했으나 이집트는 1914년까지 오스만 제국에 명목상 충성을 다했다. 이집트가 영국으로부터 부분적으로 독립한 것은 1922년이었고 영국의 내정 간섭이 계속된 왕정을 무너뜨린 것은 1952년이었다. 1971년 아스완 댐이 완공되어 이집트의 농업과 수자원 환경을 바꾸어 주었다.

남부의 누비아 인들을 제외하고 이집트인들은 아랍어를 사용하고 영어가 일부 지식층에게 사용된다. 또 각급학교에서 학생들이 프랑스어를 배운다. 이집트는 아랍 국가 중에서 가장 인구가 많고 2010년 80,471,869명이고 평균 수명은 70.5세이며 2008년 GNP는 5,889달러이다. 많은 아랍 국가들처럼 젊은 층의 인구 비율이 높아서 2005년에 15세 이하가 32%이었다. 인구는 1947년과 1980년 초 사이에 두 배로 증가하였으나 정부의 산아 제한 캠페인으로 2001년에 1.7%로 하락했다. 국토의 3-4%만이 주거가 가능하고 나머지는 사막이다. 인구 증가와 더불어 나일 강변의 농토가 주택지대나 공장지대로 바뀌어 공기 오염과 식수 오염이 가장 심각한 국가들 중의 하나가 되었다. 국토의 5% 지역 안에 95%의 주민들이 살아야 하기 때문에 세계에서 인구 밀도가 가장 높은 나라들 중의 하나이다. 이집트인들의 10%가 상류 엘리트 층이고 무바라크 시절에 이들이 국가 경제와 정치를 주도했다. 국민의 55%가 농부이거나 시골 주민들이고 도시에 거주하는 주민들도 빈곤층이 많다. 상류와 중산층 자녀들에 대한 교육열 때문에 과외가 사회적인 병폐가 되었고 대부분 공직자는 2개 이상의 직업을 가지고 있다. 250만 명 이상의 이집트인들이 해외근로로 나가 있는데 주로 교사, 박사, 회계사, 일반 근로자들이다. 1980년대 중반까지 이집트인 해외 근로자는 아라비아 반도와 리비아에서 일했다. 그러나 해당 국가의 석유 산업이 하락하면서 고국으로 귀국하는 근로자들이 생겨났고 20%의 실업률을 기록했다. 15세에서 25세 사이의 연령대 인구가 국민의 70%에 달하여 여러 가지 교육과 사회적인 문제를 낳았다. 농업은 항상 이집트 경제의 중심에 있었고 정부는 공장과 제조업을 장려하였다. 주요 수입원은 석유, 면화, 다른 농작물들이고 관광이 가장 중요한 수입원들 중의 하나이다. 이집트의 상대적인 빈곤은 미국의 지원에 늘 의지할 수밖에 없었고 이집트는 국내 소비에 필요한 식량의 22%를 자국 내에서 생산한다. 농업은 국가 수입의 32%를 차지하고 빈곤층이 증가되어왔다. 생활비가 2004년에 20% 올랐고 정부는 25개 기본 식량을 지원하기 위하여 식량 쿠폰을 다시 도입했다. 당시 정부는 국민의 88%가 식량 쿠폰을 필요로 한다고 보았다. 왕정을 폐지한 이집트 정부는 1952년까지 사회주의이었고 호전적인 이슬람주의자들의 도전을 받아왔다. 그 중에 무슬림 형제단, 가마아 이슬라미야, 이슬람 지하드 조직들이 있었다. 무바라크 시절에 이들 그룹을 불법으로 규정하였고 종교나 인종에 근거한 정당 설립을 불법화하고 이를 어기면 체포하였다. 이슬람주의자들은 가난한 자들을 도왔고 주민들의 지원도 받았다. 여러 차례 정부나 관광객을 대상으로 테러를 저질렀다. 정부는 이런 테러를 척결하려고 대대적으로 체포를 시작하여 수천 명이 구금되기도 하였다. 1999년에는 16,700명의 정치범이 구속되었고 그들 중 대부분은 이슬람주의자들이었다. 이들 중 7,891명은 재판도 받지 않고 구속되었고 이슬람 그룹들이 폭력을 비난하고 사회에 협조한다는 성명을 발표하자 정부는 그들 중 1,000명을 석방하였다. 이런 사건은 이집트 신문의 주요 기사 거리가 되어왔고 이집트의 대 무프티mufti(파트와를 발행하는 자)는 이슬람주의자의 철학을 비난해왔다. 53,000여 개의 모스크가 정부의 지도를 받고 있으나 국가에 등록되지 않은 모스크도 많다. 2011년 무바라크가 하야하기 전까지 이집트 정부는 무바라크 1인 전제 정치였고 다섯 번째 6년 임기의 대선을 남겨 두고 있었다. 그가 아들 가말에게 정권을 물려줄 것이라는 소문이 끊이지 않아 시민 혁명으로 무바라크와 가말 부자를 권력 밖으로 쫓아내 버렸나. 2005년에 다당제 선거제도를 허용하였으나 변화를 위한 계획은 실현되지 못하고 선거는 자유롭지 않았다. 국민 건강 문제는 1960년대부터 시작하여 조금씩 나아졌으니 교육의 문제는 전혀 나아지지 못했다. 1960년 이후 교육이 모든 아동들에게 허용되었으나 56% 이상이 문맹이다. 이집트 여성들이 그들의 이익을 추구하고자 모든 영역에서 일자리를 모색해왔다. 대학 졸업자의 절반이 여성들이다. 이집트는 1928년 국립 대학에 여성이 입학하도록 한 아랍의 첫 번째 국가이다. 당시 대학 교육은 남녀 공학이었다. 1957년 두 명의 이집트 여성이 처음으로 아랍 국회에 등원하였고 2004년 이집트는 2명의 여성장관과 1명의 판사, 14명의 여성 대사를 임명하였다. 카이로에는 300개 이상의 여성 조직들이 있다. 그리고 이집트 대학들의 28%가 여교수이고 정부는 이혼법은 물론 여성의 권리에 관한 법을 계속하여 개정해왔다. 1979년 이혼법이 개정되었으나

1985년 헌법에 위배된다고 발표되었다. 2000년 이혼법이 다시 수정되어 여성들이 이혼할 수 있는 더 많은 근거를 가지게 되었다. 2005년 이혼법에는 성적 편견이 남아 있었다. 1960년대는 이집트 여성 중 아무도 히잡이나 니깝을 쓰지 않았는데 2006년에는 거의 80%의 여성들이 히잡을 쓰고 많은 여성들이 보수적인 의상을 선호했다. 이집트인들의 87%가 무슬림이고 12%가 기독교인이다. 2010년 이집트인들 중 1,200만 명이 기독교인이었다. 이슬람은 이집트의 공식 종교이고 종교 간의 갈등은 매년 기독교인들이 살해당하는 일로 귀결되었다. 이집트 정부는 이슬람이 관용의 종교라고 강조했지만 이슬람 극단주의자들과의 충돌로 1990년대 초부터 계속 기독교인들이 살해되어 왔고 교회가 파괴되는 일이 자주 발생했다. 1960년대와 1970년대 아랍 사회에서 가장 리버럴한 사회였던 이집트는 이슬람주의자들의 압박과 사회적 분위기 때문에 더욱 보수적인 사회가 되었다.

이집트는 오랫동안 영화제작과 저널리즘의 리더 역할을 해 왔으나 2000년대 들어와 그런 독보적인 위상이 점차 탈색되었다. 그 원인으로는 재정난과 창의성의 결핍을 든다. 카타르는 알자지라 방송을 통하여 아랍 국가의 대중 매체를 주도하고 있고 쿠웨이트가 라마단 달 드라마 특수를 겨냥하여 수많은 드라마들을 제작해냈다. 이집트는 오랫동안 아랍 국가에서 정치적 문화적 영향력을 행사했는데 그 이유는 모든 아랍 국가 인구의 40%가 이집트인들이기 때문이었다. 1,400만 명 이상의 인구가 밀집되어 있는 수도 카이로는 여름에는 덥고 붐비고 오염된 빈곤 도시이다. 카이로에는 아인 샴스 대학교에 한국어과가 2005년에 설립되었고 2010년 대학원 과정에 한국어 과정이 개설되었다. 이집트의 종교 분포는 무슬림 87.14%, 기독교인 12.24%, 불가지론자 0.51%, 무신론자 0.1% 등이다.

수 단

수단은 아프리카에서 가장 큰 나라이다. 한국 국토의 11배가 넘는다. 사하라 이남의 아프리카의 영향을 받은 사회적 구조와 인종적 특징을 가지고 있고 부족이 다양하여 400여 개가 넘는 언어들이 사용된다. 수단은 세계에서 인종적으로 가장 다양한 인구를 가지고 있는데 19개 인종 그룹과 597개의 하위 그룹이 있고 그들 대부분은 비아랍인들로서 남부에 산다. 2011년 수단의 남북 분리를 묻는 국민투표 결과 남부 수단과 북부 수단이 분리되었다. 수단은 세계에서 가장 빈국에 속하는 25개 국가들 중의 하나이고 90%가 빈곤 한계선 이하의 삶을 산다. 북부 수단의 아랍인과 남부 수단의 비아랍인으로 나누어져 있다. 북부 수단인들은 언어에 있어서는 아랍인이지만 인종 면에서는 부분적으로 아랍인이다. 부족주의가 지배적인 국가이고 사하라 사막 아프리카에서 흔한 특징인 남자들의 얼굴 흉터가 수단인들에게서 볼 수 있다. 아랍어가 수단의 공용어이지만 국민의 60%만 아랍어를 사용한다. 수단인들의 70%가 순니파 무슬림이고 5%가 기독교인인데 기독교인들은 주로 남 수단에 살고 나머지는 토속 종교를 믿는다. 남부의 일부 부족은 문화적으로 그리고 역사적으로 동부 아프리카의 종족과 관련되어 있고 이들은 정부의 영향을 받지 않고 자치적으로 살았다. 일부 지역은 아직도 화폐 경제가 아니다.

1983년 수단 정부는 이슬람 율법(샤리아)을 시행하였고 1989년 이후 수단은 아랍 세계에서 유일한 이슬람주의 정부가 되었다. 정부는 이슬람식 제도 안에서 현대화하려고 힘쓰고 있었다. 수단이 영국으로부터 1956년 독립한 이후로 아랍 이슬람식의 북부 수단과 아프리카식의 남부 사이의 내전이 오랫동안 지속되어 왔다. 첫 번째 충돌은 1955-1972년에 일어났고 1983년에 다시 악화되었다. 2005년 남북 수단이 협약을 체결했는데도 남부 수단에서 저항이 계속되었고 제2차 세계대전 이후 가장 오랫동안 지리멸렬한 충돌이 이어졌다. 대규모 기근과 억

제되지 않는 질병이 남부를 휩쓸었고 2백만 명이 죽고 4-5백만 명은 고향을 등졌다. 정부는 인종청소, 인권 남용, 노예제 묵인 등 혐의를 자주 받았다. 고아와 버려진 아이들을 포함하여 수천 명의 사람들이 난민캠프에 살고 있다. 많은 국제 구호 단체들이 수단에 들어가 있다.

수단은 1989년 오마르 알바시르가 군사 쿠데타를 일으킨 후 전제정치를 하고 있다. 1993년 미국은 수단을 국제 테러를 지원하는 국가로 분류했다. 1997년 미국은 종합적인 경제 제재를 가했고 이 제재는 2001년 11월까지 지속되었다. 1996년 미대사관이 수단에서 폐쇄되었고 1998년 미국은 크루즈 미사일 공격을 감행했다. 오사마 빈 라덴이 사우디아라비아에서 쫓겨난 뒤 수단에 가서 알카에다 조직을 세웠다. 아랍 국가들이 대체로 도시화되어 가는데 수단은 80%가 시골 지역에 살면서 농사를 짓고 산다. 광활한 국토 중에서 단지 7%만 농사를 지을 수 있다. 남부 지역은 석유, 광산 그리고 드물지만 수목이 있고 풍부한 물이 있다. 전 국토에 3,600만 명이 살고 있어서 수단의 인구 밀도는 낮고 북부에 그 인구의 75%가 산다. 수도 카르툼의 인구는 700만 명이고 수단 국민의 44%는 14세 이하이다. 정부는 관개 사업과 농토 개간 사업을 촉진하고 있는데 만일 이 사업이 성공하면 아프리카의 거의 모든 사람들에게 양식을 제공할 수도 있다고 한다. 국민의 65%가 마을 거주자이고 소작농이거나 목축업자이다. 수십 년간 수단의 교육은 중상류층에게만 가능했고 60% 이상이 문맹자이다. 교육을 잘 받은 전문직종의 수단인들은 국내의 저임금을 피하여 해외 특히 아라비아 반도에서 근로자로 일하고 있다. 이런 이유로 숙련된 인력이 수단 국내에서 부족하고 2002년 실직률은 19%이었다. 여성에 대한 교육이 늘고 있지만 교사와 사회봉사 등 단지 28%만이 취업되었다. 수단은 여성의 권리에 있어서 상당히 보수적이고 출산율은 평균 5명이다. 수단 인들은 아랍인들 중에서 친절하고 관대하고 정직한 사람으로 잘 알려져 있다. 유전개발로 중국인들이 유입되면서 카르툼 대학교에 중국어과가 생겼고 아랍 연맹이 지원하는 카르툼 국제 아랍어 교육 대학원에서 그동안 10여

명 이상의 한국인들이 공부하기도 했다. 카르툼 국제 아랍어 교육 대학원은 외국어로서의 아랍어 교육을 전문으로 가르쳤는데 수단이 너무 덥고 환경이 열악하여 유학이 중단되었다. 지금도 수단은 유학의 기회들이 있는데 더운 기후와 말라리아 그리고 낙후된 대학 시설로 인하여 한국인 유학생들이 별로 찾지 않는 나라가 되었다. 수단이 남수단과 분리되기 전 수단은 2010년 인구는 43,939,598명이고 2008년도 GNP는 2,051달러이다. 수단이 남수단과 분리되기 전의 종교 분포는 무슬림이 71.35%이고 기독교인이 16.36% 그리고 불가지론자가 1.03% 그리고 무신론자가 0.17%이고 종족의 종교를 믿는 자ethnoreligionist가 11.07%이다.

3. 비옥한 초승달 지역의 국가

레반트levant라는 말은 프랑스어인데 동부 지중해 국가들을 가리키는 말로 사용된다. 레반트 국가는 레바논, 시리아, 팔레스타인을 가리키는데 가끔 요르단과 이라크를 포함시키기도 한다. 이 세 국가는 언어적으로 문화적으로 한 통속의 국가들이다. 그러나 요르단은 사우디아라비아에서 올라온 유목민 출신이 정착하여 세워진 나라다.

이라크는 본래 토박이들이 줄어들면서 그 자리에 아라비아에서 올라온 베두인들이 정착하였다. 요르단과 이라크를 레반트 지역으로 포함시키기 적절하지 않으므로 이 두 나라를 포함시키려면 비옥한 초승달Fertile Crescent 지역이란 명칭이 더 적절하다. 비옥한 초승달 지역은 이라크, 요르단, 시리아, 레바논, 팔레스타인(또는 이스라엘)이 포함된다.

레바논

레바논은 국토와 인구(2010년 4,125,247명)가 아주 작은 나라다. GNP는 13,475달러이고 평균 수명은 72.4세이다. 아랍인이 아닌 다른 셈족이 살았는데 주로 페니키아 족과 가나안 족이 살았다. 종교적 다양성이 사회계층을 분리시켜 사회 통합의 장애가 되어왔다. 모든 레바논 사람들은 자신이 속한 종교와 부족에 충성한다. 1975년부터 1991년까지 레바논은 내전을 치렀는데 이 기간 중 25%의 주민들이 고향을 등졌고 적어도 13만 명이 사망했다. 그 당시 기독교인들이 무슬림들보다 부유했다. 그 뒤 국가 화합을 위한 알따이프(사우디 지명) 협정에 따라 정당들이 다시 설립되고 정치 과정에서 무슬림들에게 더 많은 권리가 주어졌다. 히즈불라를 제외하고는 대부분의 민병대가 해산되었고 레바논 내전 중에 아랍 연맹은 시리아에게 군대를 레바논의 베이루트 동부와 베카 계곡에 파병해 달라고 요청하여 16,000명이 배치되었다. 2000년 남부 레바논에서 이스라엘 군대가 철수했고 2004년에는 유엔 안보리가 시리아 군대를 레바논에서 철수시켜 내정 간섭을 중단하라고 요청했다. 라피끄 알하리리 전총리의 암살과 22명의 레바논인 살해는 2005년 레바논인들의 대규모 시위를 촉발시켰고 시리아는 결국 남은 군대를 2005년에 철수시켰다.

레바논의 무슬림은 순니파와 시아파로 나뉘어져 있다. 1950년대 이전까지만 해도 기독교인들이 무슬림들보다 더 많았다. 11세기 시아 이슬람에서 시작된 드루즈파가 레바논을 근거지로 하여 주변 지역으로 퍼져갔다. 5개의 무슬림 종파와 14개의 기독교 종파가 확인되었고 레바논에는 19가지 서로 다른 종교법이 있다. 종교와 종파가 모자이크처럼 섞여 있어서 여러 가지 사회적 · 정치적인 문제를 낳았고 지금은 시아파 히즈불라가 레바논 남부에서 이스라엘과 대치국면에 있다. 레바논 사람들은 레바논 아랍어를 구사하고 지식층은 프랑스어나 영어 또는 이 둘 다를 구사한다. 아르메니아 인들은 그들 민족의 말을 하면서 동시에 아랍어를 구사한다. 레바논 내전 전에는 레바논 정부가 친서방, 친자본주의이었고 은행업과 상업에서 주도적인 국가였다. 레바논은 가장 높은 생활수준을 가졌고 범세계적인 생활방식을 가졌다. 내전이 끝난 후에 레바논은 인프라 구축을 하고 전쟁 중 미국이나 유럽으로 간 사람들의 일부가 되돌아왔다. 그러나 전기 사정도 좋지 않고 경기 부양을 할 수 있는 요소가 별로 없어서 외국인들이 살기에 생활비가 많이 든다. 상류층은 소수이고 중산층이 늘고 있으나 절반 이상이 하류층이다. 하류층은 너무 가난하고 대부분 도시에 산다. 실업률은 15-20%에 이르고 40만 명의 팔레스타인 난민이 살고 있다. 레바논은 19세기 말 이후 해외로 이주한 사람들이 늘어나 국내보다 해외에 사는 레바논 사람이 더 많다. 세계에 흩어진 동포들이 보내온 송금이 레바논 사회와 경제에 도움을 주어왔다. 아랍국가에 사는 많은 레바논 사람들은 매니저로 일하거나 전문 직종에서 일한다. 레바논은 교육수준이 높아 대중교육이 뛰어나고 문자 해득률은 86%이어서 아랍 세계에서 가장 높다.

19세기 중반에 미국과 프랑스의 선교사들이 학교와 대학들을 설립하였고 선교사들이 레바논 사회에 강한 영향력을 끼쳤다. 그들은 미래의 아랍 세계 지성인들과 리더들을 훈련시켰다. 도시에 거주하는 기독교 여성들은 전문직, 상업, 사회 단체에 매우 활동적이고 여성들이 전체 노동력의 29%를 차지하였고 1/4이 전문 직종에서 일한다. 여성들은 서양식 옷을 입고 자유롭게 어울린다. 이와 대조적으로 시골의 여성들은 전통에 얽매어 있다. 여성들에게 투표권이 있고 1952년 선거에도 참여하였다. 2004년에 두 명의 여성이 내각에 기용되었고 일부 여성은 리더십의 직책을 추구하는 단체에서 활동하고 있다. 일반적으로 레바논 사람들은 장사를 잘하고 정치적이며 애국심이 강한 편이다. 레바논의 기독교인들은 서구적 가치를 강조하나 무슬림들은 서구의 영향을 축소시키려 한다. 1932년 이후 범 국가적인 인구조사를 하지 못하고 있는데 미묘한 종교적 파장과 갈등을 우려하기 때문이다. 레바논 헌법상 마론파 기독교인 중에서 대통령이 선출되고 국회의장과 총리는 무슬림들 중에서 선출된다. 1932년 인구 조사했을 때 기독교인들이 56%를 차지했다. 국회는 동일한 숫자의 무슬림과 기독교인이 있고 무슬림 총리가 정치력을 주로 행사했다. 오스만 제국과 유럽의 열강들이 기독교인들의 피난처로서 레바논 국가를 창설했기 때문에 레바논의 기독교인들은 이런 권력구조가 변화되기를 바라지 않는다. 그러나 내전 이후 오랫동안 시리아가 군대를 보내어 내정을 간섭하고 레바논 사회의 이슬람화를 부추겨 지금은 이슬람이 다수인 나라가 되었다.

2005년 여론 조사에 의하면 마론파 기독교인들의 절반이 레바논에서 시리아 군대가 떠나야 한다고 했으나 다른 그룹(정교회, 순니파 무슬림, 시아파 무슬림, 드루즈파)의 1/3만이 시리아 군대가 레바논에서 떠나가는 것을 동의했다. 2005년 4월 4만 명의 시리아 군대가 29년 만에 레바논을 떠났지만 그 뒤에도 시리아의 영향력은 지속되고 있었다. 레바논 전총리 라피끄 알하리리 암살 배후에 시리아가 개입되었다는 소문이 끊이지 않았다. 수도 베이루트는 지중해 해안을 끼고 아름답게 조성되었으나 내전 이후 전쟁 상흔이 건물들에 남아 있고 도로의 혼잡이 극심하다. 아랍 국가 중에서 가장 자유분방한 도시가 베이루트이다. 유럽과 미국에서 온 대학생들이 베이루트 아메리칸 대학교에서 공부하나 카이로 아메리칸 대학교보다는 덜 유명하다. 도시를 둘러싼 산중턱에 가옥들이 들어차 있어서 저녁에 산 중턱에서 지중해를 바라보면 그 경치가 너무 아름답다. 베이루트에는 정부가 설립 인가한 근동신학교 NEST가 있고 발라만드 대학교에는 다마스커스의 요한에 대한 연구소가 있고 아랍 침례 신학교가 산 언덕에 자리하고 있다. 한국의 동명부대가 유엔 레바논 평화유지군UNIFIL의 일원으로 2007년에 파병되었다. 레바논의 종교 분포는 무슬림 58.05%, 기독교인 35.46%, 불가지론자 3.47%, 불교 2.07%, 무신론자 0.81%, 그리고 기타 0.15%이다.

시리아

시리아 문명은 오랜 역사를 자랑하는데 현대에 와서는 그 빛을 제대로 발하지 못하고 있다. 잦은 침입과 정복으로 주민들도 종족이 다양해졌다. 2005년 1800만 명 인구(2010년 2200만 명) 중에서 90%가 무슬림이었고 이 중에서 74%가 순니파이고 나머지는 알라위파 등 다른 이슬람 종파에 속한다. 시리아의 소수 그룹으로는 5-10%를 차지하는 기독교인과 3%의 드루즈파가 있다. 순니파 무슬림들 중에 1/10이 쿠르드인들이고 2003년 미군과 연합군의 이라크 점령으로 시리아에 거주하는 이라크인들이 한때는 100만 명이 넘어서기도 했다. 가장 주목받은 무슬림 종파 중에는 시아파에서 갈라져 나온 알라위파가 있다. 하피즈 알아사드(1930-2000) 대통령과 그의 아들 밧샤르 하피즈 알아사드 대통령은 알라위파이다. 알라위파는 전 국민의 14%를 차지하고 1970년부터 정권을 잡았다. 2004년에 85명의 유대인이 살고 있었고 그들 대부분은 수도 다마스커스에 살았다. 30만 명의 팔레스타인 난민이 시리아에 살고 있다.

시리아 사회주의 정부는 전제 정치를 해 왔고 세속적이고 민족주의적인데 미국과는 불편한 관계를 가져왔다. 시리아는 아랍 국가 중에서 유일하게 한국과 외교 관계를 갖지 않은 나라인데 현대 문학 아랍어(푸스하)를 배우기 좋다고 하여 일부 한국 유학생들이 공부한 곳이기도 하다. 밧샤르 대통령이 아버지를 이어 세습한 뒤 시리아 경제를 개혁하려고 애를 쓰고 있으나 미래는 예측하기 어렵다. 시리아 정부가 국제 테러를 지원한다는 혐의를 받고 있어 관광과 무역에 부정적인 영향을 끼쳤다. 만일 한국인이 이스라엘을 입국하고 나서 시리아를 방문할 경우에는 시리아 입국이 거부된다. 이집트와 요르단은 이스라엘과 평화 협정을 맺었기 때문에 이런 통과 절차의 어려움은 없었다. 미국은 2004년에 시리아에 대한 제재를 가했고 그 결과는 경제보다는 정치 쪽의 제재를 가하는 것이었다. 시리아 정부는 이슬람주의자들을 통제해 왔는데 1982년 이슬람주의자들이 진압되고 적어도 2만 명의 시민이 죽었다. 그 뒤 이슬람주의자들이 더 늘어났고 많은 시리아인들은 정치적 이슬람을 두려워했다.

시리아는 아랍 국가들 중에서 가장 인구가 밀집된 국가 중 하나이고 국토의 절반이 사람 살기에 적합하다. 국민의 40%가 14세 이하이고 중류와 상류층이 국민의 35%를 차지한다. 문자해득률은 83%에 이르고 농업 생산, 석유, 인산염, 섬유가 경제의 중요한 부분을 차지한다. 2004년 말 노동 인구의 25%가 실업자였다. 대부분의 시리아인들은 아랍 민족주의를 강하게 강조하고 상당히 보수적이다. 영어보다는 프랑스가 더 많이 사용되고 상류층의 여성들은 교육을 잘 받아서 교육과 의학 분야에서 일한다. 국립 대학교에서 일하는 전체 직원들의 39%가 여성이고 1998년에 전체 노동 인구의 28%가 여성이었다. 2001년에 26명의 여성이 국회의원이었고 2003년에는 24명이었으며 2명의 여성이 내각에 진출하였다. 시리아의 종교 분포는 무슬림이 92.77%이고, 기독교인이 5.2% 그리고 불가지론자 1.92%, 무신론자 0.12%이다. 2008년 GNP는 4760달러이고 2010년 인구는 22,198,110명 이다.

요르단

요르단은 제1차 세계대전이 끝나고 영국 위임령 하에서 생긴 나라이다. 사우디아라비아 히자즈 지역에서 온 하쉼 가문이 세운 나라이고 1946년 영국으로부터 독립하였다. 영국이 사신들의 이익을 위하여 결정한 국경이 오늘날의 요르단을 만들었다. 요르단 강 서안은 1967년 이후 이스라엘에게 빼앗겼고 1970년에는 왕정을 전복시키려는 팔레스타인 사람들의 반란을 진압했다. 1988년 후세인 국왕은 서안을 영원히 포기하였다. 정치 자유화를 선언하고 1992년 정당들이 세워지고 1994년에는 이스라엘과 평화 조약을 맺었다. 1953년부터 1999년까지 후세인 국왕이 다스렸고 그의 뒤를 이어 그의 아들 압둘라 국왕이 다스리고 있다. 요르단은 2000년 세계 무역기구에 가입하였고 2003년 이라크에 대한 미군의 침입으로 이라크 난민이 대거 요르단으로 몰려들어 한 때는 75만 명을 넘기도 했다. 2009년 압둘라 국왕은 헌법적 권한을 사용하여 국회의원 선거를 다시 치렀다.

2010년 요르단의 6,407,085명 전 인구 중에서 60%가 팔레스타인 사람이고 대부분이 1948년과 1967년 이스라엘과의 전쟁 이후에 팔레스타인을 버리고 나온 사람들과 그의 자손들이다. 그 뒤 팔레스타인 사람에게 요르단 시민권이 주어졌고 정치와 경제의 권리도 주어졌으나 대체로 요르단 토박이는 정보부나 국가 주요 요직 등 행정 부서에 임용되고 팔레스타인 사람들은 무역 등 상권을 잡고 있다. 요르단의 평균 수명은 73.1세이고 2008년 GNP는 5,956달러이다. 팔레스타인 사람과 요르단 사람 간에는 몇 가지 특징이 있다. 가령 도시에는 주로 팔레스타인 대중 아랍어가 사용되고 그 밖의 지역에는 베두인 방언에 가까운 요르단 대중말 아랍어가 사용된다. 요르단 대중아랍어가 방송 등에서 권장되고 65,000명의 요르단 사람들은 아직도 베두인인데 정부는 이들이 마을에 정착하도록 권장해 오고 있다. 요르단에는 95만 명의 팔레스타인 난민이 등록되어 있고 그 중 18%가 13개 난민 캠프에 살고 있고 이들 중 10%만이 유엔 구호 사업 기구UNRWA의 관리를 받고 있다. 그런데 팔레스타인 난민에 대한 유엔의 일시적인 구호 사업이 이제는 영구적인 사업이 되어 버렸다. 195만 명의 난민들 중 338,000명이 아직도 난민촌에 살고 있다. 1970년 팔레스타인 사람들이 요르단을 전복시키려 했으나 성공하지 못했다. 대부분의 요르단 사람들은 순니파 무슬림이고 5-8%만 요르단 기독교인이다. 요르단에서 종교는 사회를 분열시키는 요인은 아니다. 요르단 기독교인들이 이슬람의 지배에 체념하고 살기 때문이다. 요르단 정부는 온건하고 친서방이라고 표명하나 2003년 실시된 여론 조사에서 99%가 미국을 좋아하지 않는다고 답하였다. 요르단 국민들이 이슬람주의의 영향과 팔레스타인의 반 이스라엘 정서 때문에 서구에 대한 증오가 있다. 1999년 후세인 국왕이 서거하기 전 왕위 세습을 위한 왕세자를 하산에게서 아들 압둘라로 새로 책봉하여 압둘라 국왕이 왕위에 올랐으나 국정경험이 없어 정치와 경제 개혁에 이렇다 할 실적을 보여주지 못하였다. 요르단은 아랍 국가들 중에서 상당히 민주적인 국가라고 하나 국민들의 실제 삶 속에서는 민주적인 결정이 이뤄지지 않고 있다. 1989년 국회의원 선거에서 무슬림 형제단이 의석의 다수를 차지했고 1993년에도 상당수 무슬림 형제단이 의회에 진출했으며, 2003년에는 국회 의석의 1/4를 차지했다. 요르단은 자연자원이 빈약하여 외국원조에 의존하고 있다. 국토의 6%만 경작이 가능하고 국민의 20%가 농부이다. 저소득층 여성들에게 소액의 돈을 빌려주는 소액 금융이 성공을 보였는데 1996년에 시작하여

2001년에는 61,000건의 대출이 있었다.

지정학적으로 요르단이 이라크와 이스라엘 사이에 위치한 것 때문에 경제적으로 불리한 점도 많다. 1991년 걸프전 이전에 무역의 75%(매년 10억 달러)가 이라크와 이뤄졌는데 걸프전 이후 그 무역량이 1/4로 뚝 떨어졌고 38만 명이 해외 취업을 그만두고 돌아와 실업률이 30%로 뛰어올랐다. 두 번째 걸프전은 에너지 공급 상황에서 더 큰 위기를 맞았다. 현물 시세보다 낮게 이라크에서 수입해 오던 원유가 2003년 미군의 이라크 점령 이후에 중단되었기 때문이다. 2000년 세계무역기구에 요르단이 가입하고 나서 2001년 요르단과 미국 간의 자유무역 협정으로 경제 성장이 회복의 기미를 보였으나 관광, 광산, 무역, 농업에 의지하는 요르단 경제는 크게 나아지지 못했다. 그래서 2011년 아랍 국가들 안에 시위 도미노 현상이 일어났을 때 시민들이 요르단 정부에 경제와 정치 개혁을 주문했다. 두 번의 걸프전으로 요르단의 관광은 큰 타격을 입었고 대부분의 국민들은 지난 10여 년간 수입이 감소되었다. 설상가상으로 인건비가 올라서 이집트 사람보다 두 배 이상의 임금을 요구하고 있다. 요르단 국민의 40% 이상이 빈곤에 시달리고 있다. 요르단에는 20여 개 대학이 있는데 국가 총 지출의 21%를 교육에 지출하고 있다. 문자해득률은 2006년에 91%에 달했고 요르단 국민은 요르단 대중 아랍어를 사용하며 지식층은 영어도 구사한다. 요르단 여성들은 노동 인구의 20%를 차지하고 여성에게 1974년부터 투표권이 있다. 2003년 의회 선거에서 여성을 위한 의석을 따로 배분한 결과 하원에는 5.5%가 상원에는 12.7%가 여성들이 당선되었다. 요르단은 선거에서 유권자의 정책보다는 자신과 같은 부족인가를 먼저 따지고 선거에서는 금품이 오고 가는 혼탁한 선거가 횡행한다. 요르단인들은 사람마다 다르지만 대부분 외국에서 원조 받는 것을 당연시하므로 무조건 한국이 무상으로 도와줄 것을 기대하기도 한다. 요르단의 종교 분포는 무슬림이 93.89%, 기독교인 2.82%, 불가지론자 2.5%, 무신론자 0.49%, 바하이교 0.25%이다.

이라크

이라크는 시리아처럼 오랜 역사를 가지고 있는 것을 매우 자랑스럽게 생각한다. 이라크는 찬란한 고대 문명의 발상지이기도 하다. 유프라테스 강과 티그리스 강(이 두 강은 터키에서 발원하여 시리아를 거쳐 이라크로 흐르고 티그리스강 유역에는 모술과 바그다드가 있고 유프라테스강 유역에는 시아파 성지 카르발라와 나자프가 있다. 이 두 강은 이라크 남쪽에서 만난다)이 만나는 메소포타미아에서 메소포타미아 문명이 발생했다. 그러나 세월이 흐르면서 침략과 정복을 여러 번 당했다. 인구가 많은 이집트와 달리 이라크는 29,671,605명(2010년)의 인구가 살아 인구 다밀 지역은 아니다. 평균 수명은 68.5세이다. 땅은 비옥하고 이집트만큼 오랜 역사를 지니고 있지만 잦은 전쟁으로 이라크가 이 지역의 전략적 전쟁터가 되어 왔다. 이라크의 75%는 아랍인이고 20%는 쿠르드인이고 쿠르드인은 아랍어와 쿠르드어 두 가지 언어를 구사한다. 쿠르드인들은 아랍인이 아니고 아리안aryan족이다. 그 외에 이라크에는 투르코만족, 아슈르족, 아르메니아족이 있고 이란에 뿌리를 둔 다른 종족이 살고 있다. 아랍어가 공용어이고 영어는 일부 지식층에게만 사용된다. 이라크의 97%는 무슬림(60%가 시아파 무슬림)이고 3%는 기독교인이다. 이라크는 시아 무슬림들을 위한 여러 성지가 있어서 오래전부터 시아파 무슬림의 순례지가 되어 왔다.

1958년 하쉼 가문의 왕조가 무너지고 혁명적인 사회주의 정부가 탄생했다. 그 이후 네 번의 쿠데타가 있었고 1968년 사담 후세인이 권력을 잡았다.[2] 사담 후세인은 2003년 미군의 이라크 침공으로 미군에게 잡혀 2006년 12월 사형이 집행되었다. 이라크는 이란-이라크 전(1980-1988년)을 8년간 치렀고, 첫 번 걸프전 이후에 1991년 이라크 석유에 대한 국제 수출금지가 단행되었다. 이라크인들과 아랍인들은 첫 번

2_ 공일주, 이라크의 역사, 살림출판사 참조.

째 걸프전을 미국의 일방적인 제재라고 불렀다. 이라크가 쿠웨이트를 점령한 것이 발단이 되어 첫 번째 걸프전이 일어났다. UN의 석유-식량 교환oil-for-food 프로그램이 1996년부터 2003년까지 계속되었는데 본래 식량과 의약품을 사도록 한 돈이 사담 후세인과 그에게 충성하는 사람들에게 전용되어 정작 국민들의 식량과 의약 서비스는 형편이 없었다. 그 당시 이라크는 수많은 어린이들이 죽어가고 있었고 국민들의 생활은 아주 피폐했다. 2001년까지 80만 명 내지 120만 명 정도의 이라크인들이 수출 금지 조치 때문에 죽어갔고 그들 중 50만 명이 5세 이하의 어린이였다. 생필품 부족으로 국민들은 정부에 더 의존하게 되었다. 이라크 국민의 절반이 어린이이고 2003년에 이라크 어린이들의 25%가 영양 실조상태이었다. 유아사망이 1980년대 말과 2000년대 초 사이에 두 배 이상으로 늘었고 2001년에는 천 명당 133명이 사망했다.

제2차 걸프전은 미국이 2003년 이라크를 침공하면서 시작되었다. 이라크인들은 미군이 이라크를 떠나달라고 데모를 했고 2009년 미군이 이라크에서 일부 철수하였고 2010년에 완전히 철수했다. 한국은 2004년 아르빌에 자이툰 부대를 파병하여 2008년에 철수했는데 이라크인들에게 한국은 미군의 동맹군으로 인식되어 부정적인 이미지를 남겼다. 아프간과 이라크를 점령한 미군은 아랍 무슬림들에게는 눈엣가시였다. 2007년 아프가니스탄에서 한국인들이 피랍된 사실이 아랍 방송에서 크게 보도되기도 했다. 2009년 이라크는 지방 의회 선거를 했다.

2003년 이라크인의 문자 해득률은 40%였다. 국토의 12%가 농경지이고 이라크인의 30%가 농업에 종사한다. 2003년 이전에 이라크 여성들은 아랍 국가들 중에서 가장 자유로운 여성들 속에 속하였고, 한때는 변호사, 의사, 교수, 엔지니어, 작가, 예술가 등 전문 직종에서도 일했다. 1959년 이라크는 여성장관을 임명한 아랍의 최초의 국가가 되었고 4명의 여성 판사와 여성 과학자와 여성 정치인들이 있었다. 1959년 개인 지위법에 의하면 여성은 정치와 경제에서 남성과 동등한 권리를 가졌다. 여당이었던 바아스당은 세속적이었고 여성의 지위를 개선하는 입법을 했다. 여성들은 민간 서비스 분야에서도 일했고 모유 휴가를 받았으며 직장 내 성희롱에서도 자유로웠다. 1976년에는 교육계에서 38%가 여성이었다. 그러나 여성의 지위는 두 번의 걸프전을 치르면서 급격히 악화되었고 1차 걸프전 이후에 사담 후세인은 자신의 권력을 확고히 하기 위하여 정치적인 수단으로 이슬람을 더욱 강조하였고 부족의 전통을 수용하였다. 그러나 이라크 여성의 발전을 위한 많은 조치들은 역행되고 있었다. 개인지위법과 노동법에서도 변화가 일어났다. 경제가 악화되면서 여성들은 남성들에게 자리를 내주었고 일터에서 쫓겨났다. 정부 부처에도 여성들의 채용을 제한하였고 남녀 공학의 고등학교가 남녀 따로 구분되었다.

2006년 이라크는 쿠르드족의 잘랄 탈라바니가 대통령이 되었고 4년 임기의 총리로 시아파가 선출되면서 순니파가 정치권에서 소외되었다. 사담 후세인 시절 집권층이었던 순니파가 권력 중심부에서 제외되자 이라크는 순니파와 시아파 간의 종파 싸움이 극렬해졌다. 2010년 총선 후 누리 알말리키 총리는 이슬람 종파(순니, 시아)와 종족(아랍인, 쿠르드인) 간의 정파 싸움으로 내각 구성에 큰 어려움을 겪었다. 실권을 갖는 총리가 시아파에서 선임되면서 이라크는 순니파 국가에서 시아파 국가로 분류되었고 순니 아랍 국가들과의 외교 관계도 사담 후세인 시절보다 부드럽지 못했다. 이란-이라크-시리아-레바논(히즈불라)으로 이어지는 시아 벨트는 순니파 아랍 국가들에게 위협이 되었다.

이라크는 한때 아랍 국가들 중에서 가장 수준 높은 생활수준을 가졌으나 1차와 2차 걸프전을 거치고 또 국민투표를 통해 다수당이 된 시아파에게 순니파가 밀리면서 국민들은 테러와 납치, 살해 위협 등을 당했다. 그 중에서 이라크 기독교인들이 가장 큰 피해를 보았는데 무슬림 테러에 더 이상 견딜 수 없었던 기독교인들은 이라크를 떠났다. 이라크의 종교 분포는 무슬림 97.33%, 기독교인 1.79%, 불가지론자 0.48%, 무신론자 0.16% 등이다.

팔레스타인

아랍 무슬림들은 각급 학교에서 이스라엘 땅을 팔레스타인이라고 부른다. 가자 지구와 요르단 서안의 내륙지방에서 팔레스타인 아랍인들이 주로 살고 있다. 팔레스타인 아랍인이 주로 사는 내륙 지방은 제닌-나블루스(세겜)-아리하(여리고)-라말라-바이트라흠(베들레헴)-알칼릴(헤브론)-가자에 이르는 지역이다. 가자 지역은 이집트와 국경을 맞대고 있고 이 국경에는 수많은 땅굴이 뚫려 있어 이집트 국경 라파흐와 팔레스타인 국경 간의 비밀 통로가 되어왔다. 아랍어로 필라스띤filastin은 팔레스타인palestine 지역 혹은 팔레스타인 국가를 가리키는 말이다. 7세기 무슬림들이 이 땅을 정복한 다음 그들보다 먼저 이 지역을 점령한 비잔틴 행정부가 사용한 이 용어를 팔레스타인 아랍인들이 그대로 이어받아 썼다. 오스만 제국이 지배하던 1517-1917년 사이에는 팔레스타인이란 말이 사용되지 않다가 영국이 이 지역을 위임통치하면서 팔레스타인이란 말을 사용하였다. 그러나 이 지역은 “이스라엘, 대시리아(시리아, 레바논, 팔레스타인, 요르단), 가나안, 성지, 유대, 남부 시리아, 시리아 팔레스티나”라는 이름으로 불리 기도 했다.

비잔틴 행정구역인 팔레스타인은 페르시아의 점령(614-628)을 받았고 무슬림들이 634년 이 지역에 이르렀을 때 비잔틴은 이 지역을 완전히 잃게 되었다. 비잔틴 제국의 군대는 636년 야르묵(요르단과 시리아의 국경 지대의 강) 전쟁에서 결정적으로 패함으로써 비잔틴 군대가 물러나게 되었다. 예루살렘이 이슬람군에게 638년에 망하였고 가이샤라가 640-642년 사이에 멸망했다. 638년 예루살렘을 포위한 칼리파 오마르븐 알캇땁과 예루살렘의 총대주교 사포로니우스Safforonius가 오마르 협약에 서명한다. 팔레스타인에서 모든 비무슬림이 지켜야 할 책임과 권리를 규정한 합의 문서이었다. 기독교인과 유대교인은 경전의 백성People of the Book으로 간주되었다. 이들은 무슬림 정부의 보호를 받는 대신에 그 대가로 인두세(머릿수대로 세금을 냄)를 내야 했다. 무슬림들이 이 도시를 장악한 뒤에 약간의 유대인들이 예루살렘으로 되돌아왔다. 오마르 븐 알캇땁은 예루살렘의 첫 번째 정복자가 되었고 알하람 알샤리프(예루살렘 구시가의 성전산, Temple mount)를 방문했을 때 그는 이 지역을 기도의 거룩한 장소라고 했다. 우마위야 조(661-750) 때에는 남쪽으로는 라파흐에서 북쪽으로 라준al-lajjun(제닌 북서쪽)까지 그리고 지중해에서 요르단 강 남부까지 이르는 지역(아람어를 사용하는 기독교인들이 주로 살던 지역)을 준드 필라스띤(팔레스타인의 군사지역)이라고 불렀다. 주요 도시로는 라파흐, 가이샤라, 가자, 욥바, 나블루스, 여리고이다. 룻드(Ludd 또는 Lod)가 필라스띤 지방의 사령부이었으나 나중에 수도가 라말라로 옮겨졌다. 준드 알우르둔(요르단의 군사지역)은 필라스띤의 동쪽과 북쪽의 지역을 가리켰다. 691년 성전산 위에 있는 바위의 돔dome을 칼리파 압둘 말리크 븐 마르완이 건설하도록 명령을 내렸다. 그 장소는 무함마드가 밤 여행 때 예루살렘에 왔다가 그 땅을 밟고 하늘로 올라갔다는 전설에 입각하여 그 땅에다가 바위의 돔을 짓게 했다. 약 10년 뒤에 칼리파 알왈리드가 알악사 사원을 지었다. 꾸란에도 '알악사'라는 단어가 나오는데 칼리파 알왈리드가 지은 알악사 사원을 가리키는 말은 아니다. 지금의 팔레스타인 아랍인들은 가자지구, 동예루살렘, 요르단 강 서안에 주로 산다.

2010년 9월 이스라엘은 이스라엘 인구가 유대인 580만 명과 아랍인 160만 명을 포함한 740만 명이라고 밝혔다. 그런데 팔레스타인 아랍인의 인구는 390만 명이고(2007년) 해외 이주자와 난민이 400만 명(요르단에 225만 명, 사우디와 걸프지역에 45만 명, 레바논에 35만 명, 시리아에 30만 명, 이집트에 10만 명 정도) 이다. 아랍인의 출생률은 이스라엘인보다 높다. 이스라엘 통계청에 따르면 유대인 여성은 평균 2.9명, 무슬림 여성은 평균 3.73명의 아이를 낳았다. 그러나 팔레스타인 통계청에 따르면 팔레스타인 여성의 출산율은 4.6명이라고 했다.

1993년 9월 이스라엘과 팔레스타인 해방기구(PLO)가 서안과 가자지구에서 팔레스타인 자치의 과도기적 기간을 갖도록 합의하고 그 뒤 이스라엘은 팔레스타인 자치 정부Palestinian Authority(PA)에게 서안과 가자 지구의 팔레스타인 주민을 위한 치안과 시민 보호를 맡겼다. 2000년 9월 인티파다(민중봉기)로 서안과 가자 지구의 영구적인 지위를 결정하는 협상이 불발되었고 2003년 4월 4자 협상(미국, EU, UN, 러시아)이 두 개의 국가(이스라엘과 민주적인 팔레스타인 국가)로 귀결되는 상호 조치에 근거하여 상호 충돌을 막는 로드맵을 제안했다. 2004년에 야세르 아라파트가 사망하였고 그 다음해 마흐무드 압바스가 팔레스타인 자치 정부PA의 수장으로 선임되었다. 2005년 9월 이스라엘이 일방적으로 가자지구에 있던 모든 정착민과 군인들을 철수시켰고 군인들을 북부 서안 지역 4곳에 재배치했다. 그럼에도 이스라엘은 아직까지도 해상, 공중과 대부분의 가자지구를 접근할 수 있다. 2006년 이슬람 저항 운동 하마스HAMAS(이슬람 저항운동Ḥarakat al-Muqāwamah al-ʾIslāmiyyah의 첫 글자들을 앞에서부터 이어가면 HAMAS가 됨)가 팔레스타인 의회에서 다수를 장악하였고 하마스HAMAS는 2006년 3월 팔레스타인 정부에 대거 입각했다. 다만 대통령 마흐무드 압바스만 대외 외교를 위한 정치적인 통로로서 혹시 경제 제재를 당할지도 모르기 때문에 그를 유임시켰다. 2006년과 2007년 초 가자지구에서 파타흐(또는 파트흐, 팔레스타인 민족해방 운동ḥarakat al-taḥrīr al-waṭanī al-filasṭīnī의 첫 글자들을 뒤에서부터 이어가면 Fatah 또는 Fath가 됨) 당과 하마스 당원들 간에 폭력적인 충돌이 있었고 수많은 팔레스타인 사람들의 사상자를 냈다. 2007년 압바스와 하마스 정치국 국장 미샬은 사우디아라비아의 메카 협상에 서명하고 하마스의 요원 이스마일 하니야가 이끄는 팔레스타인 국가 통일 정부Palestinian National Unity Government(NUG)를 결성했다. 그러나 가자지구에서 폭력이 지속되자 2007년 6월 하마스 전사들이 가자 지구의 모든 정부 기관을 폭력을 써서 접수하는 데 성공하였다. 압바스는 팔레스타인 국가 통일 정부를 해산하고 살람 파이야드가 이끄는 서안에서 팔레스타인 자치PA정부를 구성했다.

하마스는 팔레스타인 국가 통일 정부의 해산을 반대했고 이집트인 정치 브로커들의 개입으로 양측 협상이 시도됐으나 의견 차이를 좁히지 못했다. 이집트인의 중개로 2008년 이스라엘과 하마스 간의 5개월간 적대적인 행위 금지가 합의되었으나 폭력이 계속되면서 팔레스타인 1100-1400명이 사망했다. 2011년 아직 하마스가 가자지구를 장악하고 있고 파타흐 주도의 팔레스타인 자치 정부PA는 서안지역을 다스리고 있다.

반시온주의와 반유대주의가 아랍 팔레스타인 사람들에게 널리 퍼져 있다. 반시온주의는 이스라엘 땅에서 유대인들이 독립국가를 세워 살아가는 것을 반대하는 사상이고 반유대주의는 유대인들을 반대한다는 것이다. 다른 아랍국가에서의 반시온주의는 이스라엘 안에 살고 있는 팔레스타인 아랍인들에 대한 동정심에서 비롯되기도 한다. 아흐마드네자드 이란 대통령은 이스라엘이 세계 지도에서 사라져야 한다고 주장하였고 하마스의 지도자이고 팔레스타인의 전 총리 이스마일 하니야haniyya는 이스라엘의 존재 권리 자체를 부정한다. 다시 말해서 국가로서의 이스라엘은 지구상에서 사라져야 한다는 것이다. 이것이 아랍 무슬림들의 주장이다. 물론 이집트와 요르단 정부는 이스라엘과 평화협정을 맺었기 때문에 정치적으로는 이스라엘의 존재를 말하고 있지만 요르단과 이집트의 무슬림들은 이스라엘의 존재를 인정하지 않는다. 대한 민국은 아랍과 이스라엘과 외교관계를 갖고 있으므로 이스라엘과 팔레스타인 간의 정치적이고 종교적인 제 문제를 알고 있어야 외교적인 불협화음을 줄일 수 있을 것이다. 팔레스타인의 종교 분포는 무슬림 80.61%, 유대교인 11.82%, 불가지론자 5.56%, 기독교인 1.86%, 무신론자 0.10%이다.

4. 아라비아 반도의 국가

아라비아 반도의 국가는 사우디아라비아, 예멘, 오만, 아랍 에미리트, 카타르, 바레인, 쿠웨이트 등 7개 국가이고 걸프 국가는 예멘을 제외한 위 6개 국가를 가리킨다. 걸프라는 말은 우리 말의 '만'(灣)에 해당하는 영어이고 아랍인들은 걸프 지역과 연이은 지역을 아랍만이라고 하나 이란 사람들은 이 지역을 페르시아 만이라고 한다. GCC(걸프 협력이사회)에 가입된 6개 국가 중 5개가 걸프 국가에 속한다.

아라비아 반도는 셈족 아라비아 사람들의 고향이다. 이 지역은 외국인들과 가장 적게 접촉한 곳이고 가장 보수적인 전통을 갖고 있다. 그 대표적인 나라가 사우디아라비아이다. '반도'는 아랍어로 <알자지라>라고 하는데 이 말을 사용하여 알자지라 위성 방송이 카타르에서 개국되었다. 알자지라 TV는 이집트와 쿠웨이트에서 한때 사무실이 폐쇄되기도 했다. 그만큼 알자지라의 보도가 물의를 일으키는 경우가 많다.

아라비아 반도는 크게 셋으로 나뉘는데 예멘, 사우디아라비아, 아랍 걸프 국가들이다. 사우디아라비아는 매년 전 세계에서 오는 무슬림 순례객들이 뿌린 돈과 석유 판매 수익이 국가 재정의 큰 몫을 차지한다. 예멘은 가난하여 아랍 국가들 중에서 가장 낙후된 지역이다. 그러나 걸프 국가들은 산유국으로서 아주 부유하고 사회가 빠르게 변화하고 있다. 예멘을 제외한 나머지 국가에는 동남아시아 또는 남아시아에서 온 외국인들이 가정부나 하인으로 일하고 있다.

사우디아라비아

사우디아라비아는 1970년 600만 명의 인구였는데 2006년 2500만 명의 인구로 불어났다. 인구 성장률은 매년 2.4%이고 국민의 60%가 18세 이하다. 1935년 압둘 아지즈 븐 사우드가 통일하기 전, 사우디아라비아는 여러 베두인들이 살고 있어서 느슨하게 지배되는 체제였다. 당시 하쉼 가문이 젯다와 메카, 메디나를 포함하는 서부 해안지역을 장악했다. 이븐 사우드는 1924년 그 지역을 점령하였고 그의 후손들이 아직까지 사우디아라비아를 다스리고 있다. 1986년 파흐드fahd 국왕이 왕이라는 칭호보다는 "두 사원(메카와 메디나)의 관리자"Custodian of the Two Holy Mosques라는 말로 자신을 불렀다. 그래서 아랍어 신문에서는 오늘날도 사우디아라비아 국왕을 두 사원의 관리인이라고 부르고 있다. 사우디아라비아 사회에 주된 영향을 끼치는 두 가지 중요한 요소는 아라비아가 이슬람의 본고장이라는 것과 갑작스럽게 석유가 발견되었다는 것이다. 종교심, 보수성, 부와 외국인 근로자가 사우디아라비아 사회의 특징이 되었다. 메카를 매년 순례하는 전 세계 무슬림들 때문에 사우디아라비아는 순례에 의한 수입과 이슬람 종교적인 명성을 갖고 있다. 매년 순례 철에는 거의 2백만 명의 순례객들이 몰려오기 때문에 공항은 물론 야영지와 진료소가 곳곳에 설치되어 있다. 사우디아라비아는 세계의 주요 석유 생산국이고 수출국이다. 석유가 1938년에 처음 생산되었는데 실질적인 부는 1960년대와 70년대에 이르러서 나타났다. 사우디아라비아의 막강한 부는 주변 아랍 국가에 영향력을 행사할 수 있는 계기가 되었고 이런 부는 이슬람을 보급하는 데 사용되었다. 한국에도 한남동에 모스크가 세워졌는데 사우디아라비아의 후원이 있었고 한국어로 번역된 꾸란 해설 책을 사우디아라비아가 재정 지원하여 출간하기도 했다.

아직까지 한국에는 아랍어 꾸란 원문에 맞게 제대로 번역된 꾸란은 없다. 꾸란은 7세기의 책이어서 고전 아랍어 문법을 전공한 사람과 꾸란학을 아는 사람이 번역해야 하는데 그동안 한국인 무슬림들 중에서는 고전 아랍어 문법에 통달한 사람이 없었다. 그만큼 고전 아랍어 습득이 어렵다고 봐야 하는데 그 이유는 현대 아랍어 어휘의 의미와 고전 아랍어의 어휘 의미가 다른 경우가 있기 때문이고 아랍어가 다의어이어서 해당 문맥에 맞는 의미를 찾아내야 하기 때문이다.

사우디아라비아는 보수적인 이슬람의 가치를 전하려고 영향력이 있는 언론사와 방송사를 갖고 있다. 사우디아라비아는 종교당국이 현대화modernization를 부르짖는 무슬림을 억제하므로 항상 극보수적인 성향을 유지했다. 1960년대까지 대부분의 국민들은 유목민이거나 반유목민이었고 급격한 경제성장과 도시 발달로 지금은 95% 이상이 정착생활을 한다. 일부 도시들과 오아시스에는 평방킬로미터당 천 명 이상의 인구 밀도를 갖는다. 2005년에는 적어도 560만 명의 외국인 근로자들이 있었고 이 수효는 전체 노동력의 절반에 해당된다. 외국인 근로자들 중에는 많은 수효가 아랍 국가에서 온 사람들이고 나머지는 인도, 파키스탄, 방글라데시, 인도네시아, 필리핀 등지에서 온 근로자들이다. 2005년에는 10만 명의 서구인들이 체류하고 있었는데 4만 명은 미국인이고 3만 명은 영국인이었다. 사우디아라비아 정부는 외국인 근로자를 2013년까지는 전체 국민의 20% 이하(2백만 명)로 줄이려고 하고 있다. 외국인 근로자 자리에 사우디아라비아인들을 대체시키려고 하는데 특히 경영과 전문직에 사우디아라비아 사람을 앉히려고 한다. 사우디아라비아 사람은 한때는 좋은 직장이 당연시되던 시절이 있었으나 지금은 대학을 졸업한 다음에 직장을 찾아다녀야 한다. 국가 수입은 1970년대 아주 좋았던 시절 이후에 점차 줄어들어 사우디아라비아는 경기 침체를 오랫동안 겪었다. 그래서 2006년 실업률이 20-30%에 이르렀다. 사우디아라비아의 인구 중에서 30세 이하가 전체 국민의 70%에 해당한다. 개인소득은 1981년에 26,000달러에서 2002년 초 6,800달러로 하락했다. 사우디아라비아는 복지 국가를 지향했다. 그래서 정부는 식량, 식수, 전기, 다른 소비재 상품에 대한 보조금을 지불했고 이

자 없는 대출을 제공했다. 2000년 4월 전기세를 올렸으나 국민의 반대로 10월에 다시 내렸다. 정부는 보조금을 줄이고 세금을 올리려 하고 있다. 그러나 계속된 유가 상승으로 인하여 이런 정책은 좀 더 천천히 시행될 것으로 보인다.

의료 정책은 1960년대에 시작되어 어느 정도의 결실을 보았으나 2006년 의사와 간호사의 65%가 외국인이었다. 교육도 급격한 성장을 가져왔는데 1960년 남아의 22%와 여아의 2%가 초등학교에 등록했으나 1981년에는 남아의 81%와 여아의 43%가 초등학교에 등록했다. 초등교육은 의무 교육이 아니고 무상 교육이다. 그러나 지금은 학생들의 절반이 여아이다. 문자 해득률은 1960년대 초에 3%이었으나 2006년에는 94%이었다. 2003년 대학 졸업생의 56%가 여대생이었고 전문학교의 여대생 등록률은 1994년과 2001년을 비교하면 10배로 늘어났다. 사우디아라비아에는 7개의 종합대학이 있다.

사우디아라비아는 4개의 사회계층으로 되어 있다. 첫째는 왕가인데 8천 명의 왕자와 4만 명의 왕가의 가족들이 있고 두 번째는 성장하는 지식 엘리트 층, 세 번째는 확대되는 중산층, 네 번째는 교육을 받지 못한 하층 국민이다. 사우디아라비아는 87% 이상이 도시 인구이다.

사우디아라비아는 순니파 와하비 국가이다. 무함마드 븐 압둘 와합(1703-1792)이 주창한 이데올로기를 그의 이름을 따서 와하비즘 wahhabism이라고 하는데 사우디아라비아의 사우드 가문에게 그의 이데올로기를 제공하였고 와하비즘을 와하비파라고도 부른다. 국민 중에서 5-15%(20만 명 내지 40만 명)가 시아파 무슬림이고 사우디아라비아는 걸프 국가 인구의 1/3을 차지한다. 시아파는 사우디아라비아에서 취업이 제한되어 국가 보안원, 군인, 내무부에서는 거의 일할 수 없다. 국가 보위대에는 단 한 명의 시아파도 없고 시아파 무슬림은 대부분 낮은 월급을 받는 직장에서 일한다. 대학에 입학하려는 시아파 무슬림의 수효도 제한되고 시아파의 모스크와 시아파 학교의 건립도 제한되어왔다. 시아파 무슬림 각료는 단 한 명도 없고 120명의 슈라(의결 방식)에서 단 두 명만 시아파 무슬림이다. 순니파의 대부격인 사우디아라비아가 시아파 무슬림을 냉대해 온 것은 와하비즘의 영향이 크다.

슈라(의결기관)의 2/3가 미국에서 교육받은 사우디아라비아 사람이다. 아람코(아랍 미국 석유회사)에 다니는 숙련공 혹은 반 숙련공의 사우디아라비아 직원은 시아파 무슬림인데 1979년 시아파 무슬림들이 반란을 일으켜 월급을 올려달라고 했다. 사우디아라비에서는 종교의 자유가 없다. 정부는 비무슬림 종교의 공개적인 종교 생활을 금하고 비무슬림을 위한 공개된 예배 장소는 없다. 외국인 기독교인들은 집에서 예배를 드린다. 술, 돼지고기 제품, 포르노 사진(나체 그림, 옷을 적게 입은 여성의 사진, 비무슬림 종교의 사진)들의 반입을 금하고 성경, 십자가, 부처상도 반입이 금지된다. 해외에서 들어가는 인쇄물은 검열을 받고 심지어 다른 나라에서 온 무슬림들도 사우디아라비아의 거친 사회적 통제에 적응해야 한다.

사우디아라비아의 이슬람주의자들이 정부에 대항하여 왔는데 오사마 빈 라덴의 그룹이 그 중 하나이다. 1979년 이슬람 광신자들이 메카의 대사원을 장악하자 사우디아라비아 군대가 동원되어 이들을 끌어냈다. 개혁을 바라는 인사들은 리버럴한 지식인, 전문직과 일부 여성들이다. 사우디아라비아가 2005년 2월에 지방 선거를 하였다. 40년 만에 처음으로 시행한 지방선거에서 절반은 선거로 뽑고 절반은 정부가 임명했다. 이 선거에서 이슬람주의 활동가들이 선거를 휩쓸었다. 그러나 지방 의원에게는 아무런 권한이 없다. 여성들은 투표권이 없고 입후보할 수도 없다. 사우디아라비아에서는 여성이 얼굴을 가리는 것을 법으로 정하고 있다. 사우디아라비아의 여성들은 다른 아랍 국가의 여성들에 비해 자유가 가장 많이 제한되어 있다. 여성들은 공개된 장소에서 얼굴을 가려야 하고 혼자 여행할 수도 없고 가족의 남자들이 동반되지 않고는 국가를 떠나지 못하고 운전도 할 수 없다. 2001년 12월 여성들에게 처음으로 남편과 분리된 신분증이 주어졌고 그전까지는 남편의 신분증에 부인이 등록되어 있었다. 집 밖에서는 일할 수 있는 기회가 거의 없어서 여성은 단지 5.5%만 집 밖에 나가서 일하고 있다. 여성 전용 공간이 준비되어 있는데 학교와 대학이 그러하고 여성들의 전용 은행이 따로 있다. 정부는 여성들이 장사를 못하도록 제한한 것을 완화해주고 있고 이제는 일부 여성들이 비즈니스나 컴퓨터 회사, 소매 가게를 운영하도록 허락한다. 사우디아라비아 사람들은 외국인들을 얼른 환영하려 들지 않는다. 2010년 인구는 25,731,776명이고 2008년 GNP는 24,726 달러이다. 무슬림은 92.97%이고 기독교인은 4.36%이고 힌두교인은 1.13%이고 불가지론자는 0.64% 그리고 불교도는 0.33%이다.

사우디아라비아는 이슬람의 발상지이다. 메카와 메디나에는 이슬람이 태동된 지역으로서 여러 모스크들이 있다. 현대 사우디아라비아 국가는 대부분의 아라비아 반도의 통합을 위한 30년 캠페인을 벌인 뒤 1932년 압드 알아지즈 븐 압드 알라흐만 알사우드Abd al-Aziz bn Abd al-Rahman Al-Saud(이븐 사우드 Ibn Saud)에 의하여 건국되었다. 이븐 사우드의 남자 자손인 압둘라 븐 압드 알아지즈Abdallah bn Abd al-Aziz가 1992년 기본 법에 따라 지금 사우디아라비아를 다스리고 있다. 1990년 이라크의 쿠웨이트 침공 이후 사우디는 쿠웨이트 왕가와 40만 명의 난민을 받아들였고 서구와 아랍 군대가 쿠웨이트 해방을 위하여 사우디아라비아 땅에 주둔하도록 허락했다. 계속된 외국군의 사우디 땅 주둔은 2003년 미군이 그 땅을 떠나기 전까지 왕가와 국민 간의 갈등의 원인이 되었다. 2003년 5월과 11월에 있었던 테러리스트의 공격은 국내 테러리즘과 극단주의를 거부하는 운동을 촉발시켰다. 압둘라 왕은 그가 왕세자이었을 때 개혁 프로그램을 시작한 내용을 왕이 되어서도 계속하였다. 정치적인 참여를 증대시키려고 정부는 2005년 2월부터 4월까지 국민투표를 실시하여 179명의 지방자치 의회의 절반 의석을 뽑았다. 2005년 12월 압둘라 국왕은 지방 자치 의회 의원의 절반을 임명하여 지방자치 의석을 완료하였다. 압둘라 국왕은 2008년 종교간 대화Inter-Faith Dialogue를 시작하여 국제적으로는 종교의 포용tolerance을 장려했으나 국내에서의 종교의 자유는 전혀 없다. 2009년에 그는 내각을 개편하였고 온건한 인물들을 장관직과 법사위 직책에 임명하면서 처음으로 여성을 장관직에 임명했다. 사우디아라비아는 세계 원유 보유의 20% 이상을 갖고 있고 원유와 천연가스의 주요 생산국이다. 사우디 정부는 2005년 12월 WTO에 가입된 이후 경제 개혁과 다각화를 계속 진행하였고 해외 투자를 증대시켰다. 그러나 인구의 증가. 대수층 결핍, 원유에 의존하는 경제와 유가에 가장 많은 관심을 두고 있다.

예 멘

예멘은 외부 접촉과 외국의 영향에 오랫동안 고립되어 아랍국가 중에서 가장 낙후되어 있다. 로마인들은 예멘을 '아라비아 펠릭스Arabia Felix'(행운의 아라비아)라고 불렀고 예멘은 향료의 주산지이다. 1960년 말 현대화 프로그램이 도입된 이후로 사회적인 관행은 천천히 변하고 있었다. 국토의 대부분이 바위로 되어 있고 도시 밖에는 총을 든 부족들이 살고 있다. 2천만 명의 주민은 외진 곳에 살고 25-40%만 도시화되었다. 예멘은 선동 가옥이 많고 주로 돌과 진흙으로 만들어져 있어서 기하학적인 구조물을 갖고 있다. 아랍 세계에서 예멘은 가장 가난한 국가이지만 산과 계곡, 언덕이 있는 아름다운 경치를 갖고 있다. 아라비아 반도의 다른 국가들과는 달리 예멘은 온화한 기후이고 국토의 대부분이 푸르다. 300년 동안 예멘은 남예멘과 북예멘으로 나뉘어져 있었다. 예멘의 왕은 1962년에 폐위되었고 북쪽에는 1976년에 이슬람 정권이 들어섰고 남쪽에는 1971년 친소비에트 마르크스주의 정권이 들어섰다. 1990년 남북 예멘이 사회주의 정부 하에서 통일되었고 통일 후 여러 차례 충돌이 일어나 1994년 중반에는 남쪽이 북쪽과 독립하려고 내전을 일으켰다. 1993년 예멘은 완전 자유 선거가 실시되었고 알리 압둘라 살리흐가 1999년 7년 임기의 대통령으로 선출되었다. 그리고 의회 선거가 2003년에 실시되었다.

2000년 10월 예멘에서 미군 구축함 USS 콜호가 폭파되었는데 정부는 극단주의와 테러리스트를 통제하는 것이 가장 시급한 문제였다. 예멘 정부는 많은 외국인 무슬림을 추방하고 1,300개 종교 학교의 문을 닫게 했으며 극단주의를 몰아내기 위한 시민 캠페인을 벌였다. 예멘 사람들은 아라비아Arabian 반도의 무슬림들이다. 예멘 북부에서 주된 특징은 순니 무슬림과 13세기로 거슬러 올라가는 시아 무슬림의 자이디zaidi파 사이가 구별된다. 이들은 각각 서로 사는 곳이 구별되어 있다. 예멘의 남부에는 거의 모든 사람들이 순니파이고 순니파 무슬림들은 아프리카인과 인도 사람과 혼인하기도 하고 인도네시아, 말레이시아에 다녀와서 그들과 혼인한 예멘 사람들도 있다.

예멘 사람들은 예멘 아랍어를 구사하고 외딴 지역에 사는 사람들은 고립된 예멘 방언을 사용한다. 지식층은 영어를 제2언어로 사용하고 예멘 남자들은 잠비야jambiyyah라는 단도를 몸에 휴대한다. 예멘의 기후는 농사짓기에 적당하고 계단식 농토이며 국토의 2.7%만이 농사를 지을 수 있는 땅이다. 커피와 면화가 주요 수입원이고 유럽은 예멘의 모카mocha항에서 수입된 커피를 마셨다. 전통적인 기술로는 건축, 석공, 목수, 금속 세공들이다. 1991년 제1차 걸프전 이전에는 수천 명의 예멘 사람들이 해외에서 일했고 그들의 월급이 예멘 경제를 돕기도 했다. 예멘 정부가 이라크를 지지하였기 때문에 제1차 걸프전 이후에 사우디아라비아는 예멘인 100만 명을 사우디아라비아에서 추방했다. 예멘에는 근로자들 중 37%가 실직자이고 국민의 40%가 빈곤층이다. 남부 예멘은 반건조 기후여서 사람들이 전통적으로 어업이나 해안가에서 장사를 했고 농부와 목동들을 볼 수 있다. 남부 예멘의 지리적인 위치는 인도양의 국가들과 무역하기에 좋았다. 남부 예멘 지역의 상당부분의 수입은 석유 상품의 조달과 분배이었다. 예멘의 미래 소망은 석유인데 1993년 처음으로 석유를 수출했고 2000년에는 전체 수출의 97%가 석유 수출이었다. 2004년에는 그 비율이 90%로 떨어졌다. 예멘은 외국 원조에 의존한다. 물 부족으로 어려움이 많은데 특히 사나(수도)도 물 부족이 심각하다. 남자들은 주로 흥분을 일으키는 까트를 매일 씹기 때문에 많은 비옥한 토양이 이 작물을 심는 데 쓰이고 있다. 예멘의 보건 시설이 아랍국가 중에서 가장 열악하다. 유아 사망은 1,000명당 63명으로 아랍 세계에서 가장 높다. 위생 시설은 형편없고 건강에 대한 인식이 낮다. 자격 있는 의사들이 부족하고 특히 시골 지역에서는 더욱 그러하다. 예멘은 인구 증가에서도 심각한 문제를 안고 있는데 2004년 인구 증가율은 3.4%이었고 한 여성당 자녀 출생률은 6.75명이었다. 국민의 48%가 14세 이하이다. 교육은 나아지고 있으나 초등학교 입학률은 67%이고 고등학교 등록률은 37%이었다. 2002년 문자 해득률은 46%이었고 정부는 과학, 공학, 테크놀로지를 강조하는 성인용 교육 프로그램을 만들었다.

북예멘의 여성들은 히잡을 쓰고 다니고 많은 여성들이 교육을 받지 못했다. 여성들의 27%만 집 밖에서 일하고 1993년에 여성들이 국민투표에 참여하였는데 아라비아 반도에서는 예멘 여성이 처음으로 투표에 참여한 것이다. 여성들의 투표 참여는 부족 리더들의 종용이 있었다. 여성 국회의원이 등원하였고 인권위 장관도 여성이었으며 여성 대사도 생겨났다.

남예멘에서는 마르크스주의 정부하에서 여성들이 법으로 동등한 지위를 가졌고 회계, 기계와 공장에서 여성들이 일했다. 남예멘의 여성들이 다른 어느 아라비아 반도의 국가보다 사회에 더 많이 통합되었다. 예멘의 5개 대학은 남녀 공학이고 1995년 의학 전문 직종에 일하는 여성들은 28%를 차지했다. 예멘의 종교분포는 무슬림이 99.08%이고 힌두교가 0.63%, 기독교가 0.17%, 불가지론자가 0.08%이다. 2010년 인구는 23,495,360명이고 GNP는 2387달러이다.

5. 아라비아 반도의 걸프 국가

다섯 개의 아라비아 반도의 걸프 국가들로는 쿠웨이트, 바레인, 카타르, 아랍 에미리트, 오만이다. 이 지역의 경제 통합 증진을 위하여 결성된 GCC(걸프 협력 이사회)는 위 5개 국가에다가 사우디아라비아가 포함된다. 위 5개 국가들은 아라비아 반도의 동부 해안에 자리하고 있고 대부분은 1971년까지는 영국령하에 있었다. 소득은 높고 인구는 적다. 시민들은 소득세나 수입세를 내지 않고 법인세가 없거나 낮다. 이 지역의 대부분의 국가들은 많은 국민의 생활비 보조금을 국가가 지급한다. 과거의 가난으로부터 엄청난 변화가 일어난 국가들이다. 전통적인 소득원은 무역, 목동, 어업, 진주잡이였다. 이들 국가들은 과거 50년 동안에 너무나 많이 바뀌었다.

쿠웨이트

쿠웨이트는 작은 나라이지만 석유 자원 때문에 아랍 국가 중에서 경제적이고 정치적인 영향력을 가진 중요한 나라가 되었다. 영국으로부터 1961년에 독립하였고 그 이후로 알사바흐 왕가가 다스렸다. 쿠웨이트는 일찍이 국회가 있어 의원 선거가 1962년부터 실시되었고 그 뒤 2003년에도 국회의원 선거가 있었다. 권력은 통치자(에미르, 혹은 아미르)의 손에 있고 아미르는 1976년부터 1981년까지 의회를 해산했다가

1999년 5월부터 7월까지 의회가 다시 개회되었다. 2003년 선거는 이슬람주의자들의 중대한 승리가 있었고 그들과 왕가에게 충성하는 부족 대표들이 의회를 지배했다. 80만 명 내지 90만 명 유권자 중에서 15%만이 투표가 허락되었다. 평균 수명은 77.9세이고 2010년 인구는 2,789,132명이다. 그리고 2008년 GNP는 55,719달러이다.

여러 면에서 쿠웨이트는 사우디아라비아와 닮았다. 두 국가는 부족 중심적이고 종교적이고 보수적이다. 양국은 오랫동안 서로 긴밀한 유대관계를 가졌다. 쿠웨이트는 아라비아 반도의 토착 무슬림들인데 약 65%가 순니파 무슬림이고 35%가 시아파 무슬림이다. 쿠웨이트 인들의 이슬람 실천은 사우디아라비아보다 덜 엄격하다. 쿠웨이트 인구는 240만 명이고 45%가 쿠웨이트인이고 나머지는 외국인들이다. 외국인 근로자들이 한때는 전체 근로자의 80%를 차지한 적도 있었다. 많은 팔레스타인 사람과 다른 국가에서 온 아랍인들은 1991년 걸프 전 이후에 쿠웨이트를 떠나야 했다. 그로부터 쿠웨이트는 전문직과 관리직에 쿠웨이트인들로 채워갔다. 2004년 근로자들의 70%가 외국인이었다.

쿠웨이트의 주요 생활 근거는 정부의 석유 기반 국부이다. 석유 판매가 공공 수익의 85%를 차지한다. 1인당 소득이 세계 상위권에 속한다. 석유 생산은 1946년에 시작되었고 15년 만에 빈곤이 근절되었다. 사우디아라비아처럼 쿠웨이트도 복지국가를 지향한다. 쿠웨이트와 관련된 또 다른 중요한 문제는 1990년 이라크의 쿠웨이트 침입으로 걸프 전쟁이 일어난 일이다. 걸프 전 이후 경제적인 문제는 곧 회복되었으나 쿠웨이트인들에게 끼친 심리적인 결과는 오랫동안 지속되었다. 쿠웨이트인들은 아랍 세계의 나머지 국가들과 자신들을 비교하면서 국가로서의 역할을 재검토하기 시작했다. 쿠웨이트는 2003년 이라크와의 2차 걸프전에서 미국에 협력했다. 쿠웨이트는 미군의 이라크 전쟁 준비의 발판이 되었다. 2005년 초에 쿠웨이트에 3만 명의 미군이 주둔하고 있었다. 쿠웨이트는 아랍 세계에서 가장 친미적인 국가이고 쿠웨이트인들은 1차 걸프전에서 쿠웨이트가 해방되도록 미국이 도와준 데 대하여 고마움을 갖고 있다. 그러나 아랍 세계가 변화를 맞으면서 많은 쿠웨이트인들은 미국에 대한 전폭적인 지원을 재고하기 시작하였다. 쿠웨이트에 국부가 더욱 확산되었는데도 신분상 계층의 차이가 여전히 존재하고 있다. 건강, 교육, 경제개발이 지난 50년 동안 쿠웨이트인의 삶의 방식을 완전히 바꾸어놓았다. 문자해득률은 2002년에 83%이었고 기대 수명은 78세로서 아랍 국가에서 가장 높다. 국민들은 돈으로 살 수 있는 모든 것을 갖고 있다. 쿠웨이트인들의 식수는 바닷물을 탈염시킨 공장에서 온다.

쿠웨이트 정부는 대가족을 장려하고 쿠웨이트의 전통적인 가족의 평균 수는 8.2명이다. 쿠웨이트 여성들은 일반적으로 공개석상에서는 히잡을 쓰지만 점차 변화를 보이고 있다. 그리고 많은 여성들이 교육과 무역 부문에서 활동하고 있고 사우디아라비아 여성과 달리 쿠웨이트 여성들은 남성들과 같은 공간에서 일하는 것이 금지되지 않는다. 여성들의 대학 입학도 꾸준히 늘고 있고 2004년 취업한 여성들이 34%이었다. 쿠웨이트 여성들은 완전한 정치적인 권리를 갖고 있고 투표권과 선거에 출마할 권리를 갖는다. 쿠웨이트인들은 재빠르게 외국인과 깊은 우정을 가지려 하지 않는다. 그리고 매우 사적이고 가족적인 분위기를 선호한다. 쿠웨이트의 종교 분포는 무슬림이 86.41%, 기독교인이 8.81%, 힌두교가 3.58%, 불가지론자 0.69%, 바하이교가 0.33% 등이다.

바레인

바레인은 아라비아의 걸프에 있는 섬이고 걸프 국가들 중 가장 현대화된 국가이다. 1783년에 알칼리파al-Khalifa가문이 페르시아인에게서 바레인을 탈취했다. 이런 점령을 확고히 하기 위하여 19세기에 영국과 일련의 조약을 체결하여 바레인이 영국 보호령British protectorate이 되었고 1971년에 독립하였다. 석유를 수출한 최초의 아랍 국가이고 국가 소득의 60%가 석유이고 석유 공급이 점차 줄어들고 있다. 주요 금융

센터가 있고 바레인의 발전은 정부의 다각화 노력의 일환이었다. 딜문Dilmun의 고대 문명을 자랑하는 바레인은 무역 센터trading center의 역할을 했다. 바레인의 인구는 2003년 66만 명이었고 외국인은 23만 5천 명이었다. 2010년 인구는 73만 8천 명이고 아랍 국가 중 가장 인구 밀도가 높은 나라 중 하나로서 두 개의 주요 도시에 인구의 89%가 몰려 있다. 수도는 마나마이고 2008년 GNP는 26,664달러이다. 아랍어가 공용어이고 영어가 제2언어이다. 농업은 소득의 1% 이하이다. 국토는 거의 전부 사막이고 주민들은 어민들이었다. 바레인은 1861년부터 1971년 독립할 때까지 영국 보호령이었고 아미르가 통치했다. 1973년에 첫 의회가 만들어졌고 1975년 알칼리파 가문의 통치의 종말과 미 해병을 쫓아내려고 의회가 관련법 제정을 시도하였다. 아미르는 의회를 곧 해산하였고 1992년에 40명 회원의 슈라를 임명하였다. 1999년 하마드 븐 이싸 알칼리파Hamad bin Isa al-Khalifa가 통치자가 된 뒤에는 시아파와의 관계 개선을 위하여 정치 개혁과 경제 개혁을 단행했다. 시아 다수파의 불만으로 1990년대 정치적 폭력 사태가 있었고 2011년에도 시아파들의 대규모 시위가 있었다.

2002년 2월에 세습적인 아미르emirate제도가 아닌 입헌 왕정을 공포하였다. 그래서 아미르의 지위에서 왕의 지위로 격상되었다. 거의 30년 반에 첫 신거가 이뤄졌고 여성들에게 투표권과 선거 출마권이 부여되었다. 기대 수명은 74세이고 문자 해득률은 2004년에 89%였다. 바레인은 걸프 지역의 최고 교육기관을 가지고 있고 두 개의 대학이 있다. 바레인은 국민의 70%가 시아파 무슬림이고 30%는 순니파 무슬림이다. 실업률이 15%이고 시아파 무슬림의 실업률은 30%이다. 정부, 군대, 기업은 모두 순니파 무슬림이 통제하고 있고 바레인 여성들은 교육을 잘 받아서 노동력의 24%를 충당하고 있다. 바레인은 걸프지역의 주요 관광국이고 사우디아라비아와 육로로 연결되어 있다. 바레인의 종교 분포는 무슬림이 83.6%, 기독교인이 8.93%, 힌두교가 6.47%, 불가지론자가 0.4%, 바하이교가 0.22%이다.

카타르

카타르의 현재 왕은 하마드 븐 칼리파 아알 사니Hamad bn Khalifa Al Thaní(1995-현재)이고 카타르의 7번째 아미르[원래는 지휘관 또는 왕자라는 말이었으나 일부 걸프국가의 군주(왕)에게 붙이는 칭호]이다. 쉐이크[3] 하마드는 1977년부터 1995년까지 카타르의 권력 계승자로 지명되어 있었고 국방 장관을 겸임하였다. 1995년 왕가 내에서 쿠데타를 일으켰고 하마드가 2000년 카타르의 아미르가 되었다. 1800년대 이후 아알 사니 가문에 의하여 통치된 카타르는 가난한 진주잡이 영국 보호령 국가에서 원유와 천연가스 수익으로 독립된 국가가 되었다. 1980년대 말과 1990년대 초에는 1972년부터 나라를 다스린 아미르가 원유 수입의 재산을 해외로 빼돌려 카타르 경제가 불구가 되어 있었다. 그의 아들 현 아미르 하마드 븐 칼리파 아알 사니가 1995년 무혈 쿠데타로 전복시키고 2001년에는 오랫동안 국경 분쟁을 겪은 바레인과 사우디아라비아와 국경 문제를 해결하였다. 2007년에는 카타르가 원유와 천연 가스로 인하여 세계에서 두 번째로 높은 1인당 국민 소득을 기록했다.

카타르는 석유와 가스가 풍부한 작은 반도 국가이다. 주민의 80%가 수도 도하에 살고 있고 1949년 석유의 발견으로 카타르의 주민들이 늘기 시작했다. 1970년 인구는 10만 명이었고 1991년에 35만 명 그리고 2004년에는 84만 명(시민권을 가진 주민은 17만 명)이었다. 2010년 카타르의 인구는 170만 명이다. 외국인들이 주민의 75%를 차지하여 카타르의 전체 노동력의 80 내지 90%를 충당했다. 석유 발견 전까지 카타르 사람들은 어업, 진주잡이, 무역에 종사하였고 많은 사람들이 몹시 빈곤한 생활을 하였다. 집권 가문이 1868년 영국과 조약을 맺었고

3_ 이 말은 원래 '나이 많은 사람'이란 뜻에서 시작되어 '이슬람학에 학식있는 자' 또는 '해당 분야에 경험이 풍부한 자' 등에 쓰이기도 하고 오늘날 사우디와 오만을 제외한 걸프국가에서 왕족의 남자에게 붙이는 칭호이고 이들 왕족의 여성에게는 '쉐이카'라고 한다.

1916년부터 1971년 독립할 때까지 영국 보호령 하에 있었다. 석유와 가스가 카타르 연간 소득의 85%를 차지하고 1%만 경작이 가능한 땅이다. 카타르는 그들이 소비하는 채소의 절반을 자체 생산한다. 대부분의 사람들은 양, 염소, 낙타, 소를 기르고 어업이 아직도 중심 산업이다. 기대 수명은 73세이고 1990년부터 1998년까지 6%의 인구 성장률을 보였다. 정부는 대가족을 장려하여 카타르인의 24%는 15세 이하이고 연간 인구 성장률은 2.75%이다. 카타르인들은 아랍 무슬림들이고 아랍어가 공용어이고 영어가 제2언어이다. 국민의 15%가 시아파이고 이들은 국가 치안과 관련된 직책에서 일하고 있다. 국가는 세습 아미르가 통치하고 보수적인 사회인데 지금은 왕정제이다. 국가가 너무 작아서 아미르가 정부를 가족 비즈니스처럼 운영하고 슈라(이슬람식 의회제도)와 공동으로 통치한다. 카타르 헌법은 2003년 4월 국민투표에 의하여 압도적인 표로 통과되었으며 같은 해 10월에 발효되었다. 표현, 집회, 종교의 자유가 인정되었다. 1998년 아미르는 공보부Ministry of information를 폐지하고 출판과 방송 미디어의 검열을 종식시켰다. 카타르는 알자지라 채널의 본사가 있는 곳이고 아랍의 논쟁이 되는 중요 뉴스와 시사 내용이 걸러지지 않고 방송되어 해당 정부들로부터 비난을 받기도 하였다. 2011년 이집트 시민 혁명 중에도 알자지라 기자가 시민들의 시위를 선동할 만한 뉴스자료를 방영하여 이집트 정부로부터 취재 금지 명령을 받은 바 있다. 카타르 정부는 알자지라 방송 내용을 규제하지 않는다고 전한다. 카타르가 2002년 미군의 걸프 지역 사령부 기지를 두도록 허락했을 때 그 결정이 국내에서 논란거리가 되었다. 카타르는 2003년 미군의 이라크 침입 때 연합군 본부를 카타르에 두도록 허락했다. 카타르 정부와 국민은 친서방이었지만 미군이 집단을 이뤄 수도 도하를 지나가는 것은 피해달라고 요청하였다. 교육은 장족의 발전을 하였고 문자 해득률은 85%이다. 카타르 대학교는 외국인들이 아랍어를 배울 수 있도록 장학금을 주어왔다. 왕의 부인 쉐이카 무자muza의 지원을 받은 카타르 재단이 5개 미국 소재 대학들과 교환 협정을 체결하였다.

카타르의 사회적 조직은 아직도 부족 중심이고 강한 가족 중심 사회이다. 한 지역 안에 서로 친척을 맺은 가족들이 산다. 카타르 여성은 노동력의 13%를 차지하고 교육부에 고용된 교육 공무원의 절반 이상이 여성이다. 카타르 여성은 차 운전을 할 수 있고 진과 블라우스를 입을 수 있다. 여성들이 처음으로 1999년 투표에 참여했고 그 이후로 여성들이 정치에도 참여했다. 카타르와 바레인은 걸프 국가 중에서 여성이 선거에 출마할 수 있는 권한을 준 나라들이다. 2008년 GNP는 79,426달러이다. 카타르의 무슬림은 83.52%이고 기독교인은 9.58%이고 힌두교인은 2.52% 그리고 불가지론자는 2.26%이고 불교도는 1.9%이다.

아랍 에미리트 연합

아랍 에미리트United Arab Emirates는 아랍 아미르 연합이라는 말이다. 아랍어로는 다울라 알이마라트 알아라비야 알뭇타히다 혹은 알이마라트라고 한다. 1971-1972년 독립국가로서 창설된 작은 영토의 연방federation이다. 독립되기 전에는 휴전 협정 주trucial states로 불리었고 이들 휴전 협정 주 7개가 통합된 것이다. 그 이전에는 '해적 해안pirate coast'으로 불리던 것을 영국이 휴전 협정 주라고 개칭한 것이다. 2006년 인구가 260만 명 혹은 400만 명이라고 했고 아랍에미리트 주민의 40%가 아부 다비에 산다. 아랍 에미리트의 87%가 도시에 살고 수많은 외국인 노동자들이 사는데 그 중 71%가 남자이다. 7개 주state 중에서 아부 다비가 전체의 87%를 차지하는 가장 큰 지역이다. 아부 다비는 수도이고 우리가 잘 아는 두바이는 해안 도시이고 걸프 지역에서 가장 번창하고 가장 큰 상업 중심지이다. 두바이는 두바이 국제 금융센터를 만들었고 뉴욕과 런던과 같은 지역 금융 중심지가 되고자 하였다. 아랍 에미리트의 통합은 전반적으로 잘 이뤄져서 작은 주state들의 통치자들이 상대적으로 나은 이웃들과 연방이 되어 경제적인 이득을 더 많이 얻고자 하였다. 주민들은 아라비아반도의 무슬림Arabian Muslim이고 그들 중 80%가 순니파이고 20%가 시아파이다. 7개 주는 모두 순니파들이 다스린다. 아부 다비는 1962년에 처음 석유를 생산하였고 두바이는 1969년에 그리고 샤르자(아랍어로는 알샤리까)는 1973년에 석유를 처음 생산하였다. 과거 어촌이었는데 지금은 현대식 고층 건물이 들어서 있다. 그리고 아부 다비, 두바이와 샤르자를 제외한 더 작은 4개의 주(아즈만, 움무 알까이와인, 라으스 알카이마, 푸자이라)는 석유가 안 나고 인구도 적고 좀 더 천천히 변화되고 있다. 아랍에미리트의 1인당 소득은 걸프 국가에서 두 번째로 많다. 석유 수출로 벌어들인 것이 정부 소득의 88%에 해당한다.

과거에는 주민들이 주로 어업, 진주잡이, 오아시스 농업, 목축업 등이었다. 아부 다비와 두바이는 아랍에미리트의 재정에 크게 기여하고 있다. 교육, 건강, 농작물 생산에서 다소 나아졌으나 농토는 없고 단지 오아시스에서만 농사를 짓는다. 문자해득률은 79%이고 기대 수명은 75세이다. 사회는 아직도 전통적이고 보수적인데 특히 도시 밖에서 전통을 더 고수한다. 여성들은 히잡을 쓰고 정부의 장려로 대학 수준의 여성 교육이 증가하고 있다. 70%의 여성이 대학에 입학하고 여성들은 노동력의 12%를 차지한다. 교사들 중에 65%가 여성이지만 아직까지 여성들에게 투표권이 없다. 대학교라고 이름이 붙여진 대학은 7개이고 그 중에 두바이 어메리칸 대학교와 샤르자 어메리칸 대학교가 있다. 샤르자 어메리칸 대학교는 아랍어 과정때문에 서구 학생들이 이곳으로 와서 공부하고 있다. 모든 빈곤이 타파되었다고 하고 아랍에미리트인들은 아랍 세계에서 가장 많이 소비하는 국가로 알려져 있다.

오 만

오만은 아라비아 반도의 남동 지역에 위치하고 있고 아라비아 만의 입구에 자리하고 있어서 전략적인 위상을 갖고 있다. 다른 걸프 국가들에 비하여 국토 면적이 다소 큰데 부자나라는 아니다. 오만은 술탄이 통치하고 그의 가족이 이란으로부터 독립한 1744년 이후 줄곧 통치해 오고 있다. 18세기 말 영국과 우호 조약을 맺은 술탄국이 무스카트에서 시작되었던 것이다. 시간이 지나면서 영국의 정치와 군사 자문관에 의존하는 것이 증가되었으나 결코 영국의 식민지는 아니었다. 1970년에 까부스 븐 사이드 알사이드Qaboos bin Said Al-Said가 아버지의 통치를 전복시키고 그때부터 지금까지 다스리고 있다. 그의 현대화 계획이 오만을 해외에 개방하게 되었고 영국과 아주 오랜 유대 관계를 갖고 있다. 오만의 온건, 독립적인 외교 정책이 아랍 여러 국가와 좋은 관계를 유지하는 데 기여하고 있다.

오만의 인구는 2004년 거의 3백만 명 가량이었고 그 중 20%는 외국인이었다. 외국인들 중 절반 이상이 인도아대륙과 아시아에서 왔다. 오만 시민의 85%가 아라비아에서 왔고 나머지는 잔지바르, 발루치, 남아시아 출신이다. 거의 모든 사람들이 오만 대중 아랍어를 말하고 일부 비아랍 셈어가 사용된다. 부족주의가 아직도 오만인들의 정체성을 나타내 주고 있고 오만인들의 70%가 시아파의 한 가지인 이바디Ibadi파이다. 이바디파는 과거에 고립주의 성향을 보였다. 국민의 25%는 순니파이고 수 세기 동안 오만에 살았던 인도의 힌두교인hindus들이 비무슬림 소수인들 속에 포함되어 있다. 오만은 해적 행위 때문에 강제로 1891년 영국의 보호령이 되었다. 1971년 오만은 독립하였다. 아랍어로 나라 이름을 쓰면 요르단의 수도 암만과 오만이라는 낱말이 모음이 없으면 서로 잘 구별되지 않는다. 1967년 석유의 발견은 억압적이었던 옛 술탄의 정치를 더 악화시켰다. 당시 빈곤, 질병, 문맹, 사회적 제약(흡연 금지와 국내 여행 제한 등)이 오만 사람들을 더욱 괴롭혔다. 이런 일들로 인하여 60만 명의 오만사람들이 고국을 떠나게 되었고 옛 술탄은 석유 수입을 오직 국방에만 썼다. 그래서 1970년 술탄은 영국에서 교육을 받은 아들 까부스Qaboos에 의해 폐위되었다. 까부스 술탄은 국가의 현대화에 박차를 가하고 그의 리더십 아래에서 오만은 건강, 교육,

상업의 발전을 가져왔다. 전기, 전화, 라디오, 텔레비전, 공공교육, 도로, 병원, 공중보건이 모두 1970년 이후 처음으로 오만사람들에게 소개되었다. 오만 수입의 78%가 석유에서 오고 주민의 40%가 아직도 오아시스 농업과 고기잡이에 종사한다. 오만에는 경작할 농토가 어느 정도 있는데도 노동력이 부족하고 물이 없다. 일부 외딴 지역은 다른 지역과 접촉이 거의 없다. 문자 해득률은 76%이고 취학 가능한 아동의 63%만이 학교를 다닌다. 개선된 건강 보호 정책에 따라 인구가 현저하게 늘었다. 1965년과 1990년 사이에 인구는 3배로 늘었고 매년 3.5%의 인구 성장률을 기록했다. 주민의 42%가 14세 이하이고 한 여성의 평균 자녀 수는 6명이다. 기대 수명은 73세이고 오만의 술탄은 걸프 지역에서 가장 혁신적인 지도자로 알려져 있다. 그는 고등 교육과 여성의 사회 참여를 증진시켰다. 오만의 두 대학에는 약학 대학은 물론 공과대학, 비즈니스 등의 학과가 있는데 이런 것은 술탄의 관심사를 나타난 것이다. 단계적으로 외국인들을 고국으로 돌아가게 하여 2010년에는 오만인들이 노동력의 90%를 차지하려는 목표를 가졌다. 오만은 2000년 세계 무역기구에 가입했고 2004년에 70%의 대학생들이 여학생이었고 그 중 18%가 근로 현장에 취직되었다. 여성들에게 투표권이 있고 21세 이상의 모든 성인에게 선거권을 주었다. 오만은 정부가 여성들을 공무원으로 고용한 점에서 걸프 국가들 중에서는 선구적이었다. 2004년 말에 여성이 사회 개발 장관에 임명되었고 그 여성은 국무위원이 된 세 번째 여성이었다. 국회에 9명의 여성이 들어갔고 2명은 슈라에 들어갔으며 해외에 나간 여성 대사도 있었다. 2010년 인구는 2,967,717명이고 2008년 GNP는 25,653달러이다. 오만의 종교는 무슬림이 88.07%이고 힌두교가 5.51%, 기독교인이 4.37%이고 불교가 0.78% 그리고 시크sikh교가 0.66%이다. 오만의 주민들은 인도양 무역으로 살아왔다.

더 생각해 보기

2011년 11월 말 기준으로 한국의 중동지역 원유 수입 규모는 사우디아라비아(39%), 아랍에미리트(15.3%), 쿠웨이트(14.3%), 이란(10.1%), 카타르(9.6%), 이라크 등이고 전체 원유 수입의 80% 이상을 중동에 의존하고 있다. 카타르는 우리나라 LNG 수입의 제1위 공급국이기도 하다. 2010년 한국의 원유 수입과 비교하여 보면 중동에 대한 원유도입 의존도가 더 높아졌다. 한국의 전체 에너지 소비에서 원유가 2008년에는 45%를 차지했는데 2012년에는 천연가스와 원자력의 증가로 원유 소비는 40%로 줄어들 전망이다.

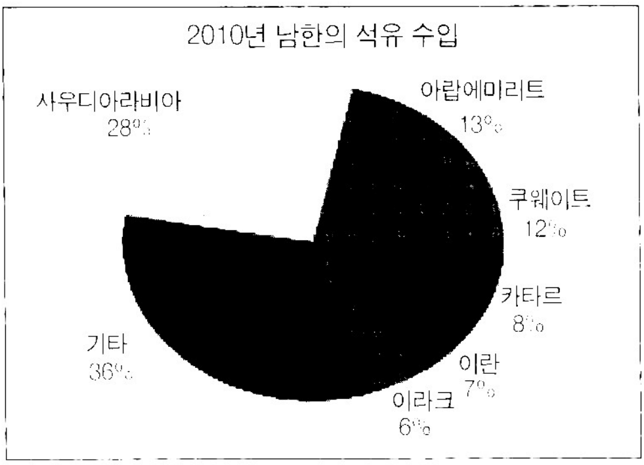

더 질문해 보기

1. 아랍 국가들은 국가 정책과 여성 정책에서 서로 다르다. 아라비아 반도의 일부 걸프 국가에서 원유가 수출된 것이 아랍 사회의 큰 변화의 원인이라고 보는가?
2. MENA(중동과 북아프리카)와 WANA(서아시아와 북아프리카)라는 말이 어떤 지정학적인 의미를 갖는다고 보는가?

제 4 장

아랍의 경제

한국인과 소통을 위한 **아랍문화**

1. 아랍 정상의 경제 회의

2009년 1월 아랍 사회 경제 문제를 해결하기 위한 제1차 아랍의 경제 정상 회의가 쿠웨이트에서 열렸다. 정치 정상회의는 아랍 역내 국가들의 정치적 복잡성 때문에 쉽게 해결이 되지 않았으나 아랍 경세 징상 회의에 대한 아랍 국가들의 관심은 뜨거웠다. 그들은 경제 성장과 사회 복지는 상호 의존적이라고 생각했다. 그래서 쿠웨이트 경제 정상회의는 새로운 프로젝트에 대한 제안은 물론 경제와 개발과 사회 분야에 대한 의견들이 봇물을 이뤘다. 2011년 1월 19일 이집트의 샤름 알쉐이크에서 경제 정상 회의가 또 있었다. 사업가와 사기업의 대표 그리고 상공회의소의 경제 포럼 이후에 열린 경제 정상회의에는 아랍 세계의 개발 회사들의 참여가 확대되었다. 이 회의에서는 아랍의 대기업 회장들이 모이고 아랍 사기업의 참여를 촉진하였으며 아랍 각국 정부의 경제 사회 개발 계획에도 서로 자문할 수 있는 기회였다. 튀니지 시민 혁명 이후에 있었던 이 회의에서 아랍 사업가들의 대표들이 각국 대통령과 국왕들 앞에서 연설하였다. 단순히 아랍 경제가 각국 정부의 할 일로 생각되지 않고 이제는 아랍의 기업가들이 아랍 개발 실현에 직접 참여하고 있었다. 또 쌍방 합의나 다수 기업이 동시에 합의하여 아랍 경제적 능력을 획득하기를 기대했다.

2010년 아랍 자본금의 순이익은 걸프 국가가 4650억 달러였다. 2011년은 유가가 상승하였기 때문에 순이익이 이보다 더 많아질 것으로 기대했다. 2011년 경제 정상 회의에서는 1차 경제 정상 회의의 결의 사항과 실행 지표를 확인하고 경제 협력의 필요성을 더 강조하였다. 그리고 사기업의 참여를 촉구하고 아랍의 경제 개혁을 이끌어 세계 무역 기구의 기준에 근접하게 하고 시장 경제 체제를 지향했다. 그동안 아랍 경제 통합takāmul의 노력이 충돌하여 왔는데 그 이유는 아랍 경제 프레임이 각각 다르기 때문이다. 아랍 국민들은 지금 변화를 기대하고 있다. 수십년 전부터 아랍이 경제 통합을 이루기를 기대했다. 아랍 국민들은 아랍 정상들의 연설이나 발표문이 번지르한 것보다는 아랍 국민들이 체감할 수 있는 성과가 있기를 기대했다. 쿠웨이트 정상회의에서는 중소 기업의 프로젝트를 지원하고 재정을 지원하기로 했었다. 쿠웨이트와 사우디는 기금으로 각각 5억 달러의 지원금을 내 놓았고 다른 아랍 국가들도 기금 모금에 동참했고 이집트는 2천만 달러를 내놓았다. 아랍 국가들이 출연한 기금은 23억 2천만 달러이었다.

아랍 경제 정상회의는 오랫동안 숙원사업인 아랍 공동 시장을 여는 것이다. 상품과 인력과 서비스와 자본이 이동하는 데 장애물을 제거하는 것이다. 그동안 아랍 경제 통합을 하면 각국 정부의 국내 통치력이 줄어들 것이라는 두려움을 가져왔다. 그러나 이런 자유를 실현하기 위해서는 아랍 간 무역이 증대되어야 한다는 것을 의미한다. 아랍 간 무역 증가는 아랍 국가 간의 운송과 수송 수단이 확보되어야 한다. 현재의 아랍 국가들의 연결망은 아랍 국가가 아닌 다른 3국으로부터 수입이 원활하도록 되어 있다. 이 말은 현재로서는 아랍 국가 간의 운송과 수송이 더 어렵다는 것이다. 그래서 아랍 경제 정상 회담에서는 육로, 해상 그리고 철도 길을 원활하게 연결하는 것을 모색하는 의제가 제시되었다. 결국 아랍 국가들에게 투자를 해야 한다는 것이다. 오늘날 아랍 세계는 실직과 빈곤, 식량안보와 수자원 안보, 교육의 혁신과 건강 서비스의 확대가 절대적으로 중요한 주제가 되고 있다.

아랍 경제는 역내 정치 안정과 맞물려 있다. 이란과 이라크 전쟁이 1980-88년 계속되고 있을 때 걸프의 아랍만을 통과하는 유조선의 통행이 제한되었다. 2003년 이라크를 점령하는 미군과 연합군 때문에 전쟁 초기에는 일부 원전이 불타고 있어서 이라크 원유를 구매하기가 쉽지 않았다. 요르단은 사담 후세인 정권 시절에는 이라크로부터 수입되는 석유의 절반은 무상으로 그리고 나머지 절반은 현물 시세로 수입했으나 그의 정권이 붕괴한 후에는 이런 원조는 더 이상 지속되지 않았다. 2011년초 튀니지와 이집트 등지에서 시민들은 취업이 어렵고 고물가 때문에 생활고의 고통을 호소하고 있었다. 그런 와중에 이집트 무바라크 대통령이 제2차 아랍 정상 경제회의를 시나이 반도에 위치한 샤름 알쉐이크에서 열었다. 그런데 이집트, 아랍 에미리트, 예멘, 수단, 소말리아, 쿠웨이트, 튀니지 외상, 오만, 카타르, 사우디 외상, 팔레스타인 총리 등 10개 아랍 정상만이 참석한 이 회의는 반쪽 정상 회의에 그쳤다. 이 회의에서는 아랍 국가 간의 해상 교통과 온라인 네트워크 그리고 역내 인프라 구축을 위한 세계적인 은행의 설립을 제안하였다. 물론 2009년에 열린 쿠웨이트 아랍 경제 정상 회의에서 결의한 내용들이 어떻게 실현되었는지도 검토하였다. 당시 쿠웨이트 아미르(왕)가 제안한 것으로는 중소 기업의 재정 지원을 위한 아랍 펀드 기금 모금과 아랍간 전선 연결, 철도의 범아랍 연결망, 아랍 식량 안보 프로그램과 아랍 관세 통합 등이었다.

2011년 1월 19일 아랍 국가 정상들은 실업과 빈곤을 줄이고 교육의 발전, 건강 개선, 아랍 공동 프로젝트에 기업의 참여를 유도하고 그들을 지원하는 것과 경제 사회 개발 이슈들에 시민사회의 역할을 강화하는 내용이었다. 게다가 2001년부터 2010년까지 아랍 정상들의 상시 회의에서 결정한 내용들이 어떻게 실행되고 있는지도 검토하였다. 그리고 아랍 외무 장관들이 제안한 수단과 소말리아에 대한 경제 지원도 포함되었고 이집트가 제안한 테러와의 전쟁과 외국의 내정 간섭도 의제에 포함되었다. 무바라크 이집트 전 대통령은 3억 명의 아랍인들이 잠재력을 잘 활용하자고 하면서 실직과 일자리 창출 문제가 아랍의 가장 심각한 도전이라고 하였다. 다시 말해서 경제 협력과 개발은 아랍 국민의 치안 유지에 결정적인 요인이 되고 있다고 하였다. 또 식량 안보와 기후 변화[1]에 대처하는 것이 필요하다고 했다. 2011년 아랍 경제 정상회의는 아랍간inter-Arab 협력을 촉진시켜 인프라를 구축하기 위하여 범 아랍 철도망, 해상 교통망, 통신망과 중소 기업의 발전을 지원하는 것이 필요하다고 무바라크 전 대통령은 강조하였다. 이 정상회의에서 튀니지 데모대들이 부르짖는 불만과 동일한 내용을 아랍 국민들이 갖고 있는데도 아랍 정상들은 자기네 나라는 튀니지와 다르다고 선을 분명히 그었다. 그러나 전 아랍 연맹 사무총장 아므르 무사는 그의 연설에서 튀니지 봉기로 촉발된 아랍인의 불만이 이번 정상회의 의제들에 영향을 주었다고 했다. 아랍 정상들은 튀니지 국민들의 선택을 존중한다고 말했다. 이 정상회의에서는 남부 수단이 국민 투표를 통하여 독립되어 아프리카에서 가장 큰 나라이었던 수단 땅이 분리될 것을 확인하는 시간이기도 했다.

1_ 아랍 세계는 유프라테스 강Euphrates, 오론테스 강Orontes, 야르묵Yarmouk, 나일강Nile 유역의 10여 개 국가의 물과의 안보 문제가 중요시되고 있다. 그리고 중동과 북아프리카 이산화탄소 배출량이 급증하면서 기후 변화가 심각한 재난 중의 하나가 되고 있다. 이집트는 공기오염과 수질 오염이 도를 넘어섰다. 해수면의 1미터 상승은 8개 나일강 유역 국가들(Nile Basin countries)에서 수백만 명의 난민이 속출할 것이다.

2. 이슬람의 경제 원리

이슬람 경제학은 아랍 국가에서 비교적 새로운 학문이라고 할 수 있다. 1960년대 수단의 옴두르만 이슬람대학교가 이 과목을 처음으로 도입했고 이집트에서는 1970년대에 이슬람 경제에 대한 과목이 등장했다. 세계인들이 이슬람 경제와 금융에 대하여 한 번쯤 들었을지 모르는데 구체적인 내용은 잘 몰랐다. 이슬람 경제학은 아직 발전 단계에 있다고 말할 수 있다. 이슬람경제학은 이슬람의 상거래법(피끄흐 무아말라트)에 크게 의존하고 있고 지나치게 이자(리바) 금지와 자카(종교 구빈세) 제도의 시행을 강조한다. 이자 금지는 돈이 돈을 벌어서는 안 된다는 것이고 자카 제도는 일정량을 사회에 환원해야 한다는 것이다. 그래서 기끔은 이자가 제외되고 자카가 첨가된 자본주의라고 부르기도 한다. 경제의 화폐 측면을 너무 강조하므로 이슬람 경제가 자연히 금융분야와 연계되어 설명하는 것이 더 자연스러울 정도이다. 이슬람 은행과 금융이 경제 방법론이나 소비 문제, 시장 구조, 빈곤과 경제개발보다 더 많이 다뤄지고 있는 것처럼 보인다. 그렇다고 이슬람 경제학이 금융기관만을 다루는 것은 아니다. 이슬람 경제학은 시장에서 인간의 행동을 조사하는데 구매자가 좋아하는 것 혹은 싫어하는 것 그리고 이런 성향이 경제 활동을 수행하는 데 어떤 영향을 미치는지를 연구한다. 여기서 이슬람 경제학을 어떻게 정의할 것인가가 문제다. 일반적으로 경제학은 인간의 욕망을 충족시키기 위한 수단이 항상 제한되어 있다는 사실에서 비롯되는데, 즉 자원의 희소성에 직면하여 자원을 배분하는 과정에서 야기되는 경제적 · 사회적 문제를 어떻게 해결할 수 있을까 그 방법을 찾아내는 학문이라고 할 수 있다. 이슬람은 자원의 희소성이 현실적인 문제이므로 그 희소성의 개념에는 거부감이 없다. 이슬람은 어떤 물건을 생산하는 데 필요한 자원이 불충분할 때 모두를 만족시킬 수 없다는 것을 인정한다. 경제학자들에게 희소성은 물리학자들의 중력에 해당된다. 희소성이 경제학 연구의 기본적인 원리이기 때문이다. 경제학자들은 인간의 욕구를 충족시키기 위하여 유용한 자원이 불충분할 때 희소성 문제가 생긴다고 말한다. 다시 말하면 경제학자들은 우주와 인간에 대한 일반적인 가설을 다음과 같이 제시한다.[2]

(1) 우주에 대한 가설: 제한된 자원
(2) 인간에 대한 가설: 제한되지 않은 인간의 욕구

이슬람은 위와 같은 가설이 잘못되었거나 나쁘다고 하지 않는다. 이슬람에서 희소성은 욕구와 능력의 갈등에서 온 자연적인 결과라고 한다. 제한된 자원에 대한 가설은 인간이 자원을 이용하려는 능력이 지식에 의하여 제한된다는 것을 보여준다. 이런 점에서 경제학은 절대적인 희소성이 아니라 상대적인 희소성을 바라보게 되었고 이 점은 동일하게 이슬람 경제학에도 적용되었다. 이슬람에는 절대적인 희소성이란 말은 없다. 이슬람은 인간의 욕망이 제한되지 않는다는 것을 인정한다. "인간은 불안해하도록 창조되었다"(수라 70:19).

이슬람에서는 희소성이 존재하면 자연이 인간에게 선택하도록 한다는 것이다. 경제학자들은 희소성은 비용을 치르지 않고는 획득될 수 없다고 말한다. 그리고 경제연구의 주된 핵심은 인간 자신이다. 인간이 정확한 결정을 내리는 데 사용하는 지식은 결핍된 자원을 할당시키는

2_ Saiful Azhar Rosly, Critical Issues on Islamic Banking and Financial Markets, Authorhouse, 2005, 8.

데에서 부딪히는 문제를 극복하기 위한 방법을 찾는 데 도움을 줄 것으로 기대한다.

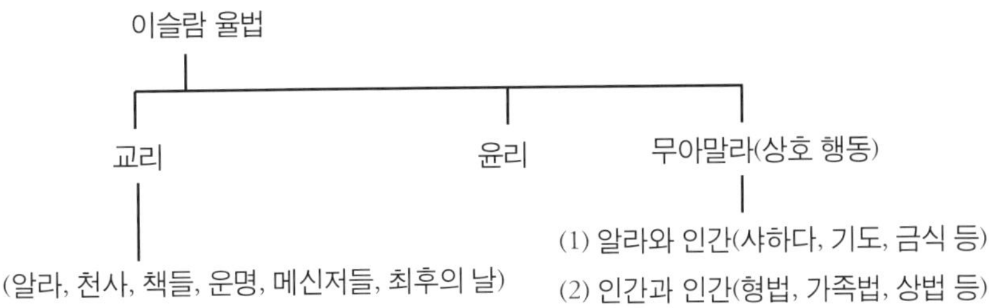

이슬람이 지성'Aql의 역할을 인정하고 경험을 가치와 지식의 근거로 감지하므로 궁극적으로 와히(Wahy: 메시지, 꾸란)는 이 두 가지 위에 있다. 이런 점에서 이슬람의 와히는 지성과 경험과 더불어서 경제 원리의 주된 근거가 된다. 자원 할당을 규제하는 근본적인 법과 규율은 신적 인도의 범주 하에 놓인다. 이런 근본적인 법은 이슬람 경제 제도에 잘 나타나 있다. 희소성과 자원 할당에 대한 꾸란의 긍정적인 태도에 비추어 볼 때 꾸란은 부와 재물에 대한 것도 긍정적이다. 11세기 이슬람 철학자 알가잘리는 인간은 여러 분야에서 미덕(파다일)을 획득하여야 궁극적인 행복을 얻을 수 있다고 하였다. 그 중 하나가 지식을 통한 방법이다. 이슬람에서 부는 행복으로 이끌어주는 유일한 수단으로 보지 않는다. 알가잘리는 지식 이외에 부를 가족과 종교 그리고 가족 안에서 출생과 더불어 궁극적인 행복을 가져다 주는 외적 미덕의 하나라고 하였다. 지식을 얻고 좋은 성품을 가져서 신앙을 획득하려면 사람은 건강, 장수, 남에게 좋은 인상을 주는 미덕이 필요하다고 하였다. 알가잘리에 의하면 부가 행복의 필수적인 요소는 아니었다. 단지 부는 행복을 얻는 데 유용할 뿐이라고 했다. 다른 말로 표현하면 충분한 부를 가진 개인은 지식과 행함에 더 많은 시간을 투자해야 한다고 했다. 이런 의미에서 이슬람은 부의 창조가 그의 자신을 위한 것이 아니고 지식과 행함에서 오는 평안을 얻기 위한 수단이라고 했다.

이슬람에서 자원할당이 옳은가 그른가? 경제 안정과 성장 추구에 대한 질문은 단순히 이성과 경험적인 관찰에 의하여 해결될 수 없다. 인간이 알라에게 빚을 졌다는 것을 알라에 대한 전적인 순종과 경제제도가 만들어 놓은 방식도 그의 뜻에 항복하는 것이다.[3] 이슬람에서 인간의 경제적인 존재의 의미는 더 이상 희소성과 자원 할당 문제에 얽매이지 않는다. 이슬람이 희소성을 부인하지 않는다. 오히려 선택의 문제가 이슬람 경제학의 근본적인 특징의 하나가 되고 있다. 그 다음은 이슬람에서 인간은 왜 알라가 만들어 놓은 율법과 규율에 순종해야 하는가라는 질문이다. 경제 활동에서 왜 알라에게 순종해야 하는가? 그 대답은 '딘dīn'의 이슬람 개념에서 찾아볼 수 있다. '딘'으로서의 이슬람은 삶의 방식이란 말이다. 흥미로운 것은 아랍어 '딘'의 의미들 중의 하나가 '빚을 졌다'라는 의미이다. 인간이 알라에게 빚을 졌다는 것이다. 빚을 졌다는 개념은 이슬람에서 인간의 경제적 존재를 대한 이유에 더 깊은 의미를 주고 있다. 인간이 누구에게 빚을 졌다면 그는 채무 불이행을 계획하지는 않을 것이고 오히려 그 빚을 모두 청산할 생각을 할 것이다. 이와 같은 의미로 무슬림이 알라에게 빚을 졌다고 한다면 그는 알라를 의식하면서 알라에게 빚을 갚으려 할 것이다. 알아따스al-atas는 알라에게 빚을 갚는다는 것은 알라를 섬긴다는 것을 의미한다고 했다. 무슬림 자신을 알라의 명령과 금지 사항에 노예화시키는 것이다. 이슬람에서 인간의 존재는 알라에게 빚을 졌다는 것과 이것을 되갚기 위한 수단으로서 알라의 법에 자신을 노예로 만든다는 것을 의미한다. 인간 자신은 채무의 대상이 된다. 알라의 뜻에 순종하므로 인간은 알라와 계약을 하게 된다. 이슬람에서 빚을 졌다는 말과 계약이란 말이 인간의 경제적 존재를 설명하는 데 중요하다. 자원 할당, 분배, 경제적 안정과 성장 등 4가지 경제적인 문제는 이런 문제를 해결하는 법률이 무엇인

3_ 위의 책, 9.

지 그리고 이 법률을 결정하는 사람이 누구냐에 따라 달라지므로 법률과 입법자가 중요한 관건이 된다.

이슬람 경제학에서는 선택이 중요하고 희소성 때문에 인간은 선택을 해야 한다. 그가 원하는 대로 모든 것을 가질 수는 없다. 올바른 선택을 위해서는 인간은 지식을 쌓아야 한다. 경제적인 선택을 하는 데 유용한 지식에는 두 가지가 있는데 하나는 꾸란과 하디스에서 나오는 지식이고 이런 지식은 경제 제도에서 구체화된다. 두 번째 지식은 이성과 경험에서 온 지식인데 이것은 경제이론으로 알려져 있다. 경제 이론으로 설명되고 예측되지만 경제 제도가 시행될 때만 경제 이론이 가능하다.[4] 다시 말하면 이슬람 은행과 금융은 이슬람 경제의 전문 영역이라 할 수 있다. 9-10세기에 이슬람 율법학자들은 그들의 법학 책에 이슬람 경제에 대한 견해들을 담았다. 경제 이슈에 대한 책을 쓴 초기 학자들이 당대의 유명한 이슬람 법학자들이었다. 알카라즈(토지세)란 책을 쓴 아부 유수프(798년 사망)는 압바시야 조 하룬 알라쉬드의 정책 자문이 되었다. 아부 우바이드 알까심 븐 살람(839년)은 '알아므왈wealth' 이란 책을 썼다. 유럽에서도 초기 경제적인 이슈에 대한 책을 쓴 사람들 중에 어거스틴(430년), 토마스 아퀴나스(1274년) 등과 같은 신학자들이 있었다.

아랍 역사에서 사회학의 선구자 이븐 칼둔(1404년)은 경제를 새로운 기초 학문의 일부로 간주했다. 경제학은 그의 책 알무깟디마(al-muqaddimah: 서설)의 제5장에 할애했다. 그는 역사의 기록을 통하여 민족의 흥망성쇠에 영향을 주는 경제적 요인을 분석하고자 하였다. 그는 법학자, 판사, 역사가이었다. 메카에서 내려온 꾸란은 이슬람이 삶의 총체적인 제도가 되도록 정치, 경제, 사회적인 개념을 제시하였다. 메카에서는 이슬람 사회를 향한 가르침이 주류를 이루고 메디나에서는 이슬람 국가를 향한 가르침이 많았다. 자카는 이슬람 국가가 형성된 이

4_ 위의 책, 10.

후 이슬람력 2년에 가서야 의무화되었다. 꾸란에는 선행한 사람에게 보상하는 부와 안전과 권력, 물질적인 기쁨을 여러 곳에서 언급한다(수라 3:130). 이슬람 경제 제도가 시행되기 전이었던 메카 시대에도 경제적인 활동이 있었다. 일부 메카 꾸란 구절에서는 비즈니스의 정직성을 강조하였고(수라 83:1-6; 26:178-183) 일부 메카 구절에서는 자카의 의무와 리바 금지 등 경제 제도를 언급하고 있다(수라 30:39; 23:1-4). 메카 구절 중에는 심판의 날 신 앞에서의 책임과 경제 활동을 연결시키고 있다. 경제제도는 무함마드가 메디나에서 국가를 건설할 때 완성되었다. 이븐 칼둔은 인간의 생계와 발전, 번영과 관련된 활동들을 경제학이라고 했는데 그의 5장을 정리하면 경제학은 "습득의 목적은 물론 소비의 필요와 필수품 교환을 통한 자원을 얻고 이를 사용하는 인간 노력의 연구"라고 했다. 그의 정의는 ① 자원의 개발과 분배에서 인간의 노력이 있다는 점, ② 인간의 성취에 해당하는 습득과 소비를 언급했고, ③ 소비에 있어서 필수품, 필요한 것과 개선된 것 등 3가지로 나누었다. 하산 알자만은 경제학을 "인간에게 만족을 주기 위하여 자원을 습득하고 처치하는 데 있어서 불의를 막기 위해 이슬람 율법을 적용하고 알라와 사회에 대한 책임을 수행하게 하는 것"이라고 했고 자이단 아부 알마카림은 "모든 형태의 경제활동에서 정의가 실현되는 측면에서 인간과 관련된 부를 다루는 학문"을 경제학이라고 했다.

3. 이슬람 경제와 수쿠크

2011년 튀니지, 이집트, 리비아 등 아랍 혁명의 소용돌이 속에서도 이슬람 금융이 난관을 통과했다. 이슬람 율법에 부합한 자산sharia-compliant assets이 1조 달러를 넘었는데 이는 또 한 번 두 자리 성장을 기록한 셈이다. 이슬람 금융의 주된 지역이 중동과 북아프리카인데 이들 지역이 동남아시아, 특히 말레이시아와 함께 괄목할 만한 위업을 달성한 것이다. 이슬람 금융이 동아시아에서 성장하면서 2011년 말까지 동아시아 경제는 물론 중동 경제 역시 성상되어갔다. 튀니지, 이집트, 리비아의 정권이 바뀌었고 이슬람 금융의 중심지 중의 하나인 바레인에서는 국민들이 왕가에 대하여 시위를 하는 등 혼란이 있었다. 사실 바레인의 안징에 대한 염려로 사람들이 바레인과 비즈니스를 멀리할 것 같아 보였으나 2011년 말까지도 서양의 은행들이 바레인을 떠나지 않았고 이슬람 금융 상품에 대한 수요가 이어졌다. 글로벌 금융위기는 중동 특히 아랍 에미리트, 쿠웨이트에 큰 영향을 주었는데 특히 이슬람 투자 회사와 은행이 타격을 받았다. 그러나 말레이시아는 이와 다르게 2011년 국내 화폐로 수쿠크(이슬람 율법에 부합된 일종의 채권)를 발행하는 건수가 증가하였고 수쿠크 시장의 건강이 이슬람 금융에 대한 관심을 증폭시키면서 이슬람 율법에 부합된 상품에 대한 수요가 아시아 태평양지역에서 확산되고 있다.

이자 지불과 어림짐작으로 리스크를 감수하려는 것을 금지하는 이슬람 율법이 적용되었고 특히 엄격한 이슬람 율법에 부합된 방식으로 무슬림들에게 투자를 허용하는 이슬람 금융이 무슬림들에게 새로운 상품이 되고 있다. 이슬람 금융의 현대적인 사용은 일부 부유한 무슬림 투자자들이 꾸란의 율법을 어기지 않고 자신들의 재산을 보호하고 증식시키는 방법이 필요하다고 느꼈던 1960년대로 거슬러 올라간다. 현대적인 수쿠크가 처음 2002년에 본격적으로 시작되고 나서 이슬람 채권 발행이 아주 빠르게 그리고 더 넓은 시장으로 단기간에 확대되었다. 그래서 2011년 이슬람 금융 자산이 1조 860억 달러로 증가했고 전년도에 비해 21.4%가 늘었다. 이는 이슬람 금융기관이 본격적으로 조사하기 시작한 2007년 이후 두 자리 숫자로 증가한 것이다. 2007년은 글로벌 신용위기가 시작된 해이기도 하다. 그런데도 이슬람 금융기관의 3/4에 해당하는 72%가 자산이 증가했고 25%는 감소했다. 대다수인 80%는 세금 공제 전 수익에서 상당한 성장을 기록했다. 2009년 두바이의 채무 불이행으로 이슬람 금융에 대한 관심이 주춤했으나 이제는 많은 투자자들이 이를 참고만 할 뿐 여전히 이슬람 금융에 대한 관심이 높다. 이 부문의 회복력이 생긴 이유들 중에는 무슬림 세계와 비 무슬림 세계 안에서 대안 시장alternative markets에 관심이 증가하고 있다는 것이다. 중국은 다양한 방법으로 이슬람 금융에 투자하고 있다. 8천만 명의 무슬림 중국인들에게 이슬람 금융 라이센스를 허용했고 많은 전통 은행들이 이슬람에 부합된 상품을 개발하려고 고려 중이라고 보도되었다. 2011년 9월 카자나 나시오날Khazanah Nasional이라는 말레이시아의 국부 펀드sovereign wealth fund가 세계에서 처음으로 중국 화폐로 이슬람 채권을 발행했다. 중국 화폐의 수쿠크에 싱가포르, 홍콩, 유럽의 투자자들의 신청이 쇄도했다. 인도네시아에서는 이슬람 금융 상품을 위한 승인과정의 개정과 세금 문제에 대한 긍정적인 진전이 있었고 호주는 수쿠크 발행을 장려하기 위한 법 개정을 고려하고 있다. 싱가포르는 이슬람투자신탁의 시장을 만들려고 법을 개정했다. 일부 무슬림들이 전통적인 은행을 이용하지 않기 때문에 무슬림 시장에서 더 많은 성장이 불가피하다고 전망하면서 전략가들이 확신하는 잠정적인 고객은 더 늘어날 것으로 보았다.

이슬람국가에 대한 통계와 경제 사회적 연구의 결과는 이슬람 상품이 글로벌 금융 제도의 1퍼센트를 차지하고 있으나 무슬림 국가들은 세계의 명목 GDP(nominal gross domestic product)의 7.6%에 달하고 있다. 57개 무슬림 국가의 성장은 세계의 나머지 국가들보다 훨씬 더 높다. 그러나 무슬림들에게 실망을 준 국가는 영국인데 영국은 비 무슬림 세계의 이슬람 금융의 중심지이지만 영국 정부가 국채 수쿠크를 발행하지 않기로 결정했다. 그런데 수쿠크 시장에서 더 많은 표준화와 투명성을 만들어 내기가 쉽지 않을 것으로 보인다. 이슬람 법학자들 중에는 말레이시아에서 이슬람에 부합된 수쿠크를 중동에서는 받아들이지 않고 있다. 2011년 중동의 지역적 불안 요인에도 불구하고 이슬람채권에 대한 중동의 수요가 늘었고 2011년 1/4 분기에는 이슬람 채권이 324억 달러이었다. 2010년 전체 수쿠크가 512억 달러이었다. 그러나 사우디아라비아와 아랍 에미리트와 같은 GCC 국가에서는 오르는 원유수익과 증가하는 인프라 지출비로 인하여 국내 수쿠크 시장이 안정되기를 바라고 있다. 국내 투자자와 기관들이 이슬람 율법에 부합된 수익에 관심을 높이고 있고 이로 인하여 시장은 새로운 형태의 이슬람 기관을 계속 발전시켜주고 있다. 카타르는 시장에서 유동자금을 흡수할 목적으로 90억 달러 채권을 발행했다. 그러나 2011년 1월 이집트의 시민 혁명 이후에 사회적 불안이 시장에 그대로 잔존하여 부채를 만회하려고 더 높은 수익을 원하는 투자자들이 많았다. 중동의 투자자들과 기관들의 이슬람 상품에 대한 요구가 시장을 확대시켜주고 있다. 그러나 GCC가 말레이시아처럼 되려면 시간이 더 필요하다. 대부분 이슬람 금융 활동의 중심에는 부유한 걸프 국가들이 있으나 나머지 아랍 국가에 있는 소매 무슬림 고객들의 강한 수요도 있다. 다른 아랍국가에서는 걸프국가로부터 더 많은 투자를 끌어내기 위하여 이슬람 율법에 부합된 거래를 기대하고 있다. 이집트는 2011년 시민 혁명으로 인하여 수쿠크 규제

법안을 소개하는 국가의 계획을 연기했다. 2011년 오만에서는 왕령으로 첫 이슬람 은행을 설립하는 것을 인정하였다. 걸프 국가 밖에서는 요르단이 국내 첫 회사채 수쿠크corporate sukuk를 4월 말에 발행했다. 사우디 소유의 요르단 회사인 알라즈히 시멘트 회사가 1억 2천만 달러의 회사채를 발행했다. 요르단은 수쿠크 구조에 적합한 규제가 결핍되어 있으므로 은행들은 정부에 일부 세금 거래를 면제해달라고 요청하였고 요르단 정부는 이를 허용하였다.

4. 아랍인과 비즈니스

서구인들은 아랍인과의 비즈니스가 어렵다고 한다. 아랍세계에서 비즈니스는 개인적personal이다. 아랍인들은 오랜 세월부터 무역상이었다. 아랍인들에게 비즈니스는 삶의 방식이었다. 게나가 부족주의가 강화되면서 가족 단결, 가부장적 리더십이 비즈니스와 관련되었다. 그래서 아랍의 간판들 중에는 '아무개와 형제들'이란 간판을 볼 수 있다. 아랍인들이 어떻게 비즈니스를 하는가를 더 잘 이해하면 협상, 상술, 타협 그리고 좌절과 충돌을 피하는 방법을 알게 된다. 아랍인과 비즈니스는 아랍 문화를 먼저 이해해야 한다. 아랍 비즈니스는 느긋하고 비전투적이다. 그런데 느긋하다는 표현에 경쟁이 전혀 없다는 뜻이 아니다. 비즈니스가 개인적이라는 말은 느긋하고 비공식적이다. 그리고 아랍인들은 환대를 최고로 중요하게 생각하고 네트워킹을 중시한다. 또 아랍인들은 개인적인 상호작용과 개인적인 충성에 관심을 두고 오랜 관계와 우정, 친족 등용을 중시하고 계약은 형식상의 절차라고 생각한다. 아랍인들은 계약서보다는 신뢰와 우정을 중시한다. 아랍인에게 글로 계약된 서류보다 훨씬 더 중요한 것은 아랍인과 나누는 말이다.

아랍 세계에서 아랍인의 마음은 시간 중심time-oriented이라기보다는 상황 중심event- driven이다. 미팅의 다이내믹한 측면은 미팅을 이끌어가는 환경에 더 좌우된다. 이 말은 아랍인의 기분과 사업이 성사되기 전의 상호 관계가 미팅의 다이내믹한 면에 영향을 준다는 것이다. 그래서 잡담과 사교적인 말이 두 사람의 유대를 만들어가는 중요한 역할을 한다. 아랍인들에게 비즈니스는 개인적이고 따뜻함과 신뢰 속에서 이뤄진다. 아랍인은 기분이 좋으면 의미 있는 비즈니스 대화로 이어지게 된다. 아랍인들은 비즈니스 미팅이 있다는 것을 알아도 그전에 친척이나 가족이 오면 우선 그들을 만나느라고 비즈니스 미팅 시간을 맞추지 않는다. 가족들이 선약도 없이 들이닥치더라도 우선 가족을 만나 환대한다. 한국인 사업가는 인내가 아랍에서 얼마나 중요한 덕목인가를 깨달아야 한다. 과거를 중시하는 아랍인들은 과거에 상대와 얼마나 좋은 관계를 가졌는가를 고려한다.

그런데 아랍인들이 미래에 행할 일과 관련된 약속을 할 때 '인샤알라'라는 말을 사용한다. 이 말은 종교적인 개념을 갖고 있으나 오늘날 아랍인들은 이 말의 원래 의미에서 떠나 종교적인 상황 밖에서 사용한다. 인샤알라는 여러 다른 의미를 갖는다. 매일 매일의 비즈니스에서 이 말은 다른 약속과 동일한 의미를 갖는다. 만일 한국인 바이어가 아랍에 오면 자기 집을 방문해달라고 청할 때 그 한국인이 '인샤알라'라고 아랍인에게 말하면 그 말은 "내가 그렇게 되기를 바란다" I hope so라는 말이다. 만일 한국인이 아랍인에게 큰 부탁을 할 때 또는 성취될 수 있을지 자신이 없을 때 '인샤알라'라고 말하면 그때 인샤알라라는 말은 "내가 최선을 다 하겠다" 혹은 "그것을 생각할 시간을 주세요" 또는 "네가 나의 친구인데 그냥 No라고 말해서 너를 기분상하지 않게 하고 싶다"는 의미로 상대의 세워주는 말이 된다. 그런데 인샤알라라는 말이 너무 자주 쓰이게 되었고 또 인샤알라의 의미를 정확히 아는 사람들이 많지 않아서 이 단어가 아직도 많은 사람들에게 잘못 이해되고 있다. 인샤알라는 불확실성의 의미를 갖고 있다. 아랍인의 마음에 있는 그 불확실성은 곧 운명론과 연결되어 있었다. 의사 결정자decision maker가 누구인가는 아랍인의 비즈니스에서 매우 중요하다. 그런데 이런 의사 결정 과정에서 아랍인에게 와스따Wasta가 있다. 개인적인 접촉, 가족 간의 관계, 여러 연줄이 의사결정에 중요한 역할을 한다.

더 생각해 보기

와스따(유력인사의 연줄을 통한 취업 및 승진, 음서제도)형 비리 확산을 막기 위해 요르단 정부 부처가 몇 년 전에 공무원의 복무 규정을 마련한 바 있다. 복무규정이란 인사형 비리의 사슬을 끊기 위해 정부 관료와 일반 시민간의 관계를 법으로 규제하는 법이다. 요르단에서 와스따의 문제는 국가적으로 골머리를 앓는 문제로 비화되었다. 마땅히 취업될 사람의 일자리가 빼앗기는 일이 빈번하기 때문에 정부가 나서지 않으면 안 될 처지에 이른 것이다. 일자리가 있는 정부 부처에 친인척을 넣어 달라는 압력을 끊임없이 받는다. 최근 요르단인 400명에게 실시한 설문조사 결과, 응답자의 90%가 '정부 고위직, 정부출연기관, 비즈니스 업체 등과의 거래[5]에서 전체 혹은 일부에 와스따를 이용하겠다'고 대답했다. 그러나 아이러니 하게도 이들 대부분이 '와스따는 인사형 비리이므로 이를 의존하려는 것을 피하려 한다'면서 이는 반드시 없어져야 할 것이라고 했다. 말은 이렇게 하면서 실제로 와스따를 떠나지 못하는 요르단 사람의 생리를 보여주는 말이다. 이들에게 와스따는 출세를 위한 개별적인 연결고리를 제공하므로 완전히 근절되기는 매우 어려운 게 현실이다. 요르단인 킬라니는 '와스따는 다양한 얼굴을 가지고 있다'고 말하고 '가끔은 친인척이 아닌 제3의 인물을 위해 와스따를 사용하기도 하는데 이는 향후 그가 자신에게 뭔가 해줄 거라는 기대감에서 이루어지는 것'이라고 덧붙였다. '부탁을 받으면 반드시 갚아야 한다'는 생각은 아랍사회의 특징을 극명이 보여준다. 요르단에서 6주간에 걸쳐 진행된 연구 결과(20세 이상 60세 이하, 남자 232명, 여자 128명)에 따르면 57% 이상의 응답자들이 '사회가 자신을 와스따에 의존하도록 만든다'고 답했고 45% 이상은 '자신이 정부 관리, 회사 직원, 각 기관의 직원으로서 업무를 추진하기 전에 와스따를 이용할 생각'이라고 대답한 것으로 나타났다. 또 응답자의 과반수가 넘는 54.16%가 '경제, 정치, 행정 개혁에도 불구하고 와스따의 필요성은 더욱 늘어날 것'이라고 답했고 40%는 '지금이나 별반 차이가 없을 것'이라고 답한 반면, 단지 6.94%만이 '이런 의존과 필요성이 줄어들 것'이라고 답했다. '의식이 먼저 바뀌어야 한다. 모든 사람들이 와스따를 이용하지 않고도 업무를 추진할 수 있도록 총체적인 의식 변화가 일어나야 한다'고 에모쉬는 강조한다.

5_ 정부에 허락을 얻기 위해 서류를 신청하는 것을 아랍어로 무아말라mu'āmalah라고 한다. 그리고 손으로 만든 과자는 마으물Ma'mūl이라고 한다.

제5장

아랍의 사회와 종교

한국인과 소통을 위한 **아랍문화**

1. 이슬람이란?

이슬람이란 단어는 2가지 의미를 갖는다. 하나는 개인적인 복종이고[1] 다른 하나는 종교의 이름이다. 꾸란 3:19에서 '알라와 함께하는 참 종교는 이슬람'이라고 했다. 그러나 이슬람이란 의미가 역사를 거치면서 달라졌다. 이븐 압바스는 타우히드(알라의 한 분 되심)를 표현하고 복종하는 것을 이슬람이라고 했다. 무까틸 이븐 술라이만은 참 종교를 인간이 알라에게 받아들여지는 유일하게 효력 있는 반응이라고 말하면서 유일하고 참된 종교, 이슬람은 알라가 한 분이라는 것을 단언하는 것이라고 했다. 꾸란 주석가 알따바리는 한 층위에서 이슬람은 무슬림그룹과 이 그룹의 이름에 합류하는 행위라고 했고 다른 층위에서는 이만(믿음)의 완전한 의미로서 개인의 마음이 더 심오하게 항복하는 것이라고 했다.[2] 꾸란 주석가 알자마크샤리는 영원부터 알라에게 받아들여질 인간의 반응, 즉 참된 딘(종교)은 이슬람이라고 했다. 다시 말해서 알라가 한 분이심과 정의를 인정하고 그 하나됨과 정의를 도덕적으로 청렴한 삶으로 표현한다고 했다. 알라지는 알라와 함께한 딘(종교)이라는 말을

1_ 이슬람이란 낱말에는 '평화'라는 의미가 없고 본래는 '복종'이라는 말인데 이 단어가 여러 문맥에서 '알라의 뜻에 (뭔가를) 맡김', '(알라의 뜻을 위하여) 자신의 생명을 포기함', 그리고 '전적으로 (알라에게) 속함'이란 의미로 쓰였다(M. M. Bravmann, Studies in Semitic Philology, Leiden: E.J. Brill, 1977, 439-441).

2_ Jane I. Smith, An Historical & Semantic Study of the term 'Islam' as seen in a sequence of Qur'ān Commentaries, Scholar Press, 1975, 219.

다음과 같이 세 가지로 이해했다.[3]

(1) 복종하는 것이 무슬림이 된다.
(2) 온전함이나 평화적인 상태에 들어간다.
(3) 노예가 해야 할 일을 이행하여 알라에게 진지하게 헌신을 표현한다.

꾸란 주석가 알바이다위는 알라와 함께한 종교는 무함마드 커뮤니티를 반대하는 것들을 그만두어 무함마드에게 복종하고 알라가 한 분이심과 무함마드가 가져다 준 법을 받아들이는 것이라고 했다.[4] 이븐 카시르는 알라와 함께한 종교라는 말을 다음과 같이 해설했다.

(1) 기본적으로 알라의 한 분 되심을 인정하고 진지한 헌신으로 행동하는 것이다.
(2) 부차적으로 무함마드 커뮤니티에 연류되어 알라가 전해준 규범으로 이해한다.

라쉬드 리다는 이슬람을 복종submission이란 의미로 해석하고 알라의 존재와 명령에 개인적으로 진지하게 반응하는 것이라고 했다. 알라의 계명과 그 계명에 반응하는 방법이 참 이슬람이라고 했다. 사이드 꾸뜹은 알라와 함께한 딘(종교)은 양심과 행위에서 마음의 항복이라고 설명하고 그 종교는 마지막 종교이며 사회 안의 개인들을 인도하고 보호하고 세우는 보편적인 법이라고 했다.[5] '알라와 함께한 종교'라는 말은 '알라가 한 분이다'라는 개념이 들어가 있고 또 '무함마드에게 복종하고 그에게 내려준 법을 지키는 것'이란 의미가 들어 있다. 그러므로

3_ 위의 책, 219.
4_ 위의 책, 220.
5_ 위의 책, 221.

이슬람이란 어휘에는 두 가지 축이 있다.[6]

(1) 항복surrender의 내적 양상과 외적 양상 간의 관련성, 다시 말하면 내적 확신tasdīq으로서의 이슬람과 외적 순응으로서의 이슬람 간의 관련성이다.
(2) 이슬람의 개인과 그룹적인 측면이다.

꾸란 주석가들의 말을 정리하면 "내적으로는 개인의 알라에 대한 항복과 외적으로 무함마드 커뮤니티에 대한 순응이 결합된 것"을 이슬람이라고 했다. 사이드 꾸뜹은 이슬람을 제도system와 조직 그리고 정치적 실체entity의 이름으로 사용했다. 이슬람 초기 꾸란 주석에서는 이슬람을 개인과 커뮤니티로 규정했으나 이집트의 이슬람주의자 사이드 꾸뜹은 이슬람을 특별히 조직된 그룹에게만 속하는 것으로 규정했다.[7] 사이드 꾸뜹에 의하여 이슬람에 대한 강조점이 개인의 항복에서 조직화된 그룹으로 이동한 것이다. 그러므로 이슬람이란 정의가 시대별과 학자별로 서로 달라진 부분이 있다는 것을 알 수 있다. 이슬람은 한 분이신 알라에게 항복하고 알라가 무함마드에게 내려준 법을 개인과 커뮤니티가 지키는 것을 말한다. 이와 같은 이슬람의 정의 이외에 한국에서 논란이 되고 있는 용어는 '알라'에 대한 한국어 번역이다. 오늘날 일부 무슬림들은 기독교와 유대교의 신을 똑같이 믿는다고 말하는데 사실 무함마드는 꾸란에서 기존에 있던 유대교와 기독교의 신 개념을 거부하였다. 무슬림들의 신앙고백 '알라 이외에 신이 없고 무함마드는 알라의 메신저'라는 구절에서 이슬람의 특징을 금방 알 수 있다. 이슬람은 알라와 무함마드 커뮤니티의 종교이고 이슬람은 알라가 아닌 어떤 신도 인정할 수 없어서 꾸란은 삼위일체의 하나님을 거부했다. 사실 꾸란은 신약과 구약의 연속이 아니다. 꾸란의 내용은 성경의 구약과 신약의

6_ 위의 책, 222.
7_ 위의 책, 231.

내용과 연결되어 있지 않고 기독교와 유대교의 메시지를 거부한다. 그런데 꾸란학에서는 나시크(무효시키는 구절)와 만수크(무효가 된 구절)를 포함하는 나스크(무효론, 폐지론) 이론이 있다. 이런 생각을 가진 무슬림들을 만난 유대인들은 "하나님은 그의 법령decree을 바꾸지 않으므로 하나님이 자신의 생각을 바꾼다는 것은 불가능하다"고 말했다. 유대인들은 이슬람의 나스크를 거부했다. 나스크Naskh(이전에 내려온 꾸란 구절이 나중에 내려온 구절에 의하여 무효화된다는 이론)는 신이 처음에 한 말이 나중에 한 말에 의하여 무효화된다는 것을 의미하므로 신이 변덕스러운 것을 의미한다고 말했다. 유대인들은 신약보다 꾸란을 더 받아들이기 어렵다고 했다. 무슬림들은 꾸란에 나온 서로 상반된 사상을 해결하는 방법으로서 나스크 이론을 도입한 것이었다.

무함마드가 받은 꾸란이 경전들의 완결판이라고 무슬림들이 주장하므로 오늘날 무슬림들은 신구약을 모두 읽지 않는다. 무슬림들이 신구약을 읽지 않는 것은 신구약과 꾸란 간의 차이가 신학적으로 크기 때문에 무슬림들이 회피하는 것이다. 만일 무슬림들이 꾸란의 내용대로 무슬림 이전의 경전들을 읽어보라는 말에 순종한다면 오늘날 무슬림들은 타우라(모세 오경)와 인질(복음서)을 읽어야 마땅하다. 무슬림들의 필독서 꾸란과 하디스(무함마드의 언행록)를 한국에 다량 들여오면서 그들은 이슬람 국가에 다량의 성경책이 반입되는 것을 거부한다. 더구나 이슬람 국가에서 문학가나 작가들이 꾸란과 하디스에 어긋나는 책들을 출간하면 그들을 구금하거나 카피르(이슬람 율법을 지키지 않는 사람)로 몰고 만일 그가 결혼한 사람이라면 아내와 이혼을 당하고 평생 가족을 만나지 못하게 한다. 한국의 일부 무슬림들이 이슬람의 '알라'를 '하나님'이라고 번역하여 쓰는 것은 기독교의 하나님[8]과 동일하게 보이게 하려는 것으로 보인다. 왜냐하면 아랍어 '알라'가 'God'와 같다고 주장하면 우리말 사전에서 표준말은 '하느님'[9]이기 때문에 '알라'의 한국어

8_ 국립 국어원의 표준 국어 대사전에서 하나님을 "기독교 '하느님'을 개신교에서 이르는 말"이라고 풀이했다.

번역은 '하느님'이라고 해야 맞다. 사실 아랍 무슬림들 중에도 이슬람의 '알라'를 'God'와 다르다고 주장하는 논문과 책들이 많이 있다. 말레이시아 정부는 무슬림이 아닌 사람들이 절대로 '알라'라는 단어를 자신들의 신의 이름으로 사용해서는 안 된다고 법령으로 발표했기 때문에 무슬림들마저도 기독교의 신과 이슬람의 신을 구별하려고 한다. 만일 알라를 '하느님' 혹은 '하나님'으로 번역해야 한다고 하더라도 그 어휘의 사전적인 의미가 같다고 해서 '알라'와 '하나님'의 성품nature이 온전하게 동일한 것은 아니다. 꾸란과 성경을 깊이 연구하다 보면 이슬람의 알라의 속성과 기독교의 하나님의 속성이 서로 다르다[10]는 것을 금방 알 수 있다. 꾸란의 112장에서 '알라는 자녀를 낳지 않았다'고 하여 기독교의 성육신을 배격하고 있다. 요르단 대학교 학위논문에서 무함마드를 'Apostle of God'이 아니라 'Messenger of Allāh'(알라의 메신저)라고 해야 정확하다고 하였다.[11] 기독교와 유대교에서는 무함마드를 예언자로 받아들이지 않는다. 그러나 무슬림들은 매일 기도 때마다 무함마드가 알라의 메신저이고 예언자라고 외친다. 실제 무슬림들의 신앙 생활에서 알라와 무함마드가 없으면 이슬람 종교가 성립이 안 된다. 그러나 신약과 구약의 예언자들의 연속에서 무함마드를 예언자로 인정하지 않는 것이 기독교인과 유대교인의 기본적인 입장이다. 더더욱 분명한 차이는 꾸란은 알라allah를 영Spirit이라고 하지 않는 데 반하여 성경은 하나님을 영Spirit이라고 한다.

역사적으로 이슬람과 기독교가 전혀 다른 종교로 인식되어 왔다. 오늘날 일부 무슬림들에게서 얻는 증거로는 아랍 무슬림과 아랍 기독

9_ 국립 국어원의 표준 국어 대사전에는 하느님을 "우주를 창조하고 주재한다고 믿어지는 초자연적인 절대자. 종교적 신앙의 대상으로서 각각의 종교에 따라 여러 가지 고유한 이름으로 불리는데, 불가사의한 능력으로써 선악을 판단하고 길흉화복을 인간에게 내리는 것으로 알려져 있다"고 풀이했다.

10_ 공일주, 코란의 의미를 찾아, 30-40.

11_ Abd Allah Muhammad Rayyan, International Treaties in Islamic Shariah, University of Jordan, 1996, 19.

교인들 간에 주요 종교적인 어휘가 서로 같아도 그 의미가 서로 다른 경우가 많다는 것이다. 무슬림들이 기독교의 복음을 '인질injīl'이라고 부르지만 아랍 기독교인들은 복음주의자를 '인질리윤'이라고 말한다. 그런데 무슬림들은 꾸란에 나오는 나싸라nasārā(나사렛nazareth 사람들 혹은 nasorean이란 어휘에서 온 것으로 보았음)란 이름으로 기독교인들을 부른다. 당시 나싸라는 유대인 기독교나 기독교의 주류파를 가리키는 말로 사용했다. 그러나 오늘날 아랍 기독교인들은 무슬림들이 기독교를 나싸라라고 부르는 것은 기독교인들을 나사렛에서 자란 예수의 종교로 강등시켜 부른다고 생각한다. 아랍무슬림들은 기독교인들을 '마시히윤masīhiyyun'이라고 부르는데 무슬림이 이해하는 그 단어의 의미는 "서양의 제국주의와 함께 아랍을 식민지화하려는 세력"으로 인식한다. 또 아랍 무슬림들은 기독교의 선교를 "서양의 사고를 아랍인들에게 불어 넣고 시온주의를 부르짖는 것"으로 인식한다. 그러므로 아랍 무슬림과 아랍 기독교인 간에 동일 어휘가 있더라도 그 의미가 달라지는 경우가 많다. 사실 아랍어 단어 '마시히윤'은 이싸의 별명 알마시흐라는 말에서 왔다. 기독교와 유대교에서 메시야는 이 세상을 구원하실 메시야를 가리키지만 이슬람의 꾸란에서 알마시흐는 이싸의 다른 이름에 불과하다. 이슬람에서는 세상에서 구해 줄 사람은 '마흐디'이다. 기독교의 삼위일체(성부, 성자, 성령)를 무슬림들은 알라, 마르얌, 이싸로 잘못 생각했다. 무슬림들은 유대교가 선민의식을 가지고 있는 것을 거부한다. 또 유대교인들이 무함마드를 그들의 예언자로 받아주지 않아 서로 다른 길로 갔다. 이슬람 국가에서 종교는 뜨거운 화두이다.[12] 이슬람이 적어도 인류의 공존을 위한 종교라면 한국에 모스크를 짓는 것처럼 이슬람 국가에도 다른 종교의 건물들이 세워질 수 있도록 허용해야 할 것이다.

12_ 아랍 무슬림들은 각급학교에서 무슬림 자녀들에게 기독교와 인질(복음서)에 대하여 가르치지 않는다. 무슬림들의 학교를 다니는 아랍 기독교인 학생들은 이슬람 과목 시간에 수업에 들어가지 않아도 된다고 하지만 학생들은 그 수업 시간에 친구들로부터 왕따를 당하지 않으려고 그냥 이슬람 수업에 참여하다보니 아랍 기독교인들도 이슬람의 영향에 노출되어 왔었다.

2. 이슬람의 종파와 법학파

이슬람 안에서 다양한 종파가 있다. 그 중에 아흘 알순나 혹은 아흘 알순나와 알자마아(순니 이슬람)에 속하는 아쉬아리 파와 마투리디 파 그리고 아흘 알하디스가 있다. 아흘 알순나에 속한 사람들은 무함마드의 순나를 따르고 있어서 자신들만이 올바른 이슬람이고 다른 이슬람 종파들은 잘못된 길을 가거나 변질되고 왜곡된 종파라고 한다. 물론 외국인들이 무슬림에게 순니와 시아 간의 사이가 나쁘냐고 물으면 10년 전만 해도 무슨 소리냐고 되물었는데 요즈음은 이라크에서 시아파와 순니파 무슬림이 서로 죽이는 장면을 많이 들은지라 무슬림들도 순니와 시아 간의 갈등을 숨기지 않는다. 아흘 알순나라는 말은 본래 무함마드의 하디스 기록에 참여한 학자들을 통틀어 일컫는 말이었다. 그들은 꾸란이 아닌 무함마드의 말에서 교리와 율법을 찾아내는 방법을 사용하였기 때문에 이들은 우마위야 조(661-750) 때 아흘 알하디스 파로 알려졌다. 하디스의 주제가 무함마드의 순나(관행)이었으므로 순나라는 단어가 가끔은 하디스라는 말로 대체되었다. 아흘 알순나는 무함마드의 순나를 기록하는 사람이었고 이슬람의 어느 종파가 된 것은 아니었다. 무함마드의 하디스를 기록하기 시작한 것은 이슬람력 2세기 칼리파 압둘라 븐 오마르(614-693) 때였다. 이슬람력 3세기 초 아흐마드 븐 한발(780-855)이 하디스에서 이슬람 교리를 뽑아내자 아흘 알순나라는 말이 널리 퍼지기 시작하였다. 그리고 나서 아흘 알하디스의 방법론을 지지하는 사람과 한발의 종파를 모방하며 따르는 사람들을 아흘 알순나로 알려지게 되었다. 그 당시에는 아흘 알순나라는 말은 한발을 따르는 사람들의 집단을 가리켰고 그 밖의 무슬림들(아흘 알끼블라)은 그 부류에 속하지 않았다. 교리에서 서로 다른 의견을 갖고 있던 무슬림들을 통합하기 위하여 아흘 알순나라는 말을 사용하였다고 후세 학자들이 전한다. 그 당시 무슬림들은 무르지아, 나와씹, 시아, 까다리야, 자하미야, 카와리즈, 와끼피야 등으로 나뉘어 있었다. 다른 학자들은 시아파의 중심 인물이 되었던 알리를 저주한 무아위야의 사람들이 자신들을 순나의 사람이라고 했고 알리가 살해되고 나서 무아위야 진영의 사람들을 자마아jamā'a라고 불렀다고 한다. 결국 무아위야의 이맘imam직을 인정하고 그를 따르는 사람들이 자신들을 아흘 알순나와 알자마아라고 불렀다. 이븐 타이미야(1263-1328)는 아흘 알순나라는 말은 아부 바크르, 오마르, 오스만 세 칼리파직을 인정하는 사람들의 무리라고 했다. 그가 칼리파를 지목한 것은 정치적 차원의 정의이고 앞선 정의는 이슬람의 교리와 법에 따라 그 정의를 내린 것으로 보인다.

그러나 이슬람의 교리와 이슬람 율법의 역사를 보면 크게 두 부류로 나뉜다. 하나는 이슬람 율법 조항이 확정되지 않은 사안에 대하여 이성과 유추를 사용하여 율법을 알기 위하여 충분하고 분명하게 설명을 하는 집단이 있었다. 또 다른 하나는 텍스트 본문의 글자 밖으로 넘어가지 않는 그룹riwaya으로서 율법을 만드는 데 이성을 사용하지 않는 그룹이다. 전자를 아흘 알라이(견해, 이성)라고 하고 후자를 아흘 알하디스(전통)라고 부른다. 이 두 부류가 각각 교리와 법이 발달하면서 서로 다른 종파와 법학파를 만들어냈다. 이슬람 교리학은 철학의 도움을 받아 논리적으로 우마위야 조 초기에 처음으로 나타났다. 아흘 순나 안에서 다음과 같은 교리의 종파들이 나타났다.

무르지아 믿음이 먼저이고 행동은 나중으로 미룬다. 기도 안 하고 금식을 안 하더라도 우선 마음으로 받아들이고 아는 것이 잔나

paradise로 가는 길이다.

까다리야(무즈바라) 모든 사건은 좋거나 나쁘거나 알라의 운명(까다르와 까다)에 따른다.

아흘 알하디스 이슬람력 2세기 때 하디스를 모아 기록한 사람들로서 무함마드의 말을 그의 동료나 그의 제자들이 전해준 말에 근거하여 이슬람 율법과 교리를 만들어냈다. 그들은 철학적인 논쟁이나 교리적인 토론 그리고 꾸란 구절의 내적 해석(타으윌)[13]을 금했다. 하디스를 사용할 때 그리고 하디스에서 교리를 끄집어 낼 때 논리적인 사고를 부정하였다. 아흘 알하디스는 우마위야 조와 압바시야 조 초기에 아흘 알순나의 대부분이 여기에 속했다.

아쉬아리 10-12세기의 순니 신학파이다. 이 종파의 창시자는 알아쉬아리(260-324 이슬람력)이다. 무으타질라 파를 반박한 알아쉬아리는 처음 아흘 알하디스의 교리를 받아들인다고 선포했으나 그는 우리의 종교는 알라의 책 꾸란과 무함마드의 순나를 붙드는 것이라고 했고 나중에는 아흘 알하디스의 교리를 개혁하고 수정했는데 입증과 증거에서 이성적인 논리를 사용하였다. 그러나 이성과 논리에 어긋나더라도 텍스트의 표면적인 의미를 고집했기 때문에 이런 점에서 무으타질라 파와 달랐다. 8세기의 알무으타질라 파는 교리를 입증하는 데 이성에 더 많은 비중을 두었고 이성적인 논리와 표면적인 의미가 서로 달라지면 그 구절의 내적 해석(타으윌)이 가능했다. 그래서 한때 압바시야 조의 집권층의 신학파가 되었고 다른 교파들은 박해를 받았다. 그리고 알아쉬아리 파에서 마투리디야 파가 나왔다. 마투리디야 파는 이슬람력 322년에 사망한 사마르칸트의 아부 만꾸르 알마투리디에 근거한다.

13_ 타으윌은 문맥과 추론에 근거하여 신의 메시지를 설명하려는 인간적인 시도이고 알레고리한 주석이다(공일주, 꾸란의 이해, 56).

그가 약간 알무으타질라파에 기우는 듯했으나 전체적으로 그의 스승 알아쉬아리를 따랐다.

살라피 이슬람력 7세기 말 아흐마드 븐 타이미야(1263-1328)의 손에 의하여 만들어진 운동으로 알아쉬아리가 아흘 알하디스의 교리를 수정한 것에 대한 반작용이었다. 아흐마드 븐 타이미야는 한발리파의 한 사람이었는데 그는 알아쉬아리가 수정한 것을 순나에서 벗어난 것으로 보았다. 교리가 나온 하디스들에 대하여 알아쉬아리가 내적 해석(타으윌)을 허용한 것을 부인하고 아흘 알하디스의 교리를 부활시키는데 목적이 있었다. 이븐 타이미야는 자신의 방법론은 올바른 살라피의 방법론이라고 이름 붙이면서 후세에 그의 이론이 살라피로 명명되었다. 그가 올바른 살라프(무함마드의 동료와 그이 동료들의 제자들과 그 제자들의 제자들을 가리키는 말)의 시라(sira: 전기)로 돌아가고 꾸란과 순나를 붙들라고 하였기 때문이다. 이븐 타이미야가 제시한 새로운 교리는 무함마드의 무덤을 방문하는 것과 그의 탄신일을 기념하는 것 그리고 무함마드의 유물에 복을 빌거나 기도를 하는 것 그리고 무함마드 가문 사람들의 무덤을 찾아가는 것은 타우히드Tawhid(알라가 한 분) 교리에 어긋나므로 '비드아'(기존 이슬람에 없는 혁신적인 것) 또는 '쉬르크Shirk'(알라의 자리에 다른 것을 올려 두는 것)라고 하여 이를 금하였다. 그를 따르는 사람들에게는 그가 매우 개혁적이라고 생각했으나 일반 무슬림들은 그를 따르지 않아 샴(시리아, 레바논, 팔레스타인 등)지역과 이집트에서도 제한된 지역에서만 수용되었다. 그는 이집트에서 법학자들의 반대로 1년 반 동안 옥살이했고 다시 다마스커스에서 감옥에 갇혀 이슬람력 728년에 사망했다.

와하비야는 이슬람력 12세기에 무함마드 븐 압둘 와합(1703-1792)이 일으킨 운동으로 이븐 타이미야의 살라피salafi를 회생시켜 전파하는 운동이었다. 그의 제자는 아라비아 반도의 이븐 까임이었고 여러 지역으로 퍼져갔다. 그런데 압둘 와합이 이븐 타이미야보다 더 과격하고 아집(타앗쑵)의 태도를 보였다. 그의 방식을 따르지 않는 모든 무슬림들을 타우히드(일신론)에 충실하지 않은 쉬르크(알라의 자리에 다른 것을 올려놓는 일)라고 하면서 그들을 카피르kāfir(알라를 믿지 않거나 이슬람 율법을 어긴 자)로 몰고 갔다. 이런 비드아는 칼의 힘을 동원하더라고 제거해야 한다고 하였다. 그들은 메카와 메디나에 남아 있는 무함마드 가문(아흘 알바이트)의 유물들을 부수었다. 사우드 가문(사우디아라비아를 건국한 가문)이 이런 극단적인 사고를 받아들였고 그들이 살라피 정신을 이어받는다고 공포하였으며 압둘 와합의 사람들과 동맹을 결성하고 아라비아 반도에서 외세를 몰아내고 그 땅을 차지했다. 나중에 영국의 도움으로 사우디아라비아 나라를 창설한다. 처음에는 사우디에만 국한되었으나 오늘날에는 전 이슬람 세계로 와하비 운동이 퍼져갔고 사우디의 자금이 전 세계로 지원되고 있다. 와하비파들이 개혁운동을 벌였으나 이슬람 울라마들은 와하비의 교리와 사상이 잘못되었다고 했다. 그들 중에는 술라이만 이븐 압둘 와합(이슬람력 1209년 사망)이 있었다.

여기까지 이슬람의 교리들의 교파들을 보면 주요 특징은 결국 꾸란과 하디스를 이해하는 데 이성과 논리를 사용하느냐 하지 않느냐가 문제이고 또 다른 하나는 꾸란과 하디스 중에서 무함마드의 하디스에 대한 이해가 매우 중요한 관건이었다. 더구나 이슬람의 교리와 율법에 꾸란은 물론 하디스가 사용되었다는 것이다. 하디스는 무함마드의 말과 행동을 그의 동료나 동료들의 제자들이 기록해둔 것이다. 그러므로 결국 이슬람은 무함마드를 빼놓으면 종교가 성립되지 않고 이슬람 율법도 무함마드의 순나(관행)를 벗어나서 말하기 어렵다.

이슬람 교리의 교파 이외에 이슬람 율법의 법학파들이 있었다. 압바시야 조의 칼리파 알문타씨르al-Muntasir(861년)가 내린 공식 명령에 따라 압둘 라흐만 븐 아므르(이슬람력 257년) 등 6명의 율법학자들이 이즈티하드ijtihād(이슬람 법학자의 독자적인 법적 판단)의 문을 닫았다. 그리고 오늘날까지 이어져 오는 4개의 법학파(마드합 피끄히)로 제한하였고 시아파에게는 이즈티하드의 문을 열어두었다.

하나피 파 (마드합 하나피) 아부 하니파(이슬람력 80-148/서기699-767)는 쿠파에서 태어나 바그다드에서 사망하였다. 페르시아 태생이지만 이라크 법학자로 간주되었고 가장 위대한 이맘이란 호칭이 붙었다. 그는 꾸란과 그가 옳다고 본 하디스에 유추를 사용하고 견해(라이ra'y)를 확대하여 그의 율법을 만들었다. 그는 자아파르 알싸디끄(702-765)에게서 2년 동안 학습을 받았다. 이 법학파가 널리 확산된 가장 강한 요인은 그의 제자 아부 유수프가 하룬 알라시드(786-809 재위) 정부의 부장 판사를 맡았고 칼리파와 매우 가까웠다. 나중에 오스만 제국은 하나피 파를 공식 이슬람법학파로 정하면서 하나피 파가 널리 퍼졌고 하나피는 칼리파가 반드시 꾸라이쉬 부족 출신이어야 한다는 조건을 달지 않았다. 이 법학파를 따른 가장 유명한 사람 중에는 칼리파 무함마드 알시바니al-shibani 등이 있다.

말리키 파 말리크 븐 아나스(이슬람력 39-179)는 메디나에서 태어났으나 예멘 부족 출신이었다. 그는 라비아 그리고 자아파르 알사디끄에게서 학습했다. 꾸란과 순나에서 확대하여 이슬람 율법을 만들었고 견해와 유추는 하나피 파가 갖고 있던 지위와 동일하지 않았다. 압바시야 조 칼리파 하룬 알라시드 이전의 칼리파들은 말리키파를 전파하는데 힘썼다. 안달루시아와 북아프리카에서 아미르(지역 총독)들과 판사들에 의하여 퍼졌고 아직도 마그립 지역에서 말리키 파가 주요 법학파가 되고 있다. 가장 중요한 법학자로는 아부 바크르 알아라비가 있다.

샤피이 파 무함마드 븐 이드리스 알샤피이(이슬람력 150-204)는 팔레스타인의 가자에서 태어났다. 사피이 파는 이집트에 먼저 퍼졌고 그리고 나서 이라크와 쿠라산과 북아프리카, 안달루시아에 퍼져갔다. 4개의 법학파 중에서 법 규정이 매우 정밀하다고 알려져 있다. 전체적으로 보면 아흘 알하디스(전통을 중시)와 아흘 알라이(견해를 중시)의 중간에 위치하는 법학파이다. 이집트에서는 아이윱Ayyub 조의 살라흐 알딘Salāh al-Dīn(1138-1193; 흔히 살라딘이라고 불림)이 이 법학파를 전파시키는 중요한 공헌을 했고 파띠마 조가 세운 아즈하르 모스크에서 시아 파의 법을 가르치지 못하게 한 다음 샤피이, 하나피, 말리키파들을 가르치도록 했다. 가장 유명한 사람 중에 아부 하미드 알가잘리가 있다.

한발리 파 아흐마드 븐 한발(이슬람력 164-241)은 바그다드에서 태어났고 가장 늦게 등장한 법학파로 가장 적은 사람들이 이 법학파를 따랐다. 이 법학파를 전한 유명한 사람들 중에는 이븐 타이미야와 그의 제자 이븐 알까임이 있다. 무함마드 븐 압드 알와합이 사우디 나즈드 지역에서 이 법학파를 전하여 와하비가 등장했다.

위와 같이 네 개의 이슬람 법학파는 선동(나끌)과 아끌(지성) 사이에서 어느 것에 비중을 두느냐에 따라 이슬람 율법의 내용이 달라져 있기 때문에 이슬람 율법(샤리아)이 무슬림들의 주장대로 순전히 알라의 법이라고 말하기 어렵다. 인간 판사들의 법적 견해가 들어가 있기 때문에 이런 샤리아는 가끔 피끄흐fiqh라는 말과 동의어로 사용되기도 한다. 그런데 무함마드 가문(아흘 알바이트)에 대한 충성과 무함마드가 그의 칼리파(후계자)로서 알리를 임명하는 것이 무함마드가 세운 이슬람 교리(아끼다)의 핵심이라고 생각하는 학자들이 있었다. 이들은 아흘 알순나의 하디스와 꾸란에서 그 증거를 찾아 제시하였다. 이렇게 알리를 따르는 사람들과 아흘 알바이트를 따르는 사람들에게 '시아'라는 이름을 준 사람은 이슬람의 창시자 무함마드라고 시아파가 주장했다. 이븐 하자르는 그의 책에서 '그의 시아가 아흘 알순나'라고 했다. 그러나 일부 연구자들은 무함마드가 죽고 난 다음 알리의 이름이 칼리파들의 후보로서 가장 적합한 인물로 등장했을 때 '시아'라는 이름이 나타났다고 했다. 혹자는 알리와 아흘 알바이트 편을 든 것(시아)은 알리와 파띠마의 집에 무함마드의 동료들이 모였을 때라고 하였다. 시아 파에는 여러 분파가 있었다.

열두 이맘파 아흘 알바이트에 속한 12명이 이맘이라고 믿는 사람들이다. 당시 학문과 율법에 뛰어난 여섯 번째 이맘 자아파르 븐 무함마드 알사디끄의 이름을 따서 자아파리 파라고도 한다. 열두 번째 이맘은 무함마드 븐 알하산(알마흐디 알문타다르: 기다려지는 마흐디)이었다. 단순히 시아파라고 할 때 열두 이맘파(이마미야)를 지칭하는 것이다. 오늘날 시아파의 대부분의 추종자들이 이 파에 속하고 이란, 바레인, 아제르바이잔에 열두 이맘파의 대부분이 산다. 열두 이맘파의 교리의 원리는 다음과 같이 5가지이다.

단일신 알라의 신성에서 한 분 되심을 믿는다. 알라는 창조, 생존, 죽음, 생명의 주인이다. 그가 주님이 되는 데 무쉬리크(알라와 동등한 자를 알라의 자리에 두는 자)는 없다. 알라 이외의 손에 의하여 창조, 생존케 함, 죽음과 생명을 맡는 자라고 하면 그는 카피르이고 무쉬리크이다.

예언(누부와) 모든 예언자들은 죄가 없고 이들은 피조물에게 진리를 전하도록 부름 받은 사람이다. 무함마드는 예언자들의 봉인(카팀)이고 보냄을 받은 사람들의 사이드(Mr.)이고 모든 피조물 중에서 가장 낫고 세상에서 죄가 없는 사람이다.[14] 그가 공적 활동(비으사)을 시작하기 전과 후에도 불순종한 적이 없는데 무함마드 이후에 경전을 받았다고 주장하는 사람은 카피르이다. 오늘날 무슬림들의 손에 있는 꾸란은 가감이 없고 줄인 것도 없이 알라가 내려준 책이라고 믿는다.

그 날(마아드) 피조물은 죽은 다음에 심판의 날에 심판(계산)을 받기 위하여 몸과 혼이 다시 살아나고, 잔나와 지옥, 저울과 아아라프(격벽) 그리고 바르자크[15](이승과 저승의 중간)에서의 고통이 있음을 믿는다.

14_ 이슬람에서 모든 예언자는 '죄로부터 면제되어 죄가 없다'고 한다. 이런 원리(이쓰마 원리)는 무함마드 이전의 예언자들에게도 적용되고 시아파에서는 이맘들에게도 적용되었다. 특정 인물에게 죄가 없다는 개념은 이슬람 이전의 아랍인들에게 흔한 사상이었다. 알나비가는 죄로부터의 자유는 개인의 몸에 속한 의미로 사용했으나 무함마드 이후에는 죄로부터의 면제가 알라의 행위Act of Allah의 탓으로 돌렸다(M. M. Bravmann, Studies in Semitic Philology, Leiden: E.J. Brill, 1977, 459).

15_ 아랍어 '둔야'는 인간이 죽기 전의 장소, 즉 이 세상을 가리키고 '알아키라'는 죽은 뒤의 장소를 가리킨다.

정의　알라가 피조물 누구에게도 불의(줄름)를 행한다고 할 수 없다. 인간은 알라로부터 습득한 능력으로 선한 행동을 할지 악한 행동을 할지 선택한다.

이맘직(이마마)　이맘직은 신적인 지위로 알라가 그의 예지로 예언자들을 선택하듯이 이맘들을 선택하고 무함마드가 그 권한을 알리에게 위임하고 알리는 알하산에게 위임하고 그 위임은 12번째 이맘에 이른다. 이맘들은 예언자들처럼 죄와 잘못을 저지르지 않는다. 이맘은 예언의 기능을 계속하는데 메시지를 암송하고 변질을 보호하며 사람들을 가르친다. 12이맘파는 율법을 6번째 이맘 자아파르 알사디끄에게서 주로 따왔기 때문에 자아파리 파라고 한다. 자아파르 알사디끄에게서 열두 이맘파 율법이 나온 것은 그가 우마위야 조 말기에 생존하였고 압바시야 조 초기까지 시아파들이 아직 아흘 알바이트의 사람들에게 아집(타앗쑵)을 보인 것이 아니었기 때문이다. 자아파리 법학파와 순니의 4 법학파의 차이는 마치 순니의 4개 법학파 사이의 차이와 비슷하다. 말리키 법학파가 다른 세 법학파들보다 자아파리 법학파에 더 가깝다. 열두 이맘 시아파의 입법의 근거는 꾸란, 순나, 이즈미아(합의), 아끌(지성)이다. 그런데 꾸란, 이즈마아, 아끌을 추론의 근거로 삼지 않는 '이크바리윤ikhbariyyun'들이 있는데 이들은 아흘 알바이트에 대한 이야기와 소식들에만 의존하여 이슬람 법적 규례를 아는 것으로 제한되고 이즈티하드ijtihād를 금했다. 이크바리윤은 꾸란은 아흘 알바이트에 속한 사람만이 이해할 수 있다고 믿었기에 그들의 하디스를 조회해 봐야 한다고 했고 이즈마아는 아흘 알순나들이 만든 비드아라고 했다. 그리고 지성은 건전한 방증과 증거가 될 수 없다고 했다.

이라크 국민의 2/3(60%)가 시아파이고 레바논 무슬림들의 절반 이상이 시아파이고 사우디아라비아(15%), 쿠웨이트(25-30%) 등의 걸프 국가 파키스탄(20%) 주민들 중에도 시아파 무슬림들이 있고 인도 무슬림의 1/4이 조금 못되는 숫자가 시아 파이고 또 이슬람 세계의 여러 곳에 극소수의 시아파들이 산다. 2000년까지만 해도 아랍의 언론들은 순니파와 시아파 라는 말을 대놓고 사용하기를 꺼려했다. 그러나 이라크에 사담 정권이 무너지면서 순니와 시아는 아랍인들의 대화에서 자주 들을 수 있게 되었다. 카이로 대학교 언론 정보대학의 조사에 의하면 이슬람 종교 채널이 150여 개인데 이들이 이슬람 교파 간의 싸움을 부추긴다고 하였다. 이라크와 레바논에서 이미 순니와 시아 파 간의 살해는 무슬림들 간의 교파적 차이에서 비롯되는 것이다. 무슬림들이 비무슬림을 살해하는 테러를 스페인, 호주, 인도네시아, 미국, 영국, 프랑스 등지에서 일으켰지만 아랍인들 안에서는 종파 간의 갈등이 도를 넘고 있었다. 예멘의 북부 호스인들이 사우디 국경지대를 침입하면서 순니파 사우디아라비아는 시아파 무슬림들을 격퇴하기 위하여 전투기를 동원했다. 이슬람 안에서 교리와 율법을 달리 해석하면서 서로 달라진 종파들이 이제는 서로에게 총부리를 겨누고 있다.

2011년 이집트의 알아즈하르 동문들이 모여 지금 이슬람 세계(이슬람 움마)가 겪고 있는 가장 심각한 병이 <내부의 충돌tanaju', 나뉨firqa, 다툼khilāf>이라고 하였다(알아흐람지 2011. 1. 26일자 3면). 과거 200년 동안 식민주의자들이 이용한 이슬람 움마의 약점이기도 하다고 했다. 이집트 이슬람학자들은 아흘 알순나와 알자마아, 아쉬아리, 마투리디야, 아흘 알하디스들이 하나가 되고 서로를 받아들여 다툼과 나뉨이 없어져야 한다고 했다. 알아즈하르 대학교 총장, 이집트 국가 무프티, 유수프 알까라다위, 무함마드 살림 알아와, 무함마드 암마라, 이쌈 알바쉬르들이 모여 아흘 알순나 안의 아쉬아리, 마투리디야, 아흘 알하디스 간의 견해 차이를 확인하였다. 알아즈하르 쉐이크 아흐마드 알따입은 4명의 이맘들(하나피, 샤피이, 말리키, 한발리)이 중요한 1차적인 문제보다는 주변적이고 부차적인 문제로 서로 나뉘어 있다고 하면서 청년들이 그들 사이에서 화살받이가 되고 있다고 하였다. 니깝 문제에 서로 의견 대립을 하고 있는 이집트의 다섯 개 이슬람 법학파의 법적 운용에서 서로 간에 차이를 보이는 게 큰 문제라고 했다. 하나이었던 아흘 알끼블라 안에서 타크피르takfīr(상대를 카피르로 몰아붙이는 것)와 타프시끄tafsīq

[상대를 파시끄(의무를 안 지키는자)로 몰아붙이는 것]를 경고했다. 이제 이 두 가지가 무슬림에게서 떠나야 한다고 강조하고 이것을 해결하지 못하면 이것이 이슬람 사회를 무너뜨리는 함정이 될 것이라고 했다. 유수프 알까라다위도 이슬람은 모든 사람을 포용할 수 있다고 강조하였다. 그는 문제는 광신적이고 극단적인 사람들(굴라)과 자신이 말하고 있는 내용에 대하여 이슬람 율법적으로 잘 알지 못하고 말하는 사람들이 문제이기 때문에 이슬람 움마의 사람들이 문화인이 되어야 한다고 했다. 그렇게 되면 극단주의를 피하고 무슬림들이 극단주의자들의 말에 귀기울이지 않게 된다고 하였다. 극단주의를 버리지 못하면 움마가 망할 것이라고 경고했다. 과거에 이슬람 움마가 서로 의견차이로 나뉘어졌을지라도 지금은 이렇게 서로 나뉘면 안 된다고도 했다. 살만 알아우다는 서로 다름ikhtilāf을 보이는 것 그 자체가 문제가 아니라 의견이 서로 다르다는 것을 이해하지 못하는 게 실질적인 문제라고 하였다. 그래서 앞으로 알아즈하르 대학교가 수피와 살라피 그리고 순니와 시아 간의 사상을 논의할 필요가 있다고 하면서 나뉨보다는 합의하는 국민이 되기를 바란다고 했다.

지금 이집트는 이슬람과 기독교 간의 종교적 갈등뿐만 아니라 이슬람 안에서도 서로 다른 교파와 법학파 간의 이견 대립으로 내홍을 겪고 있다. 그것이 사우디아라비아의 사막에서 불어오는 극보수적인 니깝 착용이 불씨가 되었고 이로 인하여 이슬람의 교파 안에서 충돌이 일어나고 극단적인 행동으로 치달아 폭력을 행사하는 무슬림이 늘고 있다. 무슬림들이 이슬람이 평화라고 말하면서 이슬람 세계가 지금 평화를 이루지 못하는 무슬림 자신들을 보고 있다. 더구나 같은 무슬림끼리 상대를 카피르(알라를 믿지 않거나 이슬람 율법을 어긴 자)라고 부르고 상대를 파시끄(이슬람의 의무를 안 지키는 자)라고 칭하면서 무슬림 안에서 서로를 이단시하고 증오하는 문화가 팽배해지고 있다.

그렇다면 오늘날 무슬림들이 극단과 종교적 경직으로 치우치는 이유가 뭔가? 우선 세 분파들을 골라낼 수 있는데 아흘 알하디스ahl al-hadīth, 카와리즈khawārij, 이크바리윤ikhbariyyun들이다. 카와리즈는 씹핀Siffin 전투(657년)에서 알리를 떠난 사람들이다. 알리를 카피르kāfir라고 했고 무함마드의 부인 아이샤aysha를 카피르라고 했으며 중죄를 지은 무슬림은 영원히 지옥에 갈 카피르라고 했다. 알나하라완 전투에서 알리는 소수의 카와리즈만을 남기고 모두 살해했다. 그들이 알리 재임 말기에 메디나, 바스라, 다마스커스에서 살았다. 카와리즈 파는 여러 분파로 나뉘었는데 그 중 가장 중용적인 이바디야Ibadiyya만 오늘날까지 남아 있다. 오늘날에는 오만의 대다수가 이바디야파이고 북아프리카에 일부가 있다. 이바디야의 신앙으로는 내세에서 알라를 볼 수 없고 단지 인간의 지식이 완벽해진다는 것을 의미하고 꾸란은 알라가 창조한 것이라고 믿으며 무으민(꾸란에서 무으민은 무슬림을 의미한다)은 곧장 잔나로 가지만 중죄를 지은 사람은 회개하지 않고 죽으면 지옥에서 영원히 산다고 했다. 카와리즈 파는 중죄를 지은 사람은 카피르이고 종교(이슬람)에서 떠난 사람이라고 하였지만 이바디야(혹은 이바디) 파는 그를 카피르이기는 하지만 종교(이슬람)에서 떠나지 않았다고 했다. 카와리즈는 그들의 교리와 사상을 위하여 희생하거나 지하드Jihād(투쟁)를 하려는 경향을 갖는 사람들이고 역사를 거치면서 이슬람 사회 안으로 퍼져갔다. 그리고 아흘 알하디스는 사고의 경직으로 유명한데 그들에게서 믿음에 대하여 분석하고 믿음의 증거를 찾는 일은 하람(알라가 금지한 사항)이다. 시아파인 이크바리윤은 이즈티하드를 믿지 않았고 이즈마아(만장일치)와 아끌(지성)을 입증의 근거로 삼지 않았다.

유수프 알까라다위[16](1926-)는 오늘날 무슬림 청년들이 깨어 있지 못한 이유는 이슬람과 율법에 대한 짧은 공부, 다른 견해를 인정하지 않음, 주요 주제보다는 부차적인 문제로 싸우는 데 열심, 융통성이 없

16_ 유수프 알까라다위는 이집트 태생으로 무슬림 형제단의 리더십을 행사하는 사람들 중의 한 사람이고 카타르의 알자지라 위성 방송의 설립을 제창한 이슬람주의자이다. 그의 <샤리아와 삶>이란 프로그램은 아랍 무슬림들에게 유명하고 1997년에 시작한 islamOnline이란 웹사이트로 그가 이슬람 세계에 널리 알려졌다. 2008년 영국에 가려고 입국비자를 신청했으나 거절당했다.

는 논쟁, 자기 생각을 고집하는 것을 들었다. 2001년 9월 미군 중 무슬림이 이라크에서 미군과 싸워야 되는가에 대한 파트와에서 이집트와 시리아의 이슬람 학자들과 유수프 알까라다위는 이슬람국가의 군인이 아닌 미국의 군인이 된 무슬림은 미국 국가에 충성을 보여줘야 한다고 전제하고 이들 미국인 무슬림이 미국에 충성하지 않는다면 미국에 사는 무슬림과 미군에 참여한 그들 무슬림이 다수의 미국민들에게 여러 불이익을 당할 수 있다는 것을 우려했다. 그래서 그는 '할 수 있는 한 알라를 위하여 의무를 다하라'(수라 64:14)는 꾸란 구절을 언급하고 '내가 너희에게 뭔가를 하라고 요구할 때 할 수 있을 만큼 하라'는 무함마드의 하디스를 언급했다. 그의 파트와는 미군을 돕는다는 비난이 세계 무슬림들로부터 쏟아졌다. 그 해 10월 아프가니스탄에 참전하는 미군 무슬림들에 대한 그의 파트와에서는 이전과 다르게 '무슬림과 접전을 벌일 때에는 휴가를 신청하라'는 파트와를 냈다. 그는 무슬림이 무슬림을 죽여서는 안 된다는 것을 염두에 두고 그렇지만 무슬림들이 소수로 살고 있는 나라에서 무슬림들이 불이익을 당하지 않는 방안도 모색한 아주 실용적인 파트와를 발표한 것이다. 그런데 그의 파트와는 전통을 깨고 있다. 그가 속한 순니파의 법학파들의 법조문을 찾지 않고 그는 직접 꾸란과 하디스를 조회한 후 파트와를 발표했다.

이슬람 법 원리'ilm usūl al-fiqh를 개혁하자는 주장이 나오고 있었다. 2011년 1월 23일 모로코의 알말리크 무함마드 대학교의 교수 아흐마드 알라이수니는 이슬람법의 원리를 개혁tajdīd하여 무슬림의 지성'Aql을 재형성시킬 것을 주장했다. 그는 이슬람 법 원리를 심지어 전공자들까지도 사용하지 않고 있다고 하였다. 그는 시대의 발전에 발맞춰 새로운 이즈티하드가 절실히 필요하다고 강조했다. 이집트의 알아즈하르 졸업생 동문회가 주최한 세미나에서 알아즈하르의 쉐이크 아흐마드 알따입과 학자들 그리고 대학교수들과 학생들이 참석했는데 알아즈하르의 학자들은 이슬람 종교에 부정적인 영향을 줄 것을 염려하여 이 제안을 거절했다. 무함마드 압둘 파딜(이슬람 연구회 회원)은 우리 세대에는 이전 학자들만큼 위대한 학자가 없다고 하였다. 오늘의 학자들 중 우수한 학자도 과거 선조들이 쌓아둔 것을 반복하는 것이라고 강조하였다. 무함마드 압둘 파딜은 이런 상황에서 그런 제안은 개혁이 아니고 분산 혹은 흩어뜨림tabdīd이라고 하였다. 이집트의 전 무프티 나쓰르 파리드 와썰은 개혁은 법에 대한 것이 아니고 인간의 사고에서 개혁이 일어나야 한다고 했다. 왜냐하면 이슬람 종교는 언제나 어디서나 그 본질에서 개혁mutajaddid되어 왔기 때문이라고 했다. 그런데 인간이 본래 율법적 텍스트를 통하여 이 종교를 교리적으로 율법적으로 이해하고 인간이 이 종교와 조화롭게 되도록 인간 사고가 개혁이 되어야 한다고 했다.

결국 이슬람 법 원리가 문제가 있다는 측보다 이슬람 법 원리는 문제가 없고 인간의 사고가 달라져야 한다는 측이 우세한 것이다. 이슬람 세계에서 무슬림들끼리 이슬람 율법의 이해에서 서로 다르다. 이슬람 국가 안에서 무슬림 그룹들이 직접적인 충돌을 하는 곳도 있다. 이슬람의 이미지가 나빠지는 것은 폭력과 범죄, 테러를 목적으로 하는 무슬림들이 있기 때문이다. 그래서 이슬람은 이슬람 국가 밖에 있는 사람들에게 폭력적인 행동과 과격 극단 세력으로 인식되어 왔다. 그렇다고 이슬람 국가 안에서 이런 테러나 폭력이 없는 것은 아니다. 일부 무슬림들은 참true 이슬람은 오늘날 무슬림들에게 있는 것이 아니라 꾸란속에 들어 있다고 말한다. 그들의 말에 따르면 좋은good 무슬림은 이 땅에 없다는 것이다.

3. 수피즘과 철학

이슬람에서 수피즘과 민속 이슬람을 빼놓고 이야기하면 이슬람을 완전하게 이해한 것이 아니다. 이집트의 가장 오래된 이슬람 대학인 알 아즈하르 대학교가 수피이었던 이븐 알아라비의 책을 반입하지 못하게 한 적도 있었다. 수피즘은 인간 무슬림의 외적 의식의 실천보다 내적·정신적 활동에 더 비중을 많이 둔다. 수피들은 다른 사람과 평화롭게 지내기 위해서는 자신과 평화롭게 지내야 한다고 말하고 수피는 용인과 관용tolerance을 강조하고 포스트 모더니즘post-modernism 역시 관용을 강조한다. 수피 무슬림들이 자주 인용하는 꾸란 구절 중에는 2:115이 있는데 "동과 서가 알라에게 속한다. 네가 (얼굴을) 돌리는 곳마다 알라의 얼굴이 있다. 알라는 어디나 배어 있고 알라는 모든 것을 안다"고 했다. 이븐 알아라비는 "사랑이 나의 종교요, 나의 신앙이다"라고 했다. 사실 아랍인 수피들은 3억 명의 아랍 무슬림들 중에서 몇천만이라고 하고 대부분의 아랍 무슬림들은 수피즘이 그들의 신앙에 반드시 필요하지 않다고 말한다. 그런데 우리가 만나는 무슬림들 중에 "외적 수행과 내적 마음의 길이 중요하다. 종교는 관용이다"라고 말하는 무슬림들 중에는 수피즘을 수용하는 무슬림도 많다. 사실 수피 무슬림은 인간의 내면을 그리고 정통 무슬림은 인간의 외형을 강조하기 때문이다.

이슬람 세계에서 수피가 처음 생긴 것은 무함마드가 살아 있던 때(570-632)가 아니었다. 무함마드가 죽은 뒤 30년이 지나서 여러 지역을 정복한 이슬람의 칼리파들이 이슬람의 가르침에서 떠났다고 생각한 수피들이 생겨났다. 이들은 사회적이고 정치적인 생활을 버리고 은둔하여 혼의 평안peace of soul을 추구했다. 그들은 은둔 생활을 하면서 무함마드의 생활 방식을 모방하기 시작하였다. 무함마드는 살아 생전에 히라 동굴에 은둔하여 꾸란의 내용을 내려받았기 때문에 후세 무슬림들 중에는 무함마드의 은둔 생활을 모방하려고 했다. 수피즘은 우마위야 시대(661-750)의 사회적 정치적 상황과 관련되어 있었다. 우마위야 조 칼리파를 대항하여 싸우던 무함마드의 자손들과 뜻을 같이하던 많은 무슬림들은 부패된 정치와 사회생활을 버리고 꾸란의 가르침을 따르고 마음의 평안을 얻고자 했다. 수피라는 단어의 어원은 학자마다 달라서 마음의 깨끗함 혹은 알라 앞에서의 첫줄, 혹은 양털을 입은 자 등의 의미로 해석했다.[17] 수피들 중에는 "내(알라)가 그(인간)를 만들었을 때 내 루흐를 그에게 불어넣어주었다(수라 15:29)"는 말을 인용하여 수피가 인간 자신을 초월하여 완전에 이르고자 수피 이론을 발전시켜나갔다. 수피즘은 자신을 정화하고 깨끗하게 하는 법을 가르쳤고 자신의 윤리를 개선하여 자신의 내적 외적인 삶을 바르게 하고 완전한 행복bliss에 이르고자 하였다. 수피즘의 주제는 마음의 정화이었고 그 목적은 영원한 행복을 획득하는 것이었다. 바그다드의 수피이었던 주나이드(910년 사망)는 "수피는 자신에게는 죽고 알라 안에서 살아 있다"고 정의를 내렸다. 이와 유사하게 쉬블리는 "수피는 피조물khalq과 떨어져 진리haqq와 연결되는 것"이라고 했다. 사실 수피의 전문용어는 물론 이슬람의 용어들이 우리가 아랍어 사전에서 이해하는 것과 전혀 다른 경우가 많다. 그 중에서 다음과 같이 마음과 루흐rūh의 관계를 설명하는 수피들이 있는데 이걸 보면 우리가 단순하게 이해하는 개념이 실제 무슬림들이 생각하는 개념과 다른 경우가 많다는 것을 알 수 있다.

꾸란에 나오는 나프스nafs와 루흐rūh의 의미가 구별되었다는 주장이 있기도 하지만[18] 이슬람 초기에는 나프스와 루흐 간의 구별이 없었

17_ 공일주, 이슬람의 수피즘과 수쿠크, 24-26.

으나 이븐 시나와 이븐 루쉬드는 나프스에 대한 견해가 달랐다.[19] 더구나 오늘날 무슬림들을 만나 나프스와 루흐를 구별해 보라고 하면 대부분의 무슬림이 금방 설명하지 못한다. 아랍어의 나프스는 '호흡, 영, 혼, 본질, 자아, 자신(본모습)'이라고 한다. 이 중에서 어느 하나를 고를 때는 나프스 개념의 넓이와 깊이와 관련된 신학적이고 영지주의적인 연관성을 고려하게 되는데 대부분의 학자들은 나프스를 '자신self 혹은 자아ego'라고 번역했으나 '자아' 역시 정확한 번역어는 아니다. 수피들은 인

18_ 아리스토텔레스는 인간의 영혼 불멸을 부정했다. 토마스 아퀴나스가 아리스토텔레스를 그대로 따랐다고 보는 것은 옳지 않다. 이븐 시나Avicenna는 혼soul은 영적 실체spiritual substance이지만 몸의 형태form는 아니라고 했고 이븐 루쉬드Averroes는 혼은 영적 실체가 아니고 몸의 형태라고 했다(p.199). 이 두 사람에게 지적 작용intellection은 질료 형상의hylomorphic 몸에서 일어나지 않는다고 했다. 이븐 시나는 혼이 물질matter에 담겨지지 않는 영적 실체라고 했고 인간 혼이 불멸한다고 했다(p.200). 이븐 루쉬드는 혼은 몸의 형식이고 영적 실체가 아니라고 했다. 이븐 루쉬드는 두 가지 별개의 영적 실체를 인정하였는데 그 하나는 행위자 지성Agent Intellect이고 다른 하나는 물질적 지성Material Intellect이다(p.202). 아퀴나스Aquinas는 이븐 시나와 이븐 루쉬드의 위와 같은 내용을 잘 알고 있었다. 아퀴나스는 이븐 시나가 몸과 별개로 존재론적으로 영적 실체를 이해하는 것이라 생각했고 이븐 루쉬드는 혼을 몸의 형식으로 만든 것이라고 생각했다. 이븐 시나로부터 아퀴나스는 혼이 물질에 잠기지 않는 영적 실체라는 개념을 받아들였다. 이븐 시나에게 "물질에 잠기지 않는다"는 말은 존재론적으로 별개의 것이라는 것을 의미했고 아퀴나스에게 "물질에 잠기지 않는다"not immersed in matter"는 말은 영적 실체로서 초월적인 물질transcending matter을 의미했으나 존재론적으로 물질과 별개의 것이 아니었다(p.203). 이븐 루쉬드로부터 아퀴나스는 두 개의 존재론적으로 별개의 대상subjects을 가질 수 없다는 것을 배웠다. 혼이 물질에 잠기지 않는 영적 실체라는 것과 혼이 몸의 형식(형상)이라는 것을 인정하면 지적 작용은 인간에게 내재하는 것이라고 본 것이다. 게다가 혼이 영적 실체라는 것을 인정함으로써 아퀴나스는 혼의 불멸을 주장하는 가톨릭 교리를 보호할 수 있었다(p.204). 아퀴나스는 이븐 시나와 이븐 루쉬드의 입장을 분석하고 종합하여 질료 형상론을 다시 만들었다. 질료 형상론의 재구성을 제외하고 아퀴나스는 의도하는 형상들이 물질적인 대상들로부터 번식된다는 것을 동의한다는 점에서 대부분 이븐 시나와 이븐 루쉬드의 견해에 동의했다(p.204). 이븐 시나와 이븐 루쉬드로부터 배운 것을 종합한 결과, 아퀴나스는 지적 작용을 인간 속에 내재하고 있는 것으로 만들려는 시도를 하였으나 인간 지성에 대한 이븐 시나와 이븐 루쉬드의 개념에서 이들이 잘못한 것을 아퀴나스가 피하려고 했다(Max Herrera, Arabic Influences in Aquinas's Doctrine of intelligible Species, Marquette University, 2010, 227-228).

19_ 공일주, 이슬람의 수피즘과 수쿠크, 32.

간에게 지성aql이 있어서 인간이 사용하는 지성intellect은 위험을 방어하는 도구로 사용되지만 지성은 절대로 우주적인 진리haqq로 인도하지 못한다고 했다. 수피들은 지성이 항상 변하므로 신을 인지할 수 없다고 믿는다.

나프스는 자아ego와 그것의 기질들로 구성되어 있다. 그런 기질을 만족시키려고 자아를 인도하는 것은 지성이다. 수피들은 모든 인간에게는 나프스를 가지고 있다고 보고 일상생활의 기능에서 그것을 활용한다고 믿는다. 일부 사람들은 그들의 지성에 의하여 지배되지만 대부분의 사람들은 나프스에 의해 지배되고 다스려진다고 했다. 그런데 마음heart의 단계에서 인간의 완전함까지 모든 프쉬케psyche의 단계에서 지성이 항상 루흐에게 봉사한다고 믿었다. 수피에게 인간의 프쉬케는 실재reality(신 혹은 진리)의 지식을 얻고 마음의 수준에 도달하기 위하여 나프스의 단계를 뛰어넘어야 한다.[20]

나프스(자아) ⇔ 마음 ⇔ 루흐

나프스의 기질tendancy들 중의 하나는 자아를 만족시키고 끝없는 욕심을 갖게 한다. 나프스는 탐욕, 교만, 질투, 화를 잘 냄, 악의 등 나쁜 성질을 갖게 한다. 나프스는 맑은 물로 나타나지만 누군가가 휘저으면 흙탕물이 된다. 나프스는 화나게 하거나 출구를 발견하면 표출된다. 나프스에게 끌린다는 말은 신을 반대하고 있다는 말이다. 수피에게 나프스는 신을 가리우는 것이다. 인간이 나프스에 사로잡혀 있으면 인간은 신을 발견하지 못하거나 신도 인간에게 드러내지 않는다. 수피 루미는 나프스가 인간에게 유순하게 다가와서 뱀이 되어 인간을 놀라게 한다고 했다. 그런데 그런 '용dragon'을 알아차리기가 쉽지 않다고 하면서 그런 용을 살해하는 것은 수준이 높은 마깜(발견하고 습득한 것)에 있는 무

20_ Mahnaz Anissian, Eros in Sufism: Journey to Mystical Love, Pacifica Graduate Institute, 2005, 88-89.

사mūsā와 같은 사람이 필요하다고 했다. 인간은 자신의 옛 자아로는 그런 용을 볼 수 없다고 했다. 그런 용을 죽이기 위해서는 옛 쓰레기의 마음과 생각을 깨끗하게 해야 한다고 했다.[21] 격정과 욕정passion은 나프스를 움직이는 추진력이고 수피에게 자아ego는 인격personality을 움직이게 하는 추진력이다. 수피들은 욕정은 나프스에 의해 지배를 받고 자아는 나프스와 지성의 지배를 받으며 믿음belief은 지성의 영향을 받고 나프스는 지성에 영향을 주지 못한다고 했다. 자아가 나프스의 일부라고 생각한 일부 수피들은 사탄과 나프스가 같다고 했다. 자아는 나프스와 지성의 도움을 얻어 이기적이고 자기 본위egocentricity의 사람이 되게 한다. 그런데 수피 쉐이크의 도움으로 마음이 깨어 있으면 자아는 마음의 영향 하에 놓인다. 수피즘에 의하면 인간의 나프스를 훈련하려면 자신의 욕구를 반대하거나 억누르지 말고 그 욕구를 격퇴해야 한다고 했다. 그래서 나프스와 싸운다는 말은 욕심을 격퇴하고 비난받는 행동에서 칭찬받는 행동으로 바꾸는 것을 의미한다. 나프스는 프쉬케의 낮은 자리에 위치하므로 파괴되지 않는다. 나프스가 가장 높은 단계를 통과하면 마음 단계에 도달한다. 마음은 루흐(하나됨의 영역, Unity)와 나프스(다수의 영역) 사이에 놓여 있다. 마음이 더 낮은 단계에 있는 나프스에 의하여 지배되면 나프스에 의하여 그늘지고 어두워진다. 나프스는 다수를 원하고 루흐는 하나됨을 추구한다.[22]

수피들은 육적인 마음과 정신적인 마음을 구별한다(Nurbakhsh, 1992). 육적인 마음은 동맥과 정맥 사이의 변화를 규제하고 통제한다. 정신적인 마음은 루흐의 약한 영향력과 나프스의 강한 영향력 사이에서 왔다 갔다 한다. 깔브(심장, 마음)가 의미한 것처럼 정신적인 마음은 그 근원으로 되돌아간다. 육적인 마음은 동맥으로 피를 보내고 정맥의 피를 받아 몸을 깨끗하게 한다. 정신적인 마음은 나프스의 더러워진 기질을 정신적인 기질로 바꾸어 깨끗하게 한다. 정신적인 마음은 프쉬

21_ 위의 책, 92.

22_ 위의 책, 105.

케23의 약한 실체와 나프스의 강한 특성 사이의 중간에 있다. 육적인 마음(심장)은 인간의 육체적인 생활에 필수적인 부분이다. 상처를 입으면 아프고 일하기를 멈추면 죽는다. 이런 관계는 정신적인 마음과 정신적인 생활 사이에도 존재한다. 정신적인 생활이 프쉬케의 기질로 피해를 받으면 프쉬케가 아프다. 나프스에 의하여 압도당하면 정신적인 생활은 끝난다. 육적인 마음은 우리 몸의 중심에 있기 때문에 육적 마음(심장)이라고 불리고 정신적인 마음은 프쉬케의 발달 과정에서 나프스와 루흐 간에서 중심적인 역할을 하므로 정신적인 마음이라고 불린다. 누르바크쉬는 육적인 마음이 몸의 활동을 계속 유지하는 것과 마찬가지로 정신적인 마음은 프쉬케를 규제한다고 했다. 마음이 깨끗하게 되면 마음이 신적 실재divine reality가 나타나는 장소가 된다.

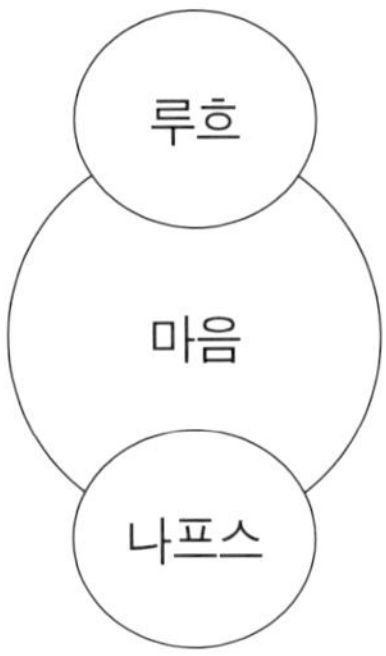

23_ 일반적으로 사전에서 프쉬케는 혼soul, 혹은 정신mind을 가리키고 인격체personality를 가리킨다. 꾸란과 이슬람에서 루흐와 나프스는 성경과 개념이 다르다. 구약에는 인간의 여러 부분의 명칭인 레밥lebab, 네페쉬nefesh, 루아흐ruah, 바샤르bashar 그리고 신약에 나오는 소마soma, 프쉬케psyche, 사르크스sarx, 프뉴마pneuma, 조에zoe 등이 나오는데 오늘날 기독교인들은 인간이 살아 있을 때는 인간이 이런 여러 부분들의 통합unity이라고 말하고 죽었을 때는 둘(몸과 영혼)로 나뉜다고 생각한다. 성경에서 레밥은 단 한 번 짐승의 가슴(욥 41:24)을 나타내고 26번은 하나님의 마음heart을 그리고 814번은 인간의 마음heart을 가리켰다. 레밥과 거의 유사한 단어로는 신약에서 카르디아가 있다. 레밥은 흉곽, 감정의 자리, 욕망desire의 자리, 정신mind, 영spirit을 나타내고 네페쉬는 호흡, 활력, 욕망, 프쉬케, 혼, 몸, 인격체person 등을 가리킨다. 그런데 구약의 네페쉬는 프쉬케와 동일하지 않지만 주로 프쉬케로 번역되었고 영어로는 self(자아, 자신) 혹은 사람 전체entire person로 이해했다. 레밥과 네페쉬가 욕망desire을 포함하는데 레밥은 욕망의 내적인 충돌을, 네페쉬는 욕망의 외적인 표현을 가리킨다.

마음은 신적 존재의 모든 것을 담아내는 수용력을 갖는 거울과 같다고 했다. 마음은 나프스에 의하여 지배를 받고 사랑이 나프스를 마음에서 쫓아내면 마음은 루흐의 영향을 받는다[24](누르바크쉬, 1992). 마음은 루흐가 자신을 설립한 장소이다. 루흐는 신적인 빛을 증거하는 마음의 단계level이다. 여기서는 베일이 없이 신적 현시가 나타난다. 이 단계에서 프쉬케가 신적 속성으로부터 생명을 얻는다. 마음이 신적 신비sirr의 장소가 될 때 루흐의 단계에서 마음이 루흐로 바뀐다. 루흐의 단계를 통과하면 내적 의식sirr의 단계에 도달한다. 이 단계는 묵상의 장소(슈후드)이다. 신으로부터 내적 의식으로 흘러 들어가는 속성의 발견은 루흐에 의하여 인식된다. 내적 의식은 루흐보다 더 감지하기 어렵고 루흐는 마음보다 더 고귀하다. 이 단계에서 사랑하는 사람의 내적 의식은 신적인 신비를 증거한다. 내적 의식은 신에게만 분명해진다. 피조물에게 분명해진 것은 내적 의식이 아니다. 이 단계가 사랑하는 자와 사랑받는 자 간에 비밀스런 상태이다. 인간 프쉬케의 진보가 완성되는 것은 가장 내밀한 의식sirr al-sirr이다. 내적 의식의 단계는 사랑하는 자와 사랑받는 자가 의식하게 되는 단계이지만 가장 내밀한 의식의 단계에서는 사랑하는 자는 의식이 없고 사랑받는 자만이 의식이 있는 단계이다.

수피즘의 심리학에서 루흐, 나프스, 깔브 등 세 가지가 중요한 어휘들이었다.[25] 수피즘의 심리학에서는 나프스와 마음qalb, heart이 자주 등장한다. 그러나 이 중에서 수피들에게 가장 중요한 개념은 마음qalb이고[26] 마음은 수피 인식론과 심리학에서 중요개념이다. 결국 나프스

24_ Javad Nurbakhsh, The Psychology of Sufism: Del wa Nafs, London: Khaniqahi ni'matullahi publications, 1992.

25_ 무함마드 아즈말은 나프스를 다음 네 가지로 나누었다. (1) 알나프스 알하야와니야 al-hayawaniyyah: 동물적인 나프스, 자연의 자극에 수동적이다. (2) 알나프스 알암마라 al-ammarah: 명령하는 나프스, 격정과 자아의 나프스이다. (3) 알나프스 알라우와마 al-lawwamah: 비난하는 나프스. 자신의 불완전함을 깨닫는 나프스이다. (4) 알나프스 알무뜨마인나al-mutma'innah: 평안의 나프스 그리고 루흐에 재결합하는 나프스이다.

26_ 수피들 중에는 깔브(마음), 푸아드(내적 마음) 그리고 룹브(lubb, 지성)를 서로 구분하기도 하였다.

와 마음 그리고 루흐는 서로 연결되어 있어서 이들을 서로 구분하기가 쉽지 않다.27

성경에서는 요한 복음 4:24에서 "하나님은 영이시니 예배하는 자가 영과 진리로 예배할지니라"고 하면서 하나님이 영이라고 언급했는데 꾸란은 알라가 영이라고 하지 않는다. 베드로 전서 3:4에서는 '마음에 숨은 사람'을 혼soul 혹은 내적 자아inner self라고 했다. 창세기 2:7에서 "여호와 하나님이 땅의 흙으로 사람을 지으시고 생기를 그 코에 불어넣으시니 사람이 생령living soul이 되니라"고 하였는데 여기서 살아 있는 혼(생령)은 히브리어 네페쉬nefesh에서 온 말이다. 이 성경 구절에 따르면 인간 실재reality는 몸과 혼이 분리되는 것이 아니라 혼의 전체, 즉 살아 있는 혼은 물질matter+하나님의 영God's Spirit이라고 한 것이다.28

그리고 히브리어 성경을 그리스어로 번역한 유대인 번역사들은 네페쉬의 가장 적절한 그리스어는 프쉬케psyche라고 생각했고 프쉬케는 생명life과 혼soul 둘 다를 의미한다고 했다. 결론적으로 성경의 문맥으로 보면 혼soul은 살아 있는 존재living being를 의미했다. 그런데 미국에서 심리 치료사들 중에는 수피 무슬림들이 있다는 것이다. 그들 중에 린 윌콕스Lynn Wilcox는 30년 이상 혼인과 가족 치료사로 일했는데 그녀는 현재 캘리포니아 주립 대학California State University의 교수로서 상담과목 등을 가르치고 있다. 그녀는 이슬람 수피즘을 받아들이면서 자신이 수피가 된 것은 '개종의 문제가 아니고 체험의 문제'라고 했다. 그녀가 심리 치료사였기 때문에 환자들은 자신의 신앙과 이력을 스스럼없이 그녀에게 말해 주었고 그녀는 쉽게 환자들에게 치료사로서 수피즘을 제시하였고 1996년 그녀는 수피 심리학 학회Sufi Psychology Association 회장이 되

27_ 일부 이슬람학자들은 인간의 혼soul이 이해력과 관련되면 그것을 지성(아끌)이라고 부르고 인간의 혼이 몸을 지배하면 그것을 나프스라고 불렀다. 그리고 인간의 혼이 직관적인 조명을 받는 일에 관여하면 그것은 깔브(마음)라 불리고 자신의 추상적인 실체로 되돌아가면 그것은 루흐라고 불리었다(공일주, 이슬람의 수피즘과 수쿠크, 123).

28_ Jeffrey H. Boyd, Affirming the Soul, Connecticut: Soul Research Institute,1994, 9.

었다. 이것은 수피즘이 심리학과 만나는 한 예를 보여 준 것인데 이슬람의 나프스가 성경의 영혼의 개념과 다르다는 것을 알면 기독교의 영성과 크게 다르다는 것을 알 수 있다.[29]

아랍의 철학과 신학

철학의 메타피직스(형이상학)가 아랍 수피들에게 크게 영향을 주었다. 사실 수피즘은 무타칼리문의 메타피직스의 덫에 걸려들었기 때문이다.[30] 그러므로 우리가 아랍 철학자들이 아리스토텔레스와 그리스 철학을 어떻게 받아들였는지를 알면 수피즘과 이슬람신학을 이해하는 데 큰 도움이 된다. 또 이슬람초기 무슬림들이 비칼케돈 교회들인 이스턴 정교회와 자주 만나면서 기독교의 정설이 아닌 단싱론자들나 그 밖의 견해들이 이슬람에 들어오게 되었고 초기 무슬림 꾸란 주석가들이 이를 널리 활용하였다. 무함마드가 632년에 사망한 후 100년도 안 되어 군사적인 정복은 동으로는 인도에서 서로는 북아프리카와 스페인에 이르렀다. 이런 이슬람 제국의 확장으로 다양한 종교적 지적인 커뮤니티가 무슬림 통치하에 이뤄지고 있었다. 그 결과 이슬람은 유대교, 기독교, 조로아스터교의 신학들, 인도 사상, 그리스와 헬라의 지식과 만나게 되었다. 그리고 무슬림들에게 신학, 변증학, 철학이 융성하기 시작했다. 무슬림들은 꾸란 교리의 해석을 위하여 철학적인 견해와 논리를 사용하였다.

이슬람 종교와 그리스 철학이 만나서 이슬람 철학을 낳았다. 무슬림들은 플라톤, 아리스토텔레스, 신플라톤주의자 등의 가르침을 비평하고 발전시키고 또는 논평하고 그들의 가르침을 보존하기도 했다. 무슬림들은 이슬람 교리와 그리스 철학적 개념 간의 관계를 찾고 있었다.[31] 이슬람 철학의 발달 중심에는 원래 그리스어로 쓰인 아랍어 번역

29_ 공일주, 이슬람의 수피즘과 수쿠크, 서울: CLC, 2011, 186-192.

30_ 위의 책, 52.

서들이 있었다. 이스턴 교회의 기독교인들은 그리스의 철학적이고 과학적인 전통을 보존했다. 무슬림 정복시기에 그리스 학문의 중심지가 메소포타미아, 시리아, 이집트에 있었다. 번역가들의 대부분은 네스토리아 파 기독교인과 야곱파 기독교인이었다. 이들은 압바시야 조 초기(800년경)에 활동을 시작하여 약 200년간 지속하였다. 이들 번역서들의 일부는 그리스어로 된 책에서 직접 번역했지만 사실 대부분의 번역은 시리얀 어syriac 본을 중간 매개로 하였다. 다시 말하면 그리스 학문이 시리얀어를 통하여 번역되었다는 것이다.[32] 이 말은 이슬람의 학문들이 초기에는 시리얀어(예수 이후의 아람어)를 거쳐서 아랍어로 번역되었다. 그런 점에서 오늘의 아랍 이슬람학은 아람어와 그리스 철학을 알아야 한다는 것이다. 번역 사업은 산발적으로 이뤄졌으나 바그다드에서 칼리파 알마으문(813-833 재위)과 알무으타심(833-842재위) 그리고 알무타왁킬(847-861 재위) 때 장족의 발전을 하였다. 830년 알마으문은 지혜의 집(번역청)을 세웠는데 그 안에는 도서관, 아카데미, 번역사들의 주거 장소가 되었다. 이 시기에 가장 중요한 번역가로는 후나인 븐 이스학(809-873)과 그의 아들 이스학이다. 그리스어를 알았던 후나인은 많은 책들을 시리얀syriac어로 번역하였다. 그리고 이들 책들은 이스학과 다른 번역사들에 의하여 다시 아랍어로 번역되었다. 하란Harran 땅에서 또 다른 번역학교는 수학과 천문학에 대한 책들이 아랍어로 번역되었다. 이 학교는 사비교sabian의 학교였는데 책임자는 사비트 븐 꾸라Thabit ibn Qurrah(836-901)이었다. 10세기에 또 다른 번역학교가 생겨났는데 이때는 야곱파 기독교인들이었다. 그리스어를 모르던 이들은 이전의 시리얀어로 된 책들을 아랍어로 번역했고 그들의 선임자들의 아랍어 번역에도 의지했다. 가장 널리 알려진 번역사로는 네스토리아 파의 아부비쉬르 맛타Abu Bishr Matta와 야곱파 기독교인 야흐야 븐 아디Yahya ibn

31_ Arthur Hyman and James J. Walsh, Philosophy in the Middle Ages, Indianapolis: Hackett Publishing Company, 1973, 204.

32_ 위의 책, 204.

'adi(893-974)이었다. 아랍어 번역은 대체로 정확했고 문체의 우아함보다는 문자적literalness으로 번역했다. 이들 번역서들은 후기 헬레니즘hellenistic 학교들에서 학습되었다. 아리스토텔레스 저서들 중에는 대화록dialogue과 정치학politics을 빼고는 모두 번역되었다. 플라톤의 책들 중에는 티마이오스timaeus(대화편), 공화국republic, 법률laws 등이 있었다. 그리고 많은 책들이 신플라톤주의를 대변했는데 그 중에는 『아리스토텔레스의 신학』이란 책도 있었다. 당시 헬레니즘 학교에서는 플라톤과 아리스토텔레스의 저서들이 절대적인 것으로 인정되고 있었기 때문에 아랍 무슬림들 중 아리스토텔레스 파Aristotelian들도 이들 책들을 그대로 받아들였다. 아랍어 번역서들이 그리스 학문을 기독교와 유대교 세계에 전달하는 데에도 기여했다.[33] 초기 이슬람 종파 사이에서 논란이 되었던 것들 중의 하나는 결정론determinism과 인간의 사유에 대한 철학적 토론이었지만 이슬람 철학은 변증법적dialectical 신학자인 무타칼리문mutakallimun과 그 시작을 같이했다. 무타칼리문은 여러 그룹으로 나뉘었는데 그 중에 무으타질라파와 아쉬아리 파가 가장 중요했다. 무타칼리문은 경전의 개념을 설명하거나 경전 텍스트에서 분명하게 불일치가 된 난제를 해결하기 위하여 철학적 논지argument를 사용하였다. 철학적인 체계를 세우기보다는 철학적 논지를 꾸란주석에 사용하는 데 더 많은 관심을 가졌다. 무슬림 주석가들은 그들이 필요한 부분에서 아리스토텔레스, 플라톤, 신플라톤, 스토아, 에피쿠르스 개념에 의존하였다. 무슬림들의 철학적인 견해는 그리스철학자들의 내용을 취사선택하는 방식을 취했던 것이다. 알파라비는 아리스토텔레스 학설에 대하여 그 나름대로의 해석을 하였다. 그는 지성을 논할 때 아리스토텔레스가 4가지 의미로 말하고 있다고 생각했다.[34] 아랍 철학자 알파라비는 인간은 본성상 정치적이라고 하였고 인간은 본성상 평등하지 않다고 했다.

무으타질라파는 그들의 기원이 8세기 말인데 특정 종교적인 문제

33_ 위의 책, 205.
34_ 위의 책, 212-213.

를 해결하는 데 그리스 철학 사상이 어떻게 도움을 줄 수 있는지를 발견하기 위하여 바그다드와 바스라의 학자들이 이 부분을 논의하기 시작했을 때 무으타질라파가 시작되었다. 무으타질라파 교리는 알마으문 통치 기간 동안에 공식적인 교리가 되었고 그 교리들을 받아들인다는 확약으로서 무으타질라파의 사람들을 공직에 등용하였다. 다섯 개의 무으타질라 파의 교리들 중에 3개는 신학적인 교리이고 2개(신적 단일성과 정의)는 철학적인 관심을 반영하였다. 알라Allah의 단일성에 대한 탐구는 알라가 어떻게 하나인가 그리고 어떻게 여러 속성으로 표현되는가를 보여주기 위한 시도에서 출발하였다. 그리고 신적 정의에 대한 연구는 알라가 어떻게 전능한가와 인간의지가 자유롭다는 것을 보여주기 위한 목적이었다. 그래서 무으타질라파를 단일신과 정의unity and justice의 사람들로 불리어졌다. 무으타질라 파는 세상의 창조를 증명하였는데 그 입증을 위하여 기독교인 신플라톤주의자neoplatonist들에게 빚을 지기도 했다. 무으타질라파는 유대인들 중에 추종자를 가졌고 기독교 사상에는 간접적으로 영향을 끼쳤다.[35] 무으타질라처럼 아쉬아리파도 꾸란 교리에 대한 철학적인 설명을 추구하였고 이들의 견해가 이슬람 정통 사상에 더 가까웠다. 아쉬아리파의 창시자는 알아쉬아르(873-935)이다. 그는 원래 무으타질라파이었는데 알라는 세상에서 일어나고 있는 모든 일의 직접적인 원인cause인 것을 의미하는 알라의 전능성을 강조하였다. "왜 이런 일이 일어났지?"에 대한 대답으로 "그렇게 일어난 것은 알라의 뜻이었다"고 답했다. 이슬람 사상은 플라톤, 신플라톤주의 그리고 아리스토텔레스의 철학을 받아들이면서 점차 철학적인 내용이 가미되었다. 무슬림들이 신플라톤의 자료neoplatonic sources를 통하여 플라톤의 견해에 대한 지식을 얻었기 때문에 초기 무슬림들은 플라톤의 견해들과 신플라톤주의자들 간의 차이를 구별하지 못했다. 또 초기 무슬림들이 알았던 아리스토텔레스의 가르침이 핼레니즘 학교들

35_ 위의 책, 206.

을 통하여 전달되었기 때문에 무슬림의 아리스토텔레스 파Aristotelianism는 신플라톤의 가르침과 섞였다. 그래서 신플라톤의 영향의 정도를 연구하는 것이 무슬림들의 아리스토텔레스 파의 연구에서 특별히 중요한 문제가 되었다. 플라톤식-신플라톤식 저술을 통하여 무슬림들은 신이 한 분이라 것과 신은 부정적인 속성에 의하여 가장 적절하게 묘사된다는 것, 또 혼soul은 본질substance이고 이해의 마지막 행위는 일종의 조명이라는 플라톤식-신플라톤식의 전형적인 교리와 익숙하게 되었다. 플라톤주의platonism는 무슬림 정치사상의 중심이 되었고 아리스토텔레스의 정치학이 존재하지 않아서 무슬림 사상가들은 플라톤의 『공화국』과 『법률』에서 정치학 이론의 근거로 삼았다.

무슬림 철학자들 중에서 첫 아리스토텔레스 파는 알킨디(800-870)인데 바그다드의 알마으눈과 알무으타심 궁정에서 일하였고 아랍인들은 그를 '아랍인들의 철학자'라고 부른다. 그는 아리스토텔레스 파로서 철학을 독립된 과목으로 배워야 한다고 했고 메타피직스(형이상학)와 논리학에 대한 책도 썼다. 그 다음으로 중요한 철학자는 라틴 사람들에게 라세스Razes로 알려진 알라지al-Razi(923혹은 932년 사망)이다. 그는 아리스토텔레스를 반대한 플라톤을 옹호했고 철학과 종교가 조화될 수 없다고 주장했으며 인간의 지성intellect이 적절하게 사용되면 모든 인간적인 필요에 아주 충분하므로 예언자들이 필요 없다고 생각했다.36 이슬람 세계의 동부에서는 아리스토텔레스 파가 알라지와 동시대 철학자 알파라비alfarabi(870-930)와 함께 계속되었고 이븐 시나(Avicenna 980-1037)에서 최고점에 이르렀는데 아리스토텔레스파를 신랄하게 비판한 알가잘리al-ghazali(1058-1111)가 그 바통을 이어받았다. 아리스토텔레스에 이어 두 번째 스승으로 알려진 알파라비는 많은 아리스토텔레스의 저서들에 대하여 논평을 쓰고 플라톤과 아리스토텔레스 학설doctrine에 대한 해설을 썼다. 알파라비는 870년경에 태어나 쿠라

36_ 위의 책, 207.

산에서 공부하고 나중에 바그다드에서 기독교인 아리스토텔레스 파들과 만났다. 그의 스승들 중에는 알렉산드리아 학교의 교육에 정통한 네스토리아 기독교인 유한나 이븐 하일란Haylan이 있었다.[37] 그의 정치적 이론은 무슬림과 유대교 사상에 가장 탁월한 공헌을 하게 되었다. 그의 무슬림 후학들 중에 그의 가르침에 영향을 받지 않은 사람은 없었고 유대인 사상가들도 그를 크게 존경했는데 그 유대인들 중에 마이모니데스Maimonides가 있다. 기독교 세계는 그의 저서들의 일부를 라틴어 번역으로 접하게 되었다.[38] 그의 정치적인 저서들은 별로 관심을 끌지 못했는데 그 이유는 그가 이븐 시나와 이븐 루쉬드의 빛에 가려졌기 때문이었다. 알파라비의 신에 대한 설명에서는 신은 신플라톤적인 <하나>Neoplatonic One와 동일시되었다. 그리고 신 안에 모든 속성들이 신의 본질essence과 동일시되었다. 신은 무형의, 순수한 지성pure intellect이고 존재하는 모든 것의 창조주이다.[39] 알파라비 철학에서 더 충분하게 발전된 면은 지성intellect에 대한 그의 학설이었다.

이븐 시나에서 동부의 철학이 최고점이 이른 다음에 이슬람 세계의 서부에서는 스페인과 북아프리카에서 신플라톤주의가 팽배했다. 스페인에서는 알파라비의 영향이 이븐 시나보다 더 강했다. 이븐 시나는 어느 의미에서 첫째가는 메타피지션(형이상학자)이었다. 아프난Afnan은 플라톤의 메타피직스의 중심요소가 이데아의 이론이라면 그리고 아리스토텔레스 파의 메타피직스 이론이 잠재력과 실재의 학설이라면 이븐 시나의 메타피직스는 존재being로서의 존재를 연구하는 것이라고 했다. 이븐 시나에 의하면 '존재being'는 정신mind이 획득하는 첫 번째 개념이었다.[40] 이븐 시나에 의하면 신은 세상과 동시에 존재한다. 신은 자신의 본성의 필요 때문에 세상을 만든다. 이븐 시나는 꾸란의 창조 개념을

37_ 위의 책, 214.
38_ 위의 책, 211.
39_ 위의 책, 212.
40_ 위의 책, 234.

설명하는데 이런 생각을 합법적인 해석이라고 간주하였다. 그러나 알가잘리는 이것이 꾸란의 가르침과 위배된다고 이븐 시나의 창조개념을 거부했으나 이븐 루쉬드는 그것을 신학적인 고려에 양보하는 것이라고 보았다. 이븐 시나는 부카라(현재의 우즈베키스탄의 지명)에서 980년에 태어났고 꾸란, 아랍 문학, 이슬람 율법, 논리학, 수학을 공부하고 나서 자연과학과 메타피직스를 공부했다. 그는 스승들을 뛰어넘어 이런 분야의 많은 부분을 독학하였고 의사이면서 철학자였다.

알가잘리는 알파라비와 이븐 시나가 형성시켜 놓은 아리스토텔레스의 학설의 일부를 반박하였다. 『철학자들의 조리가 맞지 않음』이란 그의 책에서 본격적으로 그들의 철학을 반박하였다. 이븐 루쉬드는 『모순의 모순』이란 책에서 그 뒤에 오는 철학자들의 사례를 언급했다. 알가잘리의 비평은 단순히 철학 연구에 대한 경건한 공격이 아니라 철학이 할 수 있는 일과 철학이 할 수 없는 일을 보여주기 위한 합리적인 시도였다. 비평의 일환으로 알가잘리는 많은 철학적인 개념들을 면밀히 조사하였다. 알가잘리는 페르시아의 뚜스에서 태어나 1077년 니샤푸르에 가서 당대의 위대한 신학자 알주와이니에게서 공부했다. 1085년 그의 스승이 죽고난 뒤 그는 니잠 알물크의 초청을 받아 두 명의 셀죽 술탄의 재상이 되었고 1091년에는 그의 재정 후원자가 알가잘리를 바그다드의 니자미야 학교에서 일하도록 했다. 1095년 그가 신체적으로 더 이상 강의할 수 없었을 때 정신적인 위기를 겪었다. 그때 그는 '혼의 안녕'에 관심을 갖게 되었고 그 다음 11년간을 시리아에서 보냈다. 그가 바그다드를 떠날 때 그의 직책과 재산을 버리고 그는 가난한 수피가 되었다.[41]

신플라톤의 첨가물에서 아리스토텔레스 학설을 깨끗하게 하기 위한 것이 스페인의 아리스토텔레스파의 학문의 경향이 되었다.[42] 서부에서 가장 중요한 아리스토텔레스 파는 이븐 밧자Ibn Bajjah (Avempace,

41_ 위의 책, 266.
42_ 위의 책, 208.

1070년경-1138년)이었고 그의 고립 명상 이론이 이븐 뚜파일Ibn Tufayl (1100-1184)에게 영향을 주었는데 이븐 뚜파일 역시 스페인의 아리스토텔레스 파이었다. 스페인에서 아리스토텔레스 학문은 이븐 루쉬드 Averroes에 이르러 절정에 달했다. 그는 아리스토텔레스 저서에 대한 위대한 주석가이었다. 이슬람 세계에서는 이븐 루쉬드에 이르러 아리스토텔레스파가 실질적으로 종식되었고 그는 유대인과 기독교인 제자들을 얻기도 했다. 이븐 루쉬드는 이븐 시나가 주장하는 것의 일부를 비평하였다. 세상 안에 존재하는 실체substance를 분석하면서 이븐 시나는 존재론적으로 본질이 존재existence보다 앞서고 존재가 본질에 뭔가를 보태게 되므로 본질과 존재를 구별하였다. 이런 이븐 시나의 구별을 거부한 이븐 루쉬드는 정신mind이 그들 안에서 본질과 존재를 구별할 수 있다고 하지만 존재론적으로 말하면 이 둘은 하나라고 주장했다.[43] 이븐 루쉬드는 정치와 종교에 대한 글을 썼는데 알파라비와 다른 무슬림 아리스토텔레스파의 발자국을 따랐다. 그의 성향은 플라톤식이었고 다른 무슬림 아리스토텔레스파와 함께 이상적인 국가라는 플라톤의 개념을 받아들였으나 그는 예언자-입법자를 통하여 그것이 이뤄진다고 덧붙였다.[44] 이븐 루쉬드는 스페인 코르도바에서 법학자의 가문에서 태어났다. 그가 은퇴하여 1198년 그가 죽을 때까지 모로코의 마라케쉬에서 살았다. 이븐 루쉬드의 대부분의 저서들은 아리스토텔레스의 저서들을 주해한 것이었다. 이들 주해서는 아랍어 원본, 히브리어 번역본과 라틴어 번역본으로 전해 내려오고 있다. 이상과 같이 아랍 철학자들이 그리스철학의 영향을 깊이 받아서 이슬람의 신론, 창조론 등 신학적인 주제와 꾸란 주석에 그리스철학을 이용하였다는 것을 알 수 있고 기독교와 유대교를 믿는 사람들과도 상호 관계가 있었다는 것을 알았다.

43_ 위의 책, 293.
44_ 위의 책, 295.

4. 아랍의 기독교

성경 속의 아랍인

흔히 아랍인들은 자신들이 이스마일(이스마엘)의 자손이리고 한다. 그러나 성경을 보면 아랍인들은 이스마엘의 자손이거나 그두라의 자손이거나 이삭의 자손들과의 혼혈한 사람들이기에 오늘날 아랍인들이 반드시 이스마일의 자손이라고 할 수 없다. 예레미야 25:24에서 아라비아라는 말이 처음 등장하고 이들이 아리비아 반도 북부에 거주한 것으로 보인다. 게달은 시리아 사막지역에 살았고 느바욧과 데마는 사우디아라비아에 살았으며 아브라함의 처 그두라의 자손 중 스바는 예멘(또는 예멘과 에티오피아와 에리트리아)에 그리고 미디안은 요르단의 남부와 사우디의 서남단에 살았다(대상 1:29-33). 결국 이스마엘 자손들은 요르단 강 동편으로 나와서 오늘의 아랍인들의 땅에 살고 있었다. 그들이 모든 형제들의 앞에서(창 16:12;창 25:18절 참조), 즉 동방에서 살았다. 이삭이 이스마엘과 공존할 수 없어 이스마엘과 같은 동네에 사는 것보다는 이삭의 거주 영역 밖에서 하나님의 보호를 받는 것이 거주 지역 안에서 경쟁하는 것보다 낫다고 보았다. 그래서 이삭과 떨어져 있었다. 이스마엘과 이삭이 아버지를 장사지내고(창 25:9) 이삭이 하갈의 성지인 브엘라해로이에서 살았으며(창 25:11, 24:62), 부모를 기쁘게 하기 위해 마할랏과 에서가 혼인(창28:9)하였다. 더구나 요셉의 생존에 이스마엘 자손의 역할(창37:25-30)이 있었던 것을 보면서 성경은 이삭과 이스마엘 자손이 지역은 달라도 서로 교류하고 살았다는 것을 보여준다. 다윗의 누이 아비갈이 이드라와 혼인하였고 이스마엘 사람 이드라의 아들 아마사를 이스라엘의 군장으로 삼았으며(삼하 17:25, 왕상 2:32) 다윗의 내각에는 이스마엘 자손 오빌이 약대를 맡았고 하갈의 자손 야시스는 양떼를 맡았다(대상 27:30).

그러나 아브라함의 상속은 이삭에게로 정해져 있었다(창12:7, 13:15,17:10-14). 바울은 구약의 예언적 메시지(이사야 42; 6, 11; 60장 1, 6,7)를 알고 있었다. "나 여호와가 의로 너를 불렀은즉 내가 네 손을 잡아 너를 보호하며 너를 세워 백성의 언약과 이방의 빛이 되게 하리라"(이사야 42:6). 그래서 바울은 예수 그리스도를 이방에 전하기 위하여(갈 1:15) 오직 아라비아로 갔다가 다시 다메섹으로 돌아갔다(갈1:17). 성경은 그리스도를 믿어 의롭다 함을 얻은 자들이 아브라함의 씨라고 하였다. 그리스도를 믿는 자는 아브라함의 영적인 씨(갈 3:29)가 된다. 갈라디아서 3장 16절과 19절에서 바울은 그리스도가 아브라함의 씨라고 했다. 의롭다 함을 얻는 것은 오직 그리스도를 믿는 믿음으로만 가능하다. 그리고 믿음으로 의롭다함을 얻은 자는 아브라함에게 주신 약속을 상속받는다(갈 3:6-9). 그리스도 예수 안에 있으면 그리스도께 속한 자요 그리스도께 속한 자는 아브라함의 영적인 씨가 된다. 예수 그리스도를 믿음으로 하나님의 자녀가 되고(갈 3:26), 믿음으로 하나님이 아브라함에게 약속하신 복을 상속한다(갈 3:9). 예수 그리스도를 구주로 믿는 자는 아브라함의 영적 자손이 되어(갈3:7) 아브라함에게 약속하신 복을 상속한다. 아브라함과 그의 후손이 상속자가 되리라고 한 약속은 오직 믿음의 의로 말미암기 때문에 예수 그리스도의 보혈의 피가 없으면 안 된다. 예수 그리스도를 믿는 믿음으로 말미암아 의롭다 함을 얻어야 하나님 나라에 들어갈 수 있기 때문이다. 너희가 성령으로 거듭나지 아니하면 하나님 나라를 볼 수 없다고 하였다(요 3:3). 유대인들은 아브라함(이브라힘)의 아들이 이삭이고 이삭의 아들은 야곱이며 이 같은 언약의 합법적 상속을 믿고 하나님이 아브라함에게 약속한 것을 상속받는 것으로 믿는다(창 17:20-22; 22:16-18; 27:1-45; 49:1-12). 그러나 성경은 예수 그리스도를 믿는 믿음과 영적 입양을 통하여 아브라함의 자손(갈 4장;롬 8장)이 된다는 것을 분명히 한다.

전통교회란 무엇인가?

교회사에서 451년 칼케돈 공의회로 동방교회가 서방교회와 분열의 실마리를 갖게 된 이후 드디어 506년 서방교회와 전연 다른 노선으로 간 동방교회[45]는 아르메니아 교회(아르메니아지역), 콥트 교회[46](이집트지역), 야곱 교회(시리아지역), 네스토리아 교회(이라크 지역), 마론 교회(레바논 지역) 등 지역마다 다른 모습으로 나타나게 되었다. 이들은 모두 소아시아와 중근동에 그 중심지를 두었다. 이들이 서방에서 갈려 나온 후 자신들이 각기 <올바른> 정통이라고 주장하여 '정교회'라는 이름으로 오늘에 이르고 있다. 중동에서는 약 1,000년이 되자 로마 가톨릭이 이들 정교회 속으로 들어가 정교회 교인들을 로마 가톨릭으로 개종시키려고 시도하였다. 로마 가톨릭의 예수회가 선교 중심의 단체가 되었다. 그러다가 중세 종교개혁 이후 300년간(1500-1800) 교회는 동방 쪽으로 선교를 하지 아니하였다. 그들은 소아시아 사람들을 극도로 싫어하였기 때문이다. 오늘의 중동에 있는 아랍 복음주의 교회(이라크, 요르단, 팔레스타인, 레바논, 시리아, 이집트, 수단)는 100년 내지 150년 전후의

45_ 이스턴 정교회는 칼케돈 교회에 속하고 오리엔트 정교회(콥트 정교회, 에티오피아 정교회, 시리얀Syriac 정교회)는 비칼케돈 교회에 속한다.

46_ 이집트는 1050년에는 콥트어 사용이 활발하였는데 1200년에는 아예 콥트어 사용이 크게 줄어들고 아랍어로 완전하게 글을 썼다. 일상생활이 아랍어로 바뀌자, 과거 콥트어로 잘 설명이 되었던 '하나님의 아들'이란 개념을 이집트인들이 올바르게 다시는 듣지 못하였다. 매일 모스크에서 들려오는 아잔의 소리를 듣고 자란 이집트인들은 점차 이슬람을 받아들이고 그리고는 성경을 잊게 되었다. 그때부터 예수그리스도에 대해 아랍어로 설명하기 시작하였다. 이집트에서 13세기에는 아랍어로 된 기독교 서적들이 황금기를 이루었다.

역사를 가지고 있다. 이들 복음주의 교회의 교인들은 주로 정교회와 로마 가톨릭에서 온 사람들이고 무슬림이 교회에 나오는 것은 아주 극히 드문 일이다. 그리고 정교회에도 아르메니아어, 아람어, 콥트어가 사라져 가고 일부 경우를 제외하고는 대개는 아랍어로 예배를 드리고 있다. 전통교회란 말은 일반적으로 교회 전통을 성경과 동일한 권위를 갖는 근원으로 간주하는 예전적인ritualistic 교회를 말하고, 복음주의evangelical 교회는 성경을 영적 권위를 갖는 유일한 근원으로 간주하는 교회를 말한다. 그래서 전통traditional 교회는 레바논의 경우, 그리스 정교회, 마론파 교회, 그리스 가톨릭 교회, 아르메니아 정교회, 앗시리아[47] 야곱 교회, 네스토리아 교회, 콥트교회, 라틴 로마 가톨릭 교회 등 개혁주의를 따르지 않는 교회들을 일컫는다. 요르단에서는 전통교회라는 이름하에 정교회, 라틴교회, 로마 가톨릭 교회, 아르메니아 가톨릭 교회, 아르메니아 정교회, 앗시리아 정교회, 앗시리아 가톨릭교회, 아랍복음주의 성공회, 콥트 정교회, 콥트 가톨릭 교회, 루터 복음주의 교회, 마론 교회, 칼다니야 교회 등이다. 사실 성공회와 루터교회가 교회 이름에서 복음주의라는 말이 붙어 있는데도 복음주의 교회 그룹 안에 들어가지 못한다.

아랍인들의 종교는 오늘날 대다수가 이슬람이지만 역사를 거슬러 올라가 보면 7세기 이슬람 이전에는 시리아, 이라크, 레바논, 팔레스타인, 요르단 등지에 기독교인들과 유대인들이 살고 있었다. 6세기에는 요르단에 3천여 개의 가정 교회가 있었다. 이슬람이 이집트를 635년 점령하기 전 적어도 주민들의 1/3 이상이 기독교인이었다. 2011년 아랍 지역에서 기독교인들이 가장 많은 나라는 인구 8000만 명 중에서 10% 이상인 1200만 명의 콥트 기독교인이 사는 이집트이다. 이라크

47_ 성경에서 앗시리아와 시리아는 다르다. 시리아는 현재의 시리아 국가를 말한다. 앗시리아는 메소포타미아의 북부 지역을 말하고 그 남부는 바벨론 국가이다. 앗시리아의 수도는 아슈르-칼라calah-니느웨 순으로 수도를 옮겨갔다. 칼라는 현재 이라크에서 니므로드nimrod라고 불린다.

기독교인은 20세기 중반에 이라크 전인구의 8-10%이었고 2008년에는 3%(70만)로 줄어들었다. 그 이유는 2003년부터 시작된 전쟁 이후 무슬림들의 무차별적인 교회 공격과 기독교 지도자들의 살해가 이어지면서 이라크를 떠난 사람들이 많아졌다. 이라크 기독교인들은 2000년 이상의 역사를 지니고 있고 시골에서 살았던 아슈르(앗시리아) 기독교인들뿐만 아니라 아랍에서 도시로 이주한 기독교인들이 있었다. 2003년 이후 요르단과 시리아로 이주한 이라크인들이 100만 명이 넘은 때도 있었다. 레바논의 경우, 1932년 첫 인구조사 당시 레바논의 기독교 인구는 전체인구의 약 51%였다. 하지만 지금은 대략 35% 정도로 감소했다. 레바논 내전으로 많은 기독교인들이 외국으로 이민을 갔고, 기독교인들의 출산율이 상대적으로 낮아졌다. 39%의 기독교인 중에서 절반 정도를 마론파 가톨릭이 자지하고 개신교의 수는 극히 적다. 레바논의 무슬림들은 산아제한을 하지 않아서 전체 인구의 60%를 차지하고 있다(시아파는 28-40% 정도). 레바논의 헌법에는 아직도 마론파 기독교인이 대통령을 하도록 되어 있다. 레바논이 중동의 여타 지역보다 가장 많은 기독교인들이 해외로 이주하였다. 요르단에서는 이라크 난민들 사이에서 한때 제3국에서 이미 영주권을 갖고 있는 이라크 청년들은 이라크 처녀들이 가장 선호하는 결혼 대상자가 되었다. 그들이 결혼하면 곧장 해외 이주가 이뤄졌기 때문이다. 요르단도 1950년에는 전체 인구의 30%가 기독교인이었으나 지금은 전체 인구의 6%밖에 되지 않는다. 유럽과 미국, 캐나다로 이주하거나 낮은 출산율 때문에 기독교인들의 수효는 줄어들고 있다. 비아랍인 중에서 아르메니아인들이 초기 요르단 기독교 발전에 큰 공헌을 했다. 수단은 70%가 무슬림이고 전 인구의 5%만이 기독교인이다. 이슬람 이전에 나일강을 따라서 교회들이 번창했는데 16세기 이슬람 제국이 형성되면서 기독교인의 수효는 점차 줄어들었다. 수단 북부 이슬람 정부48는 이슬람주의자, 와히비 파

48_ 수단의 움마 당은 전통적으로 안싸르 수피 종단과 비아랍 무슬림들로 구성되어 있고 민주연합당은 아랍과 비아랍 무슬림은 물론 카트미야 수피 종단 이외에 아랍어를 사용

와 보수적인 아랍 무슬림들의 지지를 받고 있고 2011년 남부 수단이 수단(북부 수단)에서 분리 독립하였다. 시리아는 전 인구의 10%가 기독교인이고 기독교인의 절반 이상이 그리스 정교회이고 많은 시리아 기독교인들은 경제적으로 부유한 계층에 속한다. 이 밖의 아랍 국가에는 교회 건물이 있는 바레인, 카타르, 쿠웨이트, 아랍에미리트, 튀니지, 모로코와 같은 나라들이 있고 아예 교회 건물을 세우지 못하게 하는 사우디아라비아와 같은 나라들도 있다.

이슬람 침입과 콥트인[49]

기독교 진리가 고대 이집트인들의 태양 숭배와는 달랐지만 그래도 이집트에서 기독교가 자리잡게 된 것은 몸의 부활, 내세의 개념이 큰 작용을 했다고 한다. 이집트인들이 기독교를 받아들인 것은 그들에게 잘 알려진 제단, 사제, 천사들, 질서를 만드시는 분에 대한 신앙이 있었기 때문이란다. 기독교가 이집트에 들어오기 전 수천 년 동안 이집트인들에게 기도의 효험, 죄의 용서, 세례 의식(물에 의한 정화) 등이 이집트에 존재했다.[50] 콥트어는 과거와 소통하기 위한 직접적인 도구인데 오늘날 대부분 콥트인들은 콥트어를 모른다. 아랍어 때문에 콥트어는 17세기 말 대화의 언어로서의 빛을 잃어 갔다. 그 뒤로 이집트인들의 대화에 콥트어가 약간 남았다. 가령 고대 이집트 신들의 이름에서 따온 콥트 달력의 이름이 있는데 투트tut는 thoth에서 왔고 하투르hatur는 hathor에서 온 말이다. 오늘날 콥트 교회에서 사용하는 콥트어 방언은 부하이르Bohairic 방언이고 와디 알나트룬의 마카리우스(아부 마까르) 수도원이 대주교의 공식 거처가 되면서 이 지역의 부하이르 방언이 대표적인 방언이 되었다. 그러나 언어학자들은 고대 콥트어는 여러 지역 방

하는 기독교인들로 구성되어 있었다.

49_ 아랍어로는 콥트가 '낍뜨'로 발음된다.

50_ Jill kamil, Coptic Egypt, The American University in Cairo Press, 1993, 141.

언을 포함하고 있었다고 주장한다. 상부 이집트에는 사히드 방언sahidic, 파이윰 지역에서는 파이윰 방언fayumic, 아크밈 지역에서는 아크밈 방언 akhmim이 있었다. 콥트어는 오늘날 이집트인들의 구어로 사용되지 못하고 글로만 쓰이고 콥트 교회의 주일학교에서 가르쳐지고 교회 의전에만 사용된다.[51]

이슬람 초기와 비잔틴 기독교 사이에서 이집트의 콥트인들이 비잔틴 기독교보다 이슬람이 더 박해를 하지 않을 것이라는 기대감에서 이슬람을 받아들인 사람들이 있었다. 칼케돈 공의회(451년)의 신학적 논쟁으로 불거진 것이 원인이 되어 콥트는 예수 그리스도가 신성과 인성이 있다는 것을 받아들이지 않아 반칼케돈[52]으로 불리게 되었다. 이슬람이 이집트를 침공하던 641년과 칼케돈 논쟁 이후 콥트인들은 비잔틴들에게 자신들의 교리를 방어하고 사신들의 입장을 지키려고 애썼다. 그러나 6세기에 비잔틴 통치자들은 비단성론자인 비이집트인을 알렉산드리아의 교구장(콥트인들은 알렉산드리아를 콥트교회 권위의 중심지로 여겼다)에 임명하려고 하였다. 콥트는 비잔틴의 제지를 반대하고 자신들의 교황을 선임하고 사제priest와 비숍bishop을 임명했다. 아랍무슬림이 이집트를 침공할 즈음에는 콥트가 혼란과 무질서 속에 있었다. 619년 페르시아 군대가 이집트를 침입하였을 때 이집트는 대혼란이 야기되었다. 629년 이집트를 재정복한 비잔틴 황제 헤라클리우스Heraclius 는 비단성론자 고레스Cyrus를 알렉산드리아 대주교patriarch와 총독governor으로 임명했다. 당시 콥트의 대주교 벤자민 1세(622-661)는 그의 목숨이 염려되

51_ 위의 책, 45.

52_ Theodore Hall Partrick, Traditional Egyptian Christianity(Greensboro, Fisher Park Press, 1996, 39-40)에서 "이스턴Eastern 교회는 칼케돈 회의와 성육신에서 하나가 된 후 두 개의 성품two-natures-after-the-union in the incarnation을 거부하였기 때문에 단성론자monophysite로 불리었다"고 했다. 그들은 하나가 된 후에union 하나의 성품만을 인정했다. 후대 콥트 교황들은 단성론자의 용어를 거부하고 성육신한 하나님의 말씀 incarnate Word of God이 두 개의 성품two natures에서 왔다는 것을 인정한다. 예수 그리스도는 신성에서는 물론 인성에서도 완전하다고 믿는다. 그래서 콥트를 단성론자로 부르기보다는 반칼케돈anti-chalcedonian(비칼케돈)이라고 불러달라고 한다.

어 이슬람이 641년 이집트를 점령할 때 상 이집트(현재 카이로 남부 지역)로 도망해 버렸다. 비잔틴 세력은 그들이 콥트보다 우월하다는 것을 보여 주기 위하여 벤자민 1세의 형 미나를 잔인하게 고문하고 처형해버렸다. 페르시아 침공에 콥트인들을 지켜주지 못한 비잔틴 그리고 콥트인들을 잔인하게 통치한 황제의 관료들에 대하여 콥트인들의 불만은 최고조에 이르렀을 때 무슬림이 이집트에 쳐들어왔다. 이런 불만을 품은 콥트인들이 아므르 븐 알아스가 이끄는 무슬림 군대의 침입을 도왔을까? 이 점에 대하여 학자들의 의견은 분분하다. 이를 긍정하면 오늘날 콥트 민족주의 대의에 잠재적인 위협이 되기 때문이다. 외국 침입자에게 자신의 나라를 내놓은 콥트인들을 콥트 민족주의자들은 전혀 받아들 수 없기 때문이다. 벤자민 1세가 숨어버려 지도력의 공백이 있었고 비숍들은 칼케돈을 지지한다고 변절해 버렸다. 당시 상황을 기록한 학자들 중에는 콥트의 일부는 비잔틴과 싸우고, 일부는 이슬람을 돕고 일부는 중립적이었다고 했다. 아므르 븐 알아스가 이집트를 점령한 후 그가 벤자민 1세 대주교와의 만남을 요청하고 대주교에게 콥트 사회의 문제들을 해결해달라고 요청했다. 물론 벤자민 1세는 감사함으로 이에 응했다. 이슬람측과 벤자민 측이 서로 마음이 드는 것이라서 억지로 한 것은 아니라 했다. 콥트인들은 이론적으로는 무슬림들에게 인두세를 내는 대신에 박해를 받지 않고 살 수 있었다. 아마도 콥트인 마리야에게서 무함마드는 비잔틴이 콥트인들을 어떻게 박해하는지를 알았을지도 모른다. 아므르 븐 알아스는 이집트를 점령하고 콥트인들에게 다음 중 한 가지를 선택하라고 했다.[53]

(1) 이슬람으로 개종한다.

(2) 이슬람의 통치를 받아들이고 인두세를 낸다.

53_ 무거운 세금에 반항하여 반기를 들기도 했지만 견디지 못한 기독교인들이 알렉산드리아와 델타 지역에서 배를 타고 아시유뜨로 이주했다. 그래도 재산이 있는 기독교인들은 자신의 신앙을 지키는 데 상대적으로 나았다.

(3) 싸움을 계속하고 그 결과를 받아들인다.

대부분의 콥트인들은 위 두 번째 안을 받아들인 후 무슬림들과 계약을 통하여 딤미dhimmi(기독교인이나 유대교인처럼 이슬람의 보호 아래에 있는 소수민) 지위를 얻었다. 이 계약은 오마르 협약pact of Omar으로 알려졌는데 칼리파 오마르(634-644)와 예루살렘의 기독교인들과 맺어진 협약이다. 딤미는 자주 이등 시민권으로 알려졌고 사회와 경제, 종교 영역에서 구별된 보호받는 커뮤니티를 이루었다. 이 커뮤니티는 자치와 자율권이 있는 커뮤니티이었고 대주교를 이 커뮤니티 안에서 선출하였다. 대주교가 해야 할 첫 번째 일은 인두세를 모아 이슬람 통치자에게 바치는 일이었고 콥트인들은 비잔틴 하에서 느끼지 못한 자유를 맛보았다. 인두세 부담이 점차 커져가면서 오마르 협약의 인센티브가 점차 사라져가기 시작했다. 과도한 세금 부담은 이집트 사회를 아랍화와 이슬람화로 몰고 가기 시작했다. 이 두 가지가 콥트 문화의 쇠퇴를 가져오게 한 주원인이었다. 7세기 말과 8세기 초에 우마위야 조(661-750) 통치자들은 소작농들을 갈취하는 정책을 폈고 세금 수익을 극대화하였다. 우마위야 조는 세수 징수를 이집트인, 즉 콥트 교회 직분자들에게 의지해야만 했다. 콥트인들에게 세금 징수를 맡겼기 때문에 자주 세금 징수법을 위반하는 일이 많아지자 무슬림 행정관들이 세금 징수를 떠맡게 되었다. 이런 변화의 궁극적인 결과는 교회가 지역의 콥트인들에 대한 영향력이 줄어든다는 것을 의미했다. 그래서 교회는 경제적인 힘을 잃었을 뿐만 아니라 도덕적인 통제력도 갖지 못했다. 콥트 교회와 성도간의 접촉이 약화되면서 교회는 단순히 예배의 장소일 뿐 권위authority의 장소는 아니었다.

우마위야 조에서는 소수의 콥트인들만이 이슬람으로 개종했다. 오마르 2세(717-720) 통치 때까지 콥트 개종자들이 세금 면제를 받지 않도록 무슬림들은 이슬람으로의 개종을 권하지 않았다.[54] 나중에 가서야 인두세 면제와 사회적 신분 상승이라는 인센티브 때문에 개종이 많아졌다. 이런 경우 개종이 무슬림 당국에 의하여 제재를 받지 않았다. 그러다가 무슬림 남자와 콥트 여성의 결혼이 증가되면서 종교적인 차이가 희미해져 갔다. 이슬람의 단순성과 콥트 기독교의 복잡성(삼위일체, 성사,[55] 성육신, 단성론 등)의 차이도 개종의 대안으로 여겼다. 이집트 문화의 아랍화는 이슬람화보다 더 천천히 이뤄졌다. 콥트어가 적어도 10세기까지 통용되었다. 기존 비잔틴 제도를 활용하려고 초기 칼리파들은 콥트 기독교인들을 서기로 고용하였다. 이런 행정 서기들이 아랍어를 먼저 배워 자기 입지를 확고히 했다. 그리고 아랍 수비대 병사들과 농부들이 서로 교류하면서 하층민을 중심으로 아랍어가 확산되기 시작하였다. 아랍 정복 전에도 콥트어가 공용어로 사용되지 않았다. 콥트어는 교회의 기도 언어이었고 한때는 교회 안에서 아랍어도 사용되었다. 압드 알말리크(685-705) 칼리파는 행정용어로서 지역어(이집트에서는 콥트어) 사용을 금하고 아랍어 사용을 장려하였다. 그리스어와 아랍어가 아랍 정복 후에도 사용되었다. 콥트 기독교인들이 아랍어를 사용한 이후에도 아랍어 사용이 콥트 문화 발전을 저해하지는 않았다. 마믈루크 조와 오스만 터키 시절에 쓴 아랍어로 된 콥트 교회에 대한 기록은 현저하게 풍성했다. 아랍어로 표현된 콥트 문화가 많아진 것이다.

콥트인들이 정부 행정 관료로 임명되면서 콥트인들은 토지 조사와 고대부터 내려오는 일로서 나일강 수위 측정 등 다양한 경험을 쌓기 시작했다. 콥트인들에게 의존한 것은 그들이 농업에 태양력을 사용해 왔기 때문이다. 오마르 협약에 의하면 기독교인들은 새 교회를 짓거나 수리하는 것이 금지되었다. 오마르는 그의 치세 기간에 예루살렘 기독교인들의 생명, 교회, 십자가를 보호해 주었다. 이집트에서는 아므르 븐 알아스가 알렉산드리아와 푸스따뜨(구 카이로)에 교회를 짓도록 허

54_ Febe, Y. Armanios, Coptic christians in ottoman egypt, The Ohio State University, 2003, 12.

55_ 오늘날 콥트 기독교인은 7가지 성사sacrament 중 4가지(세례, 기름 바름, 고해i'tirāf, 성찬tanāwul)을 시행한다.

락하고 건물을 부수는 것을 금했다. 그러나 우마위야 시대에는 교회와 수도원의 지위가 정부와 딤미 간의 관계에 따라 불안정했다. 8세기 콥트 농부들의 반란으로 여러 교회들이 파괴되었다. 14세기와 15세기에는 콥트 기관들이 피해를 입었다. 교회 권위를 높여준 부유한 수도원들이 아랍인과 베르베르인들의 공격대상이 되었다. 결국 수도원이 많은 재산과 권위를 잃었다. 그리고 이슬람 체제하에서 종교적인 제약이 뒤따랐는데 무슬림들이 교회 종소리를 울리지 못하게 하고 교회 행사와 의례 그리고 십자가를 매다는 것을 금지하고 미신으로 간주되는 일부 아이콘(성화)들이 철거 대상이 되었다. 심지어 의복과 말 타는 것까지도 콥트인들에게는 제재 사항이 되었다. 이렇게 무슬림들이 콥트 종교에 제약을 가한 것은 이슬람 종교와 종교 지도자가 콥트인들보다 더 우월하다는 것을 보여주기 위함이었다. 무슬림들이 입는 옷과 콥트인들이 입는 옷이 절대 동일해서는 안 되었다. 청색과 흑색이 콥트인들이 입을 수 있는 옷 색깔이었고 어떤 경우에는 콥트인들만 십자가를 걸고 다니게 했다. 이슬람과 콥트 기독교의 종교와 문화적 관행이 서로 영향을 주기도 하였다. 중세 이집트인들은 어린아이를 찬물에 침례하면 평생 질병이 걸리지 않는다고 생각하여 기독교인과 무슬림이 이런 침례를 시행한 적도 있었다.

이슬람 이전에 아랍인들에게 복음이 전파된 것은 여러 통로를 통해서였다. 우선 60년에 마가복음을 쓴 마가가 알렉산드리아에서 7년간 복음을 전했다. 그때부터 알렉산드리아는 물론 주변 리비아에도 복음이 전해졌다. 아라비아 반도에는 바울이 갈라디아서 1:17절에 말한 대로 그가 시리아에서 가까운 아라비아에 갔다. 그 뒤 이라크와 이란에는 네스토리아 파가 기독교를 전하고 이집트에는 콥트 기독교인들이 기독교를 전했다. 역사를 통하여 기독교인들은 아랍에서 정치와 국가 기관에 참여하기보다는 지성과 문학 부흥 운동에 더 많이 기여하였다. 기독교인들이 자발적으로 정부 기관에 일하려고 하지 않았음에도 많은 기독교인들이 이슬람 초기부터 오스만 터키의 통치자들에 이르기까지 그들의 재산을 맡거나 무슬림들의 비서직으로 고용되기도 했다. 우마위야 조(661-750)와 압바시야 조(750-1258) 때에는 그리스어로 된 문학, 과학, 철학적인 저서들을 번역한 책과 원서들이 아랍인에게 그리스인의 문학, 과학, 철학을 전해 주는 통로가 되었다. 아랍 기독교인들은 아랍 세계의 학문 번영과 문학적인 발전에 자극을 주었다. 그래서 19세기 말부터 20세기 초까지 아랍 기독교인들은 두 번째 아랍 문예 부흥에 기여하였을 뿐만 아니라 일부는 정치에 참여하기도 하였다. 미셸 아플라끄(1910-1989)는 아랍 사회주의가 결합된 아랍 민족주의의 정당 바아스 당을 창설한 사람이고 그는 기독교인이었다.

1970년대 오일쇼크 이후 아랍 산유국들이 원유를 통하여 벌어들인 돈으로 무슬림 자녀들을 서구로 보내 서구 문물을 바로 받아들였으나 상대적으로 아랍 기독교인들은 이슬람 국가 안에서 소수 종교인으로서 사회적인 차별과 국가의 공직에 나갈 수 있는 한계에 부딪혔다. 결국 아랍 기독교인들은 자신을 개발하고 사회에 기여할 동기를 얻지 못하면서 더 이상 이슬람 국가 안에서 문학과 지성에서 그 리더의 역할을 하지 못하게 되었다. 그래서 레바논 등지에서 미국으로 건너간 아랍인들이 이주문학을 탄생시키기도 했다. 또, 아랍 기독교인들이 그들의 딸을 무슬림 남자에게 주는 것을 달가워하지 않았는데도 이집트의 경우, 일부 기독교인 여성들이 무슬림 남자들과 결혼하면서 기독교 가계가 점차 무너져 내리는 것을 목격하게 되었다. 2011년 3,000여 명의 콥트인들이 재혼을 허락해 달라고 콥트 교황청 앞에서 시위를 했다. 콥트 교회가 교인들의 재혼을 허락하면 상당수가 무슬림 남자들과 재혼할 우려가 있기 때문에 교황이 기독교인들의 재혼을 허락하지 않고 있다. 2011년 이집트 이슬람이 형식에 얽매이고 참다운 이슬람의 정신을 보여주지 못한 만큼 아랍 기독교인들도 신앙과 학문에서 큰 성과를 보여주지 못하고 있다. 카이로 복음주의 신학교 학감 마기드는 1980년 이후 교회는 선교가 아닌 행정을 담당하는 곳이 되어 밖으로 선교하기보다는 안으로 교회 목회에만 매달리는 기현상을 보게 되었다고 했다. 이슬람이 들어오고 난 뒤 역사를 거치면서 아랍 기독교들에게 어려운 시기가 결코 끝난 적이 없었다. 가끔 교회가 침체되고 정체되는 시기를 지나 부흥과 새롭게 출발하는 시기도 겪었다. 이제는 아랍 국가에서 이집트를 제외하고는 기독교인들의 수효가 무시당할 정도로 아주 적다. 한때는 기독교인들의 땅이었던 아랍 땅이 이슬람의 땅이 되고 말았다. 역사를 보면 페르시아와 그리스 간의 정치적 갈등과 인종적 차이 그리고 그리스 철학(플라톤, 아리스토텔레스, 플로티누스) 사상의 해석에 대한 차이가 아랍의 기독교가 서로 불일치되는 원인이 되기도 하였다. 중동 기독교 교회 협의회(MECC)가 주관한 신학적인 대화에서 밝혀진 것은 "아랍 교회들 간에 기독론에서 서로 차이를 보인 것은 아리스토텔레스 철학 개념을 번역하고 해석하는 데에서 서로 차이를 보였기 때문"이라고 하였다.[56] 그리스도의 성품nature에 대한 신학적인 차이가 당시의 철학적 사조에 얼마만큼 영향을 받았는지 확실하지 않다. 다만 분명한 것은 성경에 대한 주석에서 안디옥과 알렉산드리아 두 도시 간에 큰 차이를 보여 주었다는 점이다. 안디옥 파는 성경 주석에 대하여 역사적이고 문자적인 주석을 하였고 그리스도의 인성을 강조하였다. 그로 인해 신적인 성육신한 말씀Word을 강조하고 요한복음의 성육신 신학이 강조되었다. 그러나 알렉산드리아 파는 알레고리한 주석(우의적인 주석)을 활용했고 신적인 말씀 속에서 성육신한 그리스도의 신성이 강조되었다. 이집트와 시리아의 지적 흐름은 그리스도의 성품과 위격과 관련된 헬레니즘적인 개념의 실재를 잘 이해하지 못하였다.[57] 안디옥 파와 알렉산드리아 파는 예수가 참 하나님이고 참 인간이라고 하면서도 이 신앙을 표현하는 방법에서는 서로 달랐다. 마치 콥트 기독교인과 네스토리아 기독교인들이 그리스도의 신성과 인성에 대하여 오늘날 기독교와 차이가 없다고 강조하는데 이런 점들은 그 신학적인 차이를 구체적으로 알지 않으면 잘 파악하기 어렵다. 지적 사조가 여러 기독교 커뮤니

56_ Habib Badr, et al., Christianity, A history in the Middle East, Beirut, 2005, 38.
57_ 위의 책, 39.

티에 영향을 주면서 오늘날까지도 서로 다른 견해를 갖기 때문이다.

이런 개념 차이와 오해는 오늘날에도 이슬람과 기독교인들 사이에서도 여전히 문제점을 드러내고 있다. 우선 꾸란의 어휘와 아랍어 성경의 어휘가 같은데 그 의미가 달라진 경우 상대 커뮤니티에서는 완전히 이해하지 못하는 경우가 많다. 또 같은 기독교인들끼리도 정교회와 가톨릭이 신학이 달라서 이슬람에 대한 이해가 서로 달라지기도 한다. 꾸란의 알라와 이싸가 성경의 하나님과 예수와 각각 다르다고 아랍 복음주의 교회가 구별하지만 일부 가톨릭과 정교회에서는 서로 같다고 말한다. 이슬람이 등장한 이후에도 한동안 아랍에서 기독교인들이 인구의 대다수를 차지했다는 것을 주목할 필요가 있다.[58] 이슬람 초기에 아랍인들이 비옥한 초승달(시리아, 이라크, 팔레스타인) 지역으로 이주한 것은 극히 제한된 수효이었다. 사막에서 이주하는 이슬람 부족들의 수는 피정복지의 기독교인 다수와 비교가 되지 않는 적은 수효였다. 그래서 이슬람 통치자들은 피정복지의 기독교인들을 어쩔 수 없이 고용해야 했고 그들을 대적하기보다는 그들에게 유화 정책을 폈다. 이라크에서 네스토리아 기독교인들이 충분한 종교적인 자유를 갖고 교회가 성장하자 극동에까지 선교사들을 파송하였다. 시리아에서 무슬림들의 수효는 이슬람 초기에 전 주민의 6%도 넘지 않았다. 시리아 다마스커스를 무슬림들이 정복한 다음에도 세례요한의 교회(지금은 우마위야 모스크)에서 기독교인들이 무슬림들과 구역을 나눠 각기 예배를 드렸다. 시리아 홈스에서도 한 장소에서 무슬림과 기독교인들이 예배를 드렸다. 그러나 이집트에서는 상황이 달랐다. 이슬람이 급속히 확산되자 콥트인들의 희생이 컸다. 콥트인들이 이슬람으로 한꺼번에 많이 개종하면 인두세[59]가 적어지기 때문에 세수에 큰 문제가 생겼다.

58_ 위의 책, 39.

59_ 오마르 븐 알캇땁 칼리파 시절에는 무슬림들이 내는 자카와 사다까에 상응하는 액수로 기독교인과 유대교인들에게 인두세(머리 수대로 세금을 냄)를 부과했다. 지금은 믿는 자(무슬림)와 믿지 않는 자(비무슬림)가 한 나라의 시민이 되고 국가는 특별 예산과 여러 세금을 거두기 때문에 사다까나 지즈야가 필요하지 않게 되었다. 따라서 지즈야

벤자민 대주교가 비잔틴의 압제가 종식된 후 콥트 기독교 커뮤니티 예배를 인도하기 위하여 알렉산드리아로 돌아왔다. '공존'의 개념이 이상적이라고 생각했던 우마위야 조 때에는 기독교인들의 수효가 크게 줄어들었다. 비무슬림이 내야하는 지즈야(인두세)가 기독교인들에게 상당한 짐이 되었다. 세금 압박을 견디다 못한 일부 기독교인들이 이슬람으로 개종해 버렸다. 역사가들은 이라크에서 오마르(634-644) 칼리파 때 1억 2천만 디르함의 세수이었던 것이 우마위야 조 칼리파 압둘 말리크 븐 마르완(646-705) 때에는 4천만 디르함으로 줄어들었다고 하였는데 이는 개종자가 압둘 말리크 븐 마르완 때 많아졌다는 것을 알려주는 것이라고 했다. 그 이유는 시골 지역의 주민들이 이슬람으로 개종했거나 도시로 이주해버렸기 때문이다. 이런 현상은 그 뒤에도 지속되어 중동의 대부분 기독교인들이 도시로 이주했다. 세금을 피하기 위하여 딤미 지위를 영원히 벗어던진 기독교인들이 많아진 것이다. 그 결과로 일부 기독교인들이 도시 부유층을 형성하여 경제를 개선시키기도 하였지만 직장과 돈 때문에 신앙을 바꾸기도 했다. 이는 기독교인에 대한 종교적인 차별과 기독교인을 주변인화시킨 무슬림들의 정책이 주효했다. 압바시야 조 때에는 오마르 협약이 잔인하게 적용되어 아랍에서 기독교인의 수는 급격하게 감소되었다. 오마르 협약은 아랍 기독교인들을 대규모로 개종시키는 악법이 되었다. 그런 차별 때문에 기독교인들은 더욱더 기독교 커뮤니티 속으로만 파고들었고 이슬람 사회에는 극히 일부만 참여하면서 무슬림과 그들 사회와는 거리가 멀어져갔다.

이라크와 시리아에서 몽고가 침입하였을 때 기독교인들은 대혼란을 겪었다. 기독교인들은 새로운 침입자를 우호적으로 바라보았고 몽고인들이 기독교인들을 지원해 줄 것이라고 생각했다. 13세기 말에는

(인두세)와 딤미(피 보호민) 개념은 시민이라는 새로운 개념 때문에 완전히 무효화되었다. 모든 사람은 국가에 세금을 내고 그 사회의 모든 개인의 공통분모가 된다. 각자는 국가의 간섭 없이 자신의 종교적인 확신에 따라 사다까를 낸다. 인두세는 이제 역사 속으로 사라진 세금이 된 것이다.

아랍 기독교인의 인구 비율은 전체 인구의 3%도 못 되었다. 그런데 이집트에서는 압바시야 조와 분리된 비아랍 이슬람 왕국이 이어지면서 기독교인들은 전체 국민의 22%를 유지했다.[60] 가장 위험한 시기는 십자군(1095-1291)이었다. 아랍 기독교인들이 양적으로 질적으로 비극적인 상황을 맛본 시기이다. 시리아, 이라크, 이집트 지역에서 대다수 인구를 차지했던 기독교인들이 이제는 소수로 전락하고 말았다. 실질적으로는 기독교인들이 주변인화되고 이슬람 정치와 문화 생활에는 무관심했으며 자신의 안전을 도모하고 그럭저럭 사는 일에 급급했다. 십자군 전쟁 이후 무슬림들은 한때 일부 기독교인들이 십자군을 도왔다는 것 때문에 기독교인을 심하게 천대하였다. 이집트에서 마믈루크 시기의 말기쯤에 기독교 커뮤니티는 분리된 섬이 되었고 주변인화되어 거의 소멸 지경에 이르렀다. 그러나 오스만 제국 시절에는 기독교인들의 숫자에서 긍정적인 효과를 보여주었다. 오스만 정권이 권력을 중앙집권화하고 개혁과 탄지마트Tanzimat(재조직)에서 주도권을 행사하였다. 그때 인구 조사가 이뤄졌는데 중동의 기독교인의 수가 이전에 알려진 수효보다 3배가 되었다. 오스만이 통치한 400년을 지난 후 레바논의 산과 해안 지역에서는 40%가 기독교인이었고 시리아의 알레포와 다마스카스의 주민들 중에서 12-15%가 기독교인이었다. 기독교인들의 수가 늘어난 것은 임신과 출산의 수가 많아졌기 때문이다. 제1차 세계대전 직전에는 기독교인들이 시리아와 레바논에서 21.4%이었고 이집트에서는 8% 그리고 이라크에서는 2.2%이었다.[61] 그러나 이런 기독교인들의 인구 증가 중에서 기독교인들이 교육을 받으면서 출산을 기피하는 바람에 점차 기독교인들의 수가 감소되었다. 1990년에는 중동에서 기독교인들의 수가 10.1%이었고 이집트에서는 전 인구의 5.8%이었다. 17세기와 18세기에 중동의 정교회, 콥트, 말라키야(말키), 아르메니아, 아슈르 간의 내부 분열이 있었다. 이런 분열은 신학적인 원인이

60_ Habib Badr, et al., Christianity, A history in the Middle East, 40.

61_ 위의 책, 41.

아니라 오스만터키에서 이익을 보려는 유럽 열강이 이용한 지역 간의 다툼과 가족 간의 다툼이 주원인이었다. 이집트에는 카이로 복음주의 신학교가 1863년에 설립되었다.

2010년 이라크에서 따리끄 아지즈를 사형시키지 않겠다는 언론 보도가 있었다. 그는 사담 후세인 시절에 외무장관(1983-91), 부총리(1979-2003)를 지낸 바 있는 기독교인이다. 그러나 이슬람국가의 요직을 거친 그의 삶에는 기독교인의 흔적이 보이지 않았다. 이집트의 부뜨루스 갈리(1923-) 역시 이집트 외무장관과 유엔 사무총장(1992-96)을 지낸 콥트 기독교인이고 무바라크 정권 말기에는 이집트 인권 위원장을 맡았고 그의 할아버지는 이집트 총리(1908-10)를 지낸 바 있으나 역시 그가 기독교인이라는 신앙인의 흔적은 없다.

5. 유대교와 기독교, 이슬람

꾸란 속의 유대교, 기독교와 이슬람

무함마드가 당시 널리 퍼진 다신교polytheism와 벌인 전쟁이 꾸란에 잘 나타나 있다. 꾸란은 다신교 숭배를 '쉬르크shirk'라고 불렀다. 쉬르크는 '알라와 동등한 것으로association 여기는 것'을 의미하는데 알라와 동등한 것을 알라와 결부시키는 행동을 하는 사람을 '무쉬리크mushrik' 또는 무쉬리쿤이라고 한다. 알라와 나란히 슈라카(파트너들)를 인정하므로 무쉬리쿤은 가장 나쁜 죄를 저지른 것이라고 꾸란은 말한다. 꾸란에서는 이런 무쉬리쿤의 반대 개념으로 '하니프hanīf'가 있다. 하니프는 단일신론자monotheist를 가리킨다. 꾸란은 하니프 무함마드와 그의 주변에 있는 무쉬리쿤 간의 논쟁을 기록하고 있고 꾸란은 이브라힘 그리고 그의 아버지를 포함한 무쉬리쿤 간의 논쟁을 기록하고 있다. 알라에게 파트너를 결부시키는 것은 꾸란(수라 4:48)에서 가장 나쁜 죄라고 하였다. 알라에게는 자녀도 없고 파트너shuraka도 없고 보호자도 없다(수라 17:111). 무함마드는 알라 이외에 다른 신에게 호소하지 말라는 명령을 받았다(수라 28:88). 그 당시 알라를 단일신으로 받아들이지 않는 사람들이 무함마드 주변에 있었다. 사람들이 배은망덕하고 알라를 믿지 않는 일(쿠프르, kufr)이 많고 그 결과 알라가 한 분이신 것을 부인하는 결과를 낳았다. 그런 쿠프르가 쉬르크 속에서 분명하게 나타났다. 알라에게 파트너를 결부시키는 것을 아쉬라카'ashraka라고 하는데 아쉬라카의 행위는 꾸란에서 잔zann이라는 어휘와 관련시킨다(수라 10:67). 잔zann은 상상력이 스며든 주관적인 견해이다. 그 결과는 불확실하다는 것이다. 잔zann은 경험과 이성으로 획득되는 확실한 지식(일므 'ilm)의 반대되는 의미이다. 잔zann이 쉬르크를 일으키는 것과 마찬가지로 인간의 아흐와('ahwā: 나쁜 상상력으로 이끄는 욕구)는 알라Allāh와 실재Reality로부터 벗어나 올바른 길을 잃어버리게 한다(달랄, dalāl). 꾸란은 쉬르크는 잔zann의 결과이고 달랄의 원인이라고 했다(수라 26:22-23, 22:12, 6:74). 이슬람에서는 누군가 쉬르크의 죄를 범하면 그는 알라를 존숭하지 않을 뿐만 아니라 실재를 왜곡한다고 말한다. 쉬르크의 죄를 지으면 알라가 한 분이라는 '타우히드Tawhīd'를 받아들일 수 없다는 것이 꾸란의 주장이다. 무쉬리쿤들은 진Jinn을 알라의 파트너로 여기지만(수라 37.158) 사실 진Jinn은 피조물이다. 무쉬리쿤들은 천사들을 신적 존재라고 하지만 사실은 알라의 종(수라 43:19)이다. 무쉬리쿤들은 알라가 자녀를 낳았다(수라 19:88, 21:26, 18:4)고 하지만 그것은 사실이 아니라고 꾸란은 수라 112:3에서 강조한다. 무쉬리쿤의 특징은 그들이 여러 종교 그룹으로 나뉘어진다(수라 30:31-32)는 것이다. 그래서 무쉬리쿤의 결과는 무쉬리쿤이 사탄의 세력 하에 놓이고 심판의 날에 버림을 당한다(수라 6:94). 심판의 날에 슈라카(파트너)를 믿었던 무쉬리쿤이 버림을 당한다(수라 19:81-82). 꾸란은 무쉬리쿤과 슈라카는 결국 지옥에 떨어진다(수라 37:22-23, 21:98-99)고 했다. 그런데 무함마드는 무쉬리쿤들 중에 기독교인들을 포함시켰다.

꾸란에서 언급된 두 번째 비무슬림 그룹으로 경전의 백성'ahl al-kitāb, People of the book이 있다. 경전의 백성이란 경전을 하늘로부터 받은 유대교인과 기독교인, 사비교sabian, 조로아스터교 Zoroastrian 등을 가리키는 말[62]이었다. 유대인들은 무사를 통하여 타우라를 받았고 기독

62_ 유수프 알리는 경전의 백성을 조로아스터교, 베다vedas, 불교Buddha, 유교confucious 등까지 확대하였다(John J. Donohue and John L. Esposito, Islam in Transition, Oxford:

교인들은 이싸를 통하여 인질을 받았고 아랍인들은 무함마드를 통하여 꾸란을 받았다고 무슬림들은 말한다. 과거에 무사와 이싸를 통하여 하늘의 책Umm Al-kitāb을 받아서 두 개의 종교 공동체가 생겨났다고 했다. 꾸란은 경전의 백성이 심판을 받을 것이라고 한다. 꾸란은 경전의 백성들이 악의적으로 대하지 않는 한 무함마드와 그의 공동체는 그들에게 좋게 대한다고 했다. 꾸란은 그들의 신이 무슬림이 믿는 신과 같다(수라 29:46)고 했다. 꾸란의 말대로 무슬림의 신과 경전의 백성의 신이 같다면 경전의 백성들을 쉬르크와 관련시키지 말았어야 했다. 그러나 오늘날 무슬림들은 이슬람의 메시지(꾸란)를 받아들이지 않는 경전의 백성과 무쉬리쿤이 이슬람이 묘사한 지옥에 간다고 주장한다. 수라 3:19은 참 종교는 이슬람(복종)이라고 하고 무슬림이 유대교인과 기독교인을 친구로 받아들이지 말고(수라 5:57) 신뢰하지 말라(수라 3:113)고 꾸란이 강조한다. 이슬람 종교를 따라서 믿지 않고 행하지 않는 사람들은 참종교(이슬람)에 속하지 않는 사람이고 그들이 복종하고 조공을 바칠 때까지 싸워라(수라 9:29)고 했다. 이런 내용은 무함마드의 말기, 즉 그가 죽기 얼마 전에 기록된 꾸란의 구절이다.

경전의 백성이란 기독교인과 유대교인에게만 제한되지 않고 사비교인sabian이 첨가되었고 또 나중에는 조로아스터교zoroastrian를 포함시켰다. 만일 유대교인, 기독교인, 사비교인이 알라를 믿고 그들이 행하는 것이 옳다면 그들은 심판의 날에 상을 받을 것이라고 했다(수라 2:58, 5:72). 그런데 수라 22:17에서 경전의 백성으로서 조로아스터교(majūs, Magians)를 포함시킨다. 심판의 날에 알라를 믿는 자(무슬림), 경전의 백성(기독교인, 유대교인, 사비교인, 조로아스터교인), 다신교인들을 구별할 것이다. 다시 말해서 심판의 날에 모두가 알라를 믿고 올바르게 행한다면 상을 받을 것이라는 것이다. 어느 것이 참 진리인가는 마지막 날에 심판의 날이 되어서야 분명해진다는 것이 꾸란의 주장이다.[63] 수라

Oxford University Press, 2007, 495).

63_ Jacques Waardenburg, Muslim Perceptions of other Religions, Oxford: Oxford

2:111-113, 120에 의하면 유대교인과 기독교인들이 무함마드에게 압력을 가하여 그들에게 합류하라고 한다. 유대인들은 무함마드를 공인된 예언자로 인정하지 않았다. 수라 2:130-135에서는 이브라힘의 단일신교를 지적하면서 새로운 종교 공동체(이슬람)를 기독교와 유대교와 구분지었다. 이브라힘과 그의 자손이 유대인 혹은 기독교인이라고 하는 것을 꾸란이 반박했다. 이브라힘은 유대인도 아니고 기독교인도 아니며 단지 알라에게 자신을 복종시키는muslim 하니프hanīf일 뿐이라고 했다. 여기서 '무슬림'이란 단어가 나온다. 이브라힘이 7세기 이슬람이 등장하기 오래 전의 사람이므로 이브라힘을 '무슬림'이라고 번역하는 것은 이 꾸란 구절의 문맥과 상황에 적절하지 않다. 그래서 알라에게 복종한 사람(무슬림)이란 말로 번역한 것이다. 이브라힘은 꾸란에서 참 단일신교를 믿은 족장으로 높임을 받았다. 꾸란은 기독교인과 유대교인들이 믿는 자(무슬림)들의 하니프 종교로 돌아오라고 했다. 유대인이나 기독교인이 신의 선택된 백성이라는 것을 꾸란이 거부하였다(수라 5:15-22). 무함마드의 활동이 끝나는 시기가 다가올 때 수라 9:29-35 구절은 무슬림들에게 경선의 백성과 싸우라고 무슬림들에게 명령하고 그들을 이슬람 통치하에 두라고 했다. 수라 9:30에서 유대인들은 우자이르Uzair를 신의 아들로 그리고 기독교인들은 이싸를 신의 아들이라고 하는데 이런 점에서 경전의 백성은 무쉬리쿤이고 길을 잃은 자라고 하였다. 이런 맥락에서 참 종교는 신실한 무슬림 공동체라고 했다. 이 공동체는 다른 공동체와 독립되어 있고 다른 공동체보다 우월하다고 했다. 이런 종교적 우월성이 정치적 우월성으로 해석되었다.[64] 수라 10:94는 경전의 백성이 무함마드의 와히wahy(메시지)와 표시를 의심하지 말라고 하고 수라 29:46에서는 이전의 경전을 무슬림들이 인정하는 것이 그들과 대화를 할 수 있는 좋은 출발점이라고 했다.

꾸란에서 유대 공동체를 언급할 때 두 가지 용어를 사용했다. 하나

University Press, 1999, 6.

64_ 위의 책, 7.

는 '이스라엘의 자녀'(바누 이스라엘)인데 고대 이스라엘israelite을 가리켰다. 또 다른 하나는 '유대인jews, yahūd'인데 이싸가 살던 시절의 유대인들과 무함마드가 살던 시절 메디나에 살고 있던 유대인들을 가리킨다. 무사가 가져다 준 경전과 유대인 공동체에 대한 긍정적인 내용들이 꾸란에 나온다. 꾸란은 알라를 알마시흐 븐 마르얌이라고 말하는 사람은 카피르라고 했다. 그리고 무쉬리쿤은 지옥에 간다(수라 5:72). 무사의 사람들 중에는 좋은 집단이 있다(수라 7:159). 지구에는 다른 커뮤니티로 나뉘어 있다(수라 7:168). 그들 중에는 영생보다는 이 세상에 연연하는 사람이 있고(수라 7:169) 그들이 자신들의 예언자들을 살해했다(수라 3:181). 무사를 통하여 이스라엘 자손에게 경전을 주었고 파라오로부터 그들을 구해 주었다(수라 6:154, 7:103-134). 이싸가 그들에게 보내어져 타우라를 확증했다(수라 3:50). 이싸 뒤에 아흐마드가 오는 것을 예언했다(수라 61:6). 경전의 백성들의 신과 믿는 자(무슬림)의 신은 동일하다(수라 29:46). 그런데 이스라엘 자손들이 알라에게 불순종하여 많은 죄를 지었고 금송아지를 예배했다. 그들이 알라를 떠났지만 알라는 그들에게 자비를 베풀었다. 알라가 타우라와 인질을 확증하려고 새로운 와히를 보냈다. 그런데 유대인들은 새로운 와히를 받아들이지 않았다. 그들은 알라의 표시sign를 믿지 않았다(수라 63:3). 유대인들이 적은 믿음을 갖고 있다. 유대인들은 알라에게 거짓말하고(수라 4:50) 알라와 예언자들과 천사들에게 적대적이었다. 그러나 그들은 아직도 알라의 친구들이라고 주장한다(수라 62:6). 그 결과 알라의 진노가 임하고(수라 58:15) 알라가 그들을 저주했고 그들의 마음을 강퍅하게 했다. 알라가 새로운 예언자를 보내 아주 분명하게 해 주었다(수라 5:19).

무사처럼 이싸도 꾸란에서는 예언자로 높임을 받는다. 유대인처럼 기독교인들도 알라에게 불순종했다. 그러나 꾸란에서 기독교인에 대한 비난은 유대인에 대한 것보다 더 부드러웠다. 무함마드와 기독교인간의 갈등은 유대인과의 갈등보다 심하지 않았다. 꾸란에는 기독교에 대하여 긍정적으로 묘사한 부분들이 많다(수라 57:27). 수라 3:110-

111는 유대인과 기독교인 모두에게 해당되는 구절이다. 기독교인들은 알라가 준 법과 처방을 잊어버려 책망을 받았다고 꾸란은 말한다. 그래서 서로 반감을 가지고 사는데 그들이 지은 죄를 알라가 벌하였고 심판의 날까지 계속된다고 하였다(수라 5:18). 수라 5:17과 5:76에서 알라가 인간 이싸이고 알라가 마르얌의 아들 이싸라는 것을 거절한다. 이싸는 피조물이고(수라 43:57) 알라의 종servant이다(수라 43:59). 유대인들이 이싸를 죽이려 했으나 성공하지 못했다(수라 4:157). 게다가 알라가 셋 중의 하나라고(수라 4:171) 하거나 이싸와 그의 어머니가 신(수라5:116)이라고 하는 말을 꾸란은 거부한다. 기독교인들은 알라의 파트너를 둔 사람들이다(수라 9:31,17:111). 알마시흐가 알라의 아들(수라 9:30)이라고 하고 알라가 아들이나 자녀들을 가졌다(수라 19:34, 4:171)고 하는 것을 꾸란은 거부한다. 결론적으로 꾸란은 이싸가 누구인가와 알라의 성품 그리고 알라의 아들, 이싸에 대한 교리를 반박하고 있다. 무함마드가 유대교인과 기독교인과 논쟁하는 과정을 기록해 둔 꾸란의 내용을 볼 때 이런 토론 과정에서는 이슬람이 아직도 완전하고 완성된 종교로 확고히 자리를 잡지 못했다는 것을 알 수 있다.65 꾸란이 내려오던 시기에는 무함마드의 말이 와히의 핵심이 되었고 그가 죽은 뒤에야 교리적인 체계가 세워졌다. 다시 말해서 꾸란이 알라의 말이고 무함마드는 알라의 말을 세상에 전해주는 역할을 했다. 그런데 무함마드가 죽은 뒤 이슬람의 교리와 신학 그리고 꾸란 주석이 그리스 철학의 도움을 받아 정립되었기 때문에 당시 신학자들과 철학자들의 지적 사조와 사상이 꾸란 주석과 이슬람 교리에 포함되었다. 꾸란에는 무함마드가 유대인과 기독교인을 만나서 어떻게 그가 반응했는가를 기록해 주고 있다. 무함마드가 살던 시기에 그는 메카의 다신교들과 메디나의 유대 부족들보다 기독교인들을 덜 접촉하는데 그것은 당시에 기독교인들이 흩어져 살았고 교파들이 달라서 기독교 공동체와의 만남이 쉽지 않았던 까닭

65_ 위의 책, 9.

이다. 꾸란에서 유대인과 기독교인에 대한 심판은 종말론적이므로 역사의 종말에 가서야 알라의 심판을 통해 알 수 있다는 것이다.

중세(650-1500)의 유대교, 기독교와 이슬람

중세 무슬림의 견해에 의하면 꾸란 안에 포함된 진리들이 그 이전의 예언적인 종교들의 진리들과 다르지 않다고 보았다. 중세 무슬림들에게 꾸란에 대한 연구가 진행되면서 이슬람 율법이 정교화되었다. 사실 이슬람 율법(샤리아)이 꾸란, 하디스 그리고 당시 법학자들의 만장일치와 유추에 근거하였으므로 무슬림이 주장한 대로 이슬람 율법이 오직 알라의 법이라고 할 수 없다. 하디스 꾸드시는 하디스의 의미가 알라에게서 온 와히이지만 그 하디스의 낱말과 발음은 무함마드에게서 왔다고 하기 때문에 하디스 역시 무함마드의 언어적 수준을 벗어나지 못한 것이다. 꾸란이 하늘에 있다가 땅에 내려왔다고 하면서 무함마드는 단지 타자기 역할만 했다고 무슬림들이 주장하더라도 꾸란의 언어들은 아랍어이고 무함마드가 속한 부족의 언어들을 중심으로 기록되었기 때문에 무함마드를 떠나서 꾸란과 하디스를 말하기 어렵다.

이슬람이 확장되면서 무슬림 정치 권력하에 다르 알이슬람(무슬림 정치적 권위하에 있는 지역)과 무슬림 영토 이외의 세계인 다르 알하릅(무슬림의 정치적 권위하에 있지 않는 지역) 간의 구별이 있었다. 중세 이슬람 세계에서 중심적인 정치적 권한을 가진 인물은 칼리파였다. 그는 세상적인 통치자로서 이슬람 율법(샤리아)이 적용되게 하고 지하드를 수행하는 사람이었다. 다르 알이슬람 안에서는 믿는 자(무슬림)와 무슬림이 아닌 딤미dhimmi(보호민: 무슬림에게 인정된 타종교인) 간의 구별이 있었다. 이때에는 다르 알이슬람 안에서 모든 사람들이 급격하게 개종하게 하는 것보다는 칼리파의 권위가 인정되고 무슬림 영역에서 이슬람 율법이 시행되도록 하려는 데 더 많은 관심을 가졌다. 그런데 그 당시 무쉬리쿤(다신론자)들은 딤미가 될 수 없었다. 무쉬리쿤은 다르 알이슬람 안에서 허용되지 않았다. 단일신론자와 특히 경전의 백성만이 딤미가 되었다.[66] 딤미는 특별한 인두세를 내야 했고 무슬림 통치 권위 하에서 자치를 할 수 있었다. 딤미는 이슬람의 관점에서 본 무슬림들의 견해에 의한 것이었다. 그러나 무슬림들은 기독교 교회의 의미를 잘 몰랐고 기독교 공동체 안에 존재하는 갈등을 이해하지 못했다. 중세 이슬람에서는 타종교인들이 이슬람을 어떻게 인식하고 어떻게 판단해야 하는지 그리고 어떻게 대해야 하는지에 대하여 무슬림 무타칼리문(일므 알칼람[67]을 사용하는 학자로 철학과 논리학의 도움을 받음), 울라마[68](종교학자), 푸까하(법학자) 등이 등장하였다. 그들이 이슬람 이외의 타종교에 대한 설명과 평가를 하였다. 중세 이슬람 문명에서 타종교에 대한 태도가 발달하고 있었다. 당시 역사와 종교들의 다양성에 관심을 가졌던 사회적인 형편과 문화적인 상황에 주목할 필요가 있는데, 문명과 종교로서의 이슬람은 서로 다른 종교들과의 잦은 접촉과 만남이 있었다. 이런 잦은 접촉은 다른 종교들을 믿는 사람들에 대한 무슬림들의 태도에 영향을 주었다. 그리고 정치적이고 사회적인 상황이 타종교인에 대한 태도에 중요한 역할을 했다. 중세 이슬람 시대에 새로운 지식에 대한 호기심이나 심화된 지식에 대한 욕심이 없는 무슬림들은 이슬람 이전 종교를 묵살해 버리곤 했다. 그러나 정복된 지역에서 이슬람으로 개종한 사람들이 조금씩 늘어가자 무슬림들은 무슬림 커뮤니티에 들어오는 외래 종교에 대하여 관심을 표명하거나 그들을 의심하거나 불신하기도 하였다. 정치 지도자들은 타종교에 대한 진지한 관심을 보이는 사람에게는 사형을 시키겠다고 으름장을 놓기도 하였다. 무슬림 커뮤니티 안에서 신앙, 교리, 종교적 실천에서 지적인 토론이 증가하면서 무으타질라파

66_ 위의 책, 20.

67_ 이성을 사용하여 이슬람 교리를 방어하는 교의학 혹은 변증학이나 논증학을 가리킨다.

68_ 순니파 이슬람에서 울라마는 이슬람 종교학에 대한 훈련을 받은 사람을 가리키고 시아파에서 울라마는 이슬람 율법을 해석하는데 이즈티하드<독자적인 법적 추론>의 권한을 행사하는 자이다.

들이 했던 것처럼 무슬림 지도자들은 타종교를 반박할 수 있도록 무슬림들에게 타종교에 대하여 알려주어야 했다. 그래서 무슬림 커뮤니티 안에 다양한 견해와 종파들이 나타났고 시간이 지나면서 타종교에 대한 관심으로 확대되었다. 중세 이슬람 문명 안에서 타종교에 대한 연구는 이슬람 종파 연구로부터 시작되었다. 이런 연구의 주요 목적은 타종교가 거짓된 제도이고 그 거짓 근거를 반박할 수 있도록 하기 위하여 타종교에 대한 지식을 얻어야 했다. 이것에 대하여 이븐 하즘Ibn Hazm(1064년 사망)이 대표적인 인물이었다. 무슬림들에게 타종교에 대한 관심은 이슬람으로 개종한 사람들을 통하여 긍정적인 관심이 생겨났다. 외래 종교에 대한 관심은 순니 파보다는 시아파에서 더 빨리 관심을 가졌다. 다른 문화와 종교에서 좋은 것과 진실된 것이 이슬람 안에 이미 있다고 무슬림들이 믿었다. 심지어 다른 종교에 좋은 것이 있음을 알더라도 그것이 '이슬람적islamic'이라고 간주했다. 즉, 이슬람적 요인들을 역사적인 이슬람 커뮤니티 밖에서도 발견할 수 있었다. 이런 생각은 다른 문화와 다양한 동화과정이 일어나는 것을 합법화하는 계기가 되어 중세 이슬람 문명을 풍요롭게 만들었다. 이슬람 문화는 다른 문화의 긍정적인 요인을 포용하기도 했다. 9세기-13세기 중세 이슬람 문명은 그 당시 알려진 역사와 지리에 대한 관심이 높았고 대중은 다른 문화에 대한 정보를 요구했다. 이런 문화적 관심은 알마스우디(956/7 사망)와 이븐 알나딤(987-990년에 피흐리스트fihrist라는 책을 저술)의 백과사전적인 책을 낳게 했다. 10세기부터 12세기까지 지식인 무슬림들은 종교적인 다양성을 인정하면서 타종교인을 이웃으로 두고 그들과 더불어 살았다. 중세 무슬림들은 수피즘에 대한 관심이 컸는데 수피들은 인간에 대한 신적 계시의 우주적인 보편성을 생각하고 있었다. 그래서 알루미(1273년 사망)와 같은 수피가 등장하였고 종교적인 보편성은 타종교 신자에게 관심을 갖게 했다.

중세 이슬람 시대에 꾸란에 언급된 기독교 교리가 이슬람 교리와 어긋나 있다는 것을 알게 된 무슬림들은 기독교에 대하여 대단히 비판적이었다. 주로 알라의 타우히드, 인간과 신과의 근본적인 차이와 이 둘 사이의 거리감이었다. 종교로서의 기독교에 대한 무슬림들의 지식은 꾸란에 암시된 교리와 니케아(325)와 칼케돈(451)의 교리적 결정으로 빚어진 중동의 기독교 공동체 사이에 나타난 분열에 대한 지식 정도였다. 당시 무슬림들은 이스턴Eastern 교회(동방 교회)와 서방교회(가톨릭)간의 차이에 대해서는 거의 알지 못했다. 이 시기의 무슬림들은 기독교가 종교로서의 이슬람을 반대하는 종교로 인식하였다. 이 두 종교의 진리들은 서로 배타적이었다.

무슬림 신학자들은 이슬람 초기에는 꾸란과 칼람(교의학 또는 변증학: 알라에 대한 꾸란의 가르침을 논리적으로 방어하는 이슬람 신앙의 내용들)에 따라 거짓 교리에 집중하였고 그 결과 기독교는 쿱파르(알라를 믿지 않는 자 혹은 이슬람 율법에 어긋난 자)에 해당되었나. 기독교는 이슬람의 칼람에서 잘못된 교리라고 정죄되고 기독교를 쿱파르 그룹에 넣었다.69 그러나 무슬림 학자들은 기독교인들이 기독교 교리에 어떤 의미를 부여하고 있는지 자세히 더 연구하지 않았고 기독교인의 실제 삶과 기독교와 관련된 제도에 대하여 잘 몰랐다. 기독교는 곧 무슬림 영토에서 소수민의 종교로 전락했고 딤미라는 2등 국민이 되었으며 무슬림 땅을 공격할 수 있는 비잔틴과 라틴 기독교인들에게 이슬람은 정치적인 적이었다. 당시 기독교인의 입장에서 이슬람은 두려운 존재였는데 교리적인 이유만은 아니었다. 6세기에 비잔틴 통치하에서 기독교 땅이었던 대부분의 지역이 이슬람 종교를 믿는 아랍인에 의하여 정복당했다. 정복된 땅에서 기독교인에게 이슬람은 지배 종교이었고 경제적이고 정치적인 부담이 기독교인들에게 가중되었다. 지중해 북단에 있던 비잔틴과 라틴에게 이슬람은 공격을 감행하였기에 그들에게는 이슬람이 적군의 종교이었다. 무슬림 군대들이 성지를 포함하여 북아프리카, 스페인 그리고 지중해의 대부분의 섬과 이탈리아의 여러 지역을 장악

69_ Jacques Waardenburg, Muslim Perceptions of other Religions, 40-41.

했다. 8세기 초에는 콘스탄티노플의 성벽 앞에 무슬림들이 진을 쳤고 9세기 중반에는 로마에 진을 쳤다.

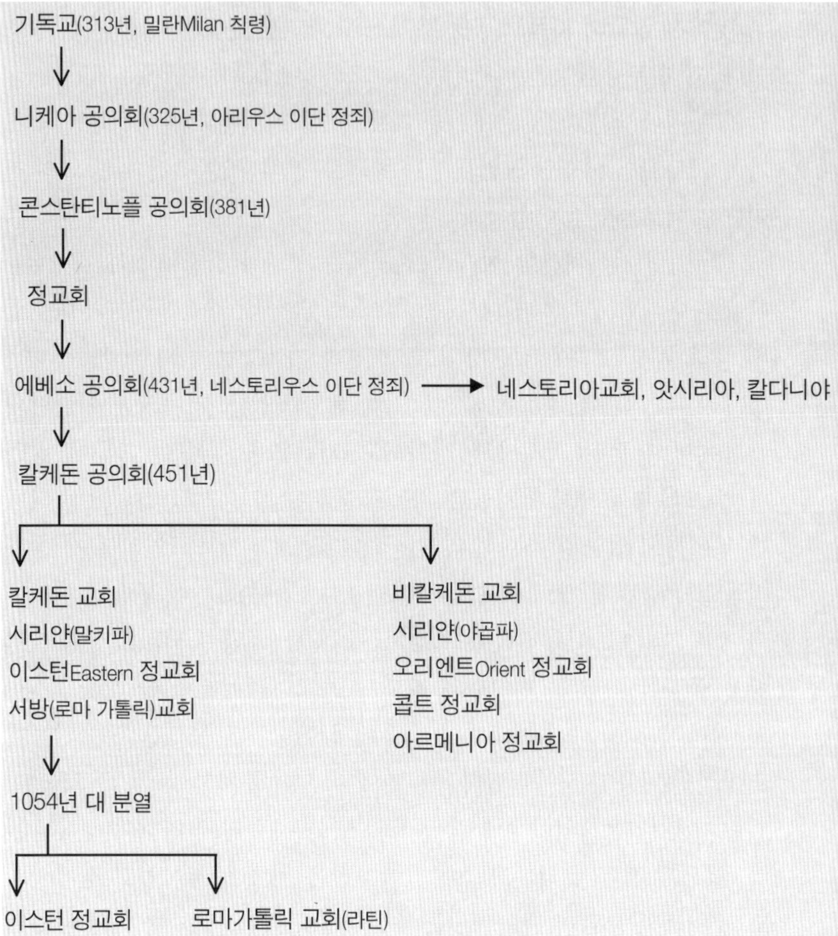

유럽의 기독교는 군사적인 수단과 이데올로기적인 수단을 동원하여 이슬람과 대적해야 했다. 중세 이슬람 시대의 후반기에는 무슬림에게 정복당한 이베리아 반도의 재탈환reconquista이 진행되었다. 발칸 지역이 이슬람으로부터 자유로워지는 데 400년이 필요했다. 나중에 십자군의 행동이나 스페인, 포르투갈의 재탈환 그리고 기독교인 왕 프레스터 존Prester John 등은 종교 정치적 세력 간의 충돌에서 이슬람을 적으로 보았다. 이런 역사적인 맥락에서 이슬람은 종교적 논증polemics을 발전시켰다. 중동에서 폭력을 써서 권력이 바뀌고 여러 지역에서 아랍화와 이슬람화가 진행되면서 종교 안에서도 심각한 대결 양상이 생겨났다. 이슬람의 풍부한 논증서들은 기독교를 대항하기 위한 것이었다. 기독교와 기독교인에 대한 우호적인 꾸란의 초기 수라들보다는 메디나 시기의 말기 수라(무함마드가 북서 아라비아 확장을 할 때 이를 반대한 아랍 기독교 부족과 대결한 내용)에 근거한 논증학이 발달하였다.[70] 이 시기의 꾸란 구절에서 기독교에 대한 비난은 주로 알라에게 아들이 있다는 것과 이싸를 알라라고 한다는 것 그리고 일부 기독교인들이 성화 등을 숭상하는 것을 보면서 기독교는 일신교가 아니라고 주장하였다. 무슬림들은 이들 기독교인들이 쉬르크shirk를 범했고 쿱파르kuffār(카피르의 복수형)가 되었다고 했다.

첫 번째 이슬람과의 신학적 대결은 우마위야 조의 다마스커스에서였다. 당시 기독교는 이슬람보다 우월한 문화를 가졌고 부분적으로는 자기 방어를 할 수 있었던 시기에 기독교인들이 먼저 무슬림에게 신학적인 대결을 벌인 것으로 보인다.[71] 그런데 무슬림들은 이때 기독교인들의 질문에 답을 해야 했고 주로 논쟁은 하나님의 말씀, 계시와 예언의 성격, 하나님의 유일성, 인간의 운명과 구원에 대한 문제였다. 이런 주제들의 일부 내용은 이슬람의 칼람을 발전시키는 데 기여했다. 무슬림과 기독교인 간의 종교적인 논쟁은 계속된 긴장과 충돌 속에서 생겨났다. 무슬림 영토 안이나 비잔틴 영토 안에서 처음에는 기독교인들이 이슬람을 기독교의 이단heresy으로 여겼고 이슬람 이단이 참 종교 기독교를 위협하는 것으로 생각했다. 기독교 이단들의 경우처럼 기독교인들은 이슬람이 기독교 교리, 법, 윤리에 상충되는 부분에서만 이슬람

70_ 위의 책, 41.
71_ 위의 책, 41.

을 반박하기 시작했다. 이후에 기독교와 이슬람이 서로 논증학을 발전시키는 계기가 되었는데 이런 논증을 시기별로 자세히 살펴보자.

1차 논증 시기(9세기 중반 이전까지) 무슬림 영토 안에서 기독교인들은 사회, 정치적, 문화적, 종교적인 압력을 받았다. 사회정치적인 압력으로서 기독교인들이 전심을 기울여 아랍 정복자와 기독교 마을 간의 협약을 통하여 기독교 커뮤니티에 주어진 특권을 방어하려고 했다. 당시 기독교인들은 행정과 무역에 중요한 역할을 했다. 문화적인 압력은 기독교인들이 완전한 헬레니즘 문화와 시리얀어syriac(기원후AD 이후의 텍스트에 쓰인 언어) 문화 유산을 사용하는 것에 대한 압력이었다. 교육을 받지 못한 사막의 유목민이었던 아랍인 침입자보다 기독교인들의 철학, 과학, 의학이 앞서 있었다. 그런데 기독교와 이슬람의 만남에서 기독교인들이 질의한 것을 무슬림들은 답변을 해야 했다. 무슬림들은 어쩔 수 없이 기독교인과의 사회정치적인 입장과 기독교에 대한 종교적인 입장을 정해야 했다. 그 결과 우마위야 조(661-750)에서 기독교와 이슬람 간의 주요 논점이 형성되었다. 처음에 무슬림들은 모든 인간 행동의 근원은 알라의 뜻이라고 하면서 삼위일체, 이싸의 십자가 죽음, 그리고 그리스도의 신성과 성육신을 거부하였다. 무슬림들은 꾸란이 마지막 경전으로서 꾸란이 알라의 말씀이라고 강조했다. 무슬림들은 예언자들이 가져다 준 신의 율법과 예언의 교리를 주장하며 무함마드가 이들 예언자들의 봉인(마지막 도장을 찍은 사람)이라고 했다. 꾸란에 근거하여 무슬림들은 신구약은 무사와 이싸가 가져다 준 실제 경전을 왜곡falsification한 것이라고 주장했다. 무슬림들은 아랍 무슬림 군대가 전쟁에서 승리한 것은 알라가 이슬람을 좋아하기 때문이라고 했다. 기독교 측에서는 우마위야조 때 다마스커스의 요한John(749년 사망)이 있었다. 요한에게 이슬람은 적그리스도의 전조라고 생각했다. 시리아에서 이슬람과 기독교가 만난 것이 이슬람 신학 사상과 이슬람 변증학 발전에 강력한 인센티브가 되었다. 기독교와 무슬림 간의 논쟁에서 아랍어로 된 자료 중에는 시리아 정교회의 총대주교patriarch로 보이는 또 다른 요한John과의 논쟁이 있었고 네스토리아 총대주교 디모데 1세(728-823)와 압바시야 조 칼리파 알마흐디(755-785년 재위) 간의 토론이 있었다. 훨씬 뒤에 기독교인 알킨디와 무슬림 알하쉬미 두 친구 간의 종교적인 토론이 있었다. 그러나 9세기 중반에 칼리파 알마으문(813-833재위)과 칼리파 알무타왁킬(847-861) 시기에 논증 문학이 크게 발달했다. 이것이 곧 이슬람 기독교 간의 논증학의 2차 시기로 접어들게 했다.

2차 논증 시기(9세기 중반부터) 새로운 통치자들은 이슬람 국가를 세우는 것을 정책으로 삼았고 이슬람이 국가의 종교적 이데올로기로 강조되었다. 이런 정책은 알마으문과 알무타왁킬 시대에 절정에 달했다. 유대교인과 기독교인은 이슬람 국가의 딤미로 만족해야 했다. 양측의 논증학은 아리스토텔레스의 논리와 메타피직스(형이상학) 등 철학을 사용하였다. 이 시기는 데오도르 아부 꾸라Theodor Abu Qurra(740-826)라는 기독교 사상가를 낳았는데 그는 이슬람을 대항하는 17개 논증에 대한 글을 남겼다. 아부 꾸라는 이슬람에 대항한 아랍 기독교의 논증 문학에서 가장 중요한 기독교인 신학자이다. 무슬림들은 번역을 통하여 아리스토텔레스 논리를 배웠고 알무으타질라의 수고 덕분에 이슬람 교리를 방어하는 데 도움을 얻었다. 2차 논증 시기에 무슬림의 사회정치적인 압력이 마니교와 이란의 사회 정치적 영향력에 집중되었다. 이로써 803년 하룬 알라시드 칼리파 시절에 이란의 영향력이 있던 바르마크Barmecids 가문이 몰락하게 되었다. 50년 후에 비슷한 압력이 기독교인에게 가해졌는데 알무타왁킬(847-861) 칼리파 하에서 기독교는 증가되는 사회적 문화적 공격을 받아야 했다. 이때 기독교를 차별하는 오마르 협약[72]이 다시 언급되었고 알자히즈al-Jahiz(869년 사망)는 무슬림 독자들

72_ 632년 예루살렘 그리스 정교회 총대주교와 이슬람의 칼리파 오마르 간에 맺은 협약으로 "로마인들은 팔레스타인에서 떠나야 하고 토착민은 자신의 종교를 가질 수 있으

을 선동하기 위하여 기독교를 비난하는 말을 자주 사용하였고 기독교인이 사회적인 악이라는 것을 부각시키려 하였다.[73] 무슬림 영토 안에서 기독교인들은 아직 철학, 의학, 과학 분야에서 무슬림을 앞서고 무슬림들은 이런 분야를 배우는 처지였다. 대신에 무슬림들은 자신들의 언어와 윤리가 우월하다고 자랑하였다. 사실 9세기에 아랍 문학이 성장하고 꽃을 피워 아랍어로 된 이슬람 종교학(꾸란 주석학, 하디스학, 이슬람 법학, 칼람kalam)의 형성과 발전을 가져왔다. 종교적인 면에서는 앞서 말한 대로 알자히즈가 알무타왁킬에게 기독교를 반박하는 글을 냈고 850년경에는 개종자 알리 븐 랍반 알따바리Ali ibn rabban al-Tabari(855년 사망)[74]에 의하여 기독교에 대한 반박이 이뤄졌다. 9세기 중반 무슬림 논증학의 위력은 기독교 교리에 대한 아부 이싸 알와라끄al-warrāq에게서 가장 분명히 나타났다. 그 이후에 논증학은 특히 알무으타질라 파의 무타칼리문에 의하여 철학적으로 혹은 정-반 논리로 진행되었다. 이것은 이슬람 내부의 이단에 대한 논증과 타종교에 대한 논증 사이에 긴밀한 연관이 있었다는 것을 증명한다. 기독교는 자주 이슬람 안의 이단이었던 무르지아 파murji'ites[75]나 라피드 파rāfidites[76]처럼 이단으로 간주되었다. 이들 무슬림 그룹들은 이슬람을 기독교화하려고 한다는 비난을 받았다. 알무으타질라[77] 파는 기독교에 대하여 지적인 전투를 벌이고 있

나 본인이 원하면 이슬람으로 개종할 수 있다"는 내용이다(공일주, 이슬람 문명의 이해, 207 참조).

73_ Jacques Waardenburg, 앞의 책, 43.

74_ 그의 이름은 무함마드 븐 자리르 알따바리 Muhammad bn Jarir al-Tabari(838-923)이다.

75_ 극단적인 카리지 파의 반작용으로 8세기에 등장한 신학파이다. 중죄를 지은 신자에게 심판이 연기된다고 믿었다. 알라의 처벌보다는 알라가 허락한 소망과 약속을 강조했다. 죄인의 영벌 교리를 반대했다(John L. Esposito, The Oxford Dictionary of Islam, 216 참조).

76_ 라피드는 아랍어로 '거부된 자'라는 말이고 이슬람에 속하여 있는 잘못 인도된 무슬림을 가리킨다. 예멘의 자이드 파를 순니 이슬람은 라피드라고 하였으나 역사적으로 순니 무슬림은 시아파 무슬림을 라피드라고 했고 이라크의 알카에다 조직의 한 사람이었던 자르까위가 이 표현을 자주 사용했다.

77_ 무으타질라 파는 8세기 신학파이고 알라의 절대적인 단일성, 정의를 강조하다보니

었다. 그들은 그리스 논리학을 소화한 뒤 기독교인과 전투를 벌였고 아리스토텔레스 논리학을 이용하여 삼위일체의 신적 본질substance과 예수의 신적 성품nature을 반박하였다. 알무으타질라파들이 기독교에 대응하는 이런 논리는 곧 자신들의 커뮤니티에 적지 않는 폐해를 끼쳤다. 알무으타질라 파는 기독교에 대한 반박에 사용된 논리를 이슬람에도 사용해야 했는데 그것이 곧 알라의 속성이 존재한다는 것을 부인하게 되었고 꾸란이 창조되지 않은 영원한 것임을 부인해야 했다. 이런 교리는 무슬림 커뮤니티 안에서 받아들일 수 없었고 그 뒤 아쉬아리[78] 파 신학이 알무으타질라 신학을 대신해야 했다.

9세기 중반부터 성경에 대한 무슬림의 태도는 바뀌기 시작했다. 무슬림들이 기독교인과의 논쟁에서 성경 본문을 인용하였고 성경 비평이 발달하기 시작했다. 무슬림 논증학은 철학적인 성향의 논리적인 주장을 신구약에 근거를 둔 성경적인 내용과 연결시켰다. 이것은 기독교에서 개종한 무슬림과 성경을 아랍어로 번역한 성경 본문의 도움을 받았다. 경전에 대한 기독교인과의 논쟁에서 나스크Naskh 문제가 불거졌고 기독교인들은 유대인들보다 이 문제에 대하여 온건한 태도를 보였다. 왜냐하면 당시 기독교인들도 구약이 신약에 의하여 대체된다는 것을 알고 있었기 때문이었다. 성경과 관련하여 무슬림 논증학자들이 공격한 초점은 나스크 문제가 아니고 타흐리프(변질론)이었다. 다시 말해서 성경의 텍스트가 변질되었거나 일부 구절이 탈락되었다고 하였고 혹은 성경이 기독교인에 의하여 잘못 해석되어 성경이 변질되었다는 두 가지 문제가 무슬림 논증가들의 성경에 대한 주장이었다. 이런 성경

후세에 정의와 단일신으로 알려졌다. 인간 속성이 신과 결부되는 것을 거부하였고 꾸란이 창조되었다는 것을 강조했다. 인간 이성과 계시 간의 조화를 강조한다. 이슬람신학에서 철학적 방법론이 발전하는 데 기여하였다(John L. Esposito, The Oxford Dictionary of Islam, 222 참조).

78_ 10세기부터 12세기까지 유행한 이슬람 신학파이다. 무으타질라의 이성주의rationalism와 한발리 파의 문자주의literalism 간의 중간 토대를 형성한 종교 운동이었다. 종교적 진리에 대한 이성적인 접근을 사용하지만 꾸란 계시를 확실성의 유일한 근거로 지켜나간다(John L. Esposito, The Oxford Dictionary of Islam, 26 참조).

의 타흐리프와는 달리 무슬림들은 꾸란이 암송자들에 의하여 변질되지 않고 그대로 세상에 전달되었다고 주장하였다. 무슬림들은 인질injīl(복음서)의 잘못된 전달의 증거는 4복음서가 각기 차이를 보이는 것이 그 증거라고 했다. 나스크, 타흐리프, 무함마드의 예언자직에 대한 반론이 아리스토텔레스의 논리학과 함께 기독교에 대한 무타칼리문의 논증학의 근거가 되었고 유대인에 대한 논증의 근거가 되었다. 그런데 기독교에 대한 논증은 전통적인 칼람의 작업을 뛰어넘게 되었고 9세기와 10세기의 꾸란 주석학tafsīr은 기독교에 대한 논증적인 내용을 포함시켰다. 무슬림들은 이제 신약과 기타 기독교 관련 문건을 인용하지만 그 인용은 기독교에 대한 무슬림 주석가의 의견을 지지하는 데 사용하였다. 알사알리비가 쓴 예언자들의 이야기는 경전의 백성이나 기독교에 대하여 그의 논증적인 견해를 적어놓은 것이었다. 심지어 아랍 시와 천일야화와 같은 민속 문학에서도 반기독교 정서를 볼 수 있었다. 알자히즈는 기독교 교리를 반박했을 뿐만 아니라 기독교인들을 사회적인 악social evil이라고 말했다. 이런 반박 문학은 사회적인 압력이 되어 무슬림 사회의 소수 종교인(유대교, 조로아스터교, 힌두교, 마니교)들을 반박하는 데 사용되었다. 이 시기의 주요 신학적인 반박의 글을 쓴 무슬림으로는 시아의 자이드파 알까심 븐 이브라힘(785-860), 알아쉬아리 파의 아부 바크르 알바낄라니(1013년 사망), 그리고 알무으타질라 파의 압드 알잡바르(1025년 사망) 등이 있었다. 이 시기에 아랍 무슬림과 비잔틴 기독교인 간에 서한이 오고 갔고 비잔틴 황제와 이슬람 칼리파 간에 논증 서한이 오고 갔다. 또, 비잔틴 대사가 855/856년경에 바그다드에 있던 알무타와킬에게 보내어졌고 칼리파 오마르 2세(717-720)와 레오 3세 황제 간의 서신 왕래가 있었다. 그리고 콘스탄티노플의 총대주교 니콜라스가 압바시야 조 칼리파 알무끄타디르(908-932 재위)에게 보낸 편지가 아주 유명하였다.[79]

79_ Jacques Waardenburg, 앞의 책, 44.

3차 논증시기(10세기)　기독교와 이슬람의 논증에 대한 새로운 물결은 비잔틴 군대가 이탈리아 남부의 칼라브리아calabria, 크레테, 사이프러스를 재탈환하는 것과 거의 비슷한 시기에 시작되었다. 로마노스Romanos 통치하에서 실리시아Cilicia를 거쳐 시리아에 진입했다. 비잔티움과 시리아에서 그리스어로 쓰인 몇몇 글 속에 이슬람을 반박하는 내용이 들어 있었다. 그리고 그들이 재탈환했던 지역의 주민들이 기독교로 되돌아오도록 이슬람을 대항하는 비잔틴의 저술들이 많아졌다. 이 시기에 무슬림 영토에 살고 있던 기독교인들이 많은 논증 저서들을 냈다. 또, 두 명의 시리아 정교회 신학자가 무슬림 신학자를 논증하는 저서를 냈는데 그 두 사람은 야흐야 븐 아디(893-974), 이븐 주르아jur'a (943-1008)이었다. 그런데 역사는 또 다른 길을 걷고 있었다. 11세기 셀죽 터키seljuk turks가 아나톨리아까지 진격하여 성지로 가는 순례객들을 괴롭혔다. 그러자 기독교인들의 이슬람 논증에 대한 흐름이 다소 주춤했다. 이때 스페인에서 성경 본문을 비평한 이븐 하즘(994-1064)이 기독교에 대한 논증을 신랄하게 하였다. 그의 책에서 한번은 기독교인들을 무쉬리쿤이라고 했다가 다른 페이지에서는 기독교인을 경전의 백성이라고 했고 구약과 함께 신약도 공격했다. 그의 결론은 성경이 계시된 책이라고 볼 수 없다는 것이었다. 11세기 말 또 기독교 교리를 반박하는 알가잘리의 『알랏드 알자밀』(보기 좋은 반격)이란 책이 나왔다. 이 책은 신약에서 본문을 택하여 이 본문에 근거한 예수의 신성 교리를 반박하였다. 11세기에는 무슬림의 논증서에 대한 반박을 한 네스토리아 교인 엘리아스Elias가 있었다. 그러나 1100년 십자군이 예루살렘에 당도하면서 상황은 크게 변했다. 십자군은 라틴Latin의 문제였다. 그러나 그 여파는 근동에서 논증 문학의 재출현을 도왔다. 에뎃사의 기독교 아랍인 바돌로매Bartholomew(12세기경)와 안디옥의 바울 알라힙(12세기)이 이슬람을 반대하는 글을 썼다.

4차 논증시기(13세기-14세기)　이 시기에 기독교에 대한 이슬람의 고전적인 논증서들이 그간 600년간의 주장을 총서로 발간하였다. 알까라피al-Qarafi(1285년 사망)의 『키탑 알아즈위바 알파키라』(보란 듯이 뽐내는 답변서)에서 기독교인은 무쉬리쿤이 아니고 쿱파르라고 했다. 이븐 타이미야(1328년 사망)는 그의 책 『기독교 종교를 변화시킨 사람들에 대한 바른 답변』에서 성경 본문의 위조는 역사적인 내용에만 한정되어 있고, 성경의 율법적인 부분은 텍스트 자체가 아닌 기독교인들의 주석이 잘못되었기 때문이라고 하였다. 알까라피와 이븐 타이미야 그리고 수피 성향의 무함마드 이븐 아비 딸립은 기독교인 저술가 바울 알라힙Paul al-rahib(1327년 사망)이 행한 논증에 대한 답변을 하고 있었다. 기독교에 대한 이슬람의 논박의 대부분은 이븐 타이미야와 알까라피가 쓴 논박의 글 안에 다 모아졌다. 그리고 사이드 븐 하산 알이스칸다라니(1320년 사망)와 이븐 까임 알자우지야(1350년 사망)는 유대교와 이슬람에 대한 반박들을 모았다. 기독교에 대한 반박은 칼람kalam의 저서들에 포함되어 있었다. 스페인에서는 기독교를 반박하는 저명한 이슬람 논증 학자들을 낳게 했는데 그 중에 이븐 하즘, 아부 알왈리드 알바지al-Baji(1081년 사망), 이븐 싸브인(1271년 사망) 등이 있었다. 가장 중요한 기독교 반박서는 1420년에 스페인의 압둘라 알타르주만al-tarjuman이 쓴 『투흐파Tuhfa』(걸작)라는 책이었다. 이슬람에 대한 아랍 기독교인과 비잔틴의 논증서들 이외에 11세기 스페인의 재탈환과 십자군 이후에 발달한 라틴 논증서들도 있었다. 11세기 스페인에서 알폰소alfonso의 피터Peter가 이슬람을 반대하는 책을 썼다. 좀 더 나은 이슬람에 대한 이해는 피터peter the Venerable(1092-1156)[80]와 클루니cluny의 에보트Abbott에 의하여 시작되었다. 케톤ketton의 로버트Robert가 라틴어로 꾸란을 번역했고 이 번역 사업은 『Corpus Toletanum』(텍스트들의 모음)으로 알려졌고 이 책이 유럽인들의 이슬람에 대한 이해를 높이는 데 중요한 역할을 했다. 13세기에는 톨레도의 마크Mark가 꾸란에 대한 기독교인의 공격 내용을

80_ 여기서 "the Venerable"은 로마 가톨릭에서 시복 후보자에게 잠정적으로 주는 호칭이다.

라틴어로 번역했다. 이 책이 이슬람에 대한 라틴 논증학에 상당한 영향을 끼쳤다. 라몬 럴Ramon Lull(1235-1315)은 기독교의 진리를 이성적인 방법으로 입증하려고 했다. 그는 단일신교 사이에 대화가 필요하다는 생각을 가졌으나 나중에는 이슬람을 맹렬하게 공격하는 것으로 끝맺었다.

이슬람과 유대교의 관계는 처음부터 복잡하게 뒤엉켜 있었다. 이슬람 초기 메디나에서 유대교와 이슬람 간의 갈등이 있었음에도 중세의 고전 이슬람 시기에는 유대교보다는 기독교에 대한 논증이 더 많았다. 무슬림영토 안에 살던 기독교인들은 그들 뒤에 강력한 비잔틴 국가가 있었고 정복된 국가에서는 적극적으로 기독교를 방어하는 사람들이 있었다. 그러나 유대인들은 더 작은 공동체이었기 때문에 그들만의 공동체 생활이 있었고 외부인들과는 그들의 종교에 대하여 이야기하지 않았다. 유대인들은 결코 이슬람을 공격하지 않았고 유대인만을 겨냥한 논증적인 글들은 비교적 적었고 그것도 나중에서야 등장했다. 꾸란 이후에 유대교에 대한 비판적인 진술과 논증적인 글이 등장했으나 종교로서의 유대교에 대한 정보와 유대인의 생활 방식은 유대교에서 이슬람으로 개종한 사람들을 통하여 이슬람에 전해졌다. 앞에서 말한 대로 유대교와 이슬람 간의 논증은 꾸란으로 거슬러 올라간다. 무함마드는 메디나의 유대인들과 심한 논쟁을 벌였다. 그러나 이런 꾸란의 내용은 종교에 기반을 둔 반유대주의로 발전하지 않았다. 무슬림들 중에서 유대교에 대하여 논증한 사람은 이븐 하즘인데 그는 유대인 재상 이스마일 븐 유수프 븐 알나그릴라al-Naghrila(993-1056)를 반대하는 글을 썼다. 유대교를 반박한 글은 유대교에서 이슬람으로 개종한 사람들이 썼는데 그 중에 1163년에 개종한 사마우알 알마그리비(1125-1175)가 있었고 1298년에 유대교에서 이슬람으로 개종한 사이드 븐 하산(1320년 사망)은 유대교에 대한 반박의 글을 썼다. 가장 유명한 논증가들로는 알까라피, 이븐 까임 알자우지야, 그리고 기독교 스페인에서 살면서 유대교에 대한 반박의 글을 쓴 아부 자카리야 야흐야 알라낄리al-Raqili가 있었다. 유대교를 반대하는 일에 사용된 주제는 나스크 학설doctrine과 관련된 것이었다. 무슬림들은 이 원리를 두 가지 의미로 사용했다. 하나는 나중에 나온 계시가 그 이전에 나온 계시를 무효화시킨다는 것과 나중에 계시된 종교의 율법이 처음 율법을 대체시킨다는 것이었다. 나스크는 일련의 계시들에 의하여 신은 그의 뜻을 다르게 계시한다는 것이다. 그런데 유대인 신학자들은 야훼가 그의 마음을 바꾼다는 것은 불가능하다고 보았다. 야훼 하나님은 그의 법decree과 인간사를 규제하는 약속과 계시된 명령의 체계dispensation를 바꾸지 않기 때문이다.[81] 그러므로 유대인들은 이슬람의 나스크를 반대했다. 유대인들이 신약을 인정하는 것보다 더 많이 꾸란을 인정할 수 없었다. 무슬림 사상가 이븐 하즘은 "알라가 자신의 생각을 바꾸지 않는다"고 생각하는 것은 잘못된 생각이고 "알라가 내려준 계시가 오직 타우라(토라)라고 하는 것도 잘못된 생각"이라고 하였다. 무슬림 논증가들polemicist은 나스크의 필요성을 유대인들에게 확신시키고자 노력하였고 야곱의 율법이 모세의 율법에 의하여 대체된 예가 토라에 있다고 그 근거를 제시하였다. 그래서 이븐 하즘, 알주와이니al-Juwayni, 파크르 알딘 알라지al-Razi(1149-1209)는 계시가 무엇인지 그리고 계시의 주제에 대한 토론으로 발전시켰고 신의 계시의 의도가 무엇인지도 질문하였다. 이로 인하여 이슬람에서는 나스크에 대한 정교한 논리가 세워져가는 데 도움을 주었다. 그리고 꾸란과 그 이전의 경전, 이슬람 율법과 그 이전의 종교법 사이의 관계에 대하여 다양한 입장이 제시되었다.

1878년 초 골드지허Goldziher는 경전의 백성 특히 유대인에 대한 무슬림 논증의 역사적인 발전에 대하여 전반적인 요약을 했다. 그는 논증에 대한 가장 오래된 자료는 꾸란이고 논증에 대한 3가지 주제를 제시했다. 하나는 경전의 백성이 그들 경전을 변질시켰다Tahrīf[82]는 것(수라

81_ Jacques Waardenburg, 앞의 책, 52.

82_ 타흐리프는 의미가 왜곡되거나 어휘가 탈락된 것이고 타브딜은 어휘의 형태만 바뀐 것이고 타기르는 텍스트 자체가 위조되고 변화된 것을 가리킨다.

2:75)과 타브딜Tabdīl에 대한 수라 4:47, 5:15 그리고, 타기르Taghīr(수라 3:71)를 언급하였고 둘째는 일부 학설doctrine을 반박하였고 셋째는 유대인들의 의식과 관습을 거부하는 것이었다. 꾸란에는 유대인과 기독교인들이 그들의 경전을 변질시켰다corrupt는 말을 여러 번하고 있다. 이것이 경전의 백성을 비난하는 주요 주제가 되었다. 무슬림들은 경전의 백성들이 하늘에 있는 완벽한 텍스트를 변질시킨 증거들을 다양하게 제시하였다. 물론 꾸란에 근거하여 그들은 온전한 토라와 인질이 무사와 이싸에게 각각 보내어졌으나 나중에 변질되었다고 주장했다. 변질되었다는 주장의 한 가지 증거로서 기독교인들이 '인간 속성을 신과 결부시키는 것tajsīm; anthropomorphism'을 그 한 예로 들었다. 무슬림들은 또 성경에는 족장, 예언자, 정치적인 리더들의 말과 행동들 중 쓸데없는 구질들이 포함되어 있다는 것이 그 변질된 증거라고 하고 성경 안에 텍스트 간의 모순이 있는 것도 변질된 증거라고 했다. 무슬림들은 이브라힘이 바친 아들이 이스학(이삭)이 아니고 이스마일인데 성경이 잘못 쓴 것이라고 주장하였다. 그리고 꾸란에 나오지 않는 이사야나 예레미야 같은 예언자의 이름이 성경에 전혀 필요 없는데 성경에 추가된 것이라고 했다. 그래서 결론은 유대인들이 갖고 있는 토라가 모세가 준 진짜가 아니라고 했다. 꾸란보다 먼저 나온 경전이 변질되었다는 무슬림의 주장은 상당히 여러 다른 의견으로 나눠고 말았다. 타브딜이 체계적으로 이뤄졌다는 주장은 이븐 하즘이 처음으로 제기하였고 그 뒤를 이어 알까라피, 이븐 까임 알자우지야, 알타르주만도 동일한 주장을 했는데 이븐 하즘은 성경 텍스트 자체가 위조되고 변화되었다Taghīr고 주장했다. 그 증거로 성경 안에 들어 있는 비도덕적인 이야기를 지적했고 텍스트 안에 서로 모순된 것을 지적하였다. 그러나 알까심 븐 이브라힘, 알따바리, 파크르 알딘 알라지, 이븐 칼둔Ibn Khaldūn은 텍스트가 위조된 것이 아니고 성경이 유대인과 기독교인에 의하여 잘못 주석되었다ta'wīl고 했다. 특히 무슬림들은 무함마드의 사명을 예언하고 이슬람이 온다는 것이 성경에서 빠져 있다는 것을 지적했다. 일부 무슬림들은 기

독교인과 유대인들이 일부 어휘를 성경에서 빼냈으나 성경 텍스트를 위조하거나 첨가하지는 않았다고 주장했다. 무슬림 학자들이 성경을 존중했는지 안 했는지 또는 성경에서 인용했는지 안 했는지가 중요한 것이 아니고 그들이 자신들의 입장에서 성경 변질론을 해석하고 있었다. 그러나 무슬림 논증가들의 글에서도 모순이 있었다. 이를테면 이븐 하즘은 구약이 다 위조되었다고 해놓고는 이스라엘의 자손들의 행동과 신앙이 나빴던 내용을 찾을 때면 유대인과 그들의 종교를 반대하기 위하여 이런 내용을 구약에서 인용하였다. 사실 무슬림들은 오랫동안 유대인과 기독교인의 성경에서 무함마드가 예언자라는 사실을 찾고 있었다. 꾸란에서는 무함마드의 사명mission과 새로운 종교 이슬람이 온다는 사실을 그 이전의 경전에 언급되어 있다고 적었다. 무슬림 논증학자들은 그런 내용을 찾아가며 성경을 읽어보았고 무함마드식 성경 주석 Muhammadan Bible Exegesis에 따라 성경을 해석했다. 알까라피는 성경에서 51개 구절을 인용했다고 골드지허Goldziher는 전했다. 무슬림 논증가들은 유대 전승의 전달tawatur이 다른 전승의 전달보다 더 신뢰할 수 없다고 주장했다. 물론 무슬림들이 기독교에 대하여 반박할 때에도 전승 전달 문제와 타흐리프가 중요한 주제였다.

근대시대(1500-1950)의 기독교와 이슬람

14세기의 오스만 제국과 16세기의 이란과 무굴Moghul 제국 등 이슬람 제국이 확장되면서 무슬림세계에 새로운 상황을 만들어 주고 있었을 때 근대 시기가 도래했다. 이런 제국들의 특징은 서로 다른 인종 그룹과 종교 커뮤니티가 하나의 무슬림 커뮤니티 안에 들어 왔다는 점이다. 무슬림과 기독교, 유대교뿐만 아니라 이제는 무슬림과 힌두교, 무슬림과 조로아스터교가 본격적으로 등장하고 국가는 이슬람 지역 안에서 이들 종교 간의 충돌을 막아야했고 비무슬림 거주민의 지위를 법으로 정해야 했다. 이 시기에 무슬림 제국에서 타종교에 대한 가장 홍미로운 저술들이 인도에서 출간되었다. 인도는 중세 시대에 무슬림들의 상상력을 불러일으킨 바 있었다. 중세 말기쯤 인도 종교들의 이미지가 무슬림 저술들에 나타나고 있었다. 아크바르Akbar 황제(1556-1605)는 정치적인 목적과 개인의 관심 때문에 무슬림과 힌두교, 자이나교Jains, 파르시Parsis 간의 만남과 토론을 좋아했다. 그는 '신의 종교Din-i ilāhi'라는 일종의 정치 종교적인 모임을 창립했다. 그는 힌두교인과 무슬림을 정치, 종교, 사회적인 면에서 한데 모아 무슬림들이 힌두 문화와 종교를 더 깊이 알기를 바랐다. 그리고 산스크리트어로 된 책들을 당시 궁정의 언어이었던 페르시아어persian로 번역하는 것을 장려했다. 울라마(이슬람 학자)들은 '신의 종교'라는 모임이 문을 닫기를 바랐지만 아크바르 황제가 죽은 뒤에도 계속되었다. 힌두교 종교 사상의 연구는 다라 슈코흐Dara shukoh(1615-1659) 등에 의하여 활발했는데 그는 무슬림 수피와 힌두Hindu의 산야시스sanyasis를 서로 연결지었다. 다라 슈코흐는 베다vedas를 포함하여 모든 거룩한 책들이 한 가지 근원source에서 나와 서로 보완이 된다고 했다. 이슬람의 등장은 베다에 포함된 종교적인 진리를 무효화하고 이슬람이 힌두교의 종교적인 업적을 대체하는 것이 아니라고 주장했다. 그는 또 브라만Brahmin 교인은 신들의 다양성 뒤에서 하나의 신적 원리를 받아들인다고 했다. 그의 유명한 책 『마즈마 알바흐라이니』(두 개의 바다를 한데 모음, 1655년)는 수피즘과 베단타Vedanta 철학에 사용된 전문용어를 비교 연구한 것이다.

인도의 무굴 국가에서는 비 무슬림들이 대다수를 차지한 반면에, 이란의 사파위 조safawid에서는 조로아스터교, 기독교, 유대교인들이 소수 종교인이 되어 무슬림들에게 딤미로 취급받았다. 압바스 1세(1587-1529)는 새로운 수도 건설을 위하여 많은 아르메니아인들을 이스파한으로 이주시켰다. 이란에서는 시아파가 등장하고 19세기 후반에는 기독교 선교사들이 이 지역에 당도했다. 오스만 제국은 광대하여 아나톨리아와 발칸 반도의 여러 지역 그리고 아라비아에 수많은 기독교인들과 유대교인들이 살고 있었다. 16세기와 17세기 전반부에는 오스만 제국의 문화가 극대화된 시기였으나 이슬람 이외에 다른 종교에 대한 글이 많지 않았다. 그 당시 역사적인 연구를 통하여 기독교인 딤미와 유대교인 딤미에 대한 상황이 더 잘 알려졌는데 이들은 그들 종교에 따라 자치 커뮤니티를 갖는 밀라millet(오스만 제국의 종교 커뮤니티) 제도에 따라서 공식적으로 커뮤니티가 조직되었다. 이들 소수 종교인들은 발칸 지역, 아나톨리아, 아랍 등 각 지역에 따라 그들의 처지가 각각 달랐다. 16세기와 17세기에 적용되었던 보호민(딤미) 제도는 17세기 말이 되면서 약화되기 시작했다. 유럽의 세력이 종교 소수민에 대한 상황을 개선해준 점도 있지만 유럽의 압력은 양날을 가진 칼로 변해버렸다. 오스만 제국의 내정에 유럽이 간섭하자 발칸 주민들의 독립운동과 함께 오스만 터키인들의 잔인함이 1895년, 1908년, 1916년에 아르메니아인들에게 퍼부어졌다. 1924년 터키 헌법을 통하여 이슬람 율법과 밀라 제도는 새 공화국에서 폐지되었다. 오스만 제국에 속한 지역 중에서 19세기에 가장 빠르게 근대화modernization로 치닫는 지역은 이집트였다. 1798년과 1801년 사이에 이집트는 프랑스에게 점령을 당하고 프랑스인의 직업과 삶을 알게 된 이집트인들은 곧 이어 무함마드 알리(1805-1848)의 현대화 정책으로 이어졌고 이집트의 새로운 세대들은 유럽에 대한 관심이 폭발했다. 그들 중 일부는 유럽에 가서 공부하고 또 그곳에 살면서 유럽문화에 익숙해졌다. 19세기 초 이집트는 유럽과 아랍이 만나는 장소였다. 이집트와 인도의 북부에서는 무슬림 지식인들이 이슬람의 현대화와 개혁 운동을 시작했다.

근대 시기의 무슬림 세 제국(오스만 터키, 무굴, 사파위) 중에서 이란의 사파위 조의 무슬림들은 무굴이나 오스만 터키 이외의 비무슬림들에게는 덜 우호적이었다. 17세기에 무슬림들이 유대인에 대하여 적대감을 갖고 핍박한 글이 전해져오고 있다. 유럽이 확장되면서 16세기부터는 아까 언급한 세 지역을 넘어 중세 시기에 이슬람이 들어간 아프리카, 남 아시아, 동남 아시아까지 더 확산되었다. 인도네시아에서는 무슬림과 비무슬림 간의 관계가 독특했다. 인도의 무슬림 학자이고 수피

쉐이크였던 누르 알딘 알라니리Nuruddin al-Raniri(1658년 사망)가 1637년부터 1643년까지 북 수마트라의 아체Acheh 술탄국의 이슬람 쉐이크가 되었다. 대략 19세기 중반부터 20세기 중반까지 식민지 시대 동안에 타종교에 대한 무슬림의 저술들 중 특히 기독교에 대한 무슬림들의 저술이 현저했다. 그 이유는 서구의 지배가 급속도로 확산되고 현대 과학과 테크놀로지의 영향력이 증가하고 유럽의 문화적 자신감과 서구에서 온 기독교 선교에 대한 반작용 때문이었다. 유럽과 서구는 이슬람에 대하여 결코 좋은 평판을 가지고 있지 않았다. 일부 예외는 있었지만 유럽에서 온 군인, 행정가, 상인, 선교사, 교사들이 무슬림 땅에 거주하면서 종교와 문명으로서의 이슬람을 형편없게 보았다. 그러나 식민주의 정책을 맡는 사람들은 이슬람을 실질적 혹은 잠재적인 위험으로 보았다. 무슬림 주민은 물론 전통적인 종교를 갖는 사람들이 같이 살던 사하라 이남의 아프리카와 동남아시아가 유럽의 식민지하에서 이슬람이 확산되는 일을 보게 되었다. 그곳에서 이슬람은 식민지를 대항하는 저항 세력으로 상징되었는데 그런 저항의 과정에서 이슬람이 확산된 것이다. 당시 서구의 통치는 이슬람의 확대를 용이하게 했고 종교, 의료, 교육, 사회 활동에서 기독교 선교사에게 문을 열어주었다. 그러나 선교사들이 일했던 것을 기록으로 남긴 주민들의 글은 오늘날 거의 없고 주로 선교사들이 남긴 자료들과 가끔은 역사적인 연구나 문화인류학적 연구물에서 기독교 선교의 활동을 찾아볼 수 있었다. 이 시기에 무슬림들이 서구 기독교인들을 직접 만나면서 기독교에 대한 새로운 인식이 싹트게 되었다. 그리고 이 시기에 소수의 무슬림 국가들 터키, 이란, 아프가니스탄, 예멘 등이 독립되었다. 식민지 시대의 유럽국가들 중 영국, 프랑스, 러시아, 네덜란드, 독일이 1918년까지 그리고 스페인과 이탈리아를 포함한 이들 국가들이 세계 무슬림 지역들의 대다수 행정을 정치적으로 통제하였다. 이들 유럽 국가들의 정책은 세속적이었다. 그들이 필요할 때는 소수의 기독교인들을 그들 자신의 정치적인 이익에 이용하였다. 그들은 이들 지역을 점령하고 반란군을 진압하기 위하여 군사력을 이용하였다. 그리고 그들의 경제적이고 제국주의적인 이익을 위하여 이들 국가에 침투하여 이들 사회를 현대화시키는 정책을 시작했다. 그들은 초등과 중등에서 근대학교 제도를 도입하고 새로이 교육받는 계층은 식민지 세력과 직접적으로 연계되었다. 정치적으로 독립을 유지한 터키와 이란에서 세속적인 정책이 케말 아타튀르크와 파흘레비 국왕에 의해 시행되었다. 대부분의 유럽 국가들과 미국은 무슬림 국가에 경제적인 영향력을 증대시키고 서구 문화의 사상과 가치를 새로이 교육받는 계층에게 심어주었다. 무슬림 세계에 서구 영향력을 확대시키는 일에 모든 서구 국가들이 참여하였다. 그 결과 유럽과 미국의 가치 체계와 이데올로기가 무슬림세계의 새로운 지적 중심지에 퍼져가기 시작했고 특정 국가에서는 이런 내용이 상대적으로 더 많이 강조되기도 하였다. 알제리, 이집트, 이란, 터키, 레바논, 인도, 구소련에서의 상황은 매우 다양했다.

서구 문명의 업적으로는 비평적인 학문의 자세, 과학과 테크놀로지가 소개되었다. 프랑스는 1870년 이후 세속적인 이데올로기를 이슬람 국가에 전파했고 특히 교회와 국가가 분리된 1905년 이후 더욱 그러했다. 대영제국과 미국은 계몽적인 리버럴리즘의 이데올로기와 개방된 시장 경제를 이슬람국가에서 모색하기도 했다. 독일의 문화와 정치적인 이념이 1914년까지 식민지 국가에 퍼져 갔고 1918년 이후에는 식민지국가의 이데올로기들의 대안이 되었다. 서구에서 다양한 식민주의의 이데올로기들 중의 주요 대안은 사회주의였다. 종교적인 전통에 대해 감사해하지 않는 식민지의 지식층은 사회주의를 받아들였고 정의와 독립을 추구했다. 서구 부르주아와 자본주의 이데올로기들의 주요 대안은 1917년 이후 공산주의였다. 공산주의는 정치적으로 소련이 그 중심에 있었고 중앙아시아와 코카서스 지역의 무슬림들을 식민지화하였다. 이처럼 식민지 본국에서 교육을 받은 계층과 주로 무슬림 국가에서 서구화한 엘리트들의 다양한 이념과 이데올로기의 영향력은 대단했고 이것은 경제와 정치 식민지화의 필연적인 결과로 간주되었다. 그런 과정에서 무슬림 학자들은 이슬람과 서구 기원의 모든 이데올로기들 간의 근본적인 차이를 지적한 글들을 쏟아냈다. 이슬람을 서구 통치에 대한 저항의 근거로 그리고 사회 종교적인 구조로 여긴 무슬림 저술가들은 서구 이데올로기가 이슬람과 안 맞는다고 생각했다.[83] 서구의 영향력의 확대는 특히 선교부를 통하여 서구 기독교의 확대를 가져왔고 다양한 세속적인 서구 이데올로기 못지않게 이슬람을 비평했다. 정치와 경제력의 그늘 하에서 이데올로기와 종교적인 면에서 서구의 영향력이 증대되고 있었다. 서구의 영향력은 무슬림들의 반응을 가져오게 했고 무슬림과 다른 종교 커뮤니티 간의 관계를 변화시켰다. 이로 인하여 서구의 단체와 함께 이슬람 땅에 새로운 종교 커뮤니티가 생겨났다. 이 모든 일이 울라마와 무슬림 학자들로 하여금 비무슬림의 위상과 비무슬림에 대한 무슬림의 태도를 어떻게 가져야 할지 이들 학자들의 연구 주제로 등장했다. 식민지 시대의 긍정적인 결과는 무슬림 사회에서 비무슬림의 상황이 나아졌다는 점이다. 그리고 법 앞에서 모두가 평등하다고 했을 때 딤미 제도가 사라졌다. 무슬림과 비무슬림은 최소한 법 앞에서 동등한 지위를 누렸다. 그리고 근동의 기독교 교회는 서구로부터 지원을 받았는데 2차 세계 대전 이후까지 이들 교회가 서구 선교의 대상이 되었다. 무슬림 지역에서 타종교 커뮤니티가 새로운 활력을 얻고 있었다. 새로운 기독교 커뮤니티와 교회들이 대부분 무슬림 지역과 국가에 나타났다. 서구의 지원 덕분에 근동의 많은 유대 커뮤니티가 새로운 생활을 시작했다. 가장 중요한 것은 팔레스타인 땅에 이스라엘 국가가 건국되어 무슬림 국가에 살던 대부분의 유대인들이 팔레스타인 땅으로 들어오게 되었고 결국 무슬림들은 시온주의라는 종교적인 유대주의Judaism를 정치적인 표현으로 이해했다.

인도에서는 힌두교가 새로이 활력을 얻었는데 부분적으로는 기독교 선교에 대한 반응으로 그리고 부분적으로는 민족적인 투쟁과 현

83_ Jacques Waardenburg, Muslim Perceptions of other Religions, 74.

대화modernization를 위하여 힌두교인Hindus을 활성화하였다. 파키스탄의 건국은 파키스탄과 인도 간에 국가간의 문제들을 낳았고 인도에서는 힌두교와 이슬람 간의 관계가 멀어져갔다. 사하라 남부의 아프리카에서는 아프리카의 공통적인 유산을 갖고 있던 무슬림과 기독교 커뮤니티 간의 새로운 관계가 형성되었다. 그리고 유럽과 북미가 무슬림 이민자를 받아들이면서 세속적인 국가가 종교적인 다원 사회plurality를 만들어갔다. 이들 무슬림 이주민들이 서유럽에서는 프롤레타리아(무산계급)로 방향을 선회하기도 했다. 1970년대 이후 해외 이주민과 국내 주민들 간의 사회적인 불평등은 유럽에서 인종적 그리고 종교적인 차별과 궤를 같이하고 있었다. 유럽 주변의 무슬림 국가들은 유럽보다 생활수준이 낮았으나 70년대 이후 서구인들과 무슬림들 간의 차이가 더 크게 벌어져가고 있었다. 무슬림지역과 이슬람 국가에 서구의 영향력이 증대하자, 많은 무슬림들은 그들 자신과 그들 사회 그리고 이슬람이 위협받는 것으로 느꼈다. 비무슬림의 세속적인 이데올로기의 등장과 종교적인 운동은 전통적인 사회 구조의 점진적인 붕괴와 더불어 무슬림들에게는 이데올로기적인 위협이 더 강화되는 것으로 느껴졌다. 무슬림들은 먼저 기독교인들 때문에 이런 위험을 느끼기 시작했고 두 번째는 기독교화하지 않은 세속적인 서구로부터 이런 위험을 느끼고 있었다. 결국 무슬림 사회의 서구에 대한 적대감이 무슬림들 저변에 흐르고 있었다. 그 이유는 무슬림 사회에 잠식해 들어오는 서구의 영향력이고 두 번째는 서구인들이 무슬림들에게 거만한 태도를 보일 때 그리고 이슬람을 경멸할 때 이슬람에 대한 부정적인 태도를 보일 때 더욱 그러했다.[84]

유럽의 식민지 정복은 대부분 지역적인 지하드(알라를 위한 투쟁)를 불러일으켰다. 이슬람에 대한 서구 지배의 글로벌 위험을 인식한 첫 무슬림 지식인은 자말 알딘 알아프가니(1838-1897)이었다. 그는 무슬림이

84_ 위의 책, 75.

단결하여 서구에 대항하고 서구에 의존적이거나 부패한 이슬람 정권을 타도하는 것이었다. 서구는 리버럴한 무슬림[85]들에게 이슬람 사회가 근대화될 것이라는 소망을 주었고 알아프가니와 그를 따르는 사람들은 서구가 악의 화신이라고 하면서 서구에 이데올로기적으로 그리고 다른 방법으로라도 저항해야 한다고 주창했다. 근대modern period에 이르러서도 중세 때처럼 무슬림들은 이싸Isā가 가져다 준 하늘의 메시지를 기독교인들이 왜곡했다는 것을 강조했다. 중세 때 무슬림들은 기독교에 대하여 긍정적이었으나 근대에 와서는 더 부정적이었다. 기독교선교사들이 이슬람은 좋은 종교가 아니고 꾸란은 계시가 아니라고 무슬림들에게 말할 때 갈등은 더 심화되었다.[86] 무슬림들도 성경의 텍스트가 잘못 해석되고 심지어 변질되었다고 하면서 성경이 계시가 아닐 수 있다고 반박하였다. 가장 유명한 논쟁은 1854년에 인도의 아그라Agra에서 독일 선교사 카알 고틀렙 판더Karl Gottlieb Pfander(1803-1865)와 인도 무슬림

85_ 리버럴 무슬림Liberal Muslim은 현재의 신앙행동을 비합법화하기 위하여 초기 이슬람의 선례를 따른다. 리버럴 이슬람은 모더니티의 이름으로 과거를 불러온다면 부흥주의자Revivalists는 과거의 이름으로 모더니티를 불러온다. 이슬람 리버럴리즘Islamic Liberalism은 여러 버전들이 있지만 한 가지 공통된 것은 부흥주의적인 전통을 비평한다는 점이다. 리버럴 이슬람은 18세기 부흥주의 운동으로부터 나왔다. 그 당시 정치적으로는 지중해의 오스만 터키, 서남아시아의 사파위 조 그리고 남아시아의 무굴 왕조가 다양한 붕괴의 과정에 있었다. 이슬람 종교적으로는 이슬람이 서아프리카와 동남아시아에서 개종자를 얻고 있었다. 부흥주의 종교학자들은 관습의 권위가 이슬람의 꾸란의 권위로 교체되어야 한다고 주장했다. 그 예로 인도의 샤 왈리 알라Shah wali allah(1703-1762)가 있다. 그는 아버지를 이어 이슬람 신학교에서 가르치다가 공부를 더 하기 위하여 메카로 가서 공부하고 돌아온 뒤 리버럴 무슬림이 주창하는 일종의 부흥주의를 옹호하였다. 다른 부흥주의자들처럼 그는 이슬람이 지금 위험에 처해 있다고 판단했다. 그래서 이슬람 커뮤니티가 신학적 혁신과 사회 정치적 조직을 결합하여 새 활력을 찾아야 한다고 역설하고 관례적인 전통customary tradition이 이슬람 문제의 주요인이라고 했다. 리버럴한 파즐룰 라흐만Fazlur rahman(1919-1988)은 샤 왈리알라를 평가하기를 "그는 중세 무슬림 법학파에 머무르지 않고 꾸란과 하디스의 원래 자료로 되돌아가는 이즈티하드를 추천했다. 이슬람이 세계적인 종교로 가려면 새로운 피와 몸의 도구를 찾아야 하는데 달라진 문화에서는 이런 도구가 당연히 변화해야 한다"고 했다(Charles Kurzman, Liberal Islam, Oxford: Oxford University Press, 1998, 6-7).

86_ Jacque Waardenburg, Muslim Perceptions of other Religions, 76.

라흐마툴라 알카이라나위al-kairanawi(1818-1890: 별명은 알힌디) 간의 논쟁이었다. 알카이라나위의 책 『진리의 입증izhar al-Haqq』은 1867년 인도가 아닌 콘스탄티노플에서 아랍어로 발간되었는데 이 책이 무슬림들의 기독교 특히 성경에 대한 반박의 모델이 되었다. 기독교에 대한 무슬림의 반응에서 이 시기에 가장 유명한 무슬림 사상가는 인도의 사이드 아흐마드 칸Khan(1800-1950)이었는데 그는 그 당시 무슬림 교육을 잘 받은 후 우르두어, 아랍어, 페르시아어에 능통했다. 그는 신약과 구약에 대한 학문적인 연구를 한 다음 『이슬람 커뮤니티를 향한 신구약의 주석에서 칼람(교의학 혹은 이슬람 논증학)의 명증』이란 책을 냈는데 영문 부제목은 성경에 대한 무함마드의 주석이었다. 이 책은 서구에서 성경에 대한 비평적 연구에 근거하여 성경에 대한 주석을 무슬림이 쓴 것이다. 저술 목적은 변증이나 논증 없이 성경을 무슬림에게 알려주기 위함이었다. 그는 이슬람의 와히를 '알려지지 않은 것을 밝혀주는 알라의 뜻'이라고 정의했다. 그는 예언자에게 준 높은 수준의 계시를 와히라고 했고 예언자가 아닌 사람의 계시는 타흐디스Tahdīth라고 했다. 그리고 인간의 마음의 직접적인 영감을 일함ilhām이라고 했고 꿈이나 환상 속에서 소통하는 것을 무카샤파mukashafa 혹은 무샤하다라고 했다.[87] 그는 저명한 기독교 신학자의 성경 주석을 활용하였고 꾸란에서 무함마드에게 준 와히와 무함마드 이전에 살았던 예언자들에게 주었던 와히를 구별하였다. 즉 꾸란에서 무함마드에 준 와히는 와히 마틀루matlu(문자적으로 구술한)라고 하였고 무함마드 이전의 예언자들이 받은 것은 모든 어휘가 신에게서 온 것이 아니고 그 콘텐츠(정보 내용)만 받은 것이라고 했다. 그 결과 유대교, 기독교, 이슬람의 경전이 모두 신에게서 왔으나 그 계시의 질은 다르다고 했다. 꾸란은 모든 것이 문자적으로 계시되었고 신구약은 특정한 텍스트만 문자적으로 계시되고 나머지는 인간의 노작이라고 했다. 그러나 꾸란이 아랍어로만 되어 있다는 무슬림들의

87_ 위의 책, 77.

주장은 현대 아랍어학자들에 의하여 반박되었고 무함마드가 죽은 뒤 꾸란을 기록한 아랍어 글자는 15개이었으나 나중에 아랍 학자들이 아랍어 28개 글자를 개발하여 새로 꾸란을 인쇄하여 왔으므로 지금의 아랍어 꾸란은 무함마드가 받았다고 하는 꾸란과 다르다는 주장이 나왔다.

이집트의 개혁가 무함마드 압두흐(1849-1905)는 문화적・지성적인 면에서 사이드 아흐마드 칸에 미치지 못하지만 무슬림 교육을 개선하고 무슬림사회를 현대화하려는 강한 욕심이 있었다. 그는 유럽의 지식이 이슬람의 꾸란과 하디스에 모순되지 않는 한 수용하였고 사이드 아흐마드 칸처럼 기독교에 대한 관심을 가졌으나 기독교 역사를 성경보다 더 많이 공부했다. 사이드 아흐마드 칸은 성경에 나오는 긍정적인 텍스트를 비판적으로 본 반면에 무함마드 압두흐는 기독교 역사에서 부정적인 성향과 긍정적인 성향 사이를 비판적으로 차별화하려고 하였다. 1902년 무함마드 압두흐는 '과학과 문명에서의 기독교와 이슬람'이란 글을 발표했는데 이 글은 그리스 가톨릭 파라흐 안툰Farah Antun(1861-1922)이 발표한 글에 대한 반박의 글이었다. 파라흐 안툰은 역사의 과정에서 기독교가 이슬람보다 과학과 문화에 더 관용적이었다고 주장했고 무함마드 압두흐는 이와 반대의 주장을 폈다. 사이드 아흐마드 칸처럼 무함마드 압두흐도 종교와 이성, 과학, 문화를 서로 직접 연결지었다. 기독교에 대하여 이슬람이 논박하는 책들controversial literature은 이집트에서 19세기 말부터 20세기 중반까지의 내용을 아서 제퍼리Arthur Jeffery가 1920년대 출간하였고 2차 세계대선 후에는 해리 게일로드 도만Harry Gaylord Dorman이 저술했다. 반기독교 논증과 공격적인 반응은 아흐마디야[88] 운동에서 비롯되었고 이 운동은 인도를 비롯하여

88_ 아흐마디야 파는 인도 펀잡 지방의 까디안에서 태어난 굴람 아흐마드 알까디아니(1839-1908)가 세운 운동이고 그가 마흐디라고 주장했다. 아흐마디야 파는 굴람 아흐마드를 예언자와 메신저로 믿지 않는 사람들은 카피르라고 했다. 그가 무함마드 이후에 예언자가 있다는 말에 대부분의 무슬림들은 아흐마디야를 이단으로 정죄한다(공일주, 이슬람 율법, 93 참조).

유럽과 아프리카로 퍼져갔다. 그런데 이슬람 안에서도 바비Babi 운동과 바하이Bahai 운동이 있었다. 바비 운동은 이란의 시라즈에서 사이드 알리 무함마드(1821-1850)가 시작했었고 이 운동은 1844년에 시작하여 1852년 이후에는 심한 박해를 받았다. 바하이 운동은 바비 운동의 결과물이었다. 이 두 커뮤니티는 이란에서 박해를 받았다. 아주 소수의 유럽인과 미국인이 20세기 중반 이전에 이슬람으로 개종했는데 이들은 서구에서 이슬람에 대한 이해를 더 좋게 하려고 많은 노력을 했다. 그러나 기독교나 다른 종교에 대한 이해에는 그들이 별로 관심을 갖지 않았다.

현대시대(1950-현대)

1947년 파키스탄 국가가 건국되어 무슬림과 힌두교 간의 새로운 관계가 열리고 1948년 이스라엘의 건국으로 무슬림과 유대교 간에 새로운 문제가 빚어지고 있었다. 무슬림 국가에서 가장 중요한 사건은 유럽 열강의 직접적인 군사적・정치적인 지배가 종식되었으나 유럽과 미국에 대한 경제적인 종속은 더 분명해졌다는 사실이다. 그리고 이슬람 국가에 서구의 정치적, 사회적, 문화적인 사상이 퍼지기 시작했다. 대부분 무슬림 국가와 이슬람 지역 그리고 새롭게 독립한 이슬람 국가에서는 이제 서구에서 직접 온 기독교 선교부를 더 이상 허용하지 않았다. 서구에서 온 기독교 단체는 종교 그 자체보다는 건강 보건, 교육기관, 사회 사업에 참여하였다. 서구에서 온 몇몇의 기독교 신학자들이 아랍의 신학대학교와 신학교에서 기독교 학생들을 가르쳤다. 많은 무슬림 국가에서 기독교 선교는 금지되었고 사우디아라비아는 기독교의 공개적인 활동을 금지시켰다. 대부분의 무슬림 국가에서 독립 후에 군사 혁명이 일어났다. 이런 혁명은 권력의 변화를 가져오게 했고 사회적 변혁을 일으켰으며 기존의 부유층과 유지들이 특권을 가졌다. 이들은 지주나 서방과 무역을 하는 상인이었으며 도시 부르주아의 상류층이었다. 또 이들은 서구를 방문하였거나 그곳에서 유학한 지식인, 작가, 예술가들이었다.

아랍 기독교인들은 이슬람국가의 여러 지역에 흩어져 살았고 그 결과 여러 국가에서 그들의 입지는 다양했다. 이집트에서 콥트인들은 대부분의 그들 재산을 잃었다. 시리아와 이라크의 바아스 당 정권하에서는 기독교인들이 쉽게 국가 기관에 참여할 수 있었으나 그들의 재산을 무슬림들에게 빼앗겼다. 새로이 독립된 국가에서는 국가 발전이 필요했고 기술 현대화와 경제 개발이 시행되어야 했다. 이런 국가 정책은 군대나 산업계에서 새로운 계층의 기술자, 경제학자, 지배인, 그리고 숙련된 근로자를 필요로 했다. 이런 새로운 계층은 종교에 특별한 관심을 두지 않았다. 미국의 영향력이 제2차 세계대전 이후에 급속도로 증가하여 점차 유럽의 식민 세력보다 앞서고 있었다. 1950년대 초부터 무슬림세계는 미국의 정치적 · 경제적 파워를 체감하기 시작했다. 이슬람 국가에서 근대화modernization는 점점 더 미국화로 동일시되었다. 그 당시 미국의 대한 대안 세력은 소련이었다. 1950년부터 1990년까지 대부분의 무슬림 국가들의 역사는 두 강대국 간의 냉전의 영향권에 있었다. 중동에서 이스라엘 국가는 냉전 구도와 점점 더 깊이 관여되고 있었다. 이슬람주의 운동도 냉전 체제의 이해와 긴밀히 관련되었다. 1850년부터 1950년까지의 기간이 식민지의 긴장과 관련되어 있었다면 1950년부터 1990년까지는 냉전시대의 긴장과 관련되어 있었다. 그런데 가끔 경제 문제가 돌출되었다. 1953년에는 모사데그mossadegh의 위기가 있었고 이집트에서는 1956년 스웨즈 운하의 국유화 그리고 1973-1974년에는 세계가 석유 위기 사태를 겪었다. 그리고 전쟁이 끊이지 않았다. 알제리에서 1954-1962년의 전쟁, 1956년의 스웨즈 전쟁, 1962-1970년의 예멘 전쟁, 아랍 이스라엘 간의 전쟁(1948, 1956, 1967, 1973) 그리고 파키스탄과 인도간의 전쟁(1947-1949, 1965, 1971), 1979년에 시작된 아프간 전쟁, 이란과 이라크 간의 전쟁(1980-1988), 그리고 걸프 전쟁(1990-1991), 2001년과 2003년 미국의 아프간과 이라크 침공 등이 있었다. 구소련이나 중국, 이스라엘에서 소수의 무슬림들은 억압적인 상황을 참아내야 했다. 정치적 긴장과 충돌로 점철된 국제 사회에서 이슬람은 증가하는 정치적 역할을 떠맡게 되었다. 또 증가되는 이데올로기화는 무슬림과 비무슬림 간의 관계에 영향을 주었고 지난 10여년간 무슬림에 대한 압제와 도발적인 행동은 증가되는 이슬람 정치화politization와 이슬람 이데올로기화ideologization를 낳았다. 아랍의 여러 국가들이 독립할 즈음에 대부분의 국가들은 이슬람 국가를 세우자는 운동이 일어났고 이 국가는 이슬람 율법에 근거한 국가였다. 그러나 독립투쟁에 나선 국가 지도자들이 권력을 잡고 나서 이슬람 국가의 사상을 반대했다. 그러나 사우디아라비아에서는 1932년 이슬람 국가가 탄생되었다. 그런데 무슬림이 대다수인 아랍의 모든 국가들은 국가와 종교의 분리를 인정하였다. 그럼에도 대부분 이들 국가들은 개인 지위법에 이슬람 율법을 도입했고 국가 수반은 무슬림이어야 한다고 규정했다. 1960년대 말 세속적인 민족주의 이데올로기들이 독립된 국가에서 유행했고 많은 국가들은 서구 모델이나 사회주의 모델에 따라 경제개발을 주창하였다. 그러나 경제개발이 제대로 실현되지 못하고 대부분의 이슬람 정권들은 부조리와 불의, 심지어는 부패의 사슬에 빠져들어 갔다. 신세대들에게 민족주의 이데올로기는 관심을 불러일으키지 못하였다. 1980년대 이후 무슬림들은 이슬람의 기치를 높이 들었다. 아랍 이슬람 국가들은 2010년 말부터 시작된 시민혁명의 도미도 현상을 맞이하고 있었고 결국 2011년 튀니지, 이집트, 리비아가 시민혁명에 성공하였다. 아랍 이슬람 국가에서는 석유 달러 수익이 일부에게만 돌아가서 빈부 격차가 커졌고 정치적 긴장이 계속 증대되고 있었으며 일부 국가에서는 정치화된 무슬림들의 활동이 활발해져갔다. 1979년 이란 혁명이 이슬람 운동의 촉매 역할을 하여 파키스탄, 리비아, 수단이 이슬람 국가가 되었고 이슬람주의 운동은 여러 곳에서 대중적 지지를 받았다. 이집트와 일부 이슬람 국가에서는 이슬람주의자들이 정치에 발을 내딛었다. 이란이 이슬람혁명을 수출하고 있는 동안에 사우디아라비아는 와하비-살라피 이슬람을 주변국가로 수출했다. 사우디의 이슬람이 국부wealth의 도움으로 메카와 젯다를 근거로 한 국제 이슬람 기구를 창설했고 이슬람 사회의 이슬람화를 장려하거나 모스크 건립을 위한 돈을 후원했다. 이제 이슬람이 국가적 이익을 위하여 사용되고 국내 정치나 외교 정책의 도구가 되었다.[89] 1970년대와 1980년대 이슬람은 점점 더 무슬림의 정치적인 수단이 되었다. 기존 정권에 반대하는 정치적인 야당은 그들의 의견이 받아들여지지 않을 때 이슬람의 이름으로 말하고 행동했다. 이슬람의 규준과 이념에 호소하는 운동은 대중들에게는 정의를 찾는 사람들로 비쳐졌고 특히 시골에서 이슬람 전통을 지키는 사람들은 이런 외침을 쉽게 받아들였다. 이들은 이슬람의 용어로 세상을 설명하려고 하였고 이슬람을 모든 것의 해법을 주는 도구로 생각했다. 이슬람이 이렇게 강조해지자 이슬람 국가에 사는 소수의 타종교인들에게 이것이 증가되는 압력으로 느끼게 되었다. 그 결과 무슬림과 비무슬림 간의 관계에 불행한 결과를 낳았다. 이슬람주의자Islamist는 무슬림과 비무슬림 간의 공통분모나 공통된 말common word보다는 서로간의 차이점을 더욱 첨예화하였다.

1950년대 이후 무슬림과 비무슬림 간의 관계가 크게 변화된 중요한 요인들 중의 하나는 서유럽은 물론 서구에서 무슬림 인구가 증가하고 있었다는 점이다. 물론 1950년 이전에 유럽에서 무슬림들이 있기는 했는데 그들은 아흐마디야 운동, 수피들의 가르침을 따르는 자 그리고 몇 명의 유럽인 개종자들이 고작이었다. 그러나 2차 세계대전 이후 국제적인 이민이 증가하자 그들 중에 무슬림들도 더러 포함되어 있었고 북미와 영국에서는 정식 절차를 받고 이주한 무슬림들이 늘어났다. 유럽에서는 무슬림들이 값싼 노동력을 제공하고 경제적인 어려움 속에 살았어도 그들의 조국에서 금지된 운동이나 이슬람주의 운동을 유럽에서 펼칠 수 있었다. 무슬림 국가에서는 정치적인 담화에서 이슬람이 더

89_ Jacque Waardenburg, Muslim Perceptions of other Religions, 87.

강조되고 모스크가 새로이 지어지고 있었고 유럽에서는 이슬람 생활 방식이 무슬림 단체에 의해 강조되었다. 19세기에 무슬림 기독교 간의 토론에서 무슬림 신학자들은 유럽인의 비평적인 서적들을 활용하여 기독교 선교사들을 대항할 증거로 삼았다. 19세기 무슬림의 변증은 전환점을 맞이했다. 무슬림들이 유럽인들이 쓴 성서 주석 등 주로 기독교 신학 서적들의 도움을 받아 기독교가 거짓 종교라는 것을 입증하기 위하여 완전히 새로운 방법을 개발하기 시작하였다. 19세기에는 타흐리프Tahrīf(성경 변질론)가 무슬림 변증학의 중심 주제가 되었고 20세기에는 기독론과 속죄가 무슬림 변증학의 중심 주제가 되었다.[90]

제2차 세계대전 이후에 무슬림들의 타종교에 대한 저술은 주로 기독교에 대한 것이었다. 그들 중 많은 사람들이 기독교에 대하여 반박의 글을 썼다. 이싸의 아들 되심, 성육신, 삼위일체, 성경 등 기독교 교리를 반대하는 내용들이었다. 좀 더 최근에는 서구에 있는 이슬람 다아와(포교) 센터를 통하여 기독교에 대한 비판적인 이슬람 출판물들이 쏟아져 나왔다. 아주 직설적인 논증서는 물론 기독교와 이슬람을 비교하는 책들이 모두 종국에는 이슬람이 우월하다는 식의 결론을 맺었다. 무슬림들은 기독교 선교사들을 서구 제국주의의 하수인으로 묘사했고 지난 수년 동안 기독교 선교사들을 시온주의자들로 몰아 추방했다. 무슬림을 개종시키려는 방식에 유의하라는 말도 무슬림들 사이에 널리 확산되었다. 무슬림의 개종을 막기 위하여 무슬림들이 이슬람을 떠나는 것을 허용하지 않는 법이 이슬람국가에서 강조되었다. 오늘날 유대교에 대한 무슬림들의 태도는 매우 적대적이다. 그 이유는 정치적인 이유 때문이다. 거의 모든 아랍 국가들이 1950년대 혹은 그 이전에 독립을 한 뒤 무슬림들은 서구인들을 만날 기회를 더 많이 갖게 되었고 기독교인을 직접 만나기도 했다. 그런데 유대인들이 시온주의에 따라 팔레스타인으로 이주하면서 이스라엘과 주변 아랍 국가 간의 날카로운 대결 국

90_ 위의 책, 276.

면으로 치달았고 서로간의 부정적인 태도가 강화되었다. 특히 1967년 6월 전쟁에서 이스라엘이 승리한 후 아랍어로 된 많은 책들은 유대교를 공격하는 내용을 담았고 반유대주의와 반시온주의가 그 속에 포함되어 있었다. 이런 책들은 아랍 무슬림의 전쟁 패배에 대한 심리적인 보상을 가져다주었고 적에 대한 이데올로기적인 선동이 포함되어 있었다. 그래서 많은 이집트인들과 지식인들이 지적인 정직성을 버리고 유대인에게 상처받은 증오 캠페인에 동원되었다. 유대교에 대한 무슬림의 이미지는 지난 50년 동안 엄청난 변화를 겪었다. 과거 유대교를 하늘의 종교 또는 경전의 백성이라고 했던 무슬림들의 주장에서 이제는 이슬람 종교를 이용한 정치적인 주장으로 바뀌었다. 현대 이슬람주의 운동에 대하여 이스라엘 사람들은 이슬람이 갖는 도덕적이고 종교적인 면에는 관심을 두지 않았고 그 대신에 이슬람주의를 사회정치적인 운동이나 종교의 정치화로 간주하였다. 이슬람 국가에서 다수 종교와 소수 종교 간의 긴장은 상대 종교를 평가 절하하기 일쑤다. 무슬림과 기독교 간의 대화가 수년간 진행되면서 적어도 관련 지식인들끼리는 어느 정도 양측의 오해가 없어졌으나 이스라엘을 둘러싼 정치적인 갈등 때문에 종교적인 문제에서도 무슬림과 유대인 간의 진정한 대화가 불가능하게 되었다.

지난 몇 년간 활발해진 무슬림들의 종교적 다원성plurality은 무슬림 커뮤니티와 나란히 다른 종교의 커뮤니티를 수용하자는 외침이었다. 그러나 실제는 무슬림들이 종교적 다원성을 거부해왔다. 또한 많은 아랍 국가들이 종교적인 다원성을 갖고 있다는 말이 아니다. 종교적 다원주의pluralism라고 불리는 흐름에 저항하는 이슬람주의자Islamist 운동의 성장에 대한 일종의 대안이 종교적 다원성이었다. 이슬람주의는 전체 사회에서 이슬람이 갖는 역할에 대하여 계속적인 관심을 표현한다. 종교적 다원성의 원인의 하나로 꾸란 구절 안에 종교적 다원성을 지지하는 구절이 있다고 했다. 일부 기독교인은 새로운 주석학을 활용하여 성경과 꾸란의 메시지 간의 관련성이 있는지 이에 대한 관심을 갖기도 했다. 일부 무슬림 사상가들은 타종교에 대한 긍정적인 평가를 해왔다. 이것은 무슬림과 비무슬림 간의 긍정적인 시각을 갖게 했다. 종교적 다원성이 가져다 준 두 번째 결과는 일부 무슬림 저술가들이 이슬람 이외에 타종교에 대하여 좀 더 서술적이고 정보를 전달하는 식으로 책을 쓴다는 점이다. 물론 더 많은 무슬림들의 연구와 저술은 정보적이고 서술적인 설명보다는 변증학 범주에 드는 글들이 더 많다. 이슬람이 최종 종교이고 인간에게 가장 훌륭한 종교는 이슬람이라는 전제에서 출발하여 이를 입증하는 방식으로 글을 써갔다. 또 일부 책들은 정치적인 편견을 가지고 무슬림 국가의 정치적이고 경제적인 힘을 비무슬림의 것과 비교하기도 했다. 서구 제국주의를 서구 기독교의 정치적인 산물로 여기는 것처럼 정치적인 시온주의를 종교적인 유대교의 논리적인 부산물로 간주했다. 또 종교적인 다원성의 상황이 되는 세 번째 결과는 연구 분야에 관심을 갖는 저명한 무슬림 사상가들이 이슬람의 입장을 단념하지 않은 채 다른 종교인들과 대화를 가지려 한다는 것이다. 이런 부류에 속하는 무슬림은 무함마드 아르쿤, 마흐무드 아이윱, 이스마일 알파루찌, 하산 하나피, 사이드 후세인 나스르, 무함마드 딸비 등이다. 지난 몇 년 전에 이슬람 세계에 종교 간의 대화를 위한 기관들이 설립되었는데 요르단 암만에 알알바이트 재단이 이런 일을 하고 있다. 1993년에는 종교적 화해를 연구하려고 인도네시아 연구소가 발족되었다. 물론 종교간의 대화를 반대하는 사람도 있다. 이슬람만이 절대적인 진리라고 주장하는 무슬림들 때문에 그들과 더 이상 토론할 필요성을 못 느낀다고 하고, 무슬림 입장에서는 대화의 종국에는 이슬람의 힘이 약화될 수 있다고 본다.

2007년 일단의 무슬림 학자들이 "우리와 너희 사이의 공통된 말A Common word between Us and you"이라는 서한을 기독교인들에게 보냈다. 이 서한이 공개된 후에 일부 기독교인들이 무슬림 학자들의 이 제안에 동의를 표하고 2008년 이슬람과 기독교의 저명한 신학자들이 예일yale 대학교에서 논문을 발표하고 토론의 시간도 가졌다. 이때 논의들 중에서 기독교인이 예배하는 하나님과 이슬람의 '알라'가 같은가에 대하여 다음과 같은 응답이 있었다. 그 질문에 내포된 본질적인 요지는 첫째 성경의 하나님이 '알라'를 가리킨다고 하는 것이 기독교인에게 적절한가? 두 번째 질문은 기독교인과 무슬림이 동일한 하나님을 실제로 예배하는가이었다. 첫 번째 질문에 대한 답은 주저할 것 없이 아주 명백하게 답했다. 즉 아랍 기독교인들과 아랍어를 구사한 유대인들이 무함마드가 세상에 태어나기 전부터 '알라'라는 어휘를 신(神)을 가리키는 말로 사용했기 때문에 하나님에 대한 아랍어 단어가 '알라'라고 하는 것은 잘못된 일이 아니라는 것이다. 아랍어 성경에서도 하나님이란 단어에 '알라'라는 단어를 쓰고 있다. 아람어에서는 하나님을 '엘라하'라고 했다. 시리얀어syriac의 페시따peshitta 성경에서 하나님이란 단어를 '알라하alāhā'라고 했다.[91]

두 번째 질문은 좀 더 복잡하다. 무슬림과 기독교인, 유대교인이 모두 오직 한 분의 신이 있음을 인정한다. 무슬림들은 신앙고백shahāda에서 '알라 이외에 신이 없다'고 고백한다. 기독교인과 유대교인은 무함마드가 하나님의 예언자인 것을 인정하지 않는다. 유대교인의 세마shema "들으라 이스라엘아! 주님이 우리 하나님이고 주님은 한 분이시다(신명기 6:4)"라는 말은 기독교인들도 동의한다. 신약은 에베소서 4:6에서 "하나님도 한 분이시니 곧 만유의 아버지시라. 만유 위에 계시고 만유를 통일하시고 만유 가운데 계시도다"라고 하여 하나님이 한 분이심을 증거한다. 그렇다면 한 분의 하나님 또는 알라를 진심으로truly 예배하는가를 물어보아야 한다고 제안했다. 예배의 본질은 곧 인간이 믿는 하나님 또는 알라에 딸린 속성attributes과 인간이 예배할 때 인간의 마음heart과 관련이 되기 때문이다.[92] 예수 그리스도는 사마리아 인과 유대인의 예배를 요한복음 4:23-24에서 언급하고 있다. "아버지께 참

91_ Miroslav Volf, et al., A common Word, William B. Eermans Publishing Co., 2010, 182.

92_ 위의 책, 183.

되게 예배하는 자들은 영과 진리로 예배할 때가 오나니 곧 이 때라 아버지께서는 자기에게 이렇게 예배하는 자들을 찾으시느니라. 하나님은 영이시니 예배하는 자가 영과 진리로 예배할지니라." 이 본문에서 예수 그리스도는 이 두 그룹이 동일한 하나님을 예배하느냐 아니냐를 묻지 않고 한 분의 참 하나님을 영과 진리로 예배하느냐를 묻고 있다. 유대교, 기독교, 이슬람은 한 분의 하나님과 알라에 대한 동일한 성품과 속성을 언급하는가? 기독교, 유대교, 이슬람의 세 종교가 각각 '진리'에 대하여 말하고 있는데 기독교의 진리는 다음과 같은 점에서 구별이 된다. 첫째 진리는 하나님이 계시한다. 다른 여러 신앙beliefs은 인간이 창안한 결과일 수도 있으나 성경은 인격적이고 도덕적인 하나님이 자신을 드러내시고 인간에게 하나님을 알게 하신다. 또 하나님은 역사 속에서 그의 위대하신 행동을 통하여 구원의 진리를 계시하신다. 하나님은 그의 자신에 대하여 진리를 계시하신다. 두 번째는 진리를 추상적으로 만들어 하나님의 존재와 독립적으로 만든 플라톤의 생각과는 달리, 하나님의 진리는 어느 개인이나 그룹의 경험이나 해석에 의존하지 않는다. 세 번째, 기독교의 진리는 본질상 절대적이다. 하나님의 진리는 변함이 없다. 이렇게 절대적인 진리를 고집하면 절대적인 것을 절대적으로 싫어하는 포스트모던의 장애물이 된다. 네 번째, 복음의 메시지가 문화적 조건들에 의하여 제한되지 않는다. 다섯째, 진리는 배타적이다. 하나님은 내 앞에 다른 신을 두지 말라(출 20:3)고 했다. 여섯째, 기독교가 이해하는 진리는 체계적이고 통일되어 있다. 하나님이 한 분이시니 진리도 하나다. 일곱째, 기독교의 진리는 다른 어떤 최종의 것의 수단이 아닌 최종의 것이다.[93] 이슬람에서는 꾸란이 최종의 진리라고 했는데 기독교의 진리에 대한 개념은 이를 거부한다. 종교적 다원주의pluralism를 보증하는 포스트 모더니티는 계몽의 이성주의Rationalism를 거부하고 '영성들spiritualities'에 대하여 더 많은 관심을 갖는 경향이 있다.

93_ Douglas Groothuis, Truth Decay, InterVarsity Press, 2000, 65-81.

사실, 자신이 만든 영성에서 그리스도 중심Christ-centered의 영성으로 이동해야 기독교인이라고 할 수 있다. 길과 진리와 생명이신 그리스도를 향하는 영성이 기독교의 영성이다.[94] 기독교인들은 한 분의 참 하나님을 예배하고 예수 그리스도가 이 한 분 하나님의 성육신한 완전한 계시임을 믿는다(히 1:3). 무슬림들의 '공통된 말'이란 서한에서 무슬림학자들도 "기독교와 이슬람이 서로 다른 종교이며 이런 차이들 중 일부는 전혀 최소화하지 못하였다"고 말하고 있다. 예일 대학교의 응답에서도 이 두 신앙 간의 부인할 수 없는 차이가 있다고 발표하였다.

94_ 위의 책, 165.

더 생각해 보기

오사마 벤 라덴의 알카에다 조직원들이 2001년 뉴욕의 무역 센터를 공격했을 때 요르단의 무슬림들은 매우 기뻐하면서 오사마 빈 라덴이 가장 위대한 무슬림이라고 하였다. 그런데 국제 여론이 오사마 빈 라덴을 비난하자 요르단 사람들은 언론에서 그를 테러리스트라고 하였다. 그래도 상당수 요르단 무슬림들은 그가 무슬림으로서 이슬람의 사기를 올려주었다고 생각했다. 그런데 2005년 암만 세 호텔에 대한 이라크 무슬림들의 테러 공격이 있었다. 그전까지도 알카에다(원래 발음은 알까이다)를 테러 조직이라고 생각하지 못했던 상당수 요르단 무슬림들은 자신들이 공격을 당하고 나서야 알카에다 조직이 테러리스트라는 인식을 갖게 되었다. 그런데 팔레스타인에서 이스라엘과 싸우는 하마스Hamas와 레바논에서 이스라엘과 싸우는 히즈불라Hizb allah는 아랍 무슬림들이 아랍의 대의를 위하여 싸우는 저항 세력이라고 부르고 테러리스트라고 하지 않았다.

무슬림 간의 테러가 잦았던 2004년 요르단 압둘라 국왕은 아랍 이슬람 세계의 이슬람 각 종파들을 불러 요르단의 수도 암만에서 회의를 한 후 다음과 같이 '무슬림'에 대한 정의를 다시 하게 되었다. 알라와 무함마드를 믿고 이슬람 여섯가지 믿음과 다섯 가지 기둥을 지키는 사람은 무슬림이라고 하면서 이런 기준에 합당한 무슬림을 카피르(이슬람 율법을 어긴 자)라고 하지 말라고 하였다. 이슬람세계 내부에서는 동료 무슬림을 카피르로 모는 타크피르 문화가 확산되고 있었다. 그 후 이슬람 세계는 이슬람의 이미지를 개선하기 위한 노력을 기울였다. 그러나 무슬림들 속에서는 더 큰 문제들이 일어나고 있었다. 그것은 자격이 없는 무프티mufti들이 인터넷을 통하여 파트와를 발표하기 시작하자 무슬림들은 자신의 문제에 유익한 파트와를 구하려고 인터넷에서 관련 내용을 뒤졌다. 그리고 2009년 사우디아라비아 메카에서 전 세계 이슬람 지도자들이 모여 파트와 헌장을 발표하였다. 그 내용은 자격 없는 무프티들이 함부로 파트와를 내놓지 말 것을 종용하고 이슬람 국가들은 이슬람 대학교에서 파트와들을 연구하는 과목을 넣고 이슬람 국가마다 파트와를 공식적으로 발행할 기구 이프타를 조직할 것을 요청하였다.

더 질문해 보기

1. 이슬람이 테러와 관련되면서 무슬림들도 동료 무슬림들을 어떻게 정의해야 할지 당황스런 일이 되었다. 무슬림 동료의 폭력을 보면서 그 폭력이 남에게 어떤 영향을 주느냐에 따라 그 폭력이 저항인지 테러인지를 구별하게 되었다. 그렇다면 여러분은 저항세력과 테러, 폭력단체를 어떻게 정의하겠는가?

2. 2004년 암만 메시지와 2009년 메카의 파트와 헌장 사이에 공통점은 무엇인가?

제6장

아랍의 사상과 정치

한국인과 소통을 위한 **아랍문화**

1. 이슬람주의

무슬림 형제단

이슬람에 대한 우리들의 이해는 상반된 견해들이 있다. 이슬람의 가치와 서구의 가치가 양립할 수 없다. 또는 이슬람의 가치와 서구의 가치가 양립할 수 있다. 이슬람의 가치와 한국인의 가치가 양립한다. 또는 이슬람의 가치와 한국인의 가치가 양립되지 않는다. 이슬람은 민주주의의 상애물이다. 혹은 이슬람은 민주주의의 장애물이 아니다. 이슬람은 언론의 자유를 억압한다. 혹은 이슬람은 언론의 자유를 억압한다는 주장은 가설일 뿐이다. 이슬람은 남녀평등을 지지한다 혹은 이슬람은 남녀평등을 지지하지 않는다. 이슬람은 일부일처제이다 혹은 일부다처제이다. 아프가니스탄에서 이슬람주의는 여성을 억압한다. 혹은 아프가니스탄에서 이슬람주의는 이슬람적이지 않다. 이슬람의 지하드는 폭력을 조장한다. 혹은 이슬람의 지하드는 폭력을 조장하지 않는다. 언론은 무슬림을 테러리스트로 전형화한다. 혹은 언론의 전형적인 보도는 무슬림의 실상을 대변하지 않는다. 이슬람에 대한 한국과 미국 정부의 정책은 테러리즘을 반대해야 한다. 혹은 이슬람에 대한 한국과 미국 정부의 정책은 온건 무슬림 정부를 지원해야 한다. 이와 같은 이슬람에 대한 상반된 견해들은 오늘날 언론 중심의 문화와 이슬람에 대한 불충분한 지식 때문이다. 그러므로 이슬람연구자들은 비평적인 사고와 비평적인 읽기를 강화해야 한다. 물론 해당 글을 쓴 작가에 대한 신빙성, 사실 여부, 논조, 설득하는 테크닉의 사용여부, 글의 문체적인 특징 등에 따라서 이슬람에 대한 견해들이 달라지기도 한다. 한 예로 사무엘 헌팅턴의 글을 읽다보면 이슬람과 서구가 양립되지 못하여 서로 충돌한다는 생각에 젖을 것이다. 또 이란인 학자 사이드 후세인 나스르(1933-)는 수피즘을 사랑보다는 지성의 분별intellectual discernment을 강조하고 이슬람 율법이 없는 수피즘은 있을 수 없다고 했으나 터키인 수피 무잡파르 오작(1916-1985)은 그의 책에서 이슬람 율법 중심의 수피즘은 지성의 분별보다는 사랑에 더 많이 초점을 둔다고 했다. 이상과 같은 상반된 견해 이외에도 이슬람주의와 근본주의에서도 서로 다른 견해들이 있다.

아랍어에서 알이슬람 알우쑬리(근본주의 이슬람)와 알이슬라미윤(이슬람주의)이 이슬람이란 의미와 다르게 사용된다.[1] 1928년에 창설된 이집트의 무슬림 형제단(이크완 무슬리민: Muslim Brotherhood)은 많은 아랍 국가에서 가장 잘 조직화된 정치세력이다. 이 그룹은 가장 잘 조직화된 정체 세력인 칼리파 제Caliphate를 다시 세우기 위한 단체이다. 칼리파제는 종교・군사적인 국가로서 비무슬림 서구에 대항하여 전쟁을 불사한다는 것도 포함되었다. 중동 아랍 세계에서 이런 무슬림 형제단이 늘어남으로 인하여 많은 중동 정치 지도자(왕, 대통령)들로 하여금 자유의 제한, 권력 집중, 남녀의 분리 등을 강화하게 하였다. 서구는 모든 시민이 이데올로기와 개인의 견해나 종교에 상관없이 정치적인 참여를 보장한다. 무슬림 형제단에게 개인의 정치적인 참여는 이슬람의 율법이 지배하는 사회를 꿈꾼다. 무슬림 형제단이 바라는 이슬람 정부의 입법부는 국정 수행이 이슬람에 맞는지 모니터하고 국가의 행정은 무슬

1_ 오늘날 아랍 무슬림들에게 자주 언급되는 무슬림들로는 알자지라 방송국 설립의 정신적 지주이었던 유수프 알까르다위 그리고 이집트의 알아즈하르 쉐이크(종교수장)인 아흐마드 알따입, 레바논의 히즈불라를 이끄는 나스르 알라, 이라크의 시아파 이맘 사드리 그리고 터키에서 현대 이슬람 사상과 사회 개혁을 부르짖는 이슬람 전도사 파트흐 알라 궬렌 등이 있다.

림형제단에 의하여 모니터를 받아 이슬람 율법에 맞는지 확인한다. 무슬림형제단은 비무슬림들이 대통령이 될 수 없게 하고 비무슬림도 전체 법적 제도가 근거를 두는 샤리아의 원리에 따라야 한다. 서구 민주주의는 다른 사람의 자유를 침해하지 않는 범위에서 개인의 절대적인 자유를 보장하나 무슬림 형제단은 샤리아에서 뽑아온 도덕과 윤리의 엄격한 기준 안에서 사고의 자유를 인정한다. 무슬림 형제단은 고발인이 아무런 해를 입지 않았더라도 샤리아법을 어긴 개인을 고발하는 권한을 시민 개인에게 주는 히스바hisbah의 복원을 요구한다. 히스바의 권한은 이집트에서 일부 개인들에 의하여 행사되고 있는데 이집트 지식인 나스르 하미드 아부 자이드Nasr Hamed Abu Zeid의 글이 이슬람의 가르침에 어긋난다고 하여 그가 고발당하였는데 그는 카피르로 판결 받았고 법원은 그에게 아내와 이혼하도록 요구하였다.

무슬림형제단은 무슬림 여성이 지방자치 선거에서 정치생활을 허용하나 여성은 국가의 수반이 될 수 없다고 못 박는다. 그리고 여성들이 교실이나 대중교통 그리고 일터에서 남자들과 완전히 분리 되는 것이 시행되기를 요구한다. 무슬림 형제단은 사유 재산을 인정하는 경제 제도를 따르지만 은행 이자를 법률로 금하고 전기와 가스 등 공익 사업의 국가 소유권을 요구한다. 선거에 의한 평화적인 정권교체를 창출하는 민주주의제도와 달리 무슬림 형제단은 샤리아법에 의거한 정부 행정과 이슬람 칼리파제의 부활을 바란다. 무슬림 형제단은 민주적인 제도에 근거한 국가의 개념을 반대하고 그 대신에 슈라 제도와 리더 존중 그리고 종교지도자를 중심으로 한 이슬람 정부 구성을 요구한다. 이런 의미에서 보면 무슬림 형제단의 모델은 이란의 호메이니Khomeini의 모델과 유사하다. 그를 포함한 종교 최고 위원회에서 모든 정치 문제를 처리한다. 지난 57년 동안 무슬림형제단은 갈등을 평화적으로 해결하는 것을 반대하여 왔다. 무슬림 형제단은 이스라엘을 합법적인 국가로 인정하지 않는다. 그들은 무슬림 시민을 제외한 다른 사람에 대한 폭력 사용을 결코 비난하지 않는다. 이들은 경제 개발과 투자 등에서 역행

이데올로기retrograde ideology를 갖는다.

이슬람주의

'이슬람주의Islamism'라는 말은 서구의 제국주의와 문화를 깊이 비판하고 정치권에 이슬람의 더 강력한 역할을 위하여 일하는 사람들이다. 온건한 이슬람주의moderate Islamism는 민주적인 정치 구조 안에서 커뮤니티 발전과 사회 정치적 활동에 초점을 두는 것이고 과격한 이슬람주의radical Islamism는 이슬람의 목적과 대의를 획득하기 위하여 폭력에 의존하는 것을 말한다. 이 둘 다 이집트의 무슬림 형제단에서 찾아볼 수 있다. 무슬림 형제단Muslim Brotherhood은 하산 알 반나Hasan al-Banna (1949년 사망)에 의하여 1928년에 창립되었고 사이드 꾸뜹의 저서들 속에서 가장 강력한 목소리를 냈다. 사이드 꾸뜹은 1966년 이집트 정부에 의하여 처형되었는데 1948-1950년 그가 미국에 교육연구차 다녀갔다. 사이드 꾸뜹의 알라의 통치hakimiyya는 현대 국민 국가의 인간 법은 알라의 법으로 대체되어야 한다는 것이었다. 현대의 자힐리야jahiliyya(이슬람 이전 시대의 사회상) 영역은 거부되고 무슬림은 이슬람 사회가 진전되도록 선봉에 서야 한다고 했다. 사이드 꾸뜹은 그 다음 세대에 여러 추종자들을 낳았다. 사이드 꾸뜹보다 더 과격한 그룹으로는 이슬람 지하드Islamic Jihad가 있는데 1981년 이집트 사다트Anwar al-Sadat 대통령을 시해했다. 1990년대에는 또 다른 그룹 자마아 이슬라미야Jama'at Islamiyya가 이집트 국가를 카피르 국가라고 선언하고 정부와 다른 대상을 상대로 폭력적인 공격을 감행했다. 사이드 꾸뜹을 따르는 더 과격한 추종자들은 아프간 무자히딘(지하드를 하는 사람들)을 돕기 위하여 아프가니스탄으로 가서 1980년 러시아의 아프간 점령에 저항하였다.

1990년대 중반 이후 우리는 오사마 빈 라덴과 알카에다al-Qa'ida가 카피르 무슬림과 서구를 상대로 이슬람주의자의 폭력을 감행한 것을 보았다. 사이드 꾸뜹이 죽은 후에 무슬림 형제단은 정치적 변화를 달성하려고 폭력 수단을 사용했다. 이집트에서 후스니 무바라크 재임 시절 무슬림 형제단이 형제단의 이름으로 선거에 입후보하는 것이 금지되었다. 그러나 무슬림 형제단은 이와 다른 방식으로 이집트 정치의 민주적인 구조 안에서 창의적인 방식으로 참여했다. 2011년 이집트 혁명으로 무바라크가 물러나고 무슬림 형제단은 더 자유롭게 움직일 수 있었다. 이슬람주의 정당들이 2011년 아랍 혁명 이후 치러진 선거에서 두각을 보였는데 튀니지에서는 2011년 10월 라쉬드 알간누쉬Rashid al-Ghanouchi가 이끄는 이슬람주의 정당인 알나흐다 당이 과반수는 아니지만 217석 중 89석을 확보했다. 이보다 먼저 터키의 집권 여당인 정의 개발당 AKP(Justice and Development Party)은 2002년부터 터키를 통치해 오고 있고 당수는 에르도간Recep Erdogan이었다. AKP는 이슬람주의자 정당인데 우리에게 혼란스러운 것은 그 동안 터키가 세속주의 국가 체제였나는 것이다. 터키의 정의 개발당의 실험은 이슬람과 민주주의의 양립성에 대하여 상당한 논란을 일으키고 있다. 2011년 아랍의 봄 이후 아랍 세계에서는 이슬람주의 정당이 잠정적인 모델로 등장하고 있다. 이슬람주의 정당이 현대 국가 정치 제도를 통하여 실용적으로 절충을 하고 있는 것이 분명하다. 이런 정당들 안에는 다양성이 있다는 것이 주목할 만한데 사실 이들 정당의 당수들도 이슬람주의 정당이 앞으로 어디로 가야 할지 잘 몰랐다. 그들이 정당 강령을 선거구에 제시했지만 다른 정당처럼 매일 매일 정치 과정의 기분에 따라 달라졌다.

과거 이슬람주의[2] 운동의 주역으로 하산 알반나(1906-1949), 아불 알라 마우두디(1979년 사망), 시아파 중에는 바끼르 알사드르(1980년 처형), 알리 샤리아티, 루훌라 호메이니를 그 예로 든다. 마우두디, 사이드 꾸뜹과 호메이니는 피동적인 신앙인의 자세에서 행동주의적이고 혁명적인 힘을 발휘하는 세력으로 이슬람 종교를 바꾸어 놓는 이론을 만들어 놓았다. 이들 모두는 이슬람 사회의 문제를 종교에 근거한 해법을

2_ 이슬람주의Islamism를 현대 정치적인 이슬람 근본주의Islamic fundamentalism라고 말하는 학자도 있다.

주장했다. 결국 오늘날 이슬람 세계가 종교와 정치가 맞물려 이슬람 국가마다 정도의 차이는 있지만 모두 대동소이하게 이슬람주의자들이 확산되었고 그 중에는 과격 세력도 있다. 이슬람주의는 서구의 제국주의와 서구와 외국의 영향에 대한 반발에서 비롯되었다. 이슬람주의는 종교를 정치에 이용한다. 이슬람주의에는 과격한 성향의 그룹이 있었다. 사회정치적인 변화를 위하여 지하드를 사용하기도 한다. 이슬람 율법의 근간이 되는 꾸란(이슬람의 경전)과 하디스(무함마드의 말과 행동)를 강조한다. 이슬람주의는 이슬람 사회와 국가를 건설하는 것을 목표로 한다. 이슬람주의는 이슬람을 이데올로기로 본다.

이슬람주의는 진정한 이슬람 사회를 재창조하도록 요구한다. 단순히 이슬람 율법을 시행하는 것이 아니라 정치적인 행동을 통하여 이슬람 국가를 먼저 건설하자는 것이다. 이슬람주의자들은 이슬람을 단순히 종교로 보지 않고 정치적 이데올로기로 보기 때문에 정치, 율법, 경제, 사회 정의, 외국 정책 등 사회의 모든 면을 재건설하자고 한다. 이슬람주의자들은 교육, 테크놀로지, 경제, 가족구조의 변화 등에서 그 사회의 모더니티를 인정한다. 오늘날의 이슬람주의자들로는 무함마드 압둘 살람 파라그(지하드 조직), 오마르 압둘라흐만(자마아 이슬라미야), 슈크리 무쓰따파(알타크피르와 알히즈라), 살리흐 시리야(이집트의 이슬람 해방당), 무함마드 후세인 파들랄라(레바논), 하산 알투라비(수단의 국민이슬람 전선), 알간누쉬(튀니지의 알나흐다 당), 압바스 마다니와 알라벨하즈(이슬람 구국전선, 알제리), 아흐마드 야신(팔레스타인의 하마스), 주하이만 알우타이비, 싸파르 알하왈리, 살만 알아우다(사우디아라비아), 사이드 알하우와, 무함마드 알바야누니(시리아의 이슬람 전선) 등이다.[3] 그리고 파키스탄의 자마아티 이슬라미, 터키의 레파흐 파르티시, 레바논의 히즈불라, 타지키스탄의 이슬람 부흥당, 예멘의 이슬라흐, 무슬림 형제단(이집트, 시리아, 쿠웨이트, 요르단, 걸프 지역) 등이 여기에 속한다. 무슬림

3_ Mahmud A. Faksh, The Future of Islam in the Middle East: Fundamentalism in Egypt, Algeria, and Saudi Arabia, 1997, 16.

들은 이슬람 사회가 극히 관용적인 사회로 알려지기를 바랐다. 그럼에도 마우두디, 사이드 꾸뜹, 오사마 빈 라덴, 아이만 알자와히리Ayman Al-Zawahiri, 아부 무스압 알자르까위Mus'ab Al-Zarqawi 등 과격한 사상을 가진 무슬림들이 이슬람 역사의 주요 인물로 등장하였다.[4] 그들을 변방의 소수라고 무슬림들이 주장할 수 있으나 오늘날 비극은 그들이 더 이상 변방의 주변인이 아니라 그들의 메시지가 아주 멀리 퍼져 그들은 새로운 지원자들과 동정하는 사람들을 모으고 있다. 친미 성향으로 알려진 요르단에서 사이드 꾸뜹의 책들이 아주 널리 읽혀지고 있는 것을 보면 단순히 친미 성향의 정부와 국민들의 사상은 서로 다르다는 것을 알 수 있다. 이슬람주의는 정치적이고 사회적인 이슈이고 이슬람 종교의 종파는 아니다. 이슬람 종교 사상이 근본주의 또는 이슬람주의에 의하여 압도당하고 있는 것이 21세기의 무슬림들의 특징이다. 좀 더 정확히 말하면 호전적militant인 이슬람 또는 정치적인political 이슬람이 이슬람 세계를 휘두르고 있다. 그러나 근본주의라는 단어에는 긍정적인 의미와 부정적인 의미가 있고 학자들마다 다른 해석을 한다. 다니엘Daniel pipes은 이슬람주의자들은 전 세계 1억 내지 1억 5천만 명 정도라고 했다. 마가렛 니델은 전 세계 무슬림들의 절반이 미국보다는 오사마 빈 라덴과 탈레반에게 동정을 보낸다고 했다. 미국의 한 국회의원은 미국내 모스크의 85%가 극단주의 리더십을 갖는다고 했다. 물론 요르단과 사우디 등 아랍 이슬람 국가에서도 극단주의적 리더십을 갖는 모스크의 이맘들을 해직시키고 새로 이맘들을 임명하였다. 이슬람주의자들이 카피르(이슬람 율법을 지키지 않는 것으로 정죄하거나 처단함)나 지하드(이슬람이 전파되는 것을 위협하는 어떠한 세력과도 싸우는 것)라는 용어를 자주 사용

4_ 모든 중동 사람들이 과격한 무슬림은 아닐지라도 지금은 중동이 극단화되어 있으므로 한국 유학을 원하는 아랍인에게는 아랍국가의 경찰서가 발행하는 후슨 알술루크 Husn al-Suluk(adam Mahkūmiyya, 범죄 사실이 없다는 증명서)를 제출하게 하고 아랍인이 장기간 한국내 체류를 원하면 경찰서에서 지문채취를 하고 1년에 한 번 주거지에서 가장 가까운 경찰서에 출두하게 하여 체류비자를 연장하게 한다. 요르단은 이와 같이 시행하고 있는데 이때 AIDS 검사를 위하여 채혈을 시행하고 있다.

하고 기독교인들과 유대교인들은 카피르로 규정한다. 50년 전만 해도 기독교인들에게 카피르라고 말하는 무슬림들의 말을 듣지 못했으나 요즈음은 무슬림들이 기독교인과 타종교인들을 카피르라고 부르고 카피르는 지옥에 간다고 하면서 그들의 일부를 살생부 명단에 포함시킨다. 호전적인 이슬람주의자들의 특징 중에는 폭력을 옹호하고 여성에 대한 권리를 부인하며 개인의 자유를 반대한다. 그런데 이슬람주의자들이 빠르게 성장하는 이유는 무슬림들의 불만이 증폭되고 있기 때문이고 무슬림 사회에서 상대적으로 많은 사람들이 미래에 대한 희망을 찾지 못하기 때문이라고 하나 또 다른 이유는 이라크와 아프간에서 미국이 감행한 군사작전이 정치적 이슬람을 강화시켰기 때문이라고도 한다. 물론 아랍인들 중에 이슬람주의를 긍정하는 사람들이 많지만 실질적으로 폭력에 가담하는 무슬림들은 그리 많지 않기 때문에 전반적으로 평범한 무슬림이 더 많고 폭력을 행사하는 사람들은 적다고 말하기도 한다. 지하드는 십자군crusade처럼 종교를 위하여 싸우는 것으로 인식되고 있어서 무슬림 세계 연맹은 2002년 지하드와 테러리즘을 구별하자고 하였다. 테러리즘은 사람들에게 테러를 하려고 위협하거나 폭력을 행사하는 것으로 개인의 생명과 안전을 위험에 빠뜨리는 것이라고 하였고 지하드는 부당한 불의를 종식시키고 평화와 안전을 보장하며 자비를 베푸는 자기 방어라고 무슬림들이 정의했다. 이슬람주의자들의 모스크가 아랍 세계에서 널리 퍼지고 있다는 것은 분명하다. 그리고 그들의 지도자들은 누가 좋은 무슬림인지 나쁜 무슬림인지를 판단하려고 한다. 그들 중에는 수세기 동안 이슬람 법학자들이 만들어 놓은 꾸란의 주석과 해설을 인정하지 않는 무슬림들이 있다. 이슬람 국가들은 이런 이슬람주의자들의 활동을 제한하려고 하였다. 이슬람주의자들의 대부분이 교육을 충분히 받지 못한 사람들이라고 하지만 일부는 정치적 세력과 정치적인 어젠다를 갖고 있는 엘리트 그룹의 이슬람주의자들도 있다. 미국이 레바논의 히즈불라는 테러리스트로 규정했으나 히즈불라는 이미 레바논 의회에서 합법적인 정당으로 활동하고 있고 2006년 테러 집단으로 규정된 하마스가 팔레스타인 의회 선거에서 다수당을 차지하였고 2011년 이집트에서 이슬람주의가 새로운 정당을 만들어 다수의 국회 의석을 확보하는 데 성공했다. '이슬람만이 해법'이라고 슬로건을 내건 이슬람주의자들은 그들의 이슬람에 대한 비전으로 이상적인 이슬람 국가를 이끌어갈 것이라는 이상적인 청사진을 갖고 있다. 레바논의 히즈불라 역시 학교, 병원, 약국, 치과 병원, 취업, 장학금, 복지 지원들을 레바논 가족들에게 지원하고 있어 이슬람주의자들의 세력은 점차 증가할 것으로 보인다. 튀니지가 2011년 10월 총선에서 이슬람주의 정당인 알나흐다 당이 41%를 차지하여 다수당(217석 중에서 90석을 차지함)이 되었는데 이들이 새로운 헌법을 초안한다. 두 번째 의석으로는 73석을 얻은 리버럴 정당들이었는데 튀니지는 오랫동안 종교와 리버럴리즘 사이에 긴장이 있어 왔다. 알나흐나 당의 승리는 그들이 충분한 선거 자금을 가지고 전국 곳곳을 누비었기 때문이다. 그들은 선거 유세에서 '아랍과 무슬림의 유산'을 이어가고 중동에서 가장 앞서가는 여성의 권리 보장을 약속했다. 알나흐다 당의 리더인 간누쉬는 '카피르가 아닌 무슬림으로서 모더니티에 참여하겠다'고 했다. 이는 모더니티의 시민의식 안에서 이슬람주의 정책을 펴겠다는 것이었다. 그런데 튀니지의 독실한 무슬림들은 과거 이슬람 종교적인 것을 핍박한 세속적인 모더니스트 국가를 반대하고 이슬람을 회복시키는 것으로 안나흐다 당의 정책을 이해했고 전통적인 실업인들은 정경 유착을 떠나 정치에 도덕성이 회복되는 것으로 받아들였다.

사이드 꾸뜹의 생애와 사상

여기서 무슬림 형제단의 사상가인 사이드 꾸뜹에 대하여 잠시 알아보자. 그는 오늘날 모든 무슬림 형제단의 사상적 배경을 이해하기 위한 기본서를 쓴 작가로 알려져 있다. 그런데 그가 죽은 지 반세기가 지났는데 그를 반대하는 사람들은 그의 이름을 극단주의 사상의 창시자로 언급하고 그를 지지하는 세력들은 그가 무슬림 형제단의 사상적 파수꾼으로 기억한다. 미국의 북부 콜로라도 대학교University of Northern Colorado의 전신은 콜로라도 주립 교육대학교Colorado State college of Education인데 이 대학교에 1949년 8월 이집트인 사이드 꾸뜹이 청강생으로 등록하였다. 그는 그해 12월 21일까지 이 대학교를 다녔으나 그에 대한 기록은 도서관 지하 고문서 보관실에 조금 남아 있었다. 그는 문학가, 비평가, 연구원으로 살았고 문학 비평의 이론을 세우기도 했다. 사이드 꾸뜹은 인도인 조상을 갖고 있었고 이집트 사이드 지역의 무샤라는 마을에서 1906년에 태어나 1966년 이집트 감옥에서 교수형을 당했다. 무슬림 형제단들에게 사이드 꾸뜹의 꾸란 주석 방식은 현대에서 가장 좋은 주석들 중의 하나로 알려지고 있고 그는 아랍 문학가이자 사상가이기도 하였다. 그의 생애의 전반기는 문학 그리고 후반기는 이슬람 포교에 전념했다. 그가 콜로라도 주립 교육대학교에 체류하는 동안 당시 총장에게 자신의 책을 기증하는 장면을 찍은 사진이 아직도 북부콜로라도 대학교에 남아 있었는데 그 사진 밑에 "이 대학의 학생 사이드 꾸뜹은 이집트의 유명한 작가이고 소설들과 교과서를 집필했다. 그는 아랍 문학의 권위를 갖고 있는 사람이고 이집트에서 저명한 교육자였다. 그는 이 대학에서 공부하는 몇 명의 이집트 학생들 중의 하나"라고 쓰여 있는 것으로 보아 그의 콜로라도에서의 주된 관심은 교육과 문학이었던 것으로 보인다. 그가 콜로라도에 와서 쓴 글들 중에서 유일하게 콜로라도 주립 교육대학교에 남아 있는 것으로는 그가 당시 이 대학교의 영어 클럽이 1949년 가을에 발간한 글 <The World is an undutiful boy: 세상은 의무를 다하지 않는 소년이다>이 남아 있었다. 이 글에서 그는 이집트 전설에 대한 이야기를 쓰다가 갑자기 결론부에서 "우리가 여기 유대인들에게 불복하여 상소하러 왔을 때 세상은 정의를 거역하는 유대인들을 도왔다. 아랍과 유대인 사이의 전쟁 동안에 세상은 유대인들을 또 도왔다. 아! 참으로 세상이 의무를 다하지 않는구나! 정말 의무를 다하지 않는 소년이다"라고 끝맺었다. 그가 한 페이지 분량의 위 글에서 유대인과 아랍 간의 이야기를 쓰고 유대인과 세상이 불공평하고 무책임한 것을 지적하였다. 이것으로 보아 그가 콜로라도에 와 있을 때에도 이미 반이스라엘 정서를 갖고 있었고 세상이 부당하다는 생각을 가졌던 것으로 보인다. 일부 학자들은 그가 1950년대 중반에 이집트 정부의 무슬림 형제단에 대한 압력에 대한 반응으로 그가 과격성향으로 바뀌었다고 한다.[5] 그는 여성 문제, 서구, 팔레스타인과 이스라엘 문제, 권력과 계층적 갈등에 관심이 많았다. 혹자는 그가 콜로라도 주립교육대학교에서 3시간 남짓 걸리는 콜로라도 스프링스colorado springs에 가서 미국인 결혼식을 보고 미국인들이 비윤리적이었다고 평했다고 한다. 그런데 이런 견해에 대하여 북부콜로라도 대학교의 고문서실에서 근무하는 여성은 "당시 콜로라도가 상당히 보수적이었고 특히 북부 콜로라도는 도시라기보다는 작은 읍 지역에 속하였고 그때 콜로라도 여성들도 의상에서 매우 보수적이었기 때문에 콜로라도 미국인들이 도덕적으로 부패하고 성적으로 문란했다는 것은 받아들이기 어렵다"고 했고 "아마도 그에 대한 상당수 루머는 진실이 아닐 수 있다"고 넛붙었다. 사이드 꾸뜹은 문학, 종교, 사회, 정치에 대한 글들을 남겼다. 그는 25권의 책을 썼고 400여 편의 글을 남겼다. 그의 책들 중 (길에서의)『이정표』와 30권에 달하는 꾸란 주석서 『꾸란의 그늘에서』가 유명하고 이 책들 속에 그의 문학적 능력과 표현력이 잘 나타나 있고 그는 교육과 문화에 대한 연구도 하였다.

사이드 꾸뜹은 현대 세계의 야만에 대항하여 알라의 절대적인 진리를 방어하고자 하였다. 다시 말하면 그는 그가 살던 1950년대의 세상을 야만적이라고 보았고 이를 해결하는 데는 알라의 진리밖에 없다고 했다. 그는 무슬림들에게 그 당시 국가들의 부패된 문화적 · 정치적인 바탕이 된 것들을 대항하여 싸워달라고 촉구하였다. 오늘날 이슬람주의자들은 알라의 주권적 진리를 위하여 그의 목숨을 희생한 모범적

5_ John Calvert, Sayyid Qutb and the Origins of Radical Islamism, New york: Columbia University Press, 2010, 2.

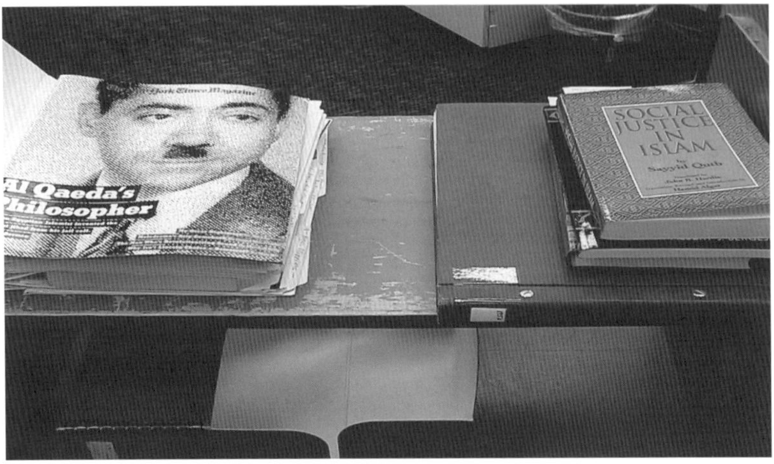

북부콜로라도 대학교의 도서관에 소장된 사이드 꾸뜹 관련 문서와 도서, 2012.

인 무슬림으로 그를 추앙한다.[6] 모로코의 신보수 정당 <알타우히드 와 알이슬라흐: 하나됨과 개혁>의 압달라 밴키라니abdallah Benkirane는 사이드 꾸뜹의 『이정표』라는 책에 압도되었다고 회고했고 1980년대 말과 1990년대 초 알제리 구국전선의 설교자 알리 이븐 핫즈hajj는 국가 정당의 기관원을 비난하는데 사이드 꾸뜹의 가르침을 신적 통치의 강행규정으로 채택했다. 또 튀니지의 이슬람주의자 안나흐다(부흥) 당의 라쉬드 간누쉬가 사이드 꾸뜹에 영향을 받았고 모로moro이슬람 해방전선MILF의 리더인 살라마트 하심(2002년 사망)은 사이드 꾸뜹이 그에게 영감을 주어 필리핀에서 이슬람 혁명의 씨앗을 심을 수 있었다고 했다. 1984년 시아파 이란의 이슬람 공화국은 그의 사진을 넣은 우표를 발행하여 이슬람 혁명에 대한 그의 공헌을 기렸다. 그는 모든 무슬림들에게 영향을 끼치고 있었다.[7] 사이드 꾸뜹이 인기가 있는 이유는 그가 이슬람을 문화적으로 공인되고 체계화된 이데올로기로 제시하는 데 성공했기 때문이다.[8] 그는 이슬람을 사유화된 종교로서가 아니라 정치,

6_ 위의 책, 2.
7_ 위의 책, 3.

사회, 경제를 포함하는 종합적인 이데올로기 제도로서 소개했다. 사이드 꾸뜹이 제도적인 변화를 옹호했기 때문에 신정국가를 세우려고 직접적인 행동 방식을 채택하는 이슬람주의자 전사militants들 사이에서 그가 가장 강력한 영향력을 주었다. 사이드 꾸뜹이 폭력을 정당화해주었던 것이 이슬람주의자들이 세속적인 관료적 전제 정권에 대항하여 폭력으로 맞설 수 있었다. 그 예로 1970년대 마르완 하디드와 시리아 무슬림 형제단이 알라위파가 지배하는 시리아의 바아스 정권에 지하드를 해야 한다는 글을 썼고 1980년대 말과 1990년대초 이집트의 지하드 조직이 후스니 무바라크와 관련된 인사와 단체들을 공격했다.[9] 사이드 꾸뜹의 삶과 이력에 대한 가장 믿을 만한 자료는 이슬람주의자의 강력한 지지자인 압드 알팟타흐 알칼리디의 글이다. 요르단의 알발까 응용 내학교에서 종교의 원리를 가르쳤던 팔레스타인 출신 알칼리디는 사우디아라비아의 무함마드 이븐 사우드 이슬람 대학교에서 꾸뜹의 생애와 사상에 대한 논문으로 학위를 받았다. 그의 이 논문은 1991년『사이드 꾸뜹: 출생에서 순교까지』라는 책으로 발간되었다. 사이드 꾸뜹의 동생 무함마드 꾸뜹이 알칼리디가 쓴 사이드 꾸뜹의 전기는 믿을 만하다고 했다. 2001년 9・11 테러 이후 학자들과 언론인들은 테러범들의 사상에 영향을 준 무슬림들을 찾아보았는데 결론은 '9・11 테러는 사이드 꾸뜹으로 거슬러 올라간다'는 데 일치를 보았다.[10]

8_ 위의 책, 4.
9_ 위의 책, 4.
10_ 위의 책, 6.

2. 살라피

사우디아라비아의 나즈드 사막에서 불어오는 낯선 바람과 반개화 사상이 아랍 국가에 세차게 불고 있다. 그래서 아랍 국가에 광신적인 사상과 지적 불모의 땅 동부 아라비아 반도에서 조작된 이념으로 무슬림들이 사상적 혼란을 겪고 있었다. 이런 이슬람의 베두인 모델로는 사우디아라비아의 살라피가 있었다. 이집트의 사이드 꾸뜹의 사상에 힘입어 강력한 이데올로기로 부상한 사우디의 살라피는 석유 달러와 일련의 국제적 그리고 역내 리더들의 실책에 도움을 입어 성장했다. 그중 한 가지 실책이 1970년대 말에 일어난 아프가니스탄의 사건이고 그다음 실책은 잘못 자문을 받아 이집트의 고 사다트 대통령이 이슬람주의자들을 풀어 준 일이었다. 이슬람주의 운동은 무슬림 형제단에 의하여 조직화되었고 부유한 비즈니스맨들의 재정적 지원을 받았다. 세계는 파시스트와 나찌에 이어서 공산주의가 사라지고 이제는 호전적인 정치 이슬람militant political Islam의 도전을 받고 있다. 한때 이슬람 세계의 리더십은 이집트, 터키, 튀니지 등지에서 온건하고 리버럴한 이슬람을 주창한 사람들에게 그 무게 중심이 쏠렸으나 최근의 이슬람의 향방은 아라비아 반도 사막에서 부화된 반세계화 무리들과 광신적인 집단들에 의하여 이슬람세계가 휘둘려지고 있다. 사이드 꾸뜹과 와하비즘Wahhabism이 이념적으로 섞이고 막대한 석유달러가 재정 지원이 되어 이슬람의 이런 모델이 아랍세계에 부상하고 있다. 이런 세력은 발전과 문명 그리고 문화와 종교의 다양성을 반대하고 온건한 이슬람을 받아들이지 않고 타자에 대한 증오, 독재와 연줄에 의한 중용, 여성과 비무슬림을 2등 국민lesser beings으로 대하는 전투적인 정치 이슬람이었다. 이슬람 세계는 가부장적 사회, 닫힌 대화 구조, 국가보다는 가족이나 가문 중심 사회, 여성들의 여행과 교육의 기회 제한, 비판을 두려워하고 발전이 적체됨, 최고 통치권자나 기관장의 의견이 관철되는 사회, 명예 살인, 친인척 중심의 관직 등용 등 다양한 문제를 안고 있다.

오늘날 이슬람 국가에서 전통을 깨는 일이 일어나고 있는데 이들은 전통적인 타끌리드taqlīd를 거부하고 이즈티하드ijtihād를 지지한다. 타끌리드를 거부하고 이즈티하드를 수용하는 것은 순니의 네 법학파 중의 하나를 택하여 행하던 전통적인 관행을 버리는 것이다. 이집트와 사우디아라비아는 지난 2세기 동안 나머지 이슬람 국가에 상당한 영향을 주었다. 17세기와 18세기 초에 유럽이 무슬림 세계에서 중요한 역할을 하기 전에 지역적 개혁 운동이 있었다. 예멘에서 무함마드 븐 알리 알샤우카니Muhammad b. 'Ali al-Shawkani(1834년 사망)가 이즈티하드를 강하게 옹호하였고 일부 살라피들도 이 문제를 거론하였다. 알샤우카니al-Shawkani의 견해는 4개의 순니 법학파들을 거부하고 보통의 무슬림들이 법학자에게 판결뿐만 아니라 그런 판결 뒤에 있는 이유나 증거도 물어보게 하자는 것이었다. 중부의 사우디아라비아에서는 무함마드 븐 압드 알와합'Abd al-Wahhab(1792년 사망)이 참 이슬람신앙을 회복하자는 운동을 시작했는데 이것이 가장 잘 알려진 17세기 개혁 운동이다. 1740년대 한발리 학자 무함마드 븐 압드 알와합은 중부 아라비아에서 제자들을 모아 설교하기 시작했는데 그는 『알라의 하나됨』Kitāb al-tawhīd이란 책을 썼다. 그의 목적은 정치적 권력을 잡는 게 아니고 신정국가의 법적 자문을 하는 것이었다. 그는 이런 목적을 위하여 당시 사우디의 일부 지역의 통치자 무함마드 븐 사우드에게 1744년 알라의 말이 퍼지도록 필요하면 무력을 사용해서라도 그 일을 하겠다고 맹세했다. 그는 최고의 종교적 권위를 부여 받았고 새로운 와하비즘의 사우디 국가의 교사가 되었다. 그가 1792년에 죽자 그의 자손들이 19세기까지 학문적인 전통을 이어갔다. 무함마드 븐 압드 알와합은 전통적인 순니 법학파의 타끌리드(관습과 전통)의 권위를 거부하였고 그는 직접 꾸란과 순나로 되돌아가라고 하였다. 그는 이즈티하드를 요구하였어도 종교 수행에서는 한발리 파에 남아 있었다. 이븐 타이미야Ibn Taymiyya에 의하여 영감을 받은 그는 타우히드의 3가지 교리를 천명하였다. 첫째는 알라의 이름과 속성의 단일성tawhid al-asma' wa al-sifat인데 이에 대해서는 자세한 설명을 남기지 않았다. 두번째는 주님의 단일성tawhid al-rububiyya인데, 알라가 유일한 창조주이고 우주의 주님이라는 것이다. 셋째는 신성의 단일성tawhid al-'uluhiyya 혹은 tawhid al-'ibada인데, 알라만이 신의 법에 따라 유일한 신성을 갖는다는 것이다. 이븐 타이미야의 뒤를 이어 압드 알와합은 세 번째 타우히드를 우선시하였다. 그는 무슬림이 되기 위한 샤하다(알라 이외에 신이 없고 무함마드는 알라의 메신저이다)를 고백하는 것을 거절하고 대신에 세 번째 타우히드 알 울루히야를 가장 중요한 종교적 의무라고 했다. 그는 수세기 동안 종교학자들의 무관심으로 이런 의미가 잊혀졌는데 오늘날 대부분의 무슬림은 더 이상 무슬림이 아니라고 했다. 그들은 자힐리야(jahiliyya: 이슬람 이전)에 속해 있고 수피 사당의 쉬르크shirk에 빠져 있다고 했다. 그는 왈리(꾸란의 내밀한 지식을 아는 자)를 숭배하고 무덤을 숭배하는 것은 카피르라고 했다. 와하비 사우디 국가는 1800년까지 중부 아라비아에서 서서히 확산되어 1800년대에 메카와 메디나를 점령하였다. 압드 알와합이 메카와 메디나를 점령하고 나서 그곳에서는 하루에 5번 기도가 의무적으로 준수되고 하나피와 말리키의 기도 의식은 부정확한 것으로 간주되었다. 의식적인 5번 기도 이외의 기도들이 금지되었다. 흡연이 금지되었고 담배 피우는 기구들이 부서졌다. 와하비(와하비즘을 따라는 자)는 묘지와 무덤과 무함마드와 아부 바크르, 카디자의 출생지 사당을 파괴하였고 비와하비 책들이 불살라졌다. 메카 순례의 경우 이집트와 시리아에서 온 순례객은 그들이 무슬림이 아니라고 판단되어 돌려보냈다. 수피 수행자들도 거부되었고 와하비 가르침에 따라 전 주민이 이슬람 수행을 하도록 하였고 필요하면 완력을 사용했다. 두 번째 와하비 사우디 국가가 1824년부터 1887년까지 지속되었고 세 번째 와하비 사우디 국가가 오늘날 사우디아라비아인데 1902년에 시작되어 1929년과 1930년에 메카와 메디나를 정복하고 압드 알아지즈'Abd al-'Aziz(1952년 사망)와 그의 다섯 아들들이 사우디아라비아를 오늘날까지 다스렸다. 1960년대 석유 발견 이후 사우디아라비아는 와하비 살라피 종교학자들을 양성하여 이븐 타이미야와 이븐 까임 알자우지야 Ibn Qayyim al-Jawziyya를 연구하는 중심지가 되었다.11

와하비 개혁 운동도 이븐 타이미야의 영향이고 이븐 타이미야의 저서들이 이라크 부흥 운동(1800년대부터 1900년대 초 알루시 가문Alusi), 시리아(1900년대 초), 예멘의 알산아니al-San'ani(1768년 사망)와 알샤우카니al-Shawkani(1834년 사망) 등의 배후에 자리하고 있다. 이븐 타이미야는 인도에서 열렬한 독자들을 만났는데 그 중에 왈리 알라Shah Wali Allah (1762년 사망)라는 위대한 학자를 낳게 했고, 1800년대 초에는 싯디끄 하산 칸Siddiq Hasan Khan(1890년 사망)이 아흘 알하디스Ahl-c Hadith 운동을 시작하였다. 가톨릭의 이슬람 학자 루이스 마시뇽Louis Massignon은 자말 알딘 알아프가니, 무함마드 압두흐 그리고 라쉬드 리다의 개혁을 나타내는 말로 살라피라는 용어를 사용하였다. '살라피즘Salafism'은 이제 학자들의 글에 아주 잘 알려진 용어이지만 오늘날의 살라피즘과 조금 전에 언급한 과거의 살라피 개혁 운동과는 혼동해서는 안 된다. 무함마드 압두흐는 모더니스트이고 오늘날 사용하는 살라피즘 용어는 하디스에 더 많이 관심을 두면서 이븐 타이미야 사상에 관심을 갖는 특이한 형태의 개혁주의reformism이다. 무함마드 압두흐는 하디스의 중요성을 경시했고 그는 이븐 타이미야를 언급하지 않았다. 무함마드 압두흐의 학생 라쉬드 리다는 그의 말년에 보수적인 성향을 취했다. 라쉬드 리다는 이

11_ Jon Hoover, Breaking with Tradition: Reformers, Islamists, Salafis, and Jihadis, 2012, 강의안 참조.

븐 타이미야[12]의 저서에 상당한 관심을 보였고 와하비에 대하여 바른 안목으로 글을 썼다. 오늘날 개혁주의 이슬람 안에서 주요 현상 중의 하나는 글로벌 살라피즘global Salafism이라고 불리는 살라피 운동이다. 글로벌 살라피즘은 1960년대 사우디아라비아에 그 뿌리를 두는데 당시 학자와 그의 학생들 속에 확산되어 있었다. 이때는 사우디의 와하비 학자 압드 알아지즈 븐 바즈'Abd al-Aziz ibn Baz가 메디나의 이슬람 대학교의 부총장과 총장을 지낸 시기이다. 이븐 바즈는 1992년부터 그가 죽던 1999년까지 사우디아라비아의 무프티로서 현대 살라피즘의 아버지 역할을 한 사람으로 알려진다. 또 다른 주요 인물로는 시리아의 살라피 개혁 세력 안에서 교육을 받은 알바니아 출신 하디스 부흥주의자 나시르 알딘 알알바니Nasir al-Din al-Albani가 있다. 알알바니는 전통적인 순니 법학파에 어떤 종류의 타끌리드도 거부했고 하디스에 집중적으로 관심을 가졌다. 1960년 그는 이븐 바즈의 초청으로 메디나 이슬람 대학교에 들어갔다. 알알바니Al-Albani(1999년 사망)는 1960년대 초 메디나의 이슬람 대학교에서 아흘 알하디스 운동에 영감을 주었다. 그러나 그가 무슬림 여성들은 베일을 얼굴에 쓸 필요가 없다는 파트와를 내자 그의 인기는 금방 시들어져 버렸다. 알알바니는 이즈티하드를 강력하게 옹호했고 무함마드 븐 압드 알와합은 전형적으로 한발리 파의 신앙 실천을 했다. 알알바니에 의하여 시작된 아흘 알하디스 운동은 저명한 하디스 학자들을 낳게 했는데 1990년대 많은 사우디 이슬람 기관을 장악하게 되었다. 이런 기관에서 해외에서 온 많은 학생들을 훈련하게 되었고 살라피와 와하비 교리가 널리 퍼져서 미국에서부터 인도네시아까지

12_ 13세기 이븐 타이미야가 체계화한 학설은 다음과 같다. (1) 살라프는 유일하게 올바른 행동의 규범을 갖고 있다. (2) 가장 중요한 규범code은 모든 시대를 걸쳐 무슬림들이 꾸란과 하디스의 말을 문자적으로 적용하는 것이다. (3) 살라프의 길을 벗어난 사람들은 카피르로 간주된다. (4) 카피르와 화목하게 될 수 없다. 이처럼 이븐 타이미야와 그의 추종자들은 카피르의 개념을 급진화 했다. 카피르를 처벌하기 위한 도구로서 타크피르 이론을 발전시켰다. 이 학설에 의하면 올바른 통치자와 적법한 학자들은 어떤 사람이나 어느 집단을 카피르로 정하고 이런 카피르에게 지하드를 하는 것이다. 기독교인, 유대교인, 시아 무슬림들, 드루즈파들도 카피르이다.

교육적인 네트워크를 갖게 되었다. 알알바니는 예멘의 살라피 운동가 무끄빌 븐 하디 알와다이Muqbil ibn Hadi al-Wada'i(2001년 사망)에게도 영감을 주었고 1980년대 이후 예멘의 국제 학생들을 훈련하는 일을 맡았다. 현대 살라피즘의 특징은 자칭 교리주의creedalism이다. 살라피들이 자신만만하게 주장하는 것은 살라피즘이 오직 하나의 올바른 무슬림 교리라는 것이다. 그것이 바로 이븐 타이미야의 교리이다. 이븐 타이미야의 교리는 초기 무슬림(살라프)의 참 이슬람을 이어받았다고 주장했다. 이븐 타이미야와 와하비들에게 알타우히드 알울루히야al-tawhid al-uluhiyya가 핵심이고 종교에서 모든 혁신(비드아, bid'a)은 반대하였다. 가끔 이런 혁신에 대한 반대가 너무 강하여 심지어 폭력적이기도 하였다. 현대 살라피들은 이븐 타이미야보다 덜 사색적이고 현대 살라피의 책들은 더욱 독단적이고dogmatic 덜 정교하다. 살라피들은 전형적으로 현대 과학적 확신을 텍스트에 대한 엄격한 문자적인literal 접근의 결과라고 생각한다. 살라피들에게 꾸란과 하디스는 완전히 분명하여 더 이상 해석이 필요없다는 것이다. 거기에는 전통적인 법학파의 도움도 필요 없고 어떤 신학직이고 칠학적인 사색도 필요 없다는 것이다. 개인 무슬림이 스스로 텍스트로부터 직접 이슬람에 필요한 모든 것을 취할 수 있다고 주장했다. 현대 살라피들은 공통된 종교 문화가 연결되어 있는데 이븐 타이미야와 이븐 까임 알자우지야의 책들과 하디스 그리고 아랍어에 대한 높은 실력을 갖는 사람들이 살라피 계의 사람들에게 가장 높은 권위를 인정받는다. 아랍어를 못하는 살라피들은 아랍어를 배우려고 안간힘을 다한다. 살라피들은 다른 사람과 다르게 엄격한 이슬람 도덕 규범을 갖고 옷과 차림새가 다른 무슬림과 구별된다. 상당히 확신에 찬 종교적 스타일의 살라피들은 자주 다른 무슬림들에게 매력적으로 보이는데 그 이유는 현대세계의 질서 없는 가운데서 자신들이 표류하는 것처럼 보이고 통제할 수 없는 자신을 본 무슬림들에게 살라피가 매력적으로 보인다.

살라피들은 일반적으로 신학적 교리에서는 통일되어 있으나 정치적인 문제와 폭력 사용에 있어서는 서로 갈라진다. 그래서 흔히 살라피의 사회 정치적 성향을 3가지로 나눈다. 그 중의 하나가 순수주의자 살라피즘이다. 이들은 교리의 순수성을 강조하고 살라피 방식manhaj에 따라 엄격한 실천을 요구한다. 이들은 전형적으로 민주적인 정치를 거절하고 기존 세력에 대한 어떠한 반란도 거절한다. 무정부 상태를 만들기보다 통치자가 독재를 하더라도 기존 통치자에게 충성하는 것이 좋은 무슬림이라고 본 것이다. 나시르 알딘 알알바니Nasir al-Din al-Albani가 순수주의 살라피의 대표적인 사람이다. 그는 무슬림 형제단이 정치를 위하여 종교적인 지식을 희생하는 것을 비난했다. 그는 사이드 꾸뜹의 교리가 수피들의 일원론wahdat al-wujud이 가진 흔적을 남기고 있기 때문에 사이드 꾸뜹의 교리에 흠이 있다고 주장했다. 또 다른 살라피 스펙트럼에는 살라피 지하디스트Salafi-jihadists(지하드를 하는 살라피)가 있다. 이들은 민주적인 정치를 거부하지만 순수주의 살라피와 다른 점은 이슬람의 영역을 방어하기 위하여 폭력적인 수단에 의존하고 카피르 통치자는 폐위시킨다는 점이다. 살라피의 교사 학생 네트워크는 순수주의 살라피를 양산했는데 순수주의자들이 지하디스트를 만들어냈다. 주하이만 알우타이비Juhayman al-'Utaybi는 1979년 강제로 메카의 대사원을 접수했는데 그는 알알바니 네트워크의 한 사람이었다. 그러나 모든 지하디스트가 살라피는 아니다. 오사마 빈 라덴과 안와르 알아울라키Anwar al-Awlaki는 2011년 미군에 의하여 사살된 두 명의 저명한 지하디스트jihadists이고 역시 살라피 네트워크의 사람들이다. 순수주의 살라피와 지하디스트 살라피의 차이는 그들이 교리에 대한 불일치 때문이 아니고 현대 상황에 대한 다양한 분석과 이슬람 대의를 발전시키는데 어떻게 대응하는 것이 가장 좋은 것이냐에 따라 서로 달라진다. 세 번째 살라피는 폭력을 거부하고 단지 정치적으로 활동하는 살라피들이다. 이들은 이집트의 무슬림 형제단에 근거하는 역사적인 기원과 그들에게서 영감을 받은 그룹들이다. 1960년대는 사우디아라비아의 이슬람 성향의 정책과 이집트 대통령 가말 압드 알나세르의 세속적인 아랍 민족주의 간의 격한 경쟁의 시기를 맞았다. 사우디아라비아는 이집트에서 망명나온 많은 무슬림 형제단의 피난처가 되었고 그들 중에 사이드 꾸뜹의 형제 무함마드 꾸뜹이 사우디아라비아로 1972년에 망명하였다. 이렇게 이주한 이슬람주의자들은 살라피 와하비 교리를 받아들였고 신학적 문제는 사우디 종교학자들에게 넘겨주었다. 가령 무함마드 꾸뜹은 그의 형제 사이드 꾸뜹의 하키미야hakimiyya(알라의 통치) 교리를 와하비 살라피의 교리인 알타우히드 알울루히야al-tawhid al-uluhiyya에 종속시켰다. 그리고 무슬림 형제단의 망명자들이 사우디아라비아에 살면서 사우디아라비아를 자힐리야 사회라고 공포하는 것을 그만두었다. 그러나 망명객들은 그들의 정치적 사상과 조직력을 사우디아라비아로 가져왔다. 이들이 1991년부터 1994년까지 사우디 왕가를 반대하는 깨어남Sahwa 운동을 이끌었다. 그 기간 중에 1990-1991년 걸프전이 있었는데 그때 미군이 사우디 땅에 주둔하고 있었다. 깨어남 운동이 실패하자 비슷한 세력들이 사우디아라비아 왕국의 정치적 개혁에 압력을 넣었다. 2000년대에 와서 살라피들은 대부분의 호전적인 그룹들을 포함하고 있는데 그 예로 아프가니스탄의 탈레반, 파키스탄의 아흘리 하디스 등이고 보수적인 성향을 갖는 영국의 아흘 알순나와 자마아트가 있다. 그리고 2011년 아랍 혁명의 물결을 타고 이집트에서 살라피들이 총선에 참여하였는데 이들이 폭력적인 이데올로기를 고수할지 혹은 단지 평화적인 접근으로 정치에만 전념할지는 좀 더 두고 보아야 한다.

3. 시온주의

유대인의 정의

오늘날 중동에는 꾸란의 이싸를 부각시켜 추종하는 무슬림들이 있고 또 유대인들 중에 성경의 예수를 따르는 유대인들이 있다. 이스라엘 국가 안에는 이스라엘 국적을 가진 아랍인도 있고 순수한 유대 혈통을 가진 이스라엘 사람도 있고 러시아 등 외국에서 이주한 유대인들도 있다. 오늘날 아랍인들은 이스라엘 땅을 이스라엘이라고 부르지 않고 팔레스타인[13]이라고 부른다. 현재 이스라엘 땅 안에서 가자지구와 라말라, 일부 내륙지역 그리고 동예루살렘의 일부 지역에 아랍 무슬림들이 산다. 이들을 우리는 팔레스타인 사람들이라고 부른다. 유대교인과 기독교인들에게 성지인 예루살렘과 구시가지는 팔레스타인과 이스라엘 간의 평화협상에서 단골로 등장하는 메뉴이다. 이스라엘은 1967년

13_ 영어로 팔레스타인 사람Palestinians이란 말은 팔레스타인Palestine 지역에 살고 있는 주민들, 즉 팔레스타인 아랍인들을 가리킨다. 그러나 팔레스타인 'Palestine'이란 말은 로마(서기 132-135)를 대항하여 2차 유대인전쟁 이후에 이스라엘 지역을 로마인들이 붙인 명칭이고 과거 역사 속에서 히브리인들의 적들이었던 블레셋Philistines이란 단어에서 빌려왔다. 19세기와 20세기에는 팔레스타인 사람들 'Palestinians'은 이스라엘 성지에 살고 있는 모든 사람들을 가리키는 말로 사용되었다. 그래서 지금은 팔레스타인 유대인Palestinian Jews, 팔레스타인 아랍인Palestinian Arabs, 팔레스타인 기독교인 Palestinian Christians 등으로 불린다. 오늘날 팔레스타인 사람 'Palestinians'은 이스라엘에 살고 있는 유대인이 아닌 사람(non-Jewish)을 가리킨다.

동예루살렘을 점령하고 합병하여 예루살렘이 '영원히 통일된' 수도로 계속되기를 바라는 반면에 팔레스타인 아랍인 무슬림들은 예루살렘이 그들의 미래의 수도가 되기를 바라고 있다. 팔레스타인 무슬림 측은 이슬람 성지를 보호하기 위한 국가 위원회를 결성하고 예루살렘과 주변 성지에 대한 각종 훼손 행위에 대처하고 있다. 예루살렘의 알악사 사원은 메카, 메디나에 이어 제3대 사원으로 모든 무슬림들이 순례하는 성지이다. 그 옆에 황금 돔이 있는데 이곳은 솔로몬 성전 자리와 겹치는 지역으로서 유대인에게는 유대 성전이 다시 세워질 매우 귀한 성지이다. 기독교에서 이슬람으로 개종한 데이비드 리퍼트는 "많은 무슬림들은 유대인들 대부분이 신이 내려준 언약에 따라 살지 못했기 때문에 그들이 '이스라엘'이라 불리는 권리를 잃어버렸다"고 주장하였고, 또 일부 무슬림들은 이슬람이 유대교를 대체하였고 유대교의 약속은 과거의 일이 되었다[14]고 주장했다. 무슬림들이 믿는 꾸란은 유대인들에게 신이 준 약속을 지키라고 수라 2:40-46이 언급하고 있다.

영어로 이스라엘Israelites이란 말은 구약의 12부족(야곱의 12아들)에 속하는 사람들을 지칭하는 말이고 이스라엘Israelis은 현대 이스라엘 국가의 시민을 가리킨다. 또 영어로 유대왕국Judahites은 기원전 922년 이후에 남부의 유대 왕국의 주민들을 가리키고 영어로 유대인Judeans은 유대Judea 땅의 주민들을 가리킨다. 즉 과거 유다Judah가 살던 지역이었다. 그러나 흔히 우리가 유대인이라고 말하는 'Jews'는 그리스어 'Judeans'에서 영어로 간 단어이다. 그렇다면 유대인은 누구인가? 할라카halakah(유대 종교법)에 따르면 "유대인Jew은 유대인 어머니에게서 태어난 사람이거나 유대교Judaism로 개종한 사람"을 가리킨다.[15] 지금 이스라엘에서 이슈는 누가 개종의 절차를 수행하는 권한을 갖는가에 대한 관심이다. 정통 랍비rabbinte들은 정통 랍비만 그 일을 할 수 있다고 주장하고

14_ David Liepert, Muslim, Christian and Jew, Toronto: Faith of Life Publishing, 2010, 176.

15_ David H. Stern, Messianic Judaism, Messianic Jewish Publishers, 2007, 16.

보수적이고 개혁 운동을 하는 유대인들은 자신들에게도 특권이 있다고 주장한다. 그러나 성경은 아버지를 통하여 유전적으로 거슬러 올라가서 유대인이 되는 것Jewishness으로 흔히 받아들여지고 있다. 이스라엘의 귀환법law of return은 "유대인은 유대 어머니에게서 태어났거나 유대교로 개종한 사람이고 다른 종교의 회원이 아닌 사람"이라고 규정한다. 그렇다면 메시아닉 유대인messianic Jews은 다른 종교의 회원인가? 유대인들에게 이방인Gentile은 유대인이 아닌 사람이고 기독교는 기독교 신앙belief을 갖는 사람들로 인식한다. 그런데 기독교인들에게 참된 신자는 우상이나 불신앙에서 떠나 살아계신 하나님을 예배하고 예수Yeshua를 구주로 믿고 신구약을 진리의 말씀으로 믿으며 예수의 속죄하심과 그가 인생의 주님이심을 받아들이는 사람들을 가리킨다. 이런 정의는 기독교인 가정에서 태어나 교회와 주일학교에 가고 성경을 읽고 세례를 받았으나 거듭나지 않은 문화적인 기독교cultural christian을 제외하는 정의이다. 문화적인 기독교인이란 하나님의 말씀대로 살도록 자신의 마음을 하나님께 드리지 않은 사람이다. 또 지적으로는 예수가 메시아라는 것을 알아도 거룩함이 그의 삶에 드러나지 않은 명목상의 기독교인nominal christian도 참 기독교 신자에서 제외된다. 그러나 로마 가톨릭과 이스턴eastern 교회와 일부 프로테스탄트 교회에서는 기독교인을 커뮤니티 개념에서 정의한다.[16]

그렇다면 메시아닉 유대인은 누구를 가리키는 말인가? 메시아닉Messianic은 히브리어 마시아mashiach(기름받은)에서 온 말이다. 그렇다면 '예수를 믿는 유대인'이란 "유대인으로 태어났거나 유대교Judaism로 개종한 사람 중에서 예수의 참 신자이고 그의 유대인 신분Jewishness을 인정받은 사람"이라고 할 수 있다.[17] 이 정의에는 히브리 기독교인Hebrew christian이라고 불리는 사람도 포함된다.

그러나 좁은 의미에서 메시아닉 유대인은 유대인의 삶의 방식대

16_ 위의 책, 19.
17_ 위의 책, 20.

로 살기를 원하는 사람만을 가리킨다. 기독교가 퍼져간 후 첫 4세기 동안 예수를 메시아로 받아들인 사람들을 유대 기독교인이라고 하는데 영어로는 Judeo-christian 또는 Jewish christian이라 한다. 덴버신학대의 헬렌Hélène 박사는 유대교Judaism는 인종적 유대인에 대한 전통과 예배 등 모든 것을 포함하는 개념이고 유대성Jewishness은 유대교와 관련된 전통들과 예배의 일부 특징을 묘사하는 말이라고 했다. 2011년 말 이스라엘에 살고 있는 메시아닉 유대인들은 15,000명 정도이다. 미국내 메시아닉 유대인 중에서 유대인jewish 출신은 30%이고 비유대인 출신은 70% 정도라고 한다. 미국의 메시아닉 유대 회중 연합회Union of Messianic Jewish Congregations(UMJC)에 의하면 2002년 컨퍼런스에서 정의된 메시아닉 유대교Messianic Judaism는 토라에 뿌리를 두고 전승에서 표현되고 신약의 상황에서 새로워진 유대인의 삶과 정체성에 대한 언약적 책임을 포함하는 예수 메시아Yeshua the Messiah에 헌신하는 유대 회중 운동이라고 했다. 예수를 믿는 유대인Messianic Jew은 2003년 미국에 20만 명이 살았고 300개 이상의 모임이 있었으며 당시에 이스라엘에는 90여 개의 모임과 2,500-10,000명의 유대 기독교인들이 있었다. 예수를 믿는 유대 기독교 성서학원Messianic Jewish Bible institute은 미국, 한국, 러시아, 우크라이나, 아르헨티나, 브라질에 있다. 이들 예수를 믿는 유대인들의 10-20%는 토라 두루마리를 갖고 있고 상당수는 주요 유대 명절을 지킨다.[18] 메시아닉 유대인과 문제를 일으키고 있는 사람은 정통 유대인들이다. 정통 유대인Orthodox Jews은 메시아닉 유대인들을 더 이상 유대

18_ 이슬람 국가에는 비성서적인(성경에 나와 있지 않은) 이슬람의 가르침을 거부하거나 이를 수정하는 수천 명의 메시아닉 무슬림messianic muslim이 있다. 이들은 아직도 이슬람의 사회 조직 안에 머물러 있으나 성경을 공부하고 그리스도 안에서 교제하고 기도하는 이싸를 따르는 무슬림Muslim followers of Isa이 되기를 추구한다. 이들은 무슬림 커뮤니티에 남아 있지만 인질, 토라 등을 읽고 이싸를 따르는 무슬림들이다. 보통의 무슬림들 속에 잔류하며 이싸가 그들의 삶에 상당히 중요한 역할을 하는 것으로 인식하는 사람들이다. 이들은 이싸의 능력을 알고 있으면서도 그들이 거부할 수 없는 이슬람 사회 조직에서 떠날 수 없기 때문에 이슬람 사회에서 무슬림으로 남아 있는 사람들이다.

인Jewish으로 간주하지 않는다. 정통 유대인들은 메시아닉 유대인들이 유대교를 저버렸다고 비난한다. 메시아닉 유대인들은 예수Yeshua가 2천 년 전에 성경을 성취하려고 메시아로서 오셨고 인류를 죄에서 구원하셨다는 것을 믿는다. 그러나 정통 유대인들은 메시아가 아직 오시지 않아서 미래에 오실 메시아를 아직도 기다리고 있다.

시온주의자와 천년설

중동의 대부분 기독교인은 무천년주의자들이다. 이스라엘을 가면 일부 기독교 시온주의자Zionist는 오늘날 이스라엘 국가가 성경의 예언의 성취라고 믿고 있고 기독교인 팔레스타인 사람들은 지금의 이스라엘 국가는 하나님이 이스라엘에게 주신 선물이 아니라고 주장한다. 2002년 타임즈와 CNN의 여론 조사에서 미국인 4명 중에서 한 명은 9·11테러가 성경에 예언되어 있었다고 생각하였고 5명 중 한 명은 지구의 종말을 보기 위하여 그때까지 오래 살기를 기대했다.[19] 미국에는 세대주의적 전천년을 가르치는 신학대도 있지만 역사적 전천년을 가르치는 신학대도 있다. 그런데 미국에서 공부하고 돌아온 일부 아랍 기독교인들 중에는 역사적 전천년이 아닌 세대주의적 전천년을 믿는 기독교인들이 있었다. 세대주의적 전천년주의자들은 무슬림에 대한 근본주의적인 태도를 갖는다. 천년설은 예수 그리스도가 지상에서 천년간 다스린다는 것이다.[20] 성경을 문자적으로 해석하여 이방인이 차기까지는 유대인들이 예수그리스도를 안 믿겠지만 곧 유대인들은 예수를 믿게 되고, 현재 이스라엘에서 예수를 믿는 극소수의 남은 자 유대인들이 예루살렘[21]에 성전을 다시 세우게 된다는 것이 세대주의자들의 생각이

19_ Timothy P. Weber, "Dispensational and Historic Premillennialism as popular Millennialist Movements," edited by Craig L. Blomberg and Sung Wook Chung, A Case for Historic Premillennialism, Baker Academy, 2009, 1.

20_ 천년설에 대한 자세한 내용은 아브라함의 종교(공일주)를 참조하시오.

21_ 칼리파 오마르(또는 우마르)가 예루살렘에 모스크를 짓고 칼리파 압둘 말리크 븐 마

다. 세대주의적인 전천주의자들은 에스겔, 다니엘 9-11장, 마태 24장, 데살로니가 전서, 요한 계시록 19-22장을 중심으로 자신들의 견해를 내놓았다. 무슬림들은 세대주의적 전천년주의자들을 시온주의자들이라고 부른다. 세대주의 전천년설Dispensational pre-millennialism은 1948년 이스라엘 국가 창설 이후에 이스라엘에 대한 복음주의 기독교인의 인식과 무슬림 세계에 대한 관계에 깊은 영향을 주었다. 1967년 아랍 이스라엘 전쟁 중 이스라엘이 예루살렘을 점령하면서 세대주의적인 신학과의 연계가 구체화되었다.[22] 기독교인들은 모두가 세대주의자가 아니다.[23]

기독교와 이슬람교와의 관계에서 서로의 관점으로 상대를 접근한 예들이 있다. 그 중 하나인 1996년 화해의 걸음Reconciliation Walk은 기독교 초교파들의 이니셔티브인데 무슬림과 유대인에게 십자군에 대한 사과를 하기 위하여 조직되었고 기독교와 이슬람 간의 화해 과정에서 아주 중요한 이정표가 되었다. 화해의 걸음에서 복음주의자들은 자신들이 중동의 복잡성과 역동성을 잘 이해하기 위하여 기독교 시온주의자의 견해를 거부하였다. 그들의 입장에서 시온주의를 거절한 것이 기독교 이슬람 관계에서 새로운 접근법이 되었고 시온주의를 거절한 까닭은 개종의 목적이 아니라 상대를 잘 이해해 보자는 것이었다. 그런데 무슬림들이 이니셔티브를 취한 일이 벌어졌는데 그것은 2001년 9·11 테러 이후 일부 미국의 언론들과 기독교인들이 이슬람을 폭력의 종교로 제시하자 무슬림 학자 138명이 2007년 '공통된 말'이란 이니셔티브를 세안하였다. 무슬림들이 꾸란 3:64에 나오는 공통된 말Common word

르완(689-692)은 황금돔을 지었다. 황금돔은 예수의 성묘교회보다 높은 위치에 있어 무슬림들은 기독교, 유대교보다 이슬람이 높은 위치에 있고 그래서 이슬람이 최종의 종교라 하였다.

22_ Grayson R. Robertson, The Influence of Dispensationalist Theology on Evangelical Perceptions of Muslims Post-9/11, Georgetown University, 2011, 1-2.

23_ 미국의 장로교, 감리교, 진보적인progressive 침례교는 공식적으로 세대주의를 교리로 택하지 않는다. 그리고 루터 교회, 성공회, 하나님의 성회, 나사렛교회 등은 세대주의 신학을 공식적으로 인정하지 않고 다만 종교간 대화와 화해에 동정적이다.

이란 말에 근거하여 기독교와의 대화를 시도했다. 무슬림이 이슬람의 신학적 이슈를 가지고 기독교와 깊이 대화하자고 한 것이다. 그 뒤 조지타운 대학교, 예일대학교, 케임브리지 대학교에서 학술토론을 한 결과 두 종교 간의 더 깊은 신학적 차이를 끄집어내게 되었다. 이 회의 내용 중에는 2001년 9·11 테러 이후 미국의 부시 대통령이 그의 연설에서 십자군crusade이란 용어를 사용했는데 대통령 자신이 그 단어가 무슬림들에게 어떤 의미를 갖는지 몰랐다고 했다. 현대 무슬림들에게 서구제국주의, 식민주의, 시온주의, 십자군, 이스라엘 등의 어휘들은 상당히 민감한 단어들이다. 이와 유사하게 세대주의자들 간에 널리 퍼진 인식들 중 하나는 이슬람이 폭력의 종교라는 것이다.[24]

사실 기독교 안에서도 이슬람에 대한 접근은 각 교단과 단체마다 그 색깔에 따라 다소 달랐다. 그 중에 WCC와 WEA가 접근 방법에서 차이를 보여주고 있다. 세계 교회 협의회(WCC)는 다른 종교와 에큐메니컬 만남을 가지려고 한다. 그런데 복음주의 국가 협회(NAE)와 세계 복음주의 연맹(WEA)은 전도에 계속 참여하면서 전투적인 수사를 줄이고 선교적 접근을 시도한다.[25] 복음주의 국가 협회(NAE)의 입장은 예수 그리스도가 구원의 유일한 길이라는 것을 타협하지 않고 다른 종교와 대화를 하겠다는 것이다. 다시 말하면 무슬림과 이슬람에 대한 뜨거운 화법을 반대하는 기본적인 수단으로서 종교간 대화에 참여하지만 에큐메니즘의 물에는 빠져들지 않겠다는 것이다. 세계 복음주의 연맹(WEA)은 다른 종교와 신학적인 구별을 유지하면서 개종을 위한 대화를 공개적으로 지지했기 때문에 다른 종교를 존중하지 않으면 그들의 신학적 세계관에 영향을 줄 수 없다고 주장했다. 미국에서 9·11 테러 공격과 그 이후 증가해온 반이슬람은 '새로운 복음주의New Evangelicals'를 만들어냈다. 이 말은 상대의 종교를 폄하하여 개종시키는 것보다는 다른 종교 지도자들과 의미 있는 대화를 강조하는 복음주의 리더들을 만들어

24_ Grayson R. Robertson, 앞의 책, 101.
25_ 위의 책, 103.

낸 것이다. 이들이 전통적인 입장을 가진 세대주의 기독교 우익에게 도전이 되었고 이스라엘-팔레스타인 두 국가 해결법을 포함한 팔레스타인 사람들의 정의와 종교간 대화를 우호적으로 받아들였다. 사실 기독교인이 성경과 성령에 따라 전도한다면 그는 부당한 일이나 강요 또는 속임수를 사용하지 않고 오직 지혜와 사랑으로 성경의 진리를 소통하려고 힘쓸 것이다(엡 4:15). 그런데 미국 교회 안에서도 세대주의에 대한 반발이 있었다. 노스우드NorthWood 교회의 밥 로버츠Bob Roberts는 세대주의자들의 세계관이 예수 그리스도가 가르치는 것과 모순이 된다고 주장하였다. 세대주의자들은 예수가 공생애 중에 언급했던 영적 왕국보다는 지상에 왕국을 세우려는 것을 목표로 한다고 하였다. 플로리다의 노스랜드Northland 교회의 조엘 헌터Joel Hunter는 미국과 이슬람 세계간의 여러 컨퍼런스에 참여하면서 이스라엘 팔레스타인 간의 위기의 해법은 두 국가의 창설이라고 부시 대통령에게 서한을 보냈다. 로버츠와 헌터는 둘 다 복음주의 리더들로서 고립과 종교적 배타주의는 다원주의와 포스트모던 사회에서 실패하는 방법론이라고 주장했다. 그런데 미국 장로교회PCUSA는 이스라엘 팔레스타인 위기에 대한 기독교 세대주의 우익과 반대되는 입장을 취했다. 2010년 파슨스Gradye Parsons가 오바마 대통령에게 보낸 서한에서 미국 장로교회는 새로운 이스라엘-팔레스타인 대화를 격려하는 미 행정부의 노력에 감사를 표했다.[26] 그런데 미국의 장로교와 감리교와 달리, 침례교는 공통된 말Common word에 대한 응답에서 기독교인과 무슬림의 신학적 차이가 가장 현저한 분야로서 기독교인의 삼위일체를 들었다.[27] 장로교와 감리교가 무슬림과 긍정적이며 또 그들과 대적하지 않으려고 삼위일체와 같이 민감한 주제를 선택하지 않은 반면에 침례교는 삼위일체에 대한 기독교인의 이해를 무슬림들에게 분명히 하고자 했다.

물론 정치인들의 입장도 달랐다. 그 중 카터 전 대통령은 팔레스타

26_ 위의 책, 107.
27_ 위의 책, 115.

인 지역에 이스라엘 정착촌 건설을 반대하였는데 그가 정착촌 건설을 반대한 이유는 유대인들이 팔레스타인 아랍 땅을 몰수하고 식민지화하려는 것이라고 했다. 이를 본 기독교 시온주의자 존 하기John Hagee는 카터를 미국에 사는 이스라엘의 적이라고 했다. 일부 미국인 세대주의자들은 아마겟돈에서 싸울 전사가 누가될 것인가를 찾아내려고 종말론적 성경 구절들을 찾아보았고 마침내 이슬람이 종말에 이스라엘에 대항할 공격자라고 했다.28

유대인의 정체성과 시온주의

시온주의는 이런 저런 형태로 오래 전부터 존재했으나 19세기 후반 응집된 운동으로 발전하여 유대 역사를 바꾸는 힘으로 작용하였다. 19세기 말 동유럽, 특히 러시아에서 유대교judaism에 대한 반유대주의가 심하여 이것 때문에 유대인들에게 팔레스타인의 중요성이 더 커졌다. 팔레스타인에서 아랍 민족주의가 훨씬 더 약화된 것과 대조적으로 시온주의의 비전에 근거하여 팔레스타인을 유대 민족의 고토home로 만들기 위한 일에 유대인 지도자들이 앞장섰다. 카리스마가 있는 리더들로는 헤르즐Theodor Herzl, 와이즈만Chaim Weizmann, 벤 구리온David Ben-Gurion, 자보틴스키Ze'ev Jabotinsky 등이 있었다. 이들은 계속된 반유대주의 그리고 확인된 고토가 결합되어 시온주의가 종교적인 열망에서 상당한 세력을 가진 민족운동으로 발전하게 하였다. 시온주의의 중심에는 팔레스타인 땅이 있었다. 그전에도 아르헨티나, 동 러시아, 아프리카, 알래스카 등지에서 유대 정착지를 세우려 했으나 모두 실현되지 못했다. 데오도르 헤르즐Theodor Herzl이 현대 시온주의의 창설자로 널리 알려졌는데 그는 팔레스타인 땅만이 시온주의의 씨가 자라서 꽃을 피워 유대 국가가 될 것이라고 주창했다. 유대인들에게 이스라엘 땅Eretz

---

28_ 위의 책, 121.

Yisrael 혹은 시온Zion으로 알려진 팔레스타인은 성경의 히브리인들의 옛 고향이었다. 요르단 강 서쪽 땅은 이집트를 떠난 유대인들의 약속의 땅이었다. 다윗은 예루살렘에 첫 유대 왕국을 건설했고 그때부터 예루살렘은 유대인 신앙의 중심지가 되었다.

기원전 586년 바벨론 포로를 시작으로 유대인들에게 예루살렘으로 돌아가려는 열망이 시작되었다. 시편 137:1는 포로기 동안 예루살렘이 유대인들의 중심이 되었다는 것을 보여준다. “우리가 바벨론의 여러 강변 거기에 앉아서 시온을 기억하며 울었도다”. 또 시편 137:6절에서 “내가 예루살렘을 기억하지 아니하거나 내가 가장 즐거워하는 것보다 더 즐거워하지 아니할진대 내 혀가 내 입천장에 붙을지로다”라고 하여 유대인들이 예루살렘을 그리워하고 있었다는 것을 알 수 있다. 서기 70년 성선이 파괴된 후에 디아스포라의 유대인들은 욤 키푸르 Yom Kippur 예배에서 “내년에 예루살렘에서”라는 말로 끝맺곤 했다. 이와 같은 기도가 유월절에서도 사용되어 오늘날까지 유대인들에게 이어지고 있다. 소규모 유대인 공동체가 팔레스타인 땅에 남아 있었지만 해외에 살던 유대인 디아스포라 공동체의 가슴 속에는 예루살렘과 팔레스타인이 그들 가슴속에 늘 자리하고 있었다.

시온주의는 1800년대 중반에 등장하여 현대 민족 국가의 모델로서 유대인의 정체성과 커뮤니티를 세우고자 힘썼다. 오스트리아의 빈Viennese에 살던 나단 비른바움Nathan Birnbaum은 유대인이었고 그가 1891년(혹은 1885년) 시오니즘이란 용어를 처음 만들었다. 시온주의는 유대인들이 바랐던 민족 국가를 건설하는 데 성공하였고 대부분 민족주의자 운동처럼 시온주의는 특별한 영토, 즉 팔레스타인이 필요했다. 그리고 이런 인종적 종교 운동ethno-religious movement이 1차 세계 대전과 1948년 영국의 위임 통치의 결말 사이에서 이 영토의 얼굴을 획기적으로 바꾸어 버렸다. 시온주의는 새로운 커뮤니티를 창설하는 데 도왔을 뿐만 아니라 1947년과 1948년 사이에 이스라엘을 건국하는 과정을 용이하게 해 주었다. 시온주의는 유대인 민족적 커뮤니티나 유대인 종교적 커뮤니티를 팔레스타인에 세우기 위한 국제적인 운동으로 발전하였다. 그리고 19세기에 시온주의는 인종 종교적 민족운동Ethno-Religious National Movement으로 정의되었다. 시온주의는 19세기부터 유대인 정체성을 정치화하여 오늘날까지 유대 민족주의의 접착제로 이어지고 있다.[29] 시온주의가 다른 민족 운동과 구별되는 것은 시온주의가 유대인들의 추방 기간 동안 발전한 인종-종교적 내용을 담고 있기 때문이다. 기독교나 이슬람에서 교인이 되려면 특별한 인종적 족보를 따지지 않으나 유대교Judaism는 혈통을 따졌다. 유대인들에게 어린아이의 종교적인 정체성은 아버지와 동일했다. 물론 유대인 사이에서 개종이 일어나기도 하였지만 일반적으로 유대인들은 부모의 종교적인 소속에 근거하여 종교적인 전통을 이어받는 사람이 되었다. 정통 유대교나 개혁 유대인들은 유대교Judaism의 전통과 종교적인 실천을 행하고 그의 어머니가 유대인Jewish인 경우에 유대인이라고 불렀다. 모계 혈통이 하스모니안Hasmonaean(기원전 140-37) 때 유대인의 특징이 되었다. 유대인 리더들은 유대성Jewishness을 더 강하게 더욱 구별된 정체성이 되기를 원했다. 유대인들이 자신들의 유대 정체성을 더욱 분명히 한 이유는 그리스의 시민 신분의 영향이라고 한다. 팔레스타인에서 로마 통치 하에 민족Nation과 시민 신분citizenship은 주목할 만한 특징이 되었는데 이것이 유대인의 정체성이 발전하는 데 기여하였다. 즉 유대인 정체성identity은 종교, 민족nation, 인종race/ethnicity이 합쳐져서 형성되었다. 유대인 정체성은 기독교 사회에서 수세기 동안 위와 같은 조건으로 정의되었다. 유대인들의 문명이 모더니티로 변천하면서 사회의 세속화에도 불구하고 유대성Jewishness이 유대인 정체성의 두드러진 특징이 되었고 새로운 이 유대성이 시온주의 이름 안에서 발전하였다. 시온주의자 단체들 밑에서 20세기 초에 대두된 여러 기관들이 유대인들에게 시온주의자 이데올로기를 널리 확산시켰다. 신문과 홍보책자들이 유대인의 문화적이고 종교적인

29_ Luke Anthony Lavin, The Zionist cleansing of Palestine, The University of Utah, 2011, 62.

유산을 강조하였고 20세기 초 그런 책자들의 배포가 많아졌다. 팔레스타인 안에서는 이주와 식민지화가 유대인들의 관심사가 되었다. 인종과 문화가 언어, 전통과 종교를 통하여 유대인 집단을 통합시켜주는 기본적인 요인이 되었고 시온주의 운동에서 종교가 문화의 핵심적인 요소가 되어 사람들을 통합시키는 과정의 일부로 사용되었다. 20세기 초 시온주의 운동은 전 세계에 수세기 동안 흩어져 살던 유대인들을 재통합하게 해주었다.[30] 그러나 이런 시온주의운동이 활발하게 전개되고 있었을 때 그 땅에 살던 팔레스타인 무슬림[31]들은 시온주의운동에 대한 적개심을 가지고 봉기(인티파다)와 폭력으로 맞섰다.

30_ Emily Michalek, Zionism: A Nineteenth Century Ethnic Nationalist Movement, Liberty University, 2011, 84-85.

31 1994년 요르단 이스라엘 간의 평화협정은 대부분의 요르단 사람들에게 적지 않은 충격을 주었다. 요르단 전 국민의 20% 이상이 유엔 팔레스타인 난민 구제 사업기구(UNRWA)에 등록된 사람들이었고 이들은 1948년과 1967년 아랍 이스라엘 전쟁으로 인하여 요르단으로 피난한 팔레스타인 난민들과 그의 자손들이었다. 물론 유엔 난민 구제 사업기구에 등록하지 않은 팔레스타인 사람들은 이보다 더 많아 전체 요르단 인구의 절반 이상이 팔레스타인 사람들이었다. 그런데 요르단과 이스라엘 간의 1994년 평화 협정에서 요르단은 "유대 국가를 공식적으로 인정하여 주고 팔레스타인 땅의 점령을 공식화한다"고 서명했다. 이스라엘과 아랍국가 간의 평화협정은 요르단보다 이집트가 먼저 서명했다. 안와르 사다트 이집트 대통령이 1979년 이스라엘과 평화 협정에 서명하는 대가로 이집트는 매년 20억 달러를 미국으로부터 받았다. 이집트와 평화협정 테이블에 앉아 서명한 고 메나헴 베긴 이스라엘 수상은 시나이 반도로부터 이스라엘 군대를 철수시키고 그 대가로 매년 28억 달러를 미국으로부터 받았다. 1979년 이집트가 이스라엘을 국가로 인정하는 평화조약에 서명하자 아랍 연맹은 이집트의 회원자격을 정지시켰다. 이집트는 그 뒤 1989년 아랍 연맹 회원자격을 다시 회복했다.

4. 아랍 민족주의

이라크가 쿠웨이트를 점령한 뒤에 아랍은 '민족주의 이후의 사상 ma ba'da al-qawmiyyah'의 흐름을 이야기하기 시작했다. 그것은 아랍 움마가 겪고 있는 전체적인 위기에 근거한 것이었다. 2003년 이후 이라크가 점령당하면서 많은 사람들이 민족주의가 이제는 끝난 것처럼 행동하기 시작했다. 아랍인들이 공개적으로 이것을 발표는 하지 않았지만 외부로부터 억압을 받았고 내부에서는 인종 종파적 분리(따이피야: 이라크의 순니파와 이란의 시아파의 분리)와 교파적 분리(마드하비야: 순니파 안에서의 분리)가 더 강화되었다. 이집트의 아랍학 연구소 소장 아흐마드 유수프 아흐마드는 아랍 민족주의(알까우미야 알아라비야)는 오늘날 실제로 존재하고 있고 <그 이후>의 것을 생각할 수 없다고 했다. 민족주의는 어느 나라나 있고 아랍 민족주의는 고유의 사상이므로 사라지지 않을 것이라고 했다. 이집트 가말 압둔 나세르 대통령은 민족주의 사상을 구체화하였고 석유는 이런 민족주의 확산을 경제적으로 도왔다. 아랍 민족주의는 아랍인의 의식을 표현한 것이고 역사와 문화를 형성시켜 주었고 그 당시에는 민족주의를 제거하고 그 자리에 들어설 다른 이데올로기나 사상의 흐름은 없었다. 아랍 민족주의는 오스만 제국의 도전 하에서 아랍 국민(와딴 아라비)의 해방 운동으로 이어졌으나 소비에트 붕괴 이후 아랍 세계는 민족주의의 후퇴를 맞았다. 현대 아랍 의식에서 역사적인 이성주의가 성장하고 과거 20년 동안 아랍 민족주의에 대한 의심의 폭이 넓어지고 깊어져 왔다. 이는 여러 가지 도전이 증가되는 가운데 아랍 문화의 정체성에 대한 신뢰가 부족한 증거이었다. 이는 곧 아랍 문화에서 현대적인 전승이 약화된 것이 그 원인이었다. 유럽인들은 자신들의 문화에 대하여 가치를 부여하는 데 반하여 아랍인들은 자신들의 문화를 현대화하고 발전시키는 데 소홀히 하였다.

아랍 민족주의는 20세기 후반에 융성하였다. 좀 더 정확히 말하면 1997년 소련의 해체는 민족주의에 근거하여 구소련이 15개 국가로 나뉘었고 이것을 본따 체코슬로바키아가 2개의 나라로 나뉘었고 유고슬라비아도 5개로 나뉘었으며 에리트리아가 이디오피아로부터 독립하였다. 그러나 독일은 같은 민족끼리 하나가 되었다. 아랍 국가들은 과거보다 훨씬 더 아랍 민족 간의 결속력이 약화되었는데도 여러 나라로 나뉘어지지 않았다. 그러나 아랍 국가 안에서는 수단이 2011년 수단과 남수단 둘로 나뉘었다. 아랍 역사를 보면 아랍의 마그립(이집트의 서쪽 국가들)과 아랍의 마쉬리끄(아라비아 반도 국가들)의 민족주의에 대한 열망은 달랐다. 아랍 민족주의는 아랍의 마쉬리끄에서 오스만터키를 몰아내기 위한 국민들의 저항에서 비롯되었다. 오스만 터키는 아랍인들처럼 이슬람 종교를 믿었다. 아랍 민족주의는 아랍 기독교인과 아랍 무슬림을 하나로 모으게 하여 오스만 터키인을 몰아냈다. 그래서 1차 세계대전 전에 아랍 해방을 위한 여러 차례 충돌이 있었다. 이집트의 가말 압둔 나세르 대통령이 아랍 국가의 가장 강력한 지도자로 부상했고 그는 아랍 민족주의를 부르짖었으며 아랍 민족주의를 실천하고자 힘썼다. 그리고 그는 아랍의 여러 국가에서 아랍 민족의 해방운동을 하던 아랍인들을 적극 지원했다. 그 예로 1957년 터키의 위협을 받고 있던 시리아를 지원했다. 그래서 아랍인들이 사는 곳에서는 아랍인들에게 하나의 움마라는 생각이 퍼지고 있었다.

아랍 민족주의의 강물에 여러 다른 물줄기가 들어왔다. 1967년 가말 압둔 나세르가 전쟁에서 지고 그는 1970년에 서거했다. 그가 정치판에서 사라지자 상황은 조금씩 바뀌기 시작하였다. 1973년 10월 전쟁은 마땅히 아랍 민족주의 진영이 결속할 수 있는 좋은 기회였다. 그러나 점차 단일 국가 의식이 아랍인들 사이에 자리를 잡아갔다. 1973년 이후 유가가 상승하면서 아랍산유국의 교만 때문에 다른 아랍 국가 간의 거리감이 더욱 커졌고 아랍 국가들은 아주 확실하게 단일 국가 중심주의naz'ah qatariyyah로 치달았다. 1977년 이집트는 단독으로 이스라엘과 아랍 간의 갈등을 해결하려고 뛰어들었고 이 일이 곧 아랍 민족주의를 더욱 약화시켰다. 대부분 아랍 국가들은 이집트의 이런 행동에 동의하지 않았다. 그 뒤 아랍 단일 국가로 지향하려는 말들이 아랍인들 사이에 오고 갔고 1990년 이라크가 쿠웨이트를 침입하면서 아랍인들은 한때 둘로 나뉘었다. 하나는 이라크의 침입을 적극 반대하는 나라들이었고 다른 하나는 이 침입을 인정하고 받아들이는 나라들로서 아랍이 이 문제를 해결하자고 했다. 그런 시도는 성공하지 못하였고 그 뒤 쓰디쓴 경험을 아랍이 겪게 되었는데 그것이 2003년 미국과 연합군이 침입을 할 때 아랍은 또 하나가 되지 못하였다. 아랍국가들이 모여 일부 결의사항을 발표하였으나 실행에 옮기지 못하였다. 이런 현상은 2006년 이스라엘의 레바논 침입과 2008년 이스라엘의 가자 침입에서도 똑같은 실수가 반복되었다.

이런 상황 속에서 이슬람 운동(하라카트 이슬라미야)이 비등하였는데 그 씨앗이 아랍에 없었던 것은 아니었다. 1970년대 아랍 민족주의 운동에서 이슬람 신앙의 힘이 큰 영향을 주었다. 그리고 1979년 이후 이란의 이슬람주의가 부상하고 아랍 국가에서도 이슬람주의가 대두되고 있었다. 특히 2003년 미국이 이라크를 침입한 이후부터 이슬람주의가 더욱 확산되었다. 그러나 민족주의와 민족주의 사상은 구분될 필요가 있다. 민족주의는 아랍인들이 원하건 부인하건 간에 실제 존재하는 것이고 민족주의 사상은 이데올로기로서 일정 부류의 사람들이 이를 열정적으로 따른다. 사실 민족주의의 요소들은 언어, 역사, 문화, 지리적 영역이 공통된 부분이다. 민족주의 사상은 이런 요소들의 영향을 받기 때문에 분명히 아랍 국가에는 아직도 아랍을 우선하고 중시하는 아랍인들이 있기 때문에 민족주의라고 불리어지기를 바라지 않을지 모르나 그들 마음 속에 <아랍 중심주의>(우루바)를 갖는 사람들이 있다는 것이다. 아랍간의 결속은 아랍이 후진성과 종속에서 빠져나오게 할 수 있는 미래의 탈출구라고 볼 수 있다. 오늘날 세계는 각 지역별로 블록을 형성하고 있고 이미 우리가 유럽 연합에서 볼 수 있는 것처럼 아랍도 앞으로 다시 아랍이란 공통분모로 혹은 중동(알샤르끄 아우사띠야 왈무타왓씨띠야)이란 블록으로 뭉쳐야 산다고 강조하는 사람이 있을 것이다.

오늘날 아랍 민족주의는 긍정적인 영향을 주지 못하고 있다. 물론 과거에는 아랍 민족주의가 아랍민족을 해방시키는 데 큰 공헌을 했다. 10월 전쟁에서도 이집트와 시리아간의 공동 협력 그리고 여러 아랍 국가의 지원과 원유가 아랍인들의 이스라엘 전쟁에 사용되면서 아랍연합이 큰 역할을 해냈다. 아랍인들이 민족해방의 일을 다 마치기 전에 아랍 민족주의 운동이 강타를 당했다. 일부 아랍인들은 아랍 국가들의 경제가 회복되지 못한 주 원인은 아랍 국가들이 협력하지 않기 때문이라고 한다. 아랍의 빈곤 국가와 중간 국가들은 아랍 민족이란 테두리에서 아랍 경제 번영의 일부가 되기를 소망했다. 그러나 이랍 각국이 독립한 뒤에 이들은 부유한 국가에서 약간의 도움만을 받을 수밖에 없었다. 그 결과 일부 아랍 국가들에게 아랍 민족주의 감정이 식어진 이유가 되었다. 예멘이 여러 차례 GCC에 가입하려고 노력하였으나 앞으로도 예멘이 가입하기 쉽지 않을 것이다. 1964년 가말 압둔 나세르는 아랍 정상회담을 통하여 하나의 아랍 연합군을 만들자고 하여 연합군 지휘부를 만들었다. 이스라엘 적을 공동 대처하기 위한 계획을 만들라고 연합군 지휘부에게 맡겼는데 그 내용 중에는 자체적으로 방어하기 힘든 아랍 국가에 군대를 파견하는 것도 포함되어 있었다. 그런데 막상 실제 상황이 닥쳐서 요르단과 레바논에 군대를 파견하려고 하니 이 두 나라가 이집트 군대의 파견을 거절하였다. 2011년 아랍국가에는 가말 압둔 나세르 시절의 아랍 민족주의는 눈에 띄지 않지만 저변에 아랍인이라는 정체성을 중심으로 민족주의의 여진은 아직도 여전히 남아 있다.

5. 아랍의 시민 혁명과 민주주의

아랍 연맹의 전 사무총장 아므르 무사는 2011년 튀니지 혁명 이후 "지금 아랍인들에게 가장 절실한 문제는 빈곤과 실직 그리고 개발후퇴와 정치적인 문제"라고 했다. 아랍 연맹은 그동안 시민 사회를 주변으로 몰아내고 국가 정상들만을 주 협력 상대로 삼아왔다. 아랍 각국의 협의체인 아랍 연맹이 이제는 시민 사회 조직들에게도 기회를 주어 아랍 전체의 문제에 대한 결정권을 행사할 수 있는 길을 만들자고 한다. 그러나 문제는 아랍 시민 혁명이 일어나기 전에는 아랍 연맹이 시민 사회에 대한 관심을 별로 두지 않았다. 그렇다면 2011년 이후 아랍인들의 인권, 환경보호, 여성의 역할 등 여러 분야에서 아랍 시민 사회의 조직들과 각 정부 사이를 서로 조정해 줄 수 있는 기관들이 나올까? 아랍에서 오래 살아본 사람들은 '글쎄요'라고 말한다. 아랍 각국이 지금도 권력의 부패 때문에 평등과 투명성의 문제, 실업과 빈곤, 부(富)의 잘못된 분배가 계속되고 있다. 튀니지 혁명이 일어날 수 있었던 것은 시민 사회의 조직들과 직능 연합들이 국민과 서로 협력한 데 있었고 분명히 깨어 있는 중산층의 승리였다. 정부의 부정부패, 불의를 저지른 정치인들과 싸우기 위해서는 대중들이 힘을 합쳐야 한다는 것을 깨닫는 기회가 되었다.

아랍 시민들은 독립 이후 한 번도 국민의 힘으로 정권을 교체한 적이 없었다. 국민의 권리와 의무를 성실히 수행하고 열린 정치에 국민들이 모두 참여하면서 종국에는 민주 선거로 가는 민주화의 과정을 경험해보지 못했다. 아랍인들이 국민의 권리와 의무를 이행하기보다는 종교 간, 부족 간, 인종 간 내부 분열로 치달았다. 그 예로 이라크가 순니파와 시아파 그리고 아랍인과 쿠르드인, 무슬림과 기독교인들로 나뉘었고 이집트에서는 무슬림과 콥트 기독교인 간의 갈등이 아직도 계속되고 있다. 레바논에서는 종교간 파당과 종파적 분열이 정치적 혼란을 야기했고 수단에서는 집권층의 잘못된 정치와 인종 차별로 결국 수단이 두 개의 나라로 나뉘어 버렸다. 2011년 아랍 세계에서 시민 혁명이 일어나기 전에 아랍 정권들은 민주화를 막으려고 법적인 수단들을 교묘하게 써 왔다. 대선 입후보자의 뜻이 반영되어야 할 선거가 정부에 의하여 조작되고 정부가 주도한 법률 개정이 정권 연장이나 심지어 정권 세습에 이용되고 있었다.

2011년 1월 14일 튀니지의 시민 혁명은 야스민 혁명으로 불렸다. 자스민(아랍어로는 야스민) 차는 아랍인들에게 흔한 차이고 독특한 향기가 있다. 튀니지 여러 곳에 자생하는 야스민은 튀니지의 나라 꽃인데 시민들이 시작한 시민 혁명을 상징하는 것이 야스민 혁명이다. 1956년 튀니지는 독립하면서부터 다른 아랍 국가와 달리 1부 1처제를 국법으로 정해 두었었다. 1957년 민족주의자 하비브 부르기바에 의하여 공화국으로 선포되었다. 튀니지는 중동의 화약고라 불리는 이스라엘-팔레스타인 분쟁 사이에서 어느 한편의 손을 들어 주지 않는 등거리 외교를 했다. 튀니지 시민 혁명의 주된 요인을 아랍인들은 <의식 있는 시민>들의 승리라고 했다. 이슬람주의에 물들지 않고 오래 전부터 프랑스와 긴밀한 교역을 통하여 시민들이 종교 성향보다는 세속적 성향을 갖고 많은 국민들의 의식이 깨어 있었다고 했다. 실업과 고물가 등 경제적인 요인이 혁명의 단초가 되었다. 이집트 알아흐람 신문의 압둘무님 사이드는 튀니지 혁명이 중산층의 혁명인데 튀니지 혁명 이후의 모습은 마치 이라크의 사담 후세인 이후의 상황과 닮았다고 한다. 이라크 사담 후세인과 바아스당이 없어지기를 원했는데 막상 사담 후세인과 그의 바아스 당이 없어지고 난 다음에는 무엇을 할지 아무것도 준비되지 않았다고 한다. 튀니지 혁명도 부정부패 정권을 몰아냈는데 그 다음에 어떤 일이 일어날지를 튀니지인들도 몰랐다. 이것이 바로 현대 아랍 국가들의 딜레마다. 이집트 역시 시민 혁명 후 정치적 혼란을 거듭하고 있다. 이집트 대통령의 취임 선서에 "나는 조국의 안전과 공화국 제도를 성실하게 지키고 국민(샤압)의 유익을 추구하며 헌법과 법률을 존중할 것을 크신 알라의 이름으로 맹세합니다"라고 되어 있었다. 그러나 대통령 자리에서 물러난 튀니지의 벤 알리, 이집트의 무바라크, 예멘의 살리흐 대통령 모두가 국민의 이익을 추구하기보다는 자신과 자신의 가족들의 안녕을 찾는 데 급급했다.

이집트에서는 1월 25일 대규모 시위를 시발로 28일 금요일 모스크 기도 후에 대규모 시위를 하였다. 정부는 인터넷과 문자 서비스를 모두 중지시키고 아침 9시 경에 핸드폰의 서비스도 중지시켰다. 저녁 6시부터 다음 날 통행금지가 선포되고 나서 한 시간 뒤에 군 장갑차가 시내로 진입하였다. 오라비 때부터 이집트인들은 군대를 좋아하여 2011년 시위에서도 경찰들의 과잉진압에 시민들은 군대가 빨리 오기를 바랐다. 시위대는 이 날을 '주므아 가답'(분노의 금요일) 혹은 '주므아 슈하다'(순국자들의 금요일)이라고 불렀는데 이집트는 고물가, 실업, 빈곤을 해결해달라는 경제 개혁을 요구하다가 정치 개혁의 구호로 바뀌었다. 카이로 대학교 정치학과 교수 하산 나피아는 국민들은 민주주의를 요구하고 민중봉기는 후스니 무바라크 대통령이 스스로 대선 후보로 나서지 말고 그의 아들에게 권력을 세습하는 것도 반대한다고 하면서 정치 개혁을 요구하였다. 2011년 상반기 튀니지와 이집트 그리고 리비아에서 아랍인들의 시위가 이어지면서 아랍이 이제 민주화로 이행되어 가고 있다고 일부 언론들이 보도했다. 그러나 아랍 국가들은 금방 민주화를 이루기 어려울 것이다.

아랍 무슬림들은 이슬람 안에서 민주주의를 이미 시행해 왔다고 주장했는데 그것이 곧 슈라(의결 방식)라고 했다. 그러나 슈라는 대통령이나 왕이 임명하는 자문 기구이므로 엄격하게 말하면 대의 민주주의의 제도는 아니다. 이슬람 초기부터 슈라는 기득권층이 부족의 대표들을 모아서 국정의 주요 현안을 의결하는 제도였기 때문에 풀뿌리 민주주의도 아니고 모든 국민들의 소리를 대변하기도 어려웠다. 오늘날 요르단, 이집트 등 아랍 국가에서 국회의원에 대한 선거가 있더라도 투표자가 속한 부족이나 가문이 정한 입후보자가 아닌 다른 입후보자에게 표를 찍기가 어렵다. 아랍 시민의식(무와따나)의 부족은 아랍국가가 인종이나 부족이나 종파에서 내적 분리로 이어졌다. '민주주의' 과목을 교양과목으로 배우는 요르단 대학교의 경우, 학생회장 선거가 되면 학생회장에 당선된 부족 출신의 학생들과 선거에서 패배한 부족 출신의 학생들 간에 패싸움을 벌였다.

이집트의 경우, 키파야(이제 그만) 운동은 2004년 소규모 활동가들이 시작했는데 해가 갈수록 이와 유사한 운동들이 불붙었다. 이들은 청년들의 정치적인 관심을 증가시키기 위하여 먼저 사회적인 문제에 관심을 갖도록 했다. 그 수단은 페이스북, 트위터 등 소셜네트워크 서비스(SNS)이었다. 2011년 이집트인들이 길거리 민주주의를 처음으로 경험해 본 것이다. 이집트 칼럼니스트 히자지는 2011년 이집트 혁명은 1952년 이후 이집트 장교들이 빼앗아간 '자유'를 58년 만에 되찾아왔다고 했다. 2011년 1월 25일 마지막 파라오 같은 대통령이 사라지기 전까지는 이집트인들은 이런 자유를 맛보지 못하였다. 무바라크 시절에 수천 명의 무고한 사람들이 감옥에 갇히고 수천 명의 공산주의, 리버럴리스트, 이슬람주의자들이 구금되었다. 이집트는 1960년대 판사, 언론인, 법조인, 정치인, 노조원들이 정권의 탄압을 받았고 작가, 시인, 예술인들도 정권의 협박을 받았다. 가말 압둔 나세르는 민주주의를 약속했지만 법적 정통성이 없는 그의 정권은 국민들의 자유를 빼앗아 갔다.

2011년 이집트인의 시위는 역할 분담을 정확히 한 결과였다. 경찰을 따돌리기 위한 전략팀과 이들의 지시에 그대로 따른 행동대가 있었다. 시위 전날 모바일 폰, 페이스북을 통하여 정해진 장소에서 시위를 한다고 퍼뜨리고 나서 전략팀은 이들 지역에 경찰들이 집중 배치된 것을 확인하고 제3의 장소에서 시위 행동대들이 시위를 벌였다. 이집트 카이로 외곽지역인 불라끄와 임바바와 같은 서민 지역에서 시위를 시작하여 정치 의식이 높아져 가는지를 확인한 후 시위가 도심지로 확대되었다. 2011년 1월 25일 그리고 28일(금요일) 서민 동네에서 시위가 시작되었고 시위는 곧 그 옆 거리로 확산되었고 첫 시위 구호는 대통령이 '하야하라' 것이었다. 시위대는 가족과 청년들의 합류를 권하였다. 처음에는 발코니에서 쳐다만 보다가 이집트인들이 시위에 동참하기 시작하였고 나중에는 큰 광장으로 모여들었다. 시위 구호가 처음에는 모든 사람들에게 공감이 되는 국민적인 감정을 일으키는 말, 즉 <자유를 원한다>, <사회의 정의를 달라>고 하였고 곧 이어서 시위대들은 <가말[32]은 썩었다. 국회도 썩었다> <가말! 아버지에게 사우디가 기다리고 있다고 말해라>, <가말! 아버지에게 국민이 싫어한다고 전해라>라고 외쳤다. 2011년 아랍의 시위는 아랍 세계의 현실을 적나라하게 보여 준 것이다. 그것은 청년 실업, 과다 부패(사회와 경제, 정치 등), 무지, 전제정치와 독재 등으로 점철된 아랍의 현실이었다. 카이로 대학교 교수 아이만은 "지난 30년간 이집트 대학에서 민주주의와 법을 가르치던 교수들이 민주주의를 왜 바로 가르치지 않았느냐"고 반문하였다.

튀니지의 시민 혁명(사우라 샤아비야)과 이집트의 시민봉기(인티파다 샤아비야)의 공통점은 사회개혁을 요구하다가 정치 개혁의 주제로 변하였고 종국에는 최고 통치자가 그만 두었다는 점이다. 2011년 1월 27일 이집트에서 시위대는 국회의사당과 정부 행정 건물(무감마아 알타흐리르)에 불을 질렀다. 시민들이 국회와 정부가 싫다는 것이다. 이집트 젊은이들은 처음에 민주적인 시위를 시작했으나 그 시위가 전국적으로 번져갔고 피라미드 지역의 호텔들이 강탈을 당했다. 시위대는 모스크의 헌금함을 훔치고 까르푸르 매장을 약탈했다. 시위가 계속되면서 금

32_ 가말은 무바라크의 아들로서 시위 전에는 그가 다음 대선에 나갈 것으로 예상되었다.

요 기도를 마치고 분노한 이집트 청년들이 길거리로 나섰고 해가 지면서 여기 저기서 약탈이 자행되었다. 경찰서와 정부 건물에 불을 지르고 이집트 박물관에 불을 질렀다. 이집트에서 강간, 만행, 폭력, 사기 등이 보통 때보다 더 만연되었다. 이집트의 6개 교도소에서 탈출한 탈옥수들 중 8,400명만 잡히고 나머지는 잠적해 버렸다. 그런 치안 부재 속에서 시민들은 동네마다 자치 방범조를 조직하였고 밤새 자율 방범을 실시했다. 2011년 이집트의 시위는 문화적인 시위(타다후라트 하다리야)가 아니었다. 1968년 파리의 민중봉기는 학생들과 근로자들이 정부를 반대하는 시위를 벌였다. 당시 11만 명의 성난 시위대가 거리를 메웠다. 그때 시위 구호는 부유한 국가에서의 빈곤과 실업, 의욕상실 등이었다. 그러나 그 바탕에는 사회와 문화의 변화를 추구하였다. 무바라크 시절 이집트 실업자들의 55%가 중졸 이하이었고 대학과 대학 이상의 졸업자의 실업률은 31.8%이었다. 오늘날 이집트에서 근로 문화가 모더니즘(아쓰리야) 문화로 바뀌고 있다. 이집트인들은 일용 근로자보다는 월급 받는 직장 문화를 더 우선했다. 이집트는 시민들의 대규모 시위(1967년, 1971-72년, 1977년, 2004년, 2008년, 2011년)가 여러 차례 있었다. 1977년에는 생필품의 고물가 때문에 시위가 있었고 2004년에는 키파야<대통령, 이제는 그만>이란 구호를 내건 시위가 있었고 2008년에는 <청년 4월 6일 >단체가 중심이 되어 시위를 벌였다. 2011년 이집트 시위에는 민중(자마히르)과 시민(샤압), 국민(무와띤)들이 국가(와딴), 정부(후쿠마)에 대항한 승리였다. 150만 명의 경찰들이 2011년 1월 28일(금요일) 오후부터 경찰서와 거리에서 갑자기 사라져 토요일에는 거의 보이지 않았고 동네를 지키고 있던 경찰들도 사라져버렸다. 시민들은 시위 원인으로 독재와 부패를 첫째로 꼽았다. 이집트의 2011년 1월 말 시위에서는 무슬림 종교인과 정치 지도자들이 시위 현장에서 다 사라져버렸고 일주일이 지난 다음에야 방송에 이슬람 종교인들이 등장하여 청년들의 불법 행위를 그만두라고 하였다.

더 생각해 보기

2011년 애플의 창업주 스티브 잡스가 사망했다. 그러나 그의 생부가 시리아 아랍 무슬림 압둘팟타흐 (존) 잔달리이었다는 것을 아는 사람은 많지 않다. 그의 자서전에는 그가 부모로부터 어려서 버려졌다는 상처를 오랫동안 갖고 있었다고 했다. 미국인 어머니는 압둘 팟타흐와 시리아에 갔다가 미국에 돌아와서 자신이 임신되어 있다는 것을 알았다. 그런데 아버지의 반대로 압둘 팟타흐와 혼인을 하지 못하고 스티브 잡스를 낳게 되었고 스티브 잡스는 입양되었다. 물론 그 뒤에 생부모는 혼인식을 올리고 그의 동생을 낳았으나 이내 이혼하고 말았다. 스티브 잡스는 생전 그의 양부모에게 잘 했지만 생부모에 대해서는 냉정했다.

더 질문해 보기

1. 스티브 잡스가 왜 생부모를 냉대하였을까? 오늘날 아랍 무슬림들의 상처는 무엇인가?

2. 스티브 잡스의 아버지 나라인 시리아가 2011년부터 반정부 시위에 대한 유혈진압을 계속하자 2012년 알아사드 정권 퇴출을 위한 국제사회의 공조가 시작되었다. 2011년 알아사드 대통령은 새로운 국방장관으로 기독교인 다우드 라자Daoud Rajah를 임명하고 기독교인과 순니 무슬림들 중 반정부 세력을 소탕하라고 했다. 홈스와 하마, 알레포와 다마스커스 외곽지역에 정부군의 포탄이 쏟아져 수천 명의 무고한 시민들이 희생되었다. 알아사드 가문은 시아파의 분파인 알라위파 무슬림인데 그동안 사우디아라비아 등 순니파 무슬림의 눈에 거슬렸다. 오스만 터키가 물러나자 알라위파들은 그들 자신들의 국가를 세웠는데 처음에는 알라위 국가Alawite State라고 했다가 곧 라타키아Latakia의 주라고 불렀는데 1936년에 공식적으로 시리아Syria라고 했다가 곧 라타키아Latakia의 주라고 불렀는데 1936년에 공식적으로 시리아Syria라는 국명을 사용했다. 사우디아라비아의 와하비파 압둘 와합은 그의 파트와에서 "알라위파는 카피르"라고 한 바 있다. 1980년 하마hama 시에 시리아 정부군이 들어가서 2만명 이상의 순니 무슬림들을 대량 학살하자 순니 무슬림들은 더 이상 정부에 반기를 들지 못했다. 그런데 시리아 시민의 시위를 강경 진압한 원인은 무엇인가?

제7장

아랍의 예술

1. 영화와 연극

아랍 국가들이 지역성을 뛰어 넘는 일은 음악과 예술을 통해서다. 오늘날 아랍인들이 즐겨하는 대중문화는 텔레비전의 드라마가 첫째요, 그 다음이 영화이다. 이라비이 로렌스(아랍의 로렌스)의 영화배우로 유명한 이집트의 오마르 알샤리프는 어려서 쿨리야 빅토리야 학교를 다녔고 그곳에서 연극을 배웠다. 더구나 이 학교는 영어로 수업을 진행하여 영어도 자연스럽게 익혔다. 그는 오늘날 이집트 영화 배우 중에는 세계적인 배우들이 없는데 그 이유는 영어를 모르기 때문이라고 했다. 그가 유대인들과 미국에서 영화를 찍었다고 이집트 정부가 출국을 허락을 해 주지 않았을 때 그 때가 가장 힘들었다고 했다.

모로코 영화의 유명한 여배우 중에 파리다 븐 야지드가 있다. 그녀는 1948년 딴자에서 태어나 1970년 문과대학을 졸업했고 파리에서 영화학교를 다녔다. 대부분 당시 아랍 사회는 여자가 영화를 배우는 것을 가족들이 반겨하지 않을 때였다. 그녀는 유수프 샤힌 학교에서 영화를 배웠고 꿈을 가지고 프랑스에 가서 공부한 뒤 한동안 그곳에서 일을 했다. 20살 때 칸 영화제에 단편 영화를 가지고 나갔다. 그때는 프랑스어로 영화 대사를 만들었고 나중에 모로코 대중 아랍어로 옮겼다. 그녀는 페즈에서 수피에 대한 영화를 찍었고 그녀의 대표적인 작품으로는 카이드 알니사(여성들의 카이드)가 있었다. 1970년대부터 배우로 생활하여 지금까지 수십 편의 영화를 찍었다. 모로코에서 텔레비전이 확산되면서 영화 산업이 크게 위축되었는데 텔레비전 프로그램에서는 오락, 레저 그리고 사회적인 문제들을 다룬 드라마들이 아랍의 예술가 누르 알 샤리프가 영화제에서 모로코 코미디 영화를 보고서 모로코 방언이 영화 감상에 장애가 안 되느냐고 물었다. 아랍인들이 인도 영화를 즐겨 보듯이 영상 촬영이 잘 된 영화는 모든 아랍인들이 쉽게 이해한다고 했다. 그녀는 영화를 시작하면서 여성들의 문제에 깊이 관여하였는데 아랍 여성들의 문제는 세계 여성들의 문제이기도 하기 때문에 여성들이 갖는 문제는 비슷하다고 했다. 요즈음은 모로코 남부에 있는 인구 50만 명의 사하라sahara 사람에 대한 영화를 준비한다는 파리다는 이 문제가 다소 민감하지만 과거 역사의 진실을 밝혀보고 싶다고 하였다. 서구인들의 사하라에 대한 이해를 바로 잡도록 하기 위함이라고 했다. 일부 스페인 영화인들이 사하라 문제에 대한 영화를 만들어 사하라가 스페인에 속한다고 하려고 하는데 이들은 폴리사리오(사하라 민족 해방 운동)를 지지하여 땅을 분리하고자 하는 사람들이라고 했다. 서부 사하라는 유엔으로부터 비자치 국가로 되어 있고 모로코의 무함마드 6세 왕은 '우리는 단 1인치도 우리 땅 사하라를 남에게 양보할 수 없다'고 했다. 모로코인들은 사하라를 자기네 땅이라고 한다.

제7예술[1] 역할에 25년 이상을 일해 온 모로코 연출가 압둘 라흐만 알타지는 마라케쉬 영화제에서 감사패를 받았다. 마라케쉬 영화제는 칸, 베니스, 베를린 영화제에 이어 국제적인 명성을 얻기를 소망하고 있다. 그의 영화 바디스는 17개 상을 받았고 <내 여자 아내를 찾아서>라는 영화는 모로코인의 삶을 표현한 것이었다. 그런데 모로코 영화는 그동안 아랍 세계에서 별로 인기를 끌지 못하였다. 일부는 모로코 대중아랍어(방언) 때문이 아닌가 하였다. 모로코에서는 1년 평균 17편의 장편 영화와 100여 편의 단편 영화를 찍는데 관중이 모로코인이므로 모로코인의 관심사를 다룬다고 했다. 그런데 모로코 영화를 이집트

1_ 조형예술에는 건축, 회화, 조각 등이 있는데 영화는 제7예술이라고 하였다.

와 다른 아랍 국가에 배급하기도 하는데 이런 경우에는 뜻밖에도 모로코 대중 아랍어 방언이 장애가 되기도 한다고 하였다. 모로코 영화 연출가들은 모로코의 영상을 찍고 영화 제목이 가끔은 아랍어가 아닌 경우 아랍인들은 그 영화에 대하여 관심을 덜 갖기도 한다고 했다. 그러나 지난 몇 년간 모로코의 영화 산업은 크게 위축되었는데 이슬람 과격근본주의(우술리야 무타따리파) 때문은 아니고 영화제작에 드는 비용이 너무 비싸서 그렇다고 했다. 할리우드나 유럽에서 한 편의 영화를 찍는데 4천만 내지 5천만 달러가 든다. 그러나 모로코에서 영화 한 편 찍는데 5백만 디르함도 못 된다고 했다. 그러다보니 제작자들이 돈이 많이 안 드는 문제나 주제에 몰리게 된다. 오늘날 대부분의 아랍 창작인들은 아랍 사회에 뿌리 내려온 전통에 따라 영화를 심의하는 것에 불만을 터뜨린다. 압둘 라호만은 평생 영화 제작에서 두번 영화 심의에 걸렸다고 했다.

1991년 튀니지인이 만든 모로코 영화 <카사블랑카에서의 사랑>은 아주 아름다운 영화인데 아랍 사회의 가치를 존중하지 않았다고 비난이 된 부분이 잘려 나갔다고 한다. 모로코인들은 이집트인의 영화, 음악, 노래에서 이집트 대중아랍어 방언(라흐자)에 익숙하다고 한다. 그러나 아랍인들의 영화제작 편수도 크게 줄어들었다. 아랍인들이 대부분 텔레비전 드라마에 심취하게 되었고 아직 영화가 필요하다는 것을 알면서도 관중의 수효는 많지 않다. 사실 아랍 위성 채널이 700여 개가 넘으니 아랍 시청자들은 아랍 영화 이외에 더 재미있는 것을 안방에서 골라 보게 되있다.

2011년 레바논의 베이루트에서 아랍의 배우들이 모여 <아랍연극 masrah arabi>이 존재하는가? 라는 질문을 던졌다. 이집트에서 대중의 인기를 잃어가는 것이 연극이다. 그래서 지난 1년여 가량 이집트 연극인들은 연극의 소재를 토속 작품에서 찾으려고 했다. 전통적인 이야기를 무대에 올리는 것인데 그 중 젊은 여성 극작가 라샤 압둘무님이 있다. 그녀는 몇 차례 이런 실험적 공연에서 대중의 인기를 끈 바 있다. 가난한 어부가 누르라는 처녀를 사랑하는 꿈을 꾼다. 그가 꿈속에서 아름다운 삶을 살다가 칼리파를 찾아가 그의 꿈이 실현되기를 소망한다. 그런데 공교롭게도 그가 만난 사람은 주술가 파루끄이고 그가 꿈을 이루려면 그 값을 치르라고 한다. 이 연극은 관중들에게 꿈이 실현될 수 있는지에 대한 질문을 던진다. 인간은 꿈을 먹고 사는가? 아니면 꿈이 인간 때문에 존재하는가? 이집트인 칼럼니스트 아말은 마땅히 인간은 꿈에 저항하여 그 꿈이 자신을 통제하지 않도록 해야 한다고 말한다. 인간은 현실을 통제할 수 있어야 한다고도 했다.

연극인들이 종교를 떠나 화합하는 예가 있다. 이집트에서는 2011년 이집트 기독교와 이슬람 간의 종교적 갈등이 첨예화되고 있었다. 2010년에는 1월 나가아 함마디에서 콥트 교회 성탄 전야 교인들을 무차별하게 총격을 가하는 무슬림이 있었고, 2011년에는 알렉산드리아에서 알낏디신 교회 앞에서 폭탄이 터졌다. 이런 일련의 사태 속에서 이집트인들은 연극에서 국민적 통합(와흐다 와따니야)을 가져오는 소재를 찾기도 하였다. 대부분 이집트인들은 음악 감상에 더 많은 관중들이 몰린다. 그 음악도 이집트 민속 음악에서부터 외국의 오케스트라 공연까지 다양하지만 중년의 이집트 남자들은 아므르 디얍, 파리드 알아뜨라쉬, 움무 쿨숨 등의 이집트 가수들의 음악을 즐긴다.

레바논과 요르단에서 요즈음 자잘 공연이 관심을 끌고 있다. 1975년에서 1990년까지 전쟁 중 레바논인들에게서 자주 찾아볼 수 없던 자잘zajal 공연은 타악기의 연주에 맞춰 시구를 음악적으로 표현하는 것으로 흥겨운 아랍시를 노래한 것이다. 레바논의 구어 시는 아람어Aramaic에 근거를 두고 있다. 자잘은 10-12세기 스페인의 안달루시아에서 유명했다. 시리아, 이집트, 팔레스타인, 요르단, 사우디아라비아, 아랍 에미리트 등지에서 자잘이 공연되었지만 레바논의 자잘은 1960년대부터 레바논 내전이 시작되기 전까지 자잘에서 국민과 여성에 대한 주제가 가장 많이 유행했다. 그런데 최근에는 자잘의 주제가 정치와 사랑 이야기가 주류를 이뤘다. 이런 자잘이 아랍인들 사이에서 인기가 있는 것은 타악기에 맞춰 흥겹게 반복하는 가락과 그들에게 관심사가 되는 주제가 표현된 가사가 그들의 마음에 와 닿았기 때문이다. 요르단인 사피 마흐무드 마흐푸즈는 왜 아랍 연극에서 비극이 발전하지 못하고 있는가를 연구했다. 그는 바아랍인 학자들이 '아랍인의 정서는 비극을 연출할 수 없다'는 말에 의문을 제기했다. 아랍 세계의 저명한 작가들 몇 명만 해외에 알려지고 아직도 비극을 연기하는 예술인들이 잘 알려지지 않았을 뿐이라고 했다. 전통적으로 비극은 아랍 드라마에서 아주 적었다. 주로 아랍 드라마 작가들이 코미디나 멜로드라마를 즐겨한다. 요르단 사람들은 시리아와 이집트에서 만든 드라마를 즐겨 보고 라마단 달에는 모든 아랍인들이 드라마에 푹 빠져있었다. 오늘날 아랍의 거의 모든 초등, 중등, 고등학교에서는 사립학교를 제외하고 음악과 미술을 학교에서 기르치지 않는다.

2. 오페라 아이다

2010년 12월에는 호두까끼 인형 그리고 2011년 1월에는 아이다 그리고 2월에는 백조의 호수 등을 공연한 이집트 오페라 하우스는 다른 아랍 국가에 비하여 널찍한 공연장을 갖고 있다. 2011년 1월 이집트 오페라 하우스에는 메인 홀에서 댄스, 콘서트, 오케스트라, 오페라 등이 공연되었고 작은 홀에서는 클라리넷 리사이틀, 피아노, 개인콘서트, 재즈 밴드, 바이올린과 피아노 리사이틀, 체임버 음악, 심포니 오케스트라, 이탈리아 노래 리사이틀이 연주되었다. 또 후르 오페라 하우스에서는 알렉산드리아 앙상블, 중국의 민속음악, 아랍 음악의 앙상블 등이 연주되었고 고므후리야 극장에서는 아랍 음악의 전통 앙상블, 헝가리 현대 무용, 종교 노래가 연주되고 야외 극장에서는 개인 콘서트와 시네마 클럽 등의 공연이 있었다. 알렉산드리아 오페라 하우스에서는 심포니 오케스트라, 독일 음악 콘서트, 아랍 음악 앙상블, 헝가리 현대 무용, 개인 콘서트 등이 열렸다.

오페라 아이다는 이집트에서 초연된 것으로 유명하다. 에티오피아의 공주 아이다가 파라오의 군대에게 인질로 사로잡혀 이집트에 끌려와 이집트 공주의 하녀가 된다. 미모가 출중한지라 파라오의 젊은 장수가 그녀를 사랑하는 이야기가 큰 줄거리를 이룬다. 2011년은 오페라 아이다가 초연된 지 140년이 되는 해이다. 오페라 아이다는 파라오 시절에 이집트가 에티오피아의 공격을 막고 승리한 장수 라다메스와 아이다의 사랑 이야기이다. 아이다는 아버지에게 자신의 사랑보다 조국이 더 중요하다고 하지만 결국 사랑하는 사람의 팔에 안기어 죽는 것이 행복하다고 고백한다. 아이다와 라다메스가 산채로 죽어 피날레가 비극적이었지만 라다메스를 좋아한 파라오의 공주의 끈질긴 사랑의 회유도 관객들의 마음을 아리게 했다. 2011년 아이다 역에 이집트 솔로리스트이자 카이로 콘서바토리의 성악과 과장인 이만 무스따파가 맡았는데 목소리의 떨림이 많고 고음과 저음으로 이동할 때 소리가 갈라지는 현상이 있어서 아직 이집트 오페라 가수의 성량은 한국을 따라가지 못하고 있었다. 이만 무스따파와 함께 유럽 오페라 가수들이 게스트로 출연하였는데 그들의 아름다운 성량은 이집트 오페라 가수들의 성량과 비교가 되었다. 그러나 이집트가 이슬람 국가이면서 음악과 미술 등 예술 분야의 학도들을 양성하는 학교가 있다는 것은 다른 아랍 국가들과 대조가 되었다. 물론 다른 아랍 국가에도 음악과 예술 활동이 있지만 이런 거대한 오페라 하우스를 갖고 있다는 것이 이집트의 자랑이었다. 다만 아쉬운 것은 이집트인들의 소수만 이런 공연을 보러 온다는 것이다. 이집트에서 발레는 주로 외국인들이 참여하고 특히 옷을 얇게 입어 몸이 드러나는 발레에는 이집트 여성들이 등장하지 않았다.

오페라 아이다는 19세기 1871년 이집트의 구 오페라 하우스(아타바)에서 초연되었다. 옛 오페라 하우스는 1971년 방화로 소화되었고 1988년부터 자말렉에 위치한 새 오페라 하우스에서 공연되고 있다. 이집트의 이스마일 파샤가 이탈리아의 오페라 거장 베르디에게 부탁하여 베르디가 곡을 쓰고 시나리오는 다른 작가가 썼다. 베르디는 이집트에서 아이다가 초연되는 것을 보지 못했다. 그는 당시 이집트의 상류층과 정치인들만 참석하고 일반인에게 공개하지 않은 것에 매우 섭섭해 했다고 한다. 2011년 오페라 아이다의 공연을 본 어느 이집트인 여성은 이 오페라의 제목이 아이다가 아니라 처음부터 끝까지 중심인물이었던 라다메스라고 해야 하지 않느냐고 했다. 오페라 아이다에는 파라오 시대 때의 이시스 신과 프타 신이 등장하고 아이다와 라다메스가 생매장된 무대 배경에는 생명의 열쇠를 상징하는 동그란 원 밑에 십자가가 그려진 형상이 화면을 장식했다. 중요한 어휘들이 눈에 띄었는데 "수치와 명예, 운명(까다르), 자비(라흐마), 질투(기라), 우리 마음속에 살고 있는 혼(루흐), 하늘에는 눈물이 없고 오직 기쁨만 있다. 내 운명이 너를 죽게 하고 있다. 땅에는 희망이 없고 하늘이 나에게 빛을 비출 것이다" 등의 말들이 나왔는데 현대 아랍인들의 종교 용어들이 이 오페라 가사에 어우러져 있었다. 그리고 마지막에는 위대하신 프타흐(신)에게 인사드린다는 말로 끝맺는다. 이탈리아어로 쓰여진 시나리오에 사용된 용어들은 파라오 시대의 어휘들을 사용한 것으로 보이는데 일부 어휘가 아랍어로 번역되면서 아랍 무슬림들을 의식하고 번역한 아랍인들의 용어가 보이기도 했다. 또 신들의 비웃음 속에 두 연인이 죽어간다는 대사에서 신들의 비웃음과 라다메스의 사랑을 대조하고 있고 그러면서도 "내 마음 속에는 그녀밖에 없어서 증오가 남아 있을 리가 없다"는 라다메스의 고백이 돋보였다.

1장 1막에서 라다메스는 제사장 람피스에게 여신 이시스가 에티오피아와 싸울 이집트 군대의 장수로 자기를 택하도록 기도해 달라고 한다. 만일 그가 선발되어 전쟁을 승리로 이끌면 왕의 딸 암네리스의 노예였던 사랑하는 아이다가 자유로워질 수 있다고 생각한다. 그런데 라다메스를 사랑한 암네리스는 라다메스가 아이다를 사랑하고 있다는 것을 알게 된다. 아모나스로가 이끈 에티오피아 군대가 테베로 진격하고 있다는 소식을 접한다. 파라오 왕은 군대 사령관으로 라다메스를 임명하고 아이다는 라다메스가 이기고 돌아오기를 기원하는 자신을 보고 놀란다. 사실 에티오피아는 자신의 나라이고 아모나스로는 그녀의 아버지이기 때문이다. 1장 2막에서 라다메스는 전투 복장을 하고 신에게 비는데 프타 신의 인도와 군대 보호를 기원한다.

2장 1막은 암네리스가 그녀의 시종들과 함께 라다메스의 승리의 귀환을 준비한다. 아이다가 오자 암네리스는 라다메스가 전사했다고 거짓말을 하여 그녀의 맘을 떠 본다. 암네리스가 사실은 그가 살아 있다고 하니 아이다가 기뻐하고 이를 본 암네리스는 아이다를 위협한다. 2장 2막은 테베에서 군중들이 모여 전쟁에서 승리하고 돌아오는 군대를 맞이하고 있다. 파라오 왕과 암네리스가 등장하고 라다메스가 도착했다는 소식이 전해지고 에티오피아 포로들이 등장한다. 그들 사이에서 아이다는 아버지가 계신 것을 알게 된다. 아이다에게는 아버지가 왕이라는 것을 사람들에게 알리지 말라고 한다. 람피스와 제사장들이 포로를 죽이라고 한다. 라다메스가 개입하고 아모나스로가 인질이 되지만 다른 사람들은 자유의 몸이 된다. 파라오 왕이 라다메스에게 그의 딸 암네리스와 혼인하게 하자 아이다는 그의 아버지 팔에서 수심에 잠긴다.

3장은 람피스가 암네리스를 그녀의 혼인식 전날 이시스 신전으로 안내한다. 아이다는 향수에 젖어 잃어버린 조국을 그리워한다. 아모나스로는 아이다에게 라다메스가 나갈 다음 에티오피아와의 전쟁 계획이 언제 있는지를 알아내라고 한다. 그녀는 마지 못해 수락하고 라다메스가 등장하자 아모나스로는 숨는다. 라다메스는 아이다에 대한 사랑을 고백하고 에티오피아에서 전승한 대가로 아이다를 요구할 것이라는 뜻을 비친다. 아이다는 같이 도망해서 행복하게 살자고 요청한다. 군대를 피하려면 군대가 어느 길로 올지 알고 싶다고 하면서 아이다가 그에게 묻는다. 그가 답을 하자마자 아모나스로가 등장하고 그가 자신이 누군지를 밝힌다. 그는 라다메스에게 같이 도망가자고 한다. 이를 엿듣고 있던 암네리스는 라다메스가 반역자라고 소리친다. 아모나스로는 암네리스를 죽이려고 하나 라다메스가 그걸 막는다. 아이다가 도망가고 라다메스는 대제사장에게 자수한다.

4장 1막은 재판정에서 암네리스는 라다메스의 배신에 통곡하면서 그를 구하고자 마지막 노력을 다한다. 경비병들이 그를 데리고 나오고 암네리스는 만일 라다메스가 아이다를 포기한다면 그의 생명을 구해주겠다고 한다. 그는 이 제안을 단호하게 거절한다. 화가 난 암네리스는 그를 운명에 맡긴다고 말한다. 재판정에서 라다메스에게 여러 차례 기회를 주지만 그는 말이 없다. 4장 2막은 신전 아래 돌 밑에 생매장되어 아직 살아 있는 라다메스가 아이다를 노래한다. 그런데 부스럭 소리에 주위를 보니 그곳에 아이다가 있다. 아이다가 자신의 운명을 그와 함께 하고자 죽음을 선택한다. 라다메스는 무덤을 덮은 돌을 치우려고 한다. 두 연인이 이 세상을 하직하고 영원을 기약하는데 신전 위에서는 암네리스가 이시스에게 평안을 기원한다.

오페라 아이다는 아랍 무슬림의 여섯 가지 믿음(알라, 경전들, 천사들, 메신저들, 최후의 날, 운명론) 중의 하나인 인간의 운명을 논하고 있지만 파라오 시대의 신들이 등장하여 실질적으로 비이슬람적인 오페라이다. 이슬람에서는 알라가 한 분이라는 사실이 너무나 중요하기 때문이다. 그래서인지 1871년 12월 24일 카이로에서 아이다가 초연되었을 때 이스마일 파샤 총독은 정부 고관과 정치인들만을 초청하였다. 이 오페라에서 우리에게 익숙한 부분은 제2막 제2장의 <개선행진곡>이다. 우리가 초등학교 때부터 학교 운동장에서 자주 들었던 행진곡이다.

3. 문 학

아라비아 반도에서 아랍 시는 아랍인들의 경험이 녹아난 것이라고 할 수 있다. 유목민들은 아랍 시를 외우도록 훈련되어 왔고 상당한 수준의 기억력과 창의성을 요구받았다. 아랍 베두인은 그들의 시에서 수사적인 기교를 사용하였는데 특히 비유, 은유 그리고 환칭(현인을 술라이만이라고 말함)을 사용했다. 유목민의 시는 사막의 생활을 요약하고 입에서 입으로 내려오는 이야기를 기억해낸다. 운문으로 시를 쓰기 때문에 악기로 연주하기에 좋다. 이런 시들은 전쟁, 투쟁을 이야기로 만들고 자랑, 찬사, 풍자, 비탄을 노래한다. 사랑의 강도에 따른 언어를 사용하여 사랑을 노래하고 아랍어의 감정적 표현들을 잘 활용한다. 유목민의 시는 독특한 구조와 율격 그리고 운율을 갖고 있는데 알칼릴 븐 아흐마드가 제시한 율격의 형식과 맞아떨어진다. 아랍 대중의 언어 생활에서 시의 역할은 가장 중요한 요소이었는데 사막에서 시가 자주 입에 오르내리곤 했다. 유목민의 시는 부족의 걸작품으로 여겨졌고 특히 분쟁과 다툼이 있을 때 시의 중요성이 더욱 커졌다. 시인들이 부족 안에서 상당한 지위를 가졌는데 사막에서 시인들은 소통이라는 측면에서 사람들에게 미디어 역할을 했다.

주로 말로 전하는 유목민들은 글로 쓰는 것과는 상당히 달랐다. 기억은 반복과 제스처 그리고 음악적 운율에 의존하였다. 유목민의 문화는 친족 문화를 존중하였고 속담과 시는 유목민과 도시민 사이의 협력에 관심을 두었다. 그들에게 내려오는 이야기 중에는 "어느 도시 여성이 부자에게 가서 겨울에 우유를 달라고 했다. 그런데 그 해 여름에 그의 청혼을 받아주지 않았고 다른 남자와 결혼해 버렸었다. 그래서 그는 그 여자에게 '여름에 네가 우유를 제 자리에 두지 않았다'고 말했다". 이 이야기에서는 베두인 남자가 그 여성을 놀려주고 있는 것이다. 좀 더 정확히 말하면 그녀가 여름에 선택한 것을 남자가 복수를 하고 있는 셈이다. 그녀가 그의 청혼을 받아주지 않고 다른 남자와 결혼하고 나서 그에게 우유를 달라고 한 것을 문제 삼은 것이다. 여기서 그가 의미하는 우유는 혼인에 해당하는 어휘였다. 가난과 풍요라는 이중 구조를 서로 연결시켜서 유목민과 도시민의 이중구조가 겨울과 여름 각각을 연상시켜 주고 있다. 겨울이 도시민에게 가난을 의미하나 베두인에게는 풍요를 의미한다. 그리고 가난과 풍요, 여름과 겨울 간의 대조가 요청과 거부라는 것과 연관되었다. 이 시의 전체는 거절의 반복이 있었고 그 여성이 과거에 거절한 것을 그 여성으로 하여금 다시 현재와 연결시키고 있다. 결국 이야기는 여성을 조롱하는 것으로 끝났다.

전 이라크 내무 장관 바얀 자브르 술라그Bayān Jabr Sūlāgh가 2005년에 그가 말한 정치적인 발언은 외교적인 충돌을 가져왔다. 이란이 이라크에 개입하는 것을 두고 사우디 외무장관 사우드 알파이살이 한 논평에 대하여 시아파인 바얀 내무장관이 다음과 같이 대꾸하였다. "가족의 이름을 딴 나라가 있다. 낙타를 탄 베두인이 우리에게 민주주의와 인권을 가르치는 것을 우리는 절대 받아들일 수 없다"고 했다. 이처럼 공적인 정치적 발언에서 베두인(사우디)과 도시민(이라크)이라는 이중구조를 내비치고 있다. 사실 이 발언은 두 나라의 역사에 근거한 관계를 염두에 두고 한 말이다. 이라크 외무장관은 시아파이고 이란도 시아파이고 사우디는 순니파이고 사우디 외무장관도 순니파이다. 그런데 사우디가 친미 성향의 왕국이고 이라크는 이미 도시민의 모더니티를 향하는 중에 사우디가 아직도 베두인 시절의 정치를 하면서 이라크에게 콩 놓아라 팥 놓아라 하고 있다고 지적한 것이다. 사우디아라비아라는 나라 명은 '사우드 가문의 아랍 나라'라는 뜻이다. 이라크 입장에서 보면 이라크는 메소포타미아 문명의 후손들인데 이런 조그마한 가문의 이름으로 시작된 사우디아라비아가 이라크를 향해 이래라 저래라 하는 것이 기분 나쁘다는 것이다. 더구나 미군이 이라크를 점령할 때 이라크에 대한 주문이 '민주주의와 인권'이었는데 사우디가 미국의 흉내를 내는 것이 시아파 이라크 외무장관의 비위를 거스리게 했다.

베두인들은 부족에 따라서 그 등급을 매기는데 상, 중, 하, 천민의 등급이 있다. 도시민들은 아랍 부족에 이미 속했던 사람들과 부족적인 배경이 전혀 없는 사람들로 나뉘고 후자는 베두인들이 풋내기greeners라고 부른다. 베두인과 도시민 간의 구별을 한 유명한 글들이 있다. 그 중에 사우디아라비아 하일 지역의 도지사였던 압둘라 븐 라시드 왕자가 압드 알아지즈 왕의 손에 넘어가는 마지막 싱을 안타깝게 여기면서 쓴 글이 있다. "도시민은 도시에서만 산다. 그리고 베두인은 사막에서만 산다. 그런데 도시에서 사는 것을 베두인은 만족해하지 않는다"고 했다. 오늘날 베두인의 생활을 경멸하는 글들도 있다. 그런 글에는 베두인들이 탐욕이 많고 이기적이고 그들의 행동이 잔인하다고 한다. 베두인들이 다른 사람들에게 형편없는 윤리를 보여준다고도 했다. 베두인의 윤리적인 기준에 따르면 많은 베두인들이 절도를 자랑스럽게 생각하고 절도를 지적이고 전문성이 있는 기술로 여긴다. 또 베두인은 폭력을 찬양하고 폭력을 써서 물건을 빼앗은 것은 베두인의 지배력과 완력을 보여주는 것이라고 생각한다. 사실 아랍 시에는 다른 사람에 대한 억압과 폭력을 찬미하는 시들이 많다.

베두인의 특징의 하나로서 부당이득을 취하는 사례가 사우디 리야드 사파라트 고등학교에서 일어났다. 무함마드라는 학생이 친구들이 운동장에 운동하러 나간 틈을 타서 친구들의 돈을 훔쳤다. 하루는 교장이 여행 중에 도둑맞은 돈을 찾으려고 학생들의 옷을 조사하자 무함마드의 호주머니에서 그 돈이 나왔다. 그래서 그의 아버지를 학교로 불러서 자초지종을 말하니 그의 아버지가 하는 말이 "뭐가 잘못되었나요?"

라고 도리어 화를 했다. 교장은 '도덕적인 문제'라고 하니 그의 아버지는 "우리가 먹고 사는 일에 아무런 해를 받지 않았으니 알라에게 감사한다"고 말하고 학교를 떠났다. 또 다른 이야기로는 사우디 리야드 동부에 있는 어느 대학 교수가 한 말인데 베두인 소년이 자기 아들의 자전거를 훔쳐갔다고 한다. 그래서 아버지가 베두인 아버지를 찾아가 아들의 자전거를 돌려달라고 요청하니 그 아버지가 자신의 아들과 훔친 자전거를 놓고 흥정하였다. 잠시 후 베두인 아버지가 자기 아들이 요청한 돈을 주고 그 대신에 자전거를 원래 주인에게 돌려주었다. 이 이야기는 베두인 아버지에게 아직도 도덕적인 가치가 있느냐를 묻게 하고 도시민을 대항하는 베두인의 행동을 한 번 더 생각해 보게 된다. 베두인들은 훔치는 것을 절도라고 생각하지 않고 투쟁의 노획물로 여긴 것이다. 훔친 자전거를 돈을 주고 다시 샀다는 것은 그의 아들이 훔친 자전거의 소유자라는 것을 인정했다는 것이다. 오늘날 사우디아라비아에서는 이름의 마지막에 자신의 부족을 나타내는 어휘를 넣으므로 도시의 회사에 취업을 원하는 베두인 자녀들을 그의 외모와 이름만 보고도 회사가 취업을 거부하기도 한다.

사우디아라비아 소설가 압드 알라흐만 무니프Munīf는 모더니스트 네러티브 기술을 사용한 가장 저명한 아랍 소설가 중의 한 사람으로 알려진다. 이집트의 노벨 문학상 수상자 나깁 마흐푸즈와 함께 아랍 문학을 문화와 정치적 관심의 중심에 놓아 아랍 세계의 문학적 지평을 변화시키는 데 성공한 사람으로 알려진다. 그의 기념비적인 작품 『소금의 도시들Mudun al-Milh』(1984-89년 출간)에 대하여 에드워드 사이드Edward Said는 걸프 국가의 정치, 미국인, 석유의 영향을 보여주려고 쓴 픽션이라고 소개하였다. 걸프지역의 아랍국가라고만 하고 자신이 속한 나라명을 밝히지 않는 그의 이야기는 석유 발견 이후 전통적인 사막 사회가 어떻게 변화를 하였는지 역사적으로 기록하고 있다. 미국이 중동의 석유와 얽히고 나서 생긴 그 결과가 아랍에 정치적인 불안을 가져왔고 환경적인 파괴로 이어졌다는 것이다. 무니프Munīf는 석유 엔지니어이었다가 나중에 소설가가 되었는데 그는 사우디아라비아, 이라크, 이란, 이집트, 프랑스에서 살다가 마침내 시리아에 정착했던 소설가이다. 그의 작품을 읽은 사우디아라비아는 그의 시민권을 빼앗았고 아라비아 반도의 석유 엘리트들을 풍자한 그의 책을 다른 걸프국가들과 합동으로 판매 금지시켰다. 무니프는 역사의 깊고 내적인 운동을 상상적인 그림으로 나타내려고 했다고 한다. 이라크인 어머니와 사우디아라비아인 아버지를 둔 그는 요르단에서 태어났다. 그의 출생처럼 그의 인생도 복잡한 디아스포라의 삶을 살았다. 그의 책에서 사막의 비극은 석유가 발견된 다음부터라고 했다. 그는 이제 아라비아 사막은 본질과 정신을 잃어버린 공간이 되었다고 비관했다. 그는 그의 책에서 사막을 두 가지 충돌하는 개념으로 그렸다. 하나는 사막을 무한한 물질적인 부로 묘사하는가 하면 다른 하나는 물질적인 상품보다 더 귀중한 정신적인 부의 근원으로 보았다. 어느 평론가는 그의 작품이 현대적인 도시화를 비극이라고 규정한 책 그리고 이런 도시화에 대항하여 싸워야 할 것으로 묘사한 책이라 했다.

4. 속담과 재담

속 담

속담은 금언이나 경험이 포함된 간결하고 웅변적인 말이다. 그래서 많은 사람들 사이에 이어져 내려온 지식을 담고 있다. 아랍인들은 속담과 오늘의 상황 사이에서 상호 유사점과 비유를 끄집어내곤 한다. 많은 속담들이 오늘날 베두인들 사이에 퍼져 있고 그들 중 일부 속담은 어휘와 의미에서 옛 아라비아 속담을 전수받은 것도 있다. 아랍에는 일반적인 충고를 주는 금언과 실제 삶의 이야기를 묘사하는 속담이 있다. 후자는 항상 이야기가 딸려오고 교훈과 도덕이 들어 있다. 속담 속의 도덕은 잘 요약된 의미가 있고 인간 경험의 본질이 녹아들어 있다. 다른 교훈적인 이야기에서는 도덕이 텍스트 안에 내재되어 있다. 비유 안에 있는 도덕은 요약된 구절로 나타나기도 한다. 많은 속담들이 속담과 관련된 이야기를 알면 쉽게 그 속담을 이해할 수 있다. 속담을 수집하는 데 그에 딸린 이야기도 필요할지 모르나 더 중요한 것은 이 속담을 사용하는 사람이 오늘날 어떤 의미로 어떤 상황에서 어떻게 사용하느냐가 더 중요하다. 속담에 딸린 이야기는 자신의 주장을 뒷받침하는 데 사용되고 또 인간 경험에 대한 지식의 핵심으로서 속담의 타당성을 주장하는 데 사용된다. 가끔은 사회적 지리나 역사적인 인물과 관련되기도 한다. 비유나 이들 증거들이 사실이냐 허구냐에 상관없이 속담은 문화적 배경의 일부가 되어 왔다. 베두인의 속담은 아랍인들의 삶의 특징의 많은 부분을 반영해 주고 그들의 주변 환경을 묘사하고 금언들이 포함되고 가끔은 설교도 들어 있다. 속담은 균형된 운율이 맞춰져 있기도 하고 구비 문화에서 외우기 쉽게 율격으로 구성되기도 한다. 그리고 과거도 아니고 미래도 아닌 오직 현재의 삶에 관심을 갖는 베두인의 철학이 담겨져 있다. 이를테면 아랍어 속담 중에 '알일므 피 알수두르 라이싸 피 알수투르Al-'ilm fi al-sudur, laysa fi al-sutur'라는 말이 있다. 이 속담의 문자적인 번역은 '지식은 가슴들 속에 있고 원고지 줄들 속에 있지 않다'라는 말인데 그 의미는 지식은 사람들의 마음들 속에 있고 책들의 문장들 속에 있지 않다는 말이다. 그러나 이 속담을 해설해 보면 지식이 만일 사람들의 가슴들 속에 자리할 수 있다면 그런 지식은 과학적인 증거나 인간이 손으로 만져서 알 수 있는 것을 거부한다는 말이다. 그러므로 속담은 문자적인 번역과 상징적인 의미 그리고 해석적인 의미들을 찾아보아야 한다. 위 문장에서 가슴이란 단어가 복수형으로 되어 있어서 한 가슴에서 다른 가슴으로, 즉 인간들 사이의 감정이 전달되는 지식이라는 것으로 해석할 수도 있다.

아랍인들과 대화에서는 속담을 알 때 그 의미 전달이 배가된다. 아랍인들은 그들에게 익숙한 것은 그들에게 덜 위협적인 것으로 생각한다. 문화나 출생지가 비슷한 사람들끼리 사귀는 것을 좋아하므로 아랍인들이 모르는 사람을 만날 경우 새로운 사람은 위협적인 것으로 인식한다. 이런 경우 아랍의 문화적 속담 중에 '우리는 한 마을의 아들들이다'라는 말이 있다. 또 같은 가족이나 부족에서 온 사람들은 '우리의 버터가 우리 밀가루 안에 있다'라는 속담을 사용한다. 그리고 새로운 땅을 찾아 떠나는 사람에게 경고성의 속담으로는 '사람이 자기 자리를 떠나면 그의 가치가 떨어진다'고 말한다. 그리고 같은 지역에 사는 사람들이 다른 지역에서 온 다른 사람의 업적과 성취를 알아주지 않을 때 그때 사용하는 속담은 '이웃의 음악가는 감명을 주지 못한다'고 말한다. 아랍 여성들은 아랍 속담을 대중 아랍어(암미야) 또는 문학 아랍어

(푸스하)로 표현한다. 큰 호기심을 불러일으킬 만큼 여성에 대한 가장 저명한 아랍 속담 책으로는 『아랍인의 속담Amthāl al-'Arab』(이슬람력 164년), 『속담들al-Amthāl』(이슬람력 195년), 『속담의 스타킹』Jamharat al-Amthāl(이슬람력 395년), 『속담 모음Majma' al-Amthāl』 등이 있다. 이들 책에는 아랍 여성에 대하여 쓴 속담의 수가 다른 주제보다 훨씬 더 많다. 이들 책에서 노인의 인격에 대해서는 7%를 넘지 않았고 어린이에 대한 것은 단지 6%이었다. 그런데 여성은 전체 속담에서 23%를 차지했다. 남성이 생물학적으로 여성 없이 존재할 수 없고 여성만이 출산 능력이 있기 때문에 속담의 주요 인물로 여성이 등장한 것이다.

여성들은 아랍 민속folklore에서도 괄목할 만한 주제로 등장한다. 예를 들면 압드 알카림 알주하이만'Abd al-Karīm al-Juhaymān의 책 『아라비아 반도 심장부의 민간 속담』에서 속담의 주제들 중의 하나가 여성이었다. 대부분의 속담들은 익명으로 쓰여지고 저자가 있는데도 자신의 이름을 기록하지 않는다. 속담 속에 들어 있는 공유된 경험은 대중들의 관심을 갖게 한다. 그래서 속담은 대중의 무의식을 가장 잘 표현하고 아랍 사회와 아랍 문화를 연구하는 사람들의 연구 주제가 되어왔다. 여성과 관련된 속담들을 연구할 때 이 속담들이 그 사회 문화의 전체를 대표하는 것으로 이해하는 것이다. 이런 속담들은 무한한 인간 행동들을 대표하는 모티브로서 작용한다. 이런 속담들의 모티브를 연구하면 그 사회의 여성의 지위를 나타내는 더 큰 사회적 규범을 인식하게 된다.

재 담

사우디아라비아에서 재미있는 놀이가 쉽지 않다. 바깥에 나가는 경우에는 남녀가 유별하므로 가족들이 야외 활동이나 오락하는 곳에 가기를 꺼려하는 분위기이다. 리야드 신문의 여성 작가 바드리아 알비쉬르는 "사우디 여성들의 대부분이 풀이 죽어 있어도 그들의 감정을 터트릴 곳이 없다"고 했다. 여성뿐만 아니라 사우디 남성들도 상황은 동일하다. 사우디인들에게 가장 많은 영향을 주고 그들 행동에 많은 제약을 가하는 것은 역시 이슬람 종교이다. 1990년 걸프 전 이후 과격한 이슬람 운동이 대두되었고 이슬람 운동은 상당한 세력과 장악력을 얻었다. 이런 경우 평범한 무슬림들에게 상당히 힘들게 하는 부분은 종교지도자들이 과격한 방식으로 꾸란 구절을 해석할 때이다. 사우디 정부가 이슬람 종교지도자들의 말과 관심사에 따라 종교 지도자의 말을 국정에 적용한다. 사우디 국민들은 말이나 행동에서 전통주의자나 종교법규를 어기면 자주 처벌을 받아왔다. 이런 처벌은 정부 경찰력에 의하여 시행되지 않고 종교경찰에 의하여 이뤄진다. 따라서 일부 사우디 사람들은 점차 자라면서 이슬람 종교와 그 종교를 따르는 사람들을 분개하기도 한다. 하일 지방의 샴미르, 바누 다밈 부족 등 북부 사우디아라비아에 사는 사람들은 이슬람의 여러 종파들의 행동을 비판하는 데 가장 노골적이다. 공개적으로 말하여 경찰의 처벌을 받았던 사람들은 분노와 비판을 재담joke을 통하여 자주 전하였다. 이슬람의 종교적인 주제와 관련된 많은 재담은 북부 사우디 사람들에게만 존재하는데 대개는 이런 재담이 공개적으로 알려지지 않는다.

사우디인들의 일부 재담에는 가장 중요한 종교인, 천사, 예언자 그리고 심지어 알라에 대한 것들이 들어 있다. 사우디 북부 하일 지역 사람들의 재담 중에 사막에서 양을 치는 하일 지역 사람에게 천사가 갑작스럽게 나타났다. 그는 샴마르Shammar 부족 출신인데 천사에게 "너는 누구냐"고 물으니 천사가 "나는 죽음의 천사다"라고 했다. 그 샴마르 남자는 "맹세하건대 너는 등신이다. 너는 뭘 원하니?" 천사가 "나는 너의 혼을 가지러 왔다"고 했다. 그러자 그 남자가 하는 말이 "하필 왜 나냐? 여기는 사람들이 천지인데"라고 했다. 죽음의 천사가 말하기를 "나는 명령을 따를 뿐이다. 내 명령에 너도 순종하라"고 했다. 그 남자가 하는 말이 "나는 네가 나에게서 떠나게 해달라고 알라에게 구한다"고 말한다. 그런데도 천사가 그의 목숨을 가져가겠다고 고집하니 그 남자가 “그러면 내가 마지막 두 번의 기도를 마칠 때까지 내 혼을 가져가지 않겠다고 알라의 이름으로 맹세해 달라”고 한다. 천사는 그러마고 하니 그 남자가 천사에게 웃으면서 “네가 만일 내가 기도하는 것을 보거들랑 내 수염을 깎아라”고 응수한다. 그는 그 후 한 번도 기도를 하지 않아 그의 목숨을 살렸다고 한다.[2] 이 재담은 사망, 천사, 인간의 속임수를 드러내며 신적 존재를 존중하지 않고 천사를 놀리면서 천사가 속고 있다는 것도 모른다는 것을 표현하고 있다. 그래서 이 재담은 죽음에 대한 두려움을 없애고 심지어 죽음이 협상될 수 있는 것으로 묘사되었다. 그러나 이슬람 종교적인 면을 고려하면 천사에게 불경한 말을 하고 알라의 명령을 거부한다는 것은 매우 위험한 발상이다. 그러나 이런 종교적인 재담은 많은 사람들에게 이슬람 종교를 비판하고 싶어 하는 마음이 있다는 것을 드러내 주고 그들이 부당하게 당하는 것에 대한 분노의 목소리를 들을 수 있게 해준다.

사우디아라비아에는 와하비 종교인들이 알라가 말한 모든 것은 받아들이라고 하면서 질문은 하지 말라고 가르친다. 이들 종파의 사람들은 특정한 종교적인 법규를 유지하는 파트와(무프티의 이슬람 법적인 견해)를 발표한다. 그래서 사우디 사람들은 이런 재담만이 사람들이 자신을 표현할 수 있는 유일한 길이라고 생각한다. 여기 또 다른 재담이 있다. “어느 뚱뚱한 무슬림 여성이 핫즈(순례)를 하려고 메카에 갔다. 여름이라서 태양이 너무 강렬했다. 그 녀는 이런 더위에 익숙하지 않은 사우디아라비아 북부 사람이라서 털썩 주저앉아 하늘을 향하여 소리쳤다. ‘무함마드(이슬람의 창시자), 알라의 사랑받는 예언자, 무엇이 당신을 이런 소름끼치는 땅으로 오게 하였나요?’[3]라고 말했다” 대부분의 사우디 사람들은 메카의 더운 날씨를 불평하는데 특히 순례철에 더욱 그렇다고 한다. 남부 사우디인들이 알라와 무함마드에게 불평을 하는 것은

2_ Naser S. Alhujelan, Worldviews of The Peoples of The Arabian Peninsula: A Study of Cultual System, Indiana University, 2008, 380.

3_ 위의 책, 380-381.

드문데 많은 북부 사우디 사람들은 대부분 사우디인들이 지키는 엄격한 종교적인 법규를 지키지 않는다. 그래서 이슬람 종교적인 견해를 직설적으로 표현하고 불평도 한다. 그들은 종교 보수주의자들이 믿는 것과 상관없이 자신들의 생각을 담아내려 한다.

다음은 꾸란을 읽거나 기도하는 문제에 대하여 하일 지방 사람들의 재담이다. “어느 하일 지방의 남자가 모스크에서 사람들과 기도하고 있었다. 이맘(기도 인도자)이 꾸란의 누흐 장을 암송하고 있었다. 그런데 갑자기 중간쯤 암송하다가 그 나머지 구절을 기억하지 못하고 갑자기 멈추었다. 그가 다시 처음부터 암송하였는데 그 자리에 오면 기억하지 못하고 자꾸 멈추었다. 이렇게 몇 차례 더 시도해보았는데 하일의 남자가 더 이상 참지 못하고 이맘에게 소리쳤다. ‘누흐 말고 다른 예언자를 보내달라고 하세요. 뭘 기다리세요. 빌어먹을. 밤이 다 샙니다’라고 말했다. 이 재담은 사우디아라비아 사람들의 꾸란에 대한 존경심에서 실패한 것을 보여 준다. 이슬람 종교인들이 꾸란 구절을 암송하는 일에 비웃는 내용이 포함되어 있는데 전통적으로 이맘이 어느 구절을 잊어버리면 그 구절을 다른 것으로 바꾸지 않고 같은 구절을 반복하여 기억해 내려 한다. 그런 경우 본인이 몇 차례 기억하려고 하거나 그때 옆에서 알고 있는 사람이 잊어버린 구절을 생각나게 도와준다. 꾸란의 일부 장은 너무 길어서 암기했어도 잊어버리기 쉽다. 기도 중에 다른 사람이 꾸란을 더 잘 외운다는 징표로 이맘에게 그가 잊어버린 부분을 알려주기를 좋아하는 무슬림들도 있다. 이렇게 긴 구절을 암송하는 동안 나른 무슬림들이 어떤 느낌을 갖는지에 대한 재담이라고 할 수 있다.

그런데 오늘날 사우디아라비아의 문제는 사람들이 종교 지도자의 말을 질문 없이 복종한다는 데 있다. 이슬람 종교 지도자의 말이 현실성이 없어도 그리고 이슬람의 가르침이 안 맞아도 그냥 따라야 한다는 것이다. 세상이 바뀌고 문화가 변화되었는데도 옛날 7세기의 관습을 따라야 한다는 무슬림 종교 지도자들의 파트와가 평범한 무슬림들을 힘들게 하고 있다. 리야드 신문Riyad newspaper에 따르면 어느 종교 지도자가 환자에게 꽃을 가지고 가는 것을 금지시켰는데 그 이유는 7세기의 무함마드의 동료들이 그런 일을 행한 적이 없었기 때문이라고 했다. 한때 아랍 신문에 대서특필되었던 메카 여자학교의 화재 사건에서도 종교경찰이 교실 안으로 들어가 구조하는 것을 막았다. 만일 남자 경찰이 무슬림 여학생들이 베일을 벗고 있는 교실로 들어가 여성들의 얼굴을 보았다면 이것은 이슬람을 위반한 것이 되므로 현장에 있는 남자 경찰들은 상부의 지시를 기다리며 아무도 소녀들을 구조하지 않았다. 그 결과는 15명의 소녀들이 화재로 사망했고 남녀가 섞이지 말라는 파트와대로 행한 경찰들은 아무런 견책을 당하지 않았다. 지금은 무슬림들이 그들의 종교 지도자의 말을 맹목적으로 따르는 데 문제가 있고 비현실적인 일들이 비일비재하게 일어난다. 그 후에 사우디아라비아 언론과 국민들이 여성 교육부가 인명을 구하는 데 제 할 일을 다 하지 않았다고 비난하면서 시위를 벌이자 당시 사우디 왕세자 압둘라는 여성교육부 장관이 적절하게 처리하지 못했다고 하면서 여성 교육부를 아예 없애버리고 남녀를 포함하는 교육부를 신설하라고 하였다. 그리고 그 자리에 보수적인 장관보다는 다소 온건한 장관을 앉혔다.

재담은 종파 간의 차이를 나타내기도 한다. 이슬람의 하나피 파는 대부분 하일 지방에서 따르고 리야드와 사우디의 다른 중부 지역은 종교적 제약이 더 강력한 한발리 파를 따른다. 사우디아라비아의 서부, 남부, 동부는 한발리 파와 와하비가 아닌 다른 이슬람 교리를 따르지만 북부 사우디인들은 가장 노골적으로 자신들이 아라비아 반도의 창설자라고 생각한다. 중부 사람들은 부족적인 것을 존중하는데 사우디에서 부족적인 차별은 아주 심하다. 부족에 속하지 않는 사람들은 해당 부족원들에게 가장 많은 냉대를 받는다. 한발리 파는 더 엄격하고 융통성이 덜하다. 하나피 파는 이와 달라서 하나피 파를 따르는 북부 사우디인들은 종교 경찰과 북부 사람이 아닌 사람들을 비판하는 재담들을 갖고 있다. "리야드에서 하일 지역으로 온 어느 무슬림이 동네 사람들이 음악을 듣는 것을 보고 음악을 들으면 이슬람에 어긋나고 알라가 그를 고통스런 죽음을 맛보게 하며 뜨거운 납이 그의 귀에 달리게 될 것"이라고 했다. 동네 사람들이 그를 나쁜 놈이라고 생각하고 그를 거짓말쟁이라고 소문을 냈다. 그런데 어느 날 이 남자가 동네 사람들과 얼굴에 입맞춤하지 않는 것을 보고 왜 그러느냐고 물으니 '얼굴에 입맞춤하면 마귀가 비윤리적인 성적 감정을 일으킨다'고 답했다. 동네 사람들은 그의 말을 듣고 매우 치욕적이라고 생각하고 그를 호모섹스 하는 사람이라고 소문을 냈다. 그러자 동네 젊은이들이 그를 죽도록 두들겨패서 동네 묘지에 묻었다. 동네 노인 한 분이 이 말을 듣고 "호모섹스 한lūṭī[4] 이런 카피르를 어찌 무슬림 공동묘지에 묻었느냐"고 또 나무랐다. 이 재담은 보수적인 와하비의 인사법과 북북 사람들의 인사법이 다른 데 착안하여 회자되는 이야기이지만 사실은 지방적인 것이 아닌 종교적인 이야기이다. 일부 보수적인 무슬림들은 포옹하거나 입맞춤을 하지 않는데 그의 어머니나 누이에게도 하지 않았다. 성적 욕구가 일어나는 것을 피하기 위함이라는 것이다. 이슬람의 가르침 중에서 인간이 악하다고 하지 않는데도 보수적인 무슬림들은 인간의 마음이 본질적으로 성적인 것과 관련되어 있다고 생각한다. 북부 사우디인들은 남녀가 신체적으로 접촉하는 것에 대하여 그렇게 심한 규제를 두지 않았다.

다음은 이와 유사한 주제의 재담이다. "하일 지방에서 한 젊은이가 리야드에 가서 공부하고 나서 긴 수염과 짧은 옷을 입고 고향으로 돌아왔다. 그는 모스크에 서서 사람들에게 지옥이 여러분의 갈 곳인데 알라가 여러분에게 70큐빗의 깊은 구멍 속에 집어넣을 것이라고 으름장을 놓았다. 이 말을 계속 듣고 있던 동네 사람들이 기분이 나빴다. 그래서 어느 날 그가 기도하던 장소에 구멍을 깊이 파 놓고 그가 오기를 기다렸다. 그가 그 구멍에 빠지자 그는 소리치기를 '알라여! 내가 아니고 저들입니다. 저들을 여기에 넣어주세요'라고 외쳤다. 이 재담에서

4_ '루띠'라는 말은 롯(아랍어로는 '루뜨'라 함)의 동네 사람들이 호모섹스를 했다는 것에서 비롯된 용어이다.

젊은이는 이 구멍을 판 자가 알라allāh라고 생각하고 알라가 다른 사람들 대신에 자신을 구멍에 빠지게 한 것은 알라가 잘못한 것이라고 믿었다. 이 재담은 비판적인 사고를 하지 않고 종교적인 지시만을 따르는 사람들에 대한 경고의 말이다. 더구나 자신은 옳고 남은 그르다는 생각을 갖는 젊은 사우디 무슬림의 모습을 엿볼 수 있다.

농 담

종교적인 재담 이외에 오늘날 아랍 무슬림들이 모바일 폰을 통하여 농담을 전하는 일이 늘어나고 있다. 모바일은 사우디사람들에게 많은 변화를 일으켰다. 현대 테크놀로지와 모바일은 친구와 친척 간의 사적인 소통에 유용한 도구가 되었다. 문자 메시지는 웃음과 농담이 들어 있고 재치와 비꼬는 내용도 들어 있다. 문자 메시지는 얼굴과 얼굴을 맞대지 않기 때문에 사람을 웃기려면 특정한 테크닉이 필요하다. 문자 메시지의 농담은 쉽게 이해되지 않는 부분이 있기 때문이다. 사우디아라비아에서 어느 시골 아주머니가 남편의 여권을 보게 되었다. 그런데 남편의 직업이 비즈니스맨이어서 아랍어로 라줄 아으말Rajul a'māl이라고 쓰여 있었다. 부인은 크게 화가 나서 그 걸 지우고 라줄 무니라Rajul Munīrah(무니라의 남자)라고 썼다. 부인(이름이 '무니라')이 아랍어에 대하여 무식한 것을 드러내면서 동시에 부인의 질투가 드러난 농담이다. 이런 농담은 문자 메시지에서 아주 흔한 것들 중의 하나이다. 이렇게 아랍 농담은 그냥 웃자고 하는 말이 많고 성, 여성, 아랍인, 외국인, 음식, 장소 등과 관련된 특정 농담도 있다. 농담은 사실 무의식을 드러낸다고 하나 역시 문화적 체계라고 할 수 있다. 농담이 사우디 사회의 바탕과 문화를 간단하게 전달해 주고 신앙과 인식의 정도를 드러내 주기 때문이다. 아랍인이 조사한 2,100개 농담의 결과에 따르면 아랍인 농담의 주제는 성(14%), 지혜가 있는 자와 어리석은 자(10%), 우연과 운명(8%), 시험(8%), 사회에서 온 이야기(7%), 상과 벌(6%), 기이한 일과 미신(6%),

종교(5%), 동물(4%), 미래(4%), 재치와 거짓말(4%), 잔인함(3%), 금지된 물건(3%), 속이기(3%), 신앙(2%), 주술(2%) 등이었고 이 중에서 성(Sex)이 사우디 사람에게 가장 중요한 주제였다.

대부분의 사우디아라비아 사람들은 전통적인 베두인 생활방식이었는데 석유가 사우디에서 발견된 이후에는 석유에서 온 부로 인한 모더니티 생활로 옮기어 갔다. 그러나 베두인의 많은 행동 방식과 사고 방식이 사우디 사람들의 의식 속에 남아 있다. 실제로 외견상 변화와 생활방식의 변화가 사우디 무슬림들에게 일어났지만 종교나 사고 방식에서는 이와 동일한 내적인 변화가 일어나지 않았다. 사우디아라비아 사람들은 컴퓨터, 인터넷, 모바일 폰 등 현대적인 테크놀로지마저도 사우디의 전통적인 문화를 지켜주는 도구일 뿐이라고 생각한다. 그래서 모바일 폰은 여성이나 사회의 다른 주제에 대한 농담을 퍼뜨릴 수 있는 도구가 되어 가고 있고 인터넷은 부족의 공상, 소문, 음모 등을 퍼뜨리는 데 사용된다. 모더니티, 부, 특권은 물론 미디어나 교육이 사우디인에게 새로운 사상의 내재화를 불러일으켜주지 않았다. 사우디아라비아는 부가 증가했는데도 많은 사람들이 아직도 베두인 조상들의 삶과 동일한 것을 추구한다. 그들에게는 사막과 도시 그리고 과거와 현재 간의 혼동이 계속되고 있다. 사우디 사람들이 궁전 같은 빌라에서 살아도 고향에는 작은 천막을 갖고 있다. 빌라는 사회적인 품위를 위하여 필요하고 천막은 빌라의 울타리 안에서 속박되는 것을 떠나 베두인의 자유를 즐기기 위함이다. 그리고 그들은 사람들에게 그가 말한 것과 그가 행동하는 것 사이에서 위선적인 행동을 한다. 가령 시골을 여행할 때 남자들은 현대적인 의상을 입고 여성들은 전통의상을 입게 한다. 이런 성별 구분된 역할과 행동이 장소가 바뀌면 서로 달라지는 경우가 있다. 사우디 여성의 행동과 의상은 문화와 긴밀하게 관련되어 있을 뿐만 아니라 종교적인 내용과도 관련되어 있다. 이런 종교적인 요소는 다양하여 한쪽이 다른 쪽보다 더 보수적이기도 하지만 대체적으로 행동의 윤리적 한계는 거의 같다.

전통적으로 무슬림들이 이슬람의 다섯 가지 기둥과 여섯 가지 믿음을 지키면 무슬림의 생활 속에서 높은 도덕과 윤리가 나타난다고 믿는다. 그래서 이슬람의 윤리는 이런 완벽한 무슬림이 되는 것을 목표로 한다. 알라가 명한 것과 금한 것을 그대로 따르는 것을 '타끄와taqwā'라고 하는데 타끄와는 알라가 명한 일에 알라가 무슬림을 부르고 알라가 금한 일에는 알라가 그를 제지하는 것으로 이해한다. 무슬림의 윤리는 이런 이슬람 원리에서 비롯되어야 하는데 그 윤리적인 덕목으로는 진실, 올바름, 품위, 용기, 다른 사람에 대한 사랑, 어른을 높이는 것, 어린 사람에 대한 애정, 형제애의 미소, 친절한 말, 약자 돕기, 약속 지키기, 신뢰, 좋은 이웃관계, 부모께 효도, 길을 막지 않기, 사람들에게 자비를 베풂(이흐산),[5] 여성과 고아 돌보기 등이 있다. 그리고 무슬림이 생활에서 버려야 할 것으로는 증오, 시기심, 거짓말, 배신, 부모에게 불순종, 교활과 음흉, 음주, 간음, 절도, 죽은 고기 먹기, 돼지고기 먹기, 주술, 여성의 명예에 대한 모략, 중상, 험담, 저주와 학대, 남을 조롱하는 일, 다른 사람을 모욕적인 호칭으로 부르기, 살인, 남에게 손해 끼치기, 도를 넘는 행위, 낭비, 속이기, 금지된 재물을 착복하기, 신경질적으로 화내기 등이 있다. 그리고 무슬림은 출신과 피부빛깔과 가문과 재산에 차별을 하지 않아야 한다고 말하지만 실제는 지역 간의 갈등, 아랍 국가 간의 갈등, 가문 간의 갈등, 빈부차이로 인한 갈등 등이 있다.

5_ 아랍어로 알라에 대한 진정한 예배를 '이흐산'이라고 하는데 이흐산이란 말에는 "자비를 베푸는 것, 완벽하게 하는 것"을 가리키고, 수피즘에서는 사람이 알라를 지금 보고 있는 것처럼 알라를 예배하는 체험과 이해를 중시한다. 알라가 지금 보고 있다고 생각하고 알라를 예배하는 것이 완벽함의 최고라고 생각하였다.

더 생각해 보기

한국과 아랍과의 관계에서 우리가 그동안 연구가 거의 없었던 주제 중의 하나는 북한과 아랍과의 관계사이다. 이집트의 오라스콤Orascom 통신회사가 북한에 핸드폰을 수출해 왔고 시리아, 리비아는 북한과 무기거래를 한 것으로 전해진다. 1980년대만 해도 아랍국가에는 김일성에 대한 책이 아랍어로 번역되어 시장터에서 팔리고 있었다.

2009년 한국의 어느 일간 신문에 한국의 신라와 아랍에 대한 기사가 실렸다. 그런데 아랍어를 아는 사람이면 아랍인이 만든 지도에 '신라'라는 단어가 모두 "as-sīlā(앗씰라)"라고 되어 있다는 것을 금방 알 수 있다. 물론 취재 기자는 "이렇게 멀리 떨어진 신라와 이슬람 상인이 어떻게 활발하게 교역을 했을까? 해답은 바로 신라 장보고 선단의 해양 네트워크에 있었다. 신라 무역 선단이 아랍 지역까지 갔다고 보는 역사학자는 거의 없다. 한국이나 중국 문헌에 신라와 아랍이 직접 교역했다는 내용이 없기 때문이다. 다만 신라 무역 선단은 당나라에서 이슬람 상인을 만나 거래했을 것으로 추정한다"고 결론을 맺었다. 그런데 그 기자는 '신라'라는 단어가 아랍인의 지도에 나타난 것을 보고 그것이 '신라'라고 했다. 그것도 동일한 단어가 여러 개의 섬에 표기되어 있고 그 지도에 나타난 아랍어 단어는 신라가 아닌 '앗씰라'이었는데 어찌 '신라'와 '앗씰라'가 같다고 할 수 있는가? 더구나 어휘 표기 방식에서 신라의 첫 음 'ㅅ'은 아랍어 자음 س 이 아닌 ش 이어야 하는데 그 지도에는 س 으로 되어 있었다. 아랍인들은 이 두 자음을 잘 구별하므로 만일 아랍인이 한국의 신라인에게서 그 단어를 들었다면 그 아랍인은 /s/가 아닌 /sh/로 표기했을 것이다.

더 질문해 보기

한국의 역사적인 내용과 아랍을 연관시키려 할 때 객관적인 학술자료와 연구 내용이 필요하다. 그리고 이런 자료를 어떻게 해석할 것인가가 중요한 과제라고 본다. 오늘날 아랍에는 신라, 고려, 조선과 관련된 역사적인 자료가 거의 없다. 그런데 왜 한국의 일부 언론들이 이런 심화된 연구결과 없이 부정확한 보도를 하는 이유는 뭐라고 생각하는가?

제 8 장

아랍의 언어

한국인과 소통을 위한 **아랍문화**

1. 셈어와 고전 아랍어

아랍어는 610년 아라비아 반도에서 이슬람이 태동되기 전에 이미 그 땅에 존재하고 있었다. 여러 방언으로 존재하던 아랍어는 당시 문어가 아닌 구어spoken였다. 아랍어 사용 지역의 북쪽과 북서쪽에는 아람어Aramaic 사용자들이 살았고 북서쪽에는 히브리어Hebrew 그리고 북동쪽에는 페르시아어Persian가 사용되고 있었다. 남서쪽에는 이집트의 콥트어Coptic가 있었고 남쪽에는 에티오피아어가 있었다. 오늘날 중동과 북아프리카에서 쓰이고 있는 셈어는 다음과 같다.

(1) 아랍어: 아라비아 반도, 북부 아프리카
(2) 암하르어Amharic: 에티오피아
(3) 히브리어: 이스라엘
(4) 현대 아람어: 뚜르 압딘(남부 터키), 만다이어(남부 이라크), 이란과 북부 이라크의 쿠르디스탄의 아람어, 시리아의 마을룰라

셈어 중 아람어는 언어 분류상 서로 대단히 유사한 방언들을 포함하고 있다. 샴 지방과 이라크 지역에 다양한 아람어 방언들이 퍼져 있었으며, 아람어가 고대 중동에서 국제 교통어lingua franca로서 사용되었다. 그리고 아람어에는 여러 유사한 방언들이 있었다. 이미 기원전 3000년의 아슈르 비문에 아람인들이 언급되었다. 그러나 아람어는 그

후 오랜 시간이 지난 후에야 글자로 기록되었다. 그래서 오늘날 전해 내려오는 가장 오래 된 아람어의 비문으로는 기원전 10세기의 것이다. 그 후 아람어는 복잡한 역사의 단계를 거쳤다. 아람어가 역사적 과정을 거치면서 고대 중동의 제국과 연관되었는데, 예를 들면 기독교 복음전파의 도구로서, 그리고 그리스의 학문을 아랍문명에 옮기는 수단으로서 시리얀어Syriac가 사용되었는데 시리얀어[1]는 중동 문명사에서 중요한 역할을 한 아람어의 한 방언이었다. 아람어는 히브리어처럼 오른쪽에서 왼쪽으로 쓰고 음소phoneme 중심의 언어이다. 사실 아람어는 앗시리아에서 초서체로 쓰이다가 나중에는 히브리어 글자를 빌려서 썼다. 그러나 기원 후 시리얀어가 등장하면서 시리얀어는 새로운 글자체를 사용하고 있다.

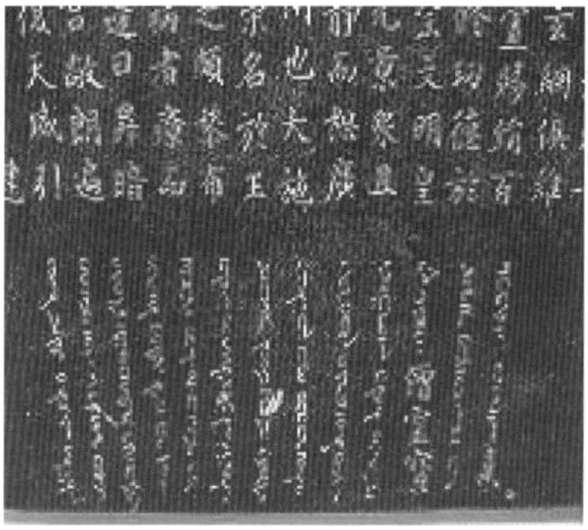

중국어와 시리얀어

오늘날 이라크와 시리아의 아람어는 아랍어와 많이 섞여 있어서 완전한 아람어 형태를 보기 어렵다. 이 지역에서는 아람어가 매일 일상 대화보다는 오히려 예배의 언어로서 더 많이 사용되고 있다. 성경에 사용된 아람어는 히브리어와 동일한 알파벳으로 쓰여 있다. 아람어와 히브리어가 동일한 북서 셈어족에 속하고 이 두 언어는 많은 공통된 어휘를 갖는다. 그래서 히브리어 어휘들을 알면 아람어 어휘와 공통

1_ 시리얀어는 13세기까지 하란 근처 에뎃사 지역에서 페르시아 지역까지 퍼져 갔다. 시리얀어는 3세기까지 번역에 쓰였는데, 특히 그리스 문명을 아랍문명과 접목시키는 도구가 되었다. 그리스 철학, 수학, 의학 등의 서적이 메소포타미아 에뎃사의 네스토리아파 학원, 시리아의 기독교 단성론자 학원, 나중에는 페르시아 준디사푸르 학원에서 아람어 또는 아랍어로 번역되어 이슬람 세계에 전해졌다. 5세기에는 교파가 달라서 동부 네스토리아 파(Nestorian, 경교)와 서부 야곱파(Jacobite)로 나뉘었다. 동부 아람어는 기원전 9세기부터 악카드 지역에서, 기원전 5세기에는 바빌로니아에서 쓰였고 아람어는 아랍어, 터키어, 쿠르드어 등에 섞이게 되었다.

된 것들은 금방 알 수 있다. 히브리어와 아람어에 사용된 알파벳은 페니키아phoenician인들에 의하여 창안되었다. 히브리어와 아람어는 자음 글자가 달라지면 소리가 달라지는 게 보통인데 두 언어가 가끔은 서로 다른 두 개의 자음이 동일한 소리를 갖기도 한다.[2]

아람어는 앗시리아 국가에서도 광범위하게 쓰여졌다. 기원전 625년 앗시리아 국가가 망했을 때 이라크가 페르시아 제국의 관할 하에 놓이자 이곳에 아람어를 도입하였다. 페르시아인들은 아람어를 국가전역에서 공식어로 인정하였다. 이로써 아람어가 이란에도 도입되었으며, 또 아람어는 페르시아의 확장과 함께 고대 중동지역에 도입되었다. 기원전 7세기부터 아람어는 국제어로 쓰여 페르시아 지역 사람들과 비페르시아 지역 사람들 간에 상업적, 정치적 교류에 쓰이고 고대 세계의 여러 지역에서도 사용되었다. '아람'이란 단어는 성경 창세기 '밧단 아람'에 나오는 어휘이다. 기원전 8세기 중반 다마스커스는 페니키아의 두로를 포함하여 북이스라엘과 동맹관계에 들어가고 유다로부터 지원을 얻고자 노력했다. 그런데 유다의 왕이 앗시리아assyria로 향하자 아람 국가는 디글랏빌레셀 3세tighlath-pilaser III에게 정복당하고 말았다. 이람의 정치적 권력은 거의 끝나가고 있었으나 그들의 언어는 잔존했다. 아람어는 여러 방언으로 나뉘었다. 이런 초기 아람어에 대한 증거는 다마스커스를 중심으로 하는 아람 왕국Aramaic kingdom에서 찾을 수 있고 이때를 고대 아람어Old or ancient Aramaic라고 부른다. 고대 아람어는 기원전 천년경(10세기부터 7세기까지)에 북부 시리아(알레포를 중심으로)의 비문에 나타난 언어인데 히브리어의 여러 특징을 공유하고 있었다. 그 다음 시기가 제국imperial의 아람어 혹은 표준 문학 아람어인데 기원전 6세기부터 4세기까지 페르시아 제국의 공식 행정용어이었다. 기원전 539년 페르시아가 바빌로니아를 패배시키고 아람어를 제국의 행정용어로 도입하였다.[3] 페르시아 제국이 이집트에서 인도까지 확장되자 아람어

2_ Frederick E. Greenspahn, An Introduction to Aramaic, Atlanta: Society of Biblical Literature, 2003, 13.

도 널리 퍼져갔다. 바빌로니아 포로에서 돌아온 사람들 중에는 아람어에 익숙한 사람들이 유대Judea의 지도자만 해당된 것은 아니었다. 그리고 다니엘서와 에스라서의 일부가 아람어로 기록되었다. 그리스어(헬라어)가 등장하기 전까지 유대인들에게 사용된 아람어는 어떤 도전도 받지 않았다. 예수 당시에 아람어가 팔레스타인에 널리 퍼져 있었고 이 시기의 아람어를 중기Middle 아람어라고 부른다. 페르시아 제국 이후에 아람어의 통일은 한 번도 이뤄지지 않았다. 이 시기에 방언들이 많아서 사해 두루마리와 신약에 나타난 방언들이 있었고 나바트인으로 알려진 아랍 부족들의 아람어 방언도 있었다. 그리고 시리아의 팔미라, 에뎃사Edessa 그리고 메소포타미아의 하트라Hatra 등의 아람어 방언들이 있었다.

· 후기 아람어의 분류

1. 서 아람어
(1) 팔레스타인 유대인
(타르굼, 예루살렘 탈무드)
(2) 팔레스타인 기독교인
(3) 사마리아인(아람어)
(4) 팔미라인
(5) 나바트 인
(6) 마을룰라

2. 동 아람어
(1) 북방
시리얀어syriac
동 시리얀어(네스토리아 파)
서 시리얀어(야곱 파)
토라니
펠리히
(2) 남방
① 탈무드(바빌로니아 탈무드)
② 만다이(만다. 야다)

3_ 위의 책, 7.

후기Late 아람어는 2세기부터 9세기까지 쓰여진 자료에 나타난 아람어인데 팔레스타인에서는 유대인 자료에 널리 사용되어 팔레스타인 탈무드, 미드라쉼midrashim과 여러 타르구밈targumim에 이 아람어가 사용되었고 유대교에서 개종한 기독교인과 사마리아 사람들의 자료에도 이 아람어가 사용되었다. 동부에서는 바빌로니아의 유대인(바빌로니아 탈무드), 만다이어, 시리아어syriac 자료에 이 아람어가 사용되었다. 시리아어는 동부와 서부 방언으로 나뉘었다. 마지막으로 현대 아람어는 다마스커스의 북쪽 50킬로미터에 위치한 마을룰라 산간지역에서 약 6천여 명이 쓰고 있고 터키의 동남부 뚜르 압딘에 사는 기독교인, 남부 이라크의 만다이어, 그리고 미국과 이스라엘로 이주해버린 이란과 이라크의 기독교인과 유대인들이 현대 아람어를 사용하였다.

탈무드는 구약성서의 주석으로 기원전 300년에서 서기 500년 사이에 쓰여진 것인데, 이는 히브리어 원문인 미쉬나(Mishna: 기원전 200-기원후 100년)라는 부분과 히브리 원문의 아람어 주석인 게마라Gemara라는 부분으로 되어 있다. 미쉬나는 구약성서의 원문이고 게마라는 미쉬나의 주석이다. 중세 히브리어는 교육과 종교어로 쓰였고, 유대 민족주의와 더불어, 특히 팔레스타인에서 현대 히브리어로 부활되었다. 오늘날 기독교 신학교에서 악카드어, 우가리트어, 아람어, 페니키아어(히브리어와 비슷함) 등 셈어 중의 하나와 헬라어, 히브리어를 가르치는데 그것은 히브리어와 이들 셈어가 서로 연결되어 있기 때문이다. 또 우가리트어(기원전 1200-1400년)의 동사체계와 아랍어의 동사체계가 너무나 유사하다.

나바트어는 나바트인들이 썼던 아람어 방언인데, 나바트인들은 시리아 남쪽과 아라비아 북쪽 끝에 살았던 아랍민족이다. 그들의 교통어lingua franca는 아람어였는데, 아람인에게서 글자를 배워 나바트 글자를 만들었다. 오늘날 아랍어 글자는 나바트 글자를 본따 만든 것으로 알려지며, 나바트 글자는 우가리트 글자와 간접적으로 관련된다. 가나안어 중에서 가장 중요한 언어는 히브리어이다. 구약의 대부분은 고대

아랍어

히브리어로 쓰여졌으나 창세기 31:47의 두 단어, 예레미아 10:11의 한 문장과 다니엘 2:4에서 7:28, 에스라 4:6-6:18, 7:12-26이 아람어로 쓰였다. 기원전 536년 바빌론 포로에서(왕하 25:11) 돌아오는 길에 유대인들은 아람어가 팔레스타인 지역에 두루 쓰였음을 발견한다.

610년 무함마드가 만난 와라까 븐 나우팔이 히브리어를 알았다고 하는데 일반적으로 500년경에는 바벨론 탈무드와 팔레스타인 탈무드가 있었고 그 당시 무함마드는 유대 커뮤니티를 만났다. 무함마드가 와라까 븐 나우팔에게서 유대 기독교적인Judeo-Christian 내용을 들을 수 있었다. 무함마드가 살던 시절에도 아랍어[4]는 주로 구어로 쓰였고 무함마드가 첫 꾸란 구절을 지브릴 천사로부터 들었을 때 그는 "나는 읽을 줄 모른다"고 답했다. 당시 문자생활이 흔하지 않았던 배경을 잘 설명해 주는 말이다. 또 서구의 꾸란 학자들은 시리얀어가 처음부터 꾸란에 존재하여 주요한 역할을 한 것에 주목해왔다.[5]

4_ 북부 아라비아에는 리흐얀어(Lihyanian, 기원전 2세기-서기 4세기)와 사무드어 thamudian, 사파이어(Safaitic, 1세기), 그리고 아랍어가 있었다. 아랍어 최초의 비문은 서기 328년으로 되어 있고, 리흐얀어와 히자즈 북부의 사무드어, 시리아 사막지대의 사파이어는 사어가 되었다. 남부 아라비아에는 해안가의 미나어Misaeans, 마으립의 사바어Sabaean, 아랍만에 이르는 까타반어Qatabanians, 그리고 하드라마우트어 Hadramautian가 기원전 8세기부터 서기 6세기까지 쓰였다. 남부 아라비아에 있는 방언으로는 마흐리Mahri, 하르수시Harsusi, 사흐리Shahri, 카라위, 소코트리 등이 있다.

5_ Emran el-badawi, Sectarian Scripture: The Quran's Dogmatic Re-articulation of the Aramaic Gospel Traditions in the late antique Near East, The University of Chicago, 2011, 35.

2. 현대 아랍어

아랍어는 페르시아어, 우르두어, 터키어, 소말리아어, 스페인어 등에 영향을 주었으며, 또한 아랍어는 악카드어, 아람어, 페르시아어, 터키어, 영어, 프랑스어, 이탈리이어, 인도어, 스페인어, 그리스어 등의 영향을 받았다. 가령 페르시아어와 우르드어는 아랍어 글자체를 가져다 쓰고 있고 지중해의 몰타 섬의 언어인 몰타어는 라틴어 글자체를 사용하지만, 몰타어는 아랍어와 이탈리아어가 혼합된 것이다. 아랍어는 스페인어와 포르투갈어에 많은 공헌을 했으며, 영어에 쓰이는 낱말 중에서 흔히 알고 있는 영ciper, 대수학algebra, 병기고arsenal, 해군대장admiral, 공원의 정자alcove, 알칼리alkali, 알코올aicohol, 레몬lemon, 설탕sugar, 커피coffee, 쌀rice, 샤르바트sherbet, 참깨sesame, 살구apricot, 생강ginger, 샤프론saffron, 캐럽carob 등이 아랍어에 어원을 두었거나 아랍어를 매개체로 하여 서구에 전달된 단어들이다.

20세기 아랍 민족주의가 융성할 때 아랍인들에게 아랍어는 민족주의자들의 주춧돌이었다. 아랍어는 아랍 문화의 보고이다. 고전 아랍어는 외국인에게 쉽게 읽혀지지 않을 만큼 어렵다. 그래서 고전아랍어로 쓰인 꾸란을 한국어로 번역 혹은 해설한 책들이 시중에서 볼 수 있는데 한국어로 정확하게 번역된 꾸란이 아직까지도 한국에 없다. 고전 아랍어는 의미를 전하는 내용뿐만 아니라 문체에 동일하게 비중을 두었기 때문에 오늘날 현대 아랍어 문체와는 사뭇 다른 경우가 많다. 고

전 아랍어가 갖는 언어적 위상은 대중아랍어의 위상과 다르다. 아랍인들은 대중 아랍어를 따로 배운다는 생각을 안 하고 그저 어려서부터 부모나 친구, 이웃으로부터 듣고 배운다. 고전 아랍어를 잘 구사하는 아랍인들을 오늘날 찾아보기 어렵다. 아랍어 전문가나 아랍어 학자가 아닌 아랍인들 중에 아주 극소수의 사람들이 고전 아랍어의 문법에 확신을 갖고 그가 쓴 문체를 설명할 수 있을 뿐이다. 영어나 한국어를 배우는 시간보다 더 많은 시간을 투자해야 아랍어를 잘 할 수 있기 때문에 아랍인에게 문맹들이 많다. 현대 문학 아랍어의 어휘들 중 50% 이상이 아랍인들이 매일 사용하는 대중아랍어와 다르다. 실제로 70년대 튀니지에서 6세 튀니지 아동들이 사용하는 어휘와 현대 문학 아랍어의 어휘를 비교해 보니 70% 이상이 서로 달랐다. 아랍어의 난해성은 고전 아랍어를 포함한 이런 문학 아랍어 때문에 문맹이 많다. 아랍 학생들이 학교에 가서 5-6년 아랍어를 배워도 아직 문맹에서 벗어나기 어렵다. 아랍 각국의 대중 아랍어를 문학 아랍어 대신에 사용하자는 주장들이 있었지만 성공하지 못한 것은 꾸란이 문학 아랍어로 쓰였기 때문이다. 만일 아랍인들이 대중아랍어만을 구사하면 아랍 문학과 아랍시를 아랍인들이 이해할 수 없게 될 것이다. 또 정치적인 주장으로는 푸스하(고전 아랍어 또는 현대 문학 아랍어)가 모든 아랍인들을 통합시켜주는 문화적인 힘force이라고 주장하나 실제 아랍인들은 푸스하를 잘 모른다. 아랍인들은 현대아랍어와 고전 아랍어를 '푸스하'라고 하면서 방언적인 악센트가 없는 표준말이라고 생각한다. 그러나 문화의 변화에 따라 7세기의 고전 아랍어와 21세기의 현대 아랍어는 문체와 언어 수행에서 차이를 보인다. 현대 아랍인들은 유럽언어에 많이 노출되면서 새로운 스타일의 말을 하고 있다. 현대 아랍어는 더 짧아지고 더 직접적인 반면에 고전 아랍어는 더 장황하고 서술적이다. 또 다른 차이로는 고전 아랍어의 어순이 동사-주어-목적어 또는 주어-동사-목적어인데 현대 문학 아랍어MSA는 어휘 자질이나 한정 그리고 담화나 의미적인 양상 때문에 대체 가능한 어순으로서 주어-동사-목적어의 어순을 갖는다. 대중 아랍어는 주어-동사-목적어의 어순이지만 아라비아 반도의 대중 아랍어는 사건 제시의 경우에 동사-주어의 어순을 갖는다. 그리고 현대 아랍어는 수동태를 덜 사용한다. 세대를 거치면서 아랍인들이 유럽어(영어, 프랑스)에 많이 노출되면서 유럽어에 속하는 문화를 얻어오기도 한다. 따하 후세인은 현대 아랍어가 더 직접적이고 덜 서술적이라고 했다. 오늘날 이집트 아랍인들은 바이타민 와우 혹은 바이타민 오(Vitamin wāw 혹은 O)라는 말을 사용하는데 이 말은 취업을 위하여 누군가 돕는 사람을 가리킬 때 사용하는 말이고 이와 같은 의미의 어휘로서 요르단에는 '와스따'란 말이 있다. 그런데 '바이타민 와우'라는 말은 영어와 아랍어 어휘를 섞어 쓴 표현이다. 이는 현대 아랍어에 새로운 언어적인 변화를 가져오게 한 일면으로 보인다.

21세기 아랍어는 모로코, 알제리, 튀니지, 리비아, 이집트, 수단 등의 북아프리카 국가와 사우디아라비아, 예멘, 오만, 아랍 에미리트, 바레인, 카타르, 쿠웨이트 등의 아라비아 반도의 국가, 그리고 이라크, 요르단, 레바논, 시리아 등 이른바 '비옥한 초승달 지역'에서 국어로 쓰인다. 심지어 이스라엘에 사는 팔레스타인 아랍인의 모국어도 아랍어이다. 아랍어는 전 세계 무슬림들이 금요 예배에서 사용하는 기도의 언어이기도 하다. 21세기 아랍어는 여러가지 문제를 안고 있다. 우선 7세기 꾸란에 근거를 둔 고전 아랍어와 현대 문학 아랍어가 어휘와 문체에서 상당한 차이를 보이고 있고 문법적 사용에서도 고전 아랍어의 문법 사항 중 일부가 현대 문학 아랍어에서 사용되지 않고 또 현대 문학 아랍어만이 갖는 독득한 표현법과 어휘들이 있다. 대중 아랍어 방언들은 고전 아랍어와 현대 문학 아랍어와 어휘, 형태, 통사, 음운에서 서로 다르다. 이런 차이 때문에 오늘날 현대 문학 아랍어와 대중 아랍어는 서로 별개의 상황에서 사용되고 있다. 모로코와 튀니지의 대중 아랍어를 제외하고는 대부분의 대중 아랍어에서 명사의 쌍수형이 아직 남아 있다. 그리고 베두인 방언을 제외하고 대중 아랍어에서 명사의 여성복수형과 남성 복수형의 차이가 없어져서 이제는 남성 복수형이 사용된다. 이집트 무바라크 전 대통령은 현대 문학 아랍어로 연설하였는데 그의 아랍어 실력은 상당한데도 현대 문학 아랍어의 'ㅈ/j/' 자음을 이집트 대중말에서 사용하는 'ㄱ/g/'으로 발음하였다. 요르단 압둘라 국왕이 왕으로 즉위하고 나서 그가 현대 문학 아랍어로 선서를 하였는데 그의 발음은 상당히 어눌하였고 현대 문학 아랍어를 썩 잘하지 못하였으나 몇 년이 지나서 그의 아랍어가 크게 나아졌다. 오늘날 아랍인들이 현대 문학 아랍어를 일상생활에서 대부분 사용하지 않고 대중말 아랍어를 주로 사용하기 때문에 아랍인이 현대 문학 아랍어로 연설하는 경우 언어 구사에서 서로 다른 실력을 보여준다. 대중말 아랍어는 아랍 국가마다 상당한 차이를 가지고 있어서 만일 요르단 대중말 아랍어를 배웠다면 이집트에 가서는 이집트인들의 대중말 아랍어를 배워야 한다. 오늘날 아랍인들에게서 현대 문학 아랍어에 쓰이는 28개 자음의 표준발음을 제대로 배우기가 어렵다. 그들이 아랍 국가마다 서로 다르게 발음하기 때문이다.

마그립 지역(모로코, 알제리, 리비아, 튀니지)의 대중말 아랍어는 프랑스어의 영향이 커서 마쉬리끄(이집트와 아라비아반도 국가들)의 대중말 아랍어와 크게 다르고 마쉬리끄 아랍어 중에서 이집트 대중말은 다른 아라비아 반도의 아랍어와도 크게 다르다. 아랍인들이 이집트 대중아랍어로 된 드라마를 가끔 보기 때문에 드라마 속에서 사용된 이집트 대중 아랍어를 어느 정도 이해하기는 하나 그 이해도가 완벽하지 않고 이집트 밖의 아랍국가에 사는 아랍인들은 일상생활에서 이집트 대중말을 사용하지 않는다. 요르단사람이 걸프 지역(카타르, 바레인, 쿠웨이트, 아랍에미리트 등)에 가서 그들과 소통하려고 할 때 금방 그들의 말을 이해하기 어렵고 요르단 사람이 모로코나 알제리 등 요르단에서 먼 아랍 국가에 가면 통역이 필요할 지경이라고 한다. 이런 현상은 모든 아랍인들에게 적용된다. 물론 사우디아라비아 무슬림이 모로코 무슬림과 소통하려고 할 때에도 금방 서로 의사소통을 하지 못한다. 대부분의 아랍인들은 현대 문학 아랍어를 사용하지 않고 대중말 아랍어를 사용하고 현대 문학 아랍어는 일부 지식층에게만 사용된다.[6] 여러 아랍 국가들의 아랍인들이 서로 소통하기 위한 언어는 현대 문학 아랍어라고 하지만 대부분의 아랍인들이 자기 나라에서 현대 문학 아랍어를 구사하려고 하지 않고 해당 국가의 대중말 아랍어를 사용하므로 현대 문학 아랍어의 실력은 상대적으로 뒤떨어져 있다.

아랍 사회와 문화를 이해하려면 아랍어를 배우는 것이 필수다. 그런데 아랍어를 배우려고 한다면 어느 아랍어를 배워야 할지 금방 답이 나오지 않는다. 현대 문학 아랍어를 구사하는 사람들 중에 전문가 수준의 아랍어를 숙달한 사람이 극소수이다. 요르단 대학교 교수들이 현대 문학 아랍어로 쓴 논문이 문법적으로 부정확하여 다시 아랍어과에 의뢰하여 교정을 보게 한 적이 있었다. 다시 말하면 오늘날 아랍인들이 현대 문학 아랍어에 약하고 더구나 꾸란의 아랍어는 아랍인들에게도 어렵다. 그래서 7세기의 꾸란의 아랍어를 이해하려면 꾸란의 어휘 의미가 현대 문학 아랍어의 어휘 의미와 어떤 차이가 있는지를 알아야 한다.[7] 사실 언어는 말하기가 중요하다. 아랍에 여행을 하거나 아랍인들과의 교류를 원하는 사람이라면 현대 문학 아랍어로 된 글을 읽기보다는 대중 아랍어로 된 회화나 대화에 더 치중하는 게 낫다. 그런 경우에는 아랍 국가마다 각기 다른 해당 국가의 대중말 아랍어를 배워야 한다. 대중말 아랍어는 다음과 같이 지역적인 구분에 따라 다섯 가지로 나뉜다.

(1) 북아프리카: 모로코, 알제리, 튀니지, 리비아, 모리타니 아랍어 [토착어는 베르베르어(아마지기)]

(2) 이집트 수단: 이집트 아랍어(토착어는 콥트어,[8] 나일어nilotic이고

6_ 공일주, 아랍어의 이해, 제 1장과 제2장 참조.

7_ 이와 관련된 자세한 설명은 아랍어의 이해(공일주)를 참조하시오.

8_ 이집트에서 콥트어가 아랍어로 대체된 이유는 압둘라 븐 압둘 말리크가 706년 아랍어를 유일한 행정용어로 사용하게 하고 715년에는 칼리파 왈리드 1세가 그리스어의 사용을 금하니 콥트어- 아랍어 이중언어 화자들이 늘어났다. 그러나 콥트어가 없어진

과거에 터키어의 영향을 받음)와 수단 아랍어

(3) 비옥한 초승달 지역: ㉠ 레반트어: 레바논, 시리아, 팔레스타인 아랍어(토착어는 아람어, 페니키아어, 가나안어) ㉡ 이라크: 이라크어(토착어는 아슈르어, 갈대아어, 파르시어, 터키어)

(4) 아라비아 반도: 요르단, 사우디아라비아, 예멘, 쿠웨이트, 바레인, 카타르, 아랍 에미리트, 오만 아랍어(토착어는 유목민 방언이나 아람어 혹은 걸프지역의 파르시어, 남부 아라비아어)

위 분류에서 레반트 지역과 이집트 수단 지역의 사람들은 다른 지역권에 비하여 서로의 말을 이해하는 데 비교적 어려움이 적다. 그러나 북아프리카의 아랍어, 이라크 아랍어, 아라비아 반도의 아랍어들은 아랍인들이 이해하기에 비교적 어렵다. 이들 대중 아랍어 간에 문법적인 차이도 있지만 가장 차이가 나는 부분은 역시 어휘 영역이다. 아랍 국가들 중에서 자신이 여행하려는 국가에서 사용하는 대중 아랍어를 배워야 그 나라에 가서 의사소통하는 데 어려움이 적다. 예를 들면 요르단에서는 '발따기'라는 어휘를 사용하지 않으나 이집트에서는 이집트 신문에 자주 사용되고 있고 우유와 요구르트라는 아랍어 어휘 '라반laban'과 '할립halib'이 요르단, 시리아, 이집트에서 서로 어떻게 다르게 쓰이는지를 알아야 물건을 사는 데 혼동이 되지 않는다. 대중 아랍어 간의 차이를 알기 위하여 다음 몇 가지 예를 살펴보자.

(1) 약간 차이가 나는 어휘들

이집트 아랍어	와라아wara'a(종이)
사우디 아랍어	와라가waraga(종이)

결정적인 이유는 콥트 기독교인에 대한 경제적인 억압과 종교적인 핍박 이외에 알하킴 비아므르 일라(996-1020)가 콥트어를 공공장소와 집에서 사용하지 못하게 한 것이었다. 그렇지만 13-14세기까지도 대부분의 이집트인들은 아랍어를 제대로 구사하지 못했다.

모로코 아랍어　　웨르까werqa(종이)
수단 아랍어　　와라그warag(종이), 서류=waraga, awraag

요르단 아랍어　　자밀jameel(아름다운)
모로코 아랍어　　즈밀jmil(아름다운)
이집트 아랍어　　가밀gameel(아름다운)
수단 아랍어　　자밀jamiil(아름다운)

사우디 아랍어　　타길tageel(무거운)
튀니지 아랍어　　사낄thaqeel(무거운)
레바논 아랍어　　티일ti'eel(무거운)
수단 아랍어　　타길tagiil(무거운)

(2) 완전히 다른 말들

· 어떠세요?
레바논 아랍어　　케팍keefak?
이집트/수단 아랍어　　이제이약izzayyak?
이라크 아랍어　　쉴로낙shlownak?
튀니지 아랍어　　쉬니야 하왈락shniyya hwalak?

· 지금
모로코 아랍어　　다바daba
이집트 아랍어　　닐와으티dilwa'ti
요르단 아랍어　　할라halla'
사우디 아랍어　　다힌daheen
수단 아랍어　　핫싸hassa'

· 좋아요
레바논/요르단 아랍어　　므니흐mneeh

쿠웨이트 아랍어	제인zayn
모로코 아랍어	미즈얀mezyan
이집트/수단 아랍어	꾸웨이스kwayyis

아랍인들은 각국마다 어느 아랍어가 표준말이냐고 물으면 각자 자기 나라 말이 가장 순수하고 고전 아랍어(푸스하)에 가깝다고 말한다. 물론 어느 면에서는 한 아랍 국가의 아랍어가 푸스하에 가까울 수 있으나 다른 측면에서 보면 다른 나라 대중 아랍어가 푸스하에 가깝다. 일부 학자들은 비아랍어의 영향으로부터 격리된 사우디아라비아의 나즈드 방언이 푸스하에 가깝다고 하나 이 말 역시 정확한 말은 아니다. 아랍인들은 유목민(베두인)의 방언을 준-고전 아랍어라고 여겼는데 사실 오늘날 유목민들은 도시민의 아랍어와 크게 달라서 실제 한국인이 푸스하를 배우는 데 일부러 베두인들을 찾아갈 필요는 없다. 마쉬리끄(동부지역) 사람들은 대체로 마그립(서부 지역)의 대중 아랍어를 이해하기 너무 어렵다. 동부지역 대중아랍어와 서부 지역 대중 아랍어 간의 주요 차이는 발음과 어휘에 있고 또 강세 차이가 있고 방언들 간의 문법에서도 차이가 난다. 모든 아랍인들이 해당 국가의 대중 아랍어를 사용하므로 외국인은 해당 국가의 대중아랍어를 배우는 것이 좋다. 어느 한 아랍 나라에서 그 나라 대중말을 잘했다고 해서 다른 아랍 국가에서 사람들과 소통이 잘 되지 않을 수 있다. 심지어 아랍인들끼리도 서로 소통하는 데 어느 정도 시간이 필요한데 한국인이 아랍 국가 20여 개국의 대중 아랍어를 모두 섭렵하기란 쉽지 않다.

3. 아랍 무슬림의 아랍어와 아랍 기독교인의 아랍어

아랍 무슬림의 아랍어

아랍인들 중에는 아랍 기독교인과 아랍 무슬림이 있다. 아랍 기독교인들은 자신들의 교회에서 매주 만나면서 아랍 기독교인들끼리 사용하는 아랍어가 있는데 이것을 '기독교인의 아랍어'라고 부르고 아랍 무슬림들이 모스크에서 만나거나 무슬림들끼리 만나면서 사용하는 아랍어를 '아랍 무슬림의 아랍어'라고 부른다. 사우디아라비아의 대중 아랍어를 중심으로 아랍 무슬림의 아랍어 특징을 살펴보자. 사우디아라비아의 아랍인들은 '알라Allāh'라는 단어를 이슬람 종교적인 상황과 세속적인 상황에 사용한다. '알라'라는 어휘가 포함된 종교적인 어휘와 구절이 매일 아랍인의 언어에 사용된다. 이를테면 '왈라히(wa-allāhi, 맹세코)' 그리고 비스밀라히(알라의 이름으로)는 종교적인 어휘로 사용되지만 왈라히가 "진짜예요really?, 물론sure, 정말로indeed" 등의 의미로 사용되면 알라Allāh는 문화적인 의미로 사용된 것이다. 사우디 말의 언어적 형태는 그들이 관여하는 사회적 집단들에 따라 나뉘는데 화자의 출신지, 나이나 성 등 개인의 특징에 따라 구분된다. 자주 반복되는 언어적인 형태는 지역과 나이 그리고 여성들이 사용하는 형태와 이들 간에 공통적으로 쓰이는 형태 등 4가지로 구분할 수 있다. 다른 사람에 대한 존경을 표시하는 문화적인 가치를 전달해 주는 아랍어 표현으로 <알

라이하이익Allāh yehayik>은 사우디 리야드와 나즈드Najd의 일부 지역에서 그리고 그 밖의 아랍 국가에서 아랍 남성들이 손님을 환영할 때 자주 쓰는 말이다. 이 표현은 존경을 나타내고 연장자에게 자주 사용된다. <야 바으드 하이 와마이티ya ba'd hayī wa-maytī>(너는 살아 있는 자와 죽은 자 모두 중에서 나에게 속한 가장 유일한 사람이야)는 사우디 하일Hā'il 지역에서 사용하는 말인데 연인들이 사용하고 시적이어서 감정적인 의미를 전달하고 있다. 원래는 두 연인끼리만 사용하던 표현이었던 것이 나중에는 그들이 실제 연인이냐 아니냐 상관없이 서로 친한 사람끼리 상대방의 가치를 드러내기 위한 표현으로 사용한다. 이 표현은 화자가 상대방에게 대단한 관심을 갖고 있을 때 사용하는데 이 구절이 갖는 본래의 문자적인 의미가 사라진 것이다. <따왈 알라 오므락twal Allāh omrak>(알라가 너의 생명을 길게 해 주시기를 빈다)는 말은 사회의 고위층 특히 왕가에게만 사용한다. 이처럼 어느 특정 지역(하일 지방)이나 연인끼리 혹은 특정 사회 계층에게만 사용하는 이런 표현들은 아랍어 교과서에서는 배울 수 없는 표현들이다.

아랍어 표현들 중에는 매일 자주 반복하는 문구들이 있다. 어른이 혼내려는 것을 재고하여 달라고 할 때 아이들이 <야흐파작 알라 yahfazak Allāh>(알라가 지켜 주시기를 빕니다)라고 어른에게 말한다. 어른은 <인타 티스마으니Inta tesm'nī>(너 내말 듣고 있니?) 또는 <아아리프 'Ārif>(알고 있는 거야?)라고 말한다. 아이들이 자주 사용하는 말 중에는 <왈라히wa-allāhī>(네, 맹세코) 등이 있다. 이런 반복되는 구절은 서로 다른 상황에서 사용되는데 어떤 표현은 이야기를 하거나 극적인 사건을 다시 이야기하는 경우에 사용하고 또 대화 중에만 사용되는 표현들도 있다. 이런 구절은 청자가 누구냐 그리고 대화하는 주제가 뭐냐에 따라 달라진다. 아랍 여성들이 남성들보다 더 많이 사용하는 특정 표현들이 있는데 그 중에는 <야 와일리yawaylī>(제기랄), <야 랍비ya-rabbī>(오! 나의 주님), <야 랍바yarabbāh>(오! 나의 주님), <윰마yummah>(나의 어머니), <야크티ya-khtī>(나의 누이여), <야 카이야티ya-khayytī>(나의 누이야),

<야 깔비ya-qalbī>(나의 심장이여), <야 오유니ya-'unī>(나의 눈이여) 등이 있다. 이런 표현들의 대부분은 부르는 말 '야'로 시작하고 '야'는 원래는 사람을 부를 때 쓰이는 말인데 화자의 관심을 이끄는 기능을 한다. 위 표현들은 여러 상황에서 쓰이고 상황에 따라 달리 사용되기고 한다. 화자가 부연 설명하거나 이미 들은 것을 중계하려고 할 때의 표현법은 이야기나 사건을 말할 때와 다르다. 위 일부 표현들은 순종적인 여성의 입장을 잘 나타내는데 그 예로 <야 와일리yawaylī>와 <야 랍비ya-rabbī>, <야 랍바ya-rabbāh> 그리고 <야 오유니ya-'unī>와 <야 깔비ya-qalbī> 등이 있다. 이런 표현은 여성의 두려움이나 여성이 도움을 구하거나 보호를 구하는 경우이다. 그러나 많은 아랍 여성들이 두려움이나 도움을 구하는 일에 사용하지 않고 그 대신에 특정 생각에 관심을 끌기 위한 목적에서 사용하거나 상대 여성에게 말할 때 자신의 감정적인 면을 강조하기 위하여 사용하기도 한다. 그런데 아랍 여성이 이런 표현을 남자에게 사용할 때에는 그 의미는 순종의 의미를 갖는다.

아랍 여성들은 더 애정이 담긴 말을 사용하기도 한다. 그 중에 <야 하비비yā habībī>(나의 사랑하는 사람아)를 남성에게 그리고 <야 하비바티yā habībatī>(나의 사랑하는 사람아)를 여성에게 사용한다. 그리고 <야 갈리yā ghālī>(귀중한 사람아)는 남자에게 <야 갈리야yā ghāliyah>(귀한 사람아)는 여성에게 사용한다. <야 하야티yā hayātī>(내 생명이여)라는 말도 사용한다. 많은 여성들은 이렇게 감정이 실린 어휘들을 친밀한 감정이나 사랑 혹은 애정이 담긴 표현으로 사용하지 않고 습관적으로 잉여적인 언어적 표현으로 사용한다. 그러므로 여성들이 이런 표현을 다른 여성에게 말할 때 그 목적은 대개 더 가깝게 친하게 지내자고 요구하는 의미가 들어 있고 만일 여성이 이방인이거나 한번 만난 적이 있는 사람에게 이런 표현을 사용하는 것은 청자가 좋은 감정을 갖게 하거나 환영받는 느낌을 전달하기 위한 목적에서다. 그러나 이런 감정적인 표현을 여성이 남자에게 사용한다면 문제가 생긴다. 아랍 문화에서는 품위 있는 여성이 이런 애정이 담긴 표현을 남자에게 부드럽게 그리

고 친밀하게 말하는 것을 권하지 않기 때문이다. 아랍사회는 그런 말을 무슬림 남자가 고상하다고 받아주지 않는다. 그러므로 남자와 여자는 부부나 형제 자매 관계처럼 친한 관계가 아니면 이런 애정이 담긴 표현을 피하려 한다. 이런 애정이 담긴 표현을 항상 좋은 감정을 전달할 때 사용하는 것이 아니고 때로는 빈정대고 비꼬는 말로 적대적인 감정을 전할 때 사용하기도 한다. 여성들은 대개 욕설로 노골적이고 적대적인 표현을 사용하려 하지 않기 때문에 이런 긍정적인 표현을 부정적인 의미로 사용하기도 한다.

아랍어 일부 표현들 중에 성과 나이, 그리고 출생지역을 넘어서 공통적으로 사용되는 표현들이 있다. 제이 키다zay kidah(그건 이와 같아)는 사우디의 히자즈 지역에서 쓰이는 말인데 이제는 사우디아라비아 전체에서 사용하고 또 다른 표현은 사회적·경제적 차이가 없이 모든 사람들이 사용하는데 그 예로 알하끼까alhaqiqa(사실은), 알와끼이alwāqi'(현실은), 인타 마아야intah- m'āyah(너는 나를 따르고 있니), 따이입tayyib(좋아, 만족해), 하자 후와hā zā huwā(이게 그거여), 에쉬 이스무후(그의 이름이 뭐야), 야으니 ya'nī(무슨 말인가 하면), 아이 나암ay-na'am(네, 그럼요) 등이 있다. 이런 반복되는 말은 사우디아라비아에서 사용하는 말이지만 이 중 일부는 그 밖의 아랍 국가에서도 사용된다. 아랍인의 말 속에 문학 아랍어와 대중 아랍어가 섞여 있다. 사우디아라비아의 대중 아랍어는 다른 아랍 이슬람 국가처럼 종교적인 어휘들을 많이 사용한다. 사우디아라비아는 주로 시리아와 이집트 출신의 무슬림 교사들을 많이 받아들였는데 그 일부는 무슬림 형제단도 끼어 있었다. 또 사회적으로 주변화되었던 사우디아라비아 내 집단들이 그들의 지역적인 언어적 말투를 버리고 공통적인 종교적인 표현을 사용함으로써 주류 무슬림세계로 나아가려 한다. 그러므로 종교적인 말씨는 어느 정도 사람들을 보호하게 해준다고 여긴다. 종교적이고 이데올로기적인 영향은 일부 무슬림들에게 더욱 보수적인 사상을 갖게 되는 원인이 되었다. 그 한 예로 주하이만 알우타이비Juhaymān al-Utaybī가 보수적인 종교 운동을 시작하여 사우디아라비아 국가를 폭력을 써서라도 전복시키자고 했다. 그는 당시 사우디 정권이 비이슬람적이라고 주장했다. 1979년 그가 사우디의 메카를 점령한 뒤 공격을 감행하는 도중 경찰에 체포되기 전까지 몇 명의 무슬림을 살해하기도 했다. 그는 곧 재판을 받은 후 처형되었다. 이런 일이 생긴 뒤에 사우디 정부는 종교학자들의 제재를 완화하고 그들이 자유롭게 신앙생활을 하도록 허락했다. 주하이만 사건이 일어난 것은 종교적인 가르침에 너무 제한과 규제가 많았기 때문이라고 생각했던 것이다. 그런데 이런 정책은 사우디아라비아 정부의 손아귀에서 벗어난 사람들이 그들의 종교적인 보수를 더 확고하게 뿌리내리는 결과를 낳았다. 교육제도와 언론 매체가 사람들의 생각의 자유로운 교환보다는 보수적인 종교인들의 영향을 더 많이 받게 했다. 구소련에 대한 아프간의 싸움은 사우디아라비아인들에게 더 많은 보수성을 강화시켰다. 아프가니스탄의 아랍 전사들과 소식을 주고 받으면서 사우디인들은 그들이 전에 알지 못한 새로운 사상, 즉 이슬람의 통합과 정부의 전복 등을 다시 인식하게 되었다. 걸프 전에서 갑작스럽게 당한 사우디인들은 그들의 사고와 행동이 바뀌게 되었다. 1990년 쿠웨이트가 이라크에게 점령당하는 것을 본 사우디인들은 국제 사회에서 정의가 없다는 것을 알게 되었고 쿠웨이트가 해방된 후에도 개인이나 집단이 안전하지 않을 수 있다는 것을 알게 되었다. 사우디아라비아의 학교와 집에는 쿠웨이트인들이 몰려들어왔고 이 혼란스런 상황에서 미 여군들이 거리를 활보하는 것을 보게 되었다. 많은 사우디 사람들이 이슬람 종교에서 피난처를 구하였기 때문에 종교심이 개인의 안정을 가져다주는 가장 중요한 요인으로 간주되었다. 이 시기에 종교적인 토론과 설교가 증가하였고 세속주의와 모더니티에 대한 두려움을 표현하였다. 1990년대는 이런 이데올로기를 지지하는 세대들이 등장했다. 그래서 알라가 포함된 종교적인 어휘가 사회 · 경제 · 문화 · 심리적인 요인 때문에 자주 사용되었다. 한 사람이 종교적인 사람이 되면 그는 음악을 듣는 것을 피하고 금연하고 구별된 옷차림을 하고 머리에 헤드밴드를 하지 않은 채 자주 "평화와 알라의 자비가 너에게 있기를 바란다"(앗쌀라무 알라이쿰 와 라흐마툴라히 와바라카투후)라는 말을 반복한다. 사우디아라비아에서 이런 종교적인 특징을 갖는 표현들이 많아졌고 이런 표현들은 특정한 형식을 갖고 있었다. 이런 언어적 표현은 청자에게 긍정적인 영향을 주어 화자와 더 많이 대화하게 하는 긍정적인 종교적 표현이 되었다. 두 번째는 대개 종교적인 극단주의가 사용하는 이슬람 종교적인 목적의 부정적인 종교어휘들이 있는데 분노와 증오 그리고 상대를 꺼려하게 하는 내용들이 들어 있었다. 부정적인 표현으로는 "알라가 너의 혈관의 피를 얼게 하여 주기를 바란다", "알라가 너를 다른 사람들의 조롱거리가 되게 하기를 바란다" "알라가 그들이 고통 받게 해주기를 우리는 보게 될 날이 있기를 기대한다", "알라가 그들을 빨리 죽게 하기를 빈다", "알라가 그들의 결점을 드러나게 하여 멸망시켜주기를 바란다" 등이 있다.

알라 안의 형제 자매 사우디아라비아에서 '알라 안의 나의 형제 또는 자매'라는 말은 종교와 사회 집단과 관련된 말이다. '알라 안에서'라는 말은 세상적인 이득을 취하려는 의도는 없다는 것을 강조하는 말이다. 나의 형제(아키, akhi)라는 말은 보이지 않는 거대한 힘과 연관되는 형제애를 강조하는 표현이다. 이 어휘는 이슬람 문화에서 친절한 우정의 관계를 나타내는 말이다. 화자의 의도로 청자의 마음을 바꾸는 공손한 의미가 들어 있다.

알라가 보상해 주시기를 빈다 상대가 화자에게 서비스를 해주었을 때 칭찬하는 말이다. 감사하다는 말 '슈크란'과 같은 말이다. 사우디 문화에서 여성이 잘 알지 못하는 남자에게 자신의 감정을 표현하는 것은 얼굴을 찌푸리게 하는 행동으로 여겨진다.

알라에게 피난처를 구한다 이 말은 잘못으로부터 용서를 구하는 기도로 사용하는 말이다. 그 근원은 종교의식과 관련된 표현이지만 지금은 대개 이 표현을 습관적으로 사용한다. 무슬림이 어떤 것에 나쁜 감정을 가질 때 불만을 표현하는 비종교적인 상황에 사용된다. 또 화자가 사소한 것으로 간주한 것이 실제는 예상을 뛰어넘는 경우에 사용된다. "알라에게 피난처를 구한다. 이 일에 우리 여동생에 대한 처벌은 너무하다" 등과 같이 이 표현 뒤에 청자가 놀랄 일이나 정상적이지 않은 일이 언급된다. 위 표현에서는 여동생에 대한 처벌이 너무 심했다는 것이다. 화자가 어느 잘못에 대한 처벌에 대하여 자신의 종교적 신앙을 표현할 때 그것에 대하여 화자가 놀라고 두려워하는 것은 청자의 기대와는 다른 것이다. 화자가 놀랐다는 것은 그 처벌이 과했다는 것을 의미한다.

알라는 가장 위대하다 (알라후 아크바르) 이 말은 무슬림들의 기도 전이나 기도 중에 들을 수 있는 흔한 표현이다. 알라의 위대함을 표현하는 말이고 이 구절을 사용하는 사람에게 알라의 위대함이 드러나고 놀람이나 경이로움을 표현할 때 사용한다. 2012년 홈스에 시리아 정부군이 포탄을 떨어뜨릴 때 집안에 있던 무슬림들이 집 밖으로 나오면서 '알라후 아크바르'라고 했다. 연극에서는 유머스런 상황에서 박수 갈채 대신에 이 말이 사용되는데 가령 "알라는 가장 위대하시다. 내 누이여, 알라 안에서 얼마나 내가 너를 사랑하는지!"라고 말할 때 사용한다. 화자가 강의를 시작하기 전에 종교적인 표현을 사용하여 청자들의 주의를 환기시키려 할 때 이 말을 사용하기도 한다. 이런 표현을 사용하면 심지어 사랑에 대한 개인적인 이야기를 할지라도 그 속에 종교적인 함의가 있다는 것을 암시한다. 또 적에 대한 승리를 표현할 때에도 이 표현을 사용하고 또 사람이 이 말을 하기 전에 혼란스런 일을 당한 경우, 이 말을 한 다음에 그가 어려운 일을 당하고 있음을 표현하기도 한다.

알라가 돕는다 알라가 돕는다는 표현은 놀람이나 흥분을 나타낸다. 두 사람 간의 대화에서는 둘 중 하나가 그 이야기를 마치고 싶다는 신호로서 이 말을 한다. 또 하나의 화제에서 다른 화제로 넘어갈 때 사용하기도 하고 만일 과거 시제로 표현할 때는 현재의 화제가 지나간 일이거나 거의 잊어왔던 것일 때 이 표현을 사용한다. 가령 "알라가 돕는다. 형제! 사이드에 대하여 네가 말하는 것을 난 모르겠다"와 같은 표현이다. 그런데 "알라가 돕는다"는 말을 주어와 술어 사이에 놓은 경우에는 화자가 제 3자를 흥분시키는 역할을 한다. 그리고 이 표현 대신에 "수브하날라 또는 알라후 아크바르"가 사용되면 "알라가 돕는다"는 말보다 더 분명하게 놀랐음을 전한다.

알라가 너에게 복을 주시기를 빈다 이 표현은 축복, 성장, 행복과 다른 좋은 일이 포함된 말이다. 기도 대신에 가족이나 사랑하는 사람에게 사용하는 표현이다.

알라가 너에게 좋은 것으로 보답해 주시기를 빈다 "알라가 너에게 보상해 주기를 빈다"를 대신하여 사용하거나 "감사하다"는 말 대신에 사용한다. 그러나 단순히 "감사한다"라는 표현보다는 기도의 의미가 포함되어 있다. 어떤 무슬림은 감사도 아니고 기도의 의미도 아닌 상황에서도 이 말을 사용한다. 가령 "알라가 너에게 좋은 것으로 보답해 주기를 빈다. 어제 너 어디 있었는지를 나에게 말해다오", "인샤알라, 내일 만나자, 알라가 너에게 좋은 것으로 보답해 주기를 빈다" 등이 있는데 이런 경우에는 "감사하다"는 말로 대체할 수 없다.

알라에게 영광이 있기를 빈다(수브하날라) 이 표현은 놀람이나 책망(비난) 등 감정적인 흥분을 표현하는 말이다. 물론 놀란 경우에도 사용하고 과장할 때도 사용한다. "알라에게 영광이 있기를 빈다. 내가 해가 지기 전에 집을 떠나 늦었다", "형제여! 수브하날라, 어떻게 지내니" 등의 예문에서는 놀람이나 책망의 의미가 사라져 버렸다.

알라가 너를 인도하여 주길 빈다

이 표현은 성공을 허락해 달라고 알라에게 기원하는 것으로서 <바라칼라후 픽bārak Allāh fīk>(알라가 너에게 복을 주기를 빈다)이나 <하닥 알라hadāk Allāh>(알라가 너를 인도하여 주기를 빈다)와 닮은 표현이지만 흔히 꾸지람으로 사용되기도 한다. 이 표현은 일반적인 사용에서 <바라칼라후 픽bārak Allāh fīk>에 더 가까우나 청자에 대한 의사소통적 기능에서는 다르다. 일례로 "알라가 너를 인도하여 주길 빈다. 이것은 책이 아니고 참고서다" 또는 "네 형이－알라가 너를 인도하여 주길 빈다－잘 되는 길은 네가 늦게 도착하는 것이다" 등의 표현이 있다. 위와 같은 예에서 위의 첫 문장은 화자에게 페이지 번호나 참고서의 이름을 찾도록 그에게 시간을 주는 데 사용된다. 학생에게 교육이 너무 힘들어지는 것을 덜어주기 위함이고 두 번째 예문은 청자의 감정을 건드려 그 마음을 얻기 위함이다. 그러나 첫 문장의 문자적인 의미는 간구의 의미이다. 청자가 실수하고 있다고 생각한 화자는 알라가 청자를 인도하여 바르게 행동하여 주기를 알라에게 기원한다. 이런 간구는 청자에게 긍정적인 감정을 준다. 따라서 청자는 비난당하지 않고 자기의 실수에 대한 흠을 받아들인다.

알라 이외에 신이 없다

<라 일라하 일랄라Lā ilāha illā Allāh>(알라 이외에 신이 없다)는 이슬람 의례에서 자주 반복되는 말인데 기도하러 오라고 할 때뿐만 아니라 여러 상황에서도 쓰인다. 화자가 정보의 일부를 잊었을 때 그가 말하고 싶어하는 것을 기억할 기회를 화자에게 주기 위하여 사용되기도 한다. 만일 그 정보를 오랜 시간 기억하지 못하면 그때 <무함마드 라술룰라Muhammad rasūl Allāh>(무함마드는 알라의 메신저이다)를 덧붙여 여러 차례 반복하기도 한다. 이 표현이

다른 구절보다 길기 때문에 이 구절들을 말하는 동안 시간을 벌면서 생각해 낸다. 이런 의미 이외에 화자는 예배에서도 이 표현을 사용한다. 사람들이 이런 표현을 임종에서 말하기도 한다. 어떤 사람이 그런 주제를 말하면 다른 사람이 <라 일라하 일랄라>라고 말하여 화자가 그 주제를 피하는 기회를 준다. 그래서 죽음이란 무거운 주제로부터 긴장을 풀어주는 역할을 한다. 그러나 이상한 상황을 보고 두려워하는 화자는 "그 날 내가 집에 가니 <라 일라하 일랄라> 사람들이 모여 있었어"라고 한다. 이 말에서 사람들이 모여 있었던 것을 본 화자가 이 표현을 삽입하여 말한 것은 숨을 쉴 기회를 주고 안도하는 마음을 갖게 한다. 만일 둘이 논쟁하는 중에 <라 일라하 일랄라>만을 언급하면 그 논쟁을 알라가 재판해 주기를 애원하는 표현이다.

아랍 기독교인의 아랍어

아랍 기독교인의 아랍어는 아랍 무슬림의 아랍어와 여러 면에서 차이를 보인다. 우선 '예수의 이름으로'라는 말은 <비스미 이싸>가 아니고 <비 이스미 야수알 마시흐>라고 한다. 여기서 <비스미>(-의 이름으로)는 무슬림들이 사용하는 말이고 아랍 기독교인들은 <비 이스미>(-의 이름으로)라고 한다. 다시 말하면 아랍 무슬림들은 이스미의 첫 자음인 함자를 발음하지 않으나 아랍 기독교인들은 그 함자를 발음한다. 무슬림의 인사말인 <앗쌀라무 알라이쿰>(안녕하세요)은 아랍 교회 안에서 사용되지 않는다. 물론 아랍 무슬림들이 모든 문서의 첫 문장으로 사용하였던 <비스밀라히 알라흐마니 알라힘>(자비롭고 자애로운 알라의 이름으로)은 아랍 기독교인들이 사용하지 않고 그 대신에 <비스밀압 왈이븐 왈루흐 알꾸두스>(성부와 성자와 성령의 이름으로)라는 말을 사용한다.

아랍 국가마다 대중 아랍어 방언이 다르므로 아랍 기독교인들의 아랍어 발음도 나라마다 차이가 있다. 그래서 아랍 기독교인의 아랍어도 아랍 각국마다 책이 필요하다. 아랍 기독교 신학에서 사용하는 오끄눔(위격)이란 말은 아랍 무슬림들이 무슨 의미인지를 잘 모른다. 오늘날 아랍 기독교인들이 교회 안에서 사용하는 어휘들의 의미와 아랍 무슬림들이 사용하는 어휘의 의미가 다른 경우가 많다. 그 예로 아랍어 성경에서 비르birr라는 단어는 성경의 의righteousness를 가리키는 말인데 아랍 무슬림들에게 이 말은 카이르khayr(물질적인 부와 안녕)를 가리키는 말이다. 또 아랍 무슬림들이 쌀라Salah하러 간다고 하면 그들의 쌀라는 의식적인 기도를 가리키는 말로서 우선 얼굴과 손발을 씻고 메카를 향하여 무슬림이 규정한 의식대로 기도하는 것을 가리키는 말인데 아랍 기독교인들에게 쌀라Salah는 이런 의식 절차가 필요 없이 언제 어디서나 하나님께 기도하는 것을 의미한다. 특히 아랍 무슬림들의 신학적인 용어는 아랍 기독교인들이 알기 어렵고 아랍 기독교인들의 신학적인 용어는 아랍 무슬림들이 알기 어렵다.

아랍어 '칼리마kalimah'는 문법 용어에서 '낱말 혹은 단어'라는 뜻이고 여성형이지만 아랍어 성경에서 '칼리마'는 '로고스(말씀)'라는 의미이다. 성경에서 로고스는 예수 그리스도를 가리키므로 이때의 칼리마는 남성으로 간주된다. 그러나 꾸란에 나오는 '칼리마'는 '메시지 혹은 기쁜 소식'이란 의미이다. 또 아랍어 '타크피르takfir'는 속죄라는 말인데 오늘날 무슬림들에게 카피르는 '무슬림이 상대를 카피르라고 선언하는 것'이란 의미이다. '카피르kāfir'는 이슬람 이전에는 '감사할 줄 모르는'의 의미였는데 꾸란에서는 '믿지 않는 자'라는 의미이고 오늘날 무슬림들에게 카피르는 '이슬람의 율법과 교리를 지키지 않는 사람'을 가리킨다.

4. 아람어와 꾸란의 언어

시리얀어[9]는 에뎃사Edessa(지금은 동부 터키의 우르파Urfa)를 비롯한 비옥한 초승달 지역에서 사용된 아람어 방언이다. 에뎃사의 시리얀어는 모든 비그리스어 동방 기독교의 문학어로 재빨리 받아들여졌고 중앙 아시아와 남-중앙 아시아의 대부분 지역을 기독교화하는 데 중요한 도구가 되었다. 5세기에 시리아의 단성론자 야곱교회와 동쪽의 네스토리아 교회들 간에 서로 결렬된 이후에도 시리얀어는 양쪽 교회들의 예전과 신학적인 언어로 남아 있었다. 시리얀어는 오늘날 이란과 이라크의 네스토리아와 칼다니야chaldean의 고전적인 언어이고 동 아나톨리아의 야곱파의 예전적인 언어이며 대 시리아의 마론파의 예전적인 언어이다. 시리얀어는 서부 셈어의 중앙의 그룹에 속한다. 시리얀 어 이외에도 서부 셈어에는 바빌론 아람어, 제국 아람어, 팔레스타인 아람어, 사마리아어, 만다이어 등이 포함된다.[10]

아래와 같이 셈어는 동부와 서부로 나뉘고 서부에는 중앙과 남부로 나뉘고 중앙에는 아람어와 아랍어-가나안어로 나뉘고 아람어에는 시리얀어syriac가 포함되어 있다. 시리얀어 문학은 3세기 이후 꽃을 피웠

9_ 영어 syriac은 아랍어로 (앗)시리야니 혹은 (앗)시리야니야as-siriyaniyyah라고 한다. 아랍인들은 오늘날 나라 명 시리아syria와 고대 역사책에 나오는 앗시리아assyria를 언어명 '시리야니'와 구별하므로 syriac을 '시리야니 어' 또는 '시리얀 어'라고 명명한다.

10_ W.M. Thackston, Introduction to Syriac, IBEX Publishers, 1999, vii.

고 7세기 이슬람이 동방 기독교가 있던 지역을 점령하자 시리얀어는 처음에는 견뎠으나 점차 권리를 박탈당하고 나중에는 시리얀어를 사용하는 커뮤니티가 점차 줄어들었다.

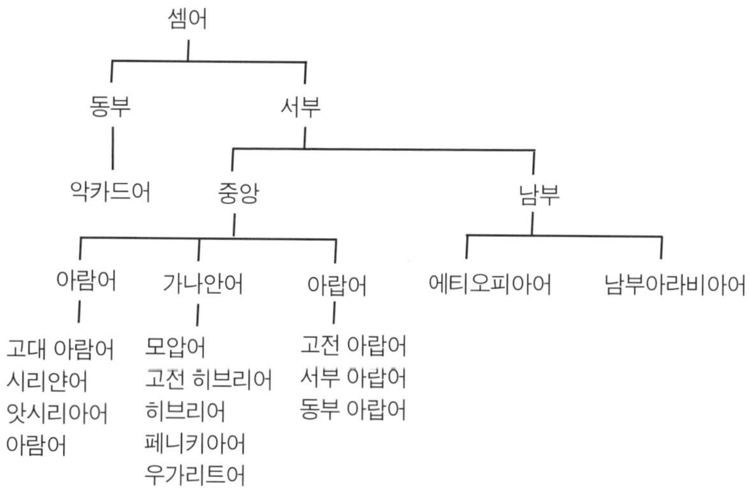

시리얀어는 지배층의 아랍어에 도움이 되는 구어spoken languagc로서 그리고 문학적 매개어로서 사용되다가 아주 오랫동안 천천히 쇠락해 갔다. 시리얀어의 중요한 역할 중의 하나는 그리스어 학문과 사상을 이슬람 세계에 전달해 주는 중간 매개 역할을 했다는 점이다.[11] 시리얀어를 구사하는 번역가들이 그리스 과학과 철학 책들을 바그다드의 다르 알히크마(지혜의 집: 번역청)에서 시리얀어에서 아랍어로 번역해 주었다. 시리안 번역서들은 중세 이란의 지혜 문학을 오늘날까지 전해주는 역할도 했다. 시리얀어는 7세기 아랍어가 퍼지기 전에 중동 전 지역에서 교통어lingua franca로 사용되었다. 기독교 시리얀어 문학은 4세기부터 7세기까지가 전성기였다.[12] 꾸란이 등장하는 지역에서 시리아 아람어(Syro-aramaic; 시리얀어 그리고 부분적으로 이와 다른 아람어 방언을 합쳐서 부

11_ 위의 책, viii.

12_ Christoph Luxenberg, The Syro-Aramaic Reading of the Koran, Schiler, 2007, 10.

르는 말)는 중요한 문어체이고 문화의 언어이었다. 당시 지식 있는 아랍인들은 아람어를 문어written language로 사용하였는데 그때 아랍어는 문어가 아니었다.[13]

시리안어가 꾸란에 영향을 준 영역은 고유명사, 종교 용어, 일상적인 말, 정서법, 문장 구문 등이었다.[14] 꾸란에 나오는 성경 인물의 고유 이름이 시리안어에서도 발견되었다. 술라이만, 피르아운, 이스학, 이스마일, 이스라일, 야으꿉, 누흐, 자카리야, 마르얌 등이 꾸란에 나오는데 이들 단어들이 시리안어에도 있다. 이들은 각각 시리안어로 <slomoh, pr'h, 'yshq, yshm'y, ysr'yl, y'qb, nwh, zkry', mar> 등으로 표기되었다.

시리안어에서 온 종교적인 어휘들로는 아랍어 kahin: 아람어 khn이 있고 이런 순서로 써 보면 ruh al-qudus: rwh qwdsh 이고 nafs: npsh 그리고 allāh: allāha, sallā: slwto 등이 있다.[15] 그러면 시리안어가 꾸란에 어떻게 사용되었는지를 살펴보자. 다음은 꾸란 38:3의 뒷부분이다.

فَنَادَوا وَلَاتَ حِينَ مَنَاصٍ

fanādaw walāta ḥīna manāṣ

위 문장에서 /lāta/는 아랍어에서는 아주 예외적인 어휘이다. 꾸란 주석가들과 아랍 문법가들이 이를 설명하려고 수십페이지를 할애했으나 그다지 만족할 만한 답을 주지 못했다. 이 어휘는 시리안어 /lyt/에서 온 말로서 there is not 혹은 there was not의 의미이다. 옛 꾸란 사본에는 /ā/ 장모음이 없이 사용되었는데 위 단어도 /lat/혹은 /layt/로 기록되었을 것이다.[16] 꾸란에서 아랍어와 시리안어의 문법적 형태를 결합한 문장을 자주 볼 수 있다. 꾸란이 기록될 당시에 시리안어는 아라비아에서

13_ 위의 책, 10.

14_ Alphonse Mingana, 앞의 책, 178.

15_ 위의 책. 178-179.

16_ Christoph Luxenberg, 앞의 책, 186.

가장 널리 퍼진 문어Written language이었다.[17] 꾸란 7:160에서 첫 문장은 아래와 같다.

وَقَطَّعْنَٰهُمُ ٱثْنَتَىْ عَشْرَةَ أَسْبَاطًا

Waqatta‘nāhumu ithnatay ‘ashrata ’asbāTan

고전 아랍어 문법에 따르면 <이스나이 아샤라 십딴'ithnay ‘ashara sibTan>으로 해야 하는데 위 꾸란 구절은 <이스나타이 아쉬라타 아스바딴'ithnatay ’ashrata ‘asbāTan>으로 되어 있다. 고전 아랍어 문법 규칙에 따르면 위 꾸란 문장은 목적격 단수라야 하는데 복수형을 썼으니 틀린 문장이지만 시리얀어의 문법 규칙에 따르면 완전히 맞는 문장이다.[18] 또 아랍어 백단위 숫자 뒤에는 단수형이 와야 하는데 아래 꾸란 구절 18:25은 복수형이다.

وَلَبِثُوا۟ فِى كَهْفِهِمْ ثَلَٰثَ مِا۟ئَةٍ سِنِينَ

Waqatta‘nāhumu ithnatay ‘ashrata ’asbāTan

아랍어 꾸란에는 이처럼 시리얀어로 된 어휘나 구문과 문법적인 표현 그리고 시리얀어에서 온 성서법이 꾸란의 아랍어에 영향을 주었다는 것을 알 수 있다.

꾸란 속에 아랍어가 아닌 외래어가 들어 있다고 한 학자로는 프렌켈Fraenkel과 드보락Dvorak이 있었고 무슬림 학자로는 여러 명이 있었지만 그 중에 타즈 알딘 븐 수브키Taj al-din bn subki와 아부 알파들 븐 하자르Abu al-Fadl bn Hajar 등이 있다. 알폰세 민가나alphonse mingana의 <꾸란의 문체에 대한 시리얀어의 영향>이란 글에서 꾸란의 시리얀어를 연

17_ 위의 책, 57.

18_ 위의 책, 58.

구하는 기초를 놓았다. 그는 꾸란 텍스트의 연구를 위한 자격으로서 시리안어syriac, 히브리어 그리고 에티오피아어에 대한 충분한 지식이 있어야 하나 시리안어가 꾸란의 문체에 더 많이 영향을 주었기 때문에 시리안어가 히브리어와 에티오피아어보다 훨씬 많이 유용하다고 했다.[19] 그는 꾸란에 나오는 외래어의 70%가 시리얀에서 왔다고 했고[20] 그의 연구가 너무 간결하여 시리안어와 관련된 꾸란 연구가 꽃을 피우지 못했다. 그러나 크리스토프 룩센베르그Christoph Luxenberg는 『꾸란의 시리아 아람어 읽기The Syro-Aramaic Reading of the Koran』란 책에서 꾸란의 어휘들 중 시리안어에 어원을 둔 단어들이 고전 꾸란 주석가들에 의하여 잘못 해석되었다고 주장했다. 그런데 그의 꾸란 읽기에서 그가 좋아하는 시리안어를 임의적으로 선택하였는데 이에 대한 그의 설명이 체계화되어 있지 못하다는 비판을 받았다. 그의 책이 풍부한 통찰력을 주었으나 방법론이 약했다. 그러나 만프레드Manfred Kropp 등 여러 다른 학자들의 지지도 받았다.[21] 시리안어 맥락에서 꾸란을 연구한 학자들 중 대표적인 학자는 시드니 그리피스Sidney Griffith이다. 그리피스는 꾸란의 의미 맥락thematic context에 관심을 두었는데 그는 꾸란의 삼위일체, 이싸의 인성 등은 시리얀 문학의 내적인 이해를 통해서만 알 수 있다고 주장했다. 그리고 케빈Kevin van Bladel은 꾸란 18:83-98에 나오는 둘 까르나인Dhū al-Qarnayn의 이야기를 추적하여 무함마드 말기에 근동에 유행한 시리얀의 알렉산더 설화와 관련지었다. 유수프Yousef Kouriyhe는 룩센베르그가 정밀하게 다루지 못했던 꾸란의 후르 아인을 시리얀 문학과 관련지어 체계적으로 논의하였는데 여기서 '후르'라는 말은 처녀 여자 친구를 상징하는 말이라고 주장했다.

19_ Alphonse Mingana, "Syriac Influence on the style of the Koran," edited by Ibn Warraq, What the Koran really says, Prometheus Books, 2002, 173.

20_ Emran el-badawi, 앞의 책, 36.

21_ 위의 책, 37.

더 생각해 보기

저주하는 말이나 외설적인 말은 아랍인들에게 아주 모욕적인 말이 된다. 아랍인들은 '말'에 능력이 있어 다른 사건에 영향을 미친다고 믿고 있어서 그런 저주가 불행을 가져온다고 믿는다. 반면에 아랍인이 축복하는 말을 자주 사용할 때는 상대나 물건에 시샘과 시기가 없다는 것을 나타낸다. 다시 말하면 흉안을 보내지 않겠다는 의미이다. 아랍인들은 흉안을 믿기 때문에 교육받은 사람들은 다소 덜하지만 대부분 아랍인들은 이 흉안이 해를 줄 수 있다고 믿는다. 그렇지만 그런 해악은 자신이 선의의 말이나 축복해 주는 말로 없어질 수 있다고 믿는다. 아랍인들은 아랍어가 갖는 위력이 있음을 믿는다. 아랍인들에게 뭔가 좋은 일이 있으면 그들은 반드시 축하의 말을 잊지 않는다. 새 차를 산 사람에게 "항상 안전하게 운전하기를 바란다"고 하거나 새 집에 이사하면 "항상 여기서 행복하게 살기를 바란다"고 말하고 친구의 자녀들을 만나면 "항상 건강하기를 바란다"고 말한다. 아랍인들은 질병, 재난, 죽음에 대하여 논하는 것을 불편해 한다. 단어들의 위력이 아랍인의 말과 행동에 어떻게 영향을 주는가는 보여주는 사례이다. 이런 불행한 일과 나쁜 일은 완곡어법으로 말하기를 좋아한다. 아랍인들은 아플 때 아프다고 하지 않고 "조금 피곤하다"고 하고 암과 같은 단어를 피하기 위하여 "그가 그걸 앓고 있대 혹은 그녀가 그 병을 갖고 있대"라고 말한다. 아랍인들은 죽음에 대하여 말하기를 꺼려하고 하더라도 완곡어법으로 표현한다. 아랍인들에게 생명보험을 설명하면서 "만일 당신이 죽거나 마비되거나 … 등으로 설명하면 그 아랍인들은 그 자리를 박차고 일어날 것이다.

더 질문해 보기

1. 한국인 사업가나 한국인 외교관이 아랍인 관료를 만날 때 인사말과 기본적인 회화를 아랍어와 영어를 섞어서 말할 때 아랍인들의 관심을 끌게 되는데 그 이유는 무엇이라고 보는가?

2. 아랍인의 속담 내용에는 가족, 친척, 가난과 사회적 불평등, 운명과 행운에 대한 내용이 많다. 아랍 무슬림들의 말 중에 "네가 무엇을 말해야 한다는 것만큼 네가 어떻게 말하느냐도 중요하다"고 한다. 이 말은 말의 웅변술eloquence과 수사적인 기법이 강조된다는 것을 의미한다. 아랍 정치지도자들에게 웅변이 대중적인 호소력을 가져다주는 단서로 간주되고 아랍인들의 개인적인 카리스마 원인의 상당부분은 잘 구성된 수사적인 말을 구사하는 것 때문이라고 한다.

제9장

아랍의 여성

한국인과 소통을 위한 **아랍문화**

1. 아랍 여성의 지위

요르단에서 일반 버스를 타면 남자들이 여성에게 자리를 양보한다. 그러나 이집트를 가서 버스에 여성이 올라타면 아무도 자리를 양보하지 않는다. 요르단과 이집트가 아랍 국가라고 하지만 여성에 대한 아랍 무슬림들의 태도가 이렇게 다른 점도 있지만 외국여성에게 무슬림 남자들이 성희롱하고 성폭력을 가하는 것은 서로 동일하다. 아랍 국가에서 가장 서구화가 많이 진행된 것으로 보도되는 요르단만 해도 요르단 남성의 절반 이상이 여성은 정치와 무역관련 업무를 해서는 안 된다고 말하고, 요르단 남성의 1/3은 여성이 자원 봉사에 동참해서는 안 된다고 말한다. 요르단과 이집트에서 여성 운전자는 해가 갈수록 증가하고 있으나 사우디아라비아에서 여성은 아직도 혼자 운전할 수 없다. 요르단에서도 여성이 운전 연습을 할 때, 반드시 가족 중 남성이 동승하도록 되어 있다. 2010년 이집트의 알렉산드리아 여성들의 50%가 신체적 폭력을 당하고 43%는 일하고 돈을 제대로 못 받는 경제적인 폭력 그리고 34%는 심리적인 폭력을 당했다. 2010년 이집트인 대졸 남자는 여자보다 2배의 임금을 받았다. 무슬림 여성들 대부분은 불안과 두려움(질병, 죽음, 거부당함)에 사로잡혀 있다. 무슬림 여성들이 실제 느끼는 필요는 종교적이라기보다 심리적이고, 정보 중심보다는 관계 중심이다. 남성 무슬림이 여성 무슬림보다 훨씬 더 이슬람식 전통에 세뇌되어 있고 무슬림 여성들의 생각은 무슬림 남성들보다 덜 프로그램화되어 있다. 아랍 여성들 대부분은 문화적인 전통에 얽매어 남성과 동등한 사회적인 참여와 노동 취업이 어렵다. 여성들이 취업할 분야가 정해져 있고 직업에 귀천이 있으며 아직도 여성들의 해외 유학을 막는 가정들이 많다. 아랍 여성들의 정치 참여를 반대하는 무슬림 남성들이 많고 심지어 여성들조차도 여성이 정치에 참여하는 것을 반대하기도 한다. 걸프 국가는 전통적인 규범을 바꾸는 것이 비윤리적이라는 생각을 갖는다. 이집트와 레바논 그리고 해외에서 유학한 뒤 고국으로 돌아가 여성 운동을 벌인 아랍 걸프 국가들의 여성 지위를 살펴보자.

바레인

이슬람은 바레인에서 대다수가 믿는 종교인데 바레인 무슬림의 개인적, 정치적, 경제적, 법적인 삶을 이슬람이 지배하고 있다. 바레인에서 여성은 그들의 자유에 많은 제한을 받았는데 과거 역사를 통하여 오랫동안 많은 차별을 당했다. 이런 불평등의 일부분은 이슬람 종교 신앙에서 비롯되었고 더 많은 제약은 문화적인 것으로서 주로 전통 tradition에서 온 것이었다. 여성들이 동등한 권리를 갖기 어렵게 하는 주요 제약 중에는 형사상의 평등과 경제, 교육, 보건과 관련된 법률 때문이다. 하마드 국왕의 정치적인 개혁으로 여성의 참정권이 보장되고 2002년 헌법이 개정된 뒤 여성들이 선거에 참여하였다. 남자와 동등한 정치적인 권리가 여성들에게 보장되면서 정부 안에서 여성들이 높은 자리로 승진할 수 있는 자의식이 생겨나게 되었다. 2002년 여성 참정권은 정치범이 석방되고 민주적으로 선출된 의원들이 시작한 광범위한 정치 개혁의 일환이었다. 이런 움직임이 논쟁을 일으키지 않은 것은 아니었다. 바레인 사회의 어느 영역에서는 여성의 정치적 권리의 확대에 대하여 애매모호한 입장을 취하고 있었는데 여성 자신들도 정치적인 참여 운동을 반대하였다. 여성의 투표권을 확대하는 것을 반대하는 바레인 여성이 전체의 60%이었다. 이런 이유로 그리고 다른 그룹의 반대와 함께 2002년 많은 바레인 여성이 지방의회와 국회의원 선거에 입후보했는데도 단 한 명도 당선되지 못하였다. 여성 입후보들은 위파끄 Wifāq, 만바르 알이슬람Manbar al- Islām, 알아쌀라al-Asālah 등의 이슬람 정당에는 이름도 내지 못했다. 바레인의 영향으로 쿠웨이트는 2005년 여성들이 남성들과 동등한 정치적인 권리를 갖게 되었다. 바레인에서 여성운동에 주목할 만한 영향을 끼친 것은 교육이었다. 이집트와 레반트 등 다른 아랍 국가들에서처럼 바레인 여성운동은 바레인과 걸프 지역 밖에서 교육을 받은 엘리트 계층의 여성들에 의하여 선도되었다. 이미 학위를 취득한 사업가 가문의 여성들이 해외에서 공부하고 바레인에 돌아와 바레인 여성 부흥 협회Association of the Renaissance of the Bahraini Woman의 회원이 되었다. 이 협회의 회장 아이샤 야팀Aysha Yatīm은 영국에서 공부했다. 1980년대 이 협회는 쿠웨이트, 카이로, 베이루트 등지에서 공부한 여성들이 가입되었다. 이들로 인하여 여성들의 법적인 문제에 관심이 증폭되었다. 아랍 세계의 민족주의 운동이 바레인 여성운동에 영향을 주었고 특히 해외에서 공부한 일부 여성들은 민족주의 기구에 가입했다. 아랍 공산주의자와 마르크스주의자 기관들이 여성들을 규합하려고 했으나 여성들의 관심을 받는 데 실패했다. 1965년 국가를 휩쓸던 시위에 여성들이 남자들과 같이 참가하였다. 카이로, 베이루트, 다마스커스에서 공부하고 돌아온 바레인 여성들은 바레인 여성 운동에 괄목할 만한 역할을 했다.

쿠웨이트

쿠웨이트 여성 운동의 기원은 1940년대로 거슬러 올라간다. 여성 작가들이 여성의 대중 참여를 촉구했다. 1953년 일명 '베일의 심포지엄'에서 일단의 젊은 여성들이 쿠웨이트 여성들의 머리에 쓴 베일을 벗으라고 요구하였다. 이 심포지엄에 대한 뉴스 보도가 반대자와 지지자들에게 큰 반향을 불러일으켰다. 이 모임이 이라크, 이집트, 레반트의 아랍 여성들에게 여성 협회women's association의 설립을 촉구하는 계기가 되었다. 1960년대 초, 해외에서 공부하고 돌아온 많은 여성들이 쿠웨이트 여성 클럽Nādī al-Mar'ah al-Kuwaytiyyah을 만들었다. 최근 쿠웨이트 여성 운동의 리더들 중의 하나는 룰와 알까타미Lulwa al-Qatami인데 그녀는 이 클럽의 설립 동기를 "법적 · 사회적인 단체를 통하여 쿠웨이트의 가치와 이념을 포용하고 사회 · 문화적인 변화를 꾀하려는 동기가 있었다"고 한다. 그러나 쿠웨이트 정부 당국은 과거 클럽들에서 여성 회원권을 허용하지 않았던 당시의 전통에 비추어 곧바로 여성 클럽이 운영되도록 허용하지 않았다. 이 클럽이 해체되자 여성 사회 문화 협회라는 이름으로 1963년 2월 협회 설립을 공포하였다. 같은 해 1월에는 아랍 문예부흥 협회가 가족 문예 부흥 협회라는 이름으로 설립이 허용되었다. 이로써 쿠웨이트에서 첫 여성 협회가 바레인보다 몇 년 후 늦게 설립되었다. 이렇게 지체된 이유는 여성들에게 남성들과 동등한 권리를 허용하는 것을 막는 당시 부족적인 관례가 너무 강했기 때문이다. 1990년대 이라크의 쿠웨이트 침입 후 국회가 없는 상태에서 쿠웨이트 왕Emir은 이라크 점령 동안에 쿠웨이트를 방어하기 위한 여성들의 노력을 인정하고 여성들에게 완전한 정치적인 권리를 허락하는 왕의 칙령Emiri decree을 내렸다. 그러나 곧 이어 개원한 국회는 왕의 칙령이 합법적이지 않다는 의견을 내놓으면서 이슬람주의자 국회의원들의 영향을 받은 몇 명의 의원들이 여성에게 정치적인 권리를 허용하는 것을 거부했다. 쿠웨이트 여성들의 평등을 위한 투쟁은 아직 실현되지 못하고 있는데 여성들의 완전한 정치적인 권리를 거부하는 이슬람주의자들의 찬성표를 어떻게 받아내느냐가 여성들의 과제로 남아 있다.

카타르

카타르 정치 현장에서 여성의 민간협회들은 아직까지 존재하지 않고 있다. 왕자비가 이끄는 가족문제를 위한 최고 이사회Supreme Council for

Family Affairs에서 여성의 업무를 다루고 있을 뿐이다. 가족문제 최고 이사회는 1998년 왕Emir의 주권으로 설립되었는데 가족 발전 분야에 대한 정부 기관이 없는 것을 보완하고자 한 것이다. 가족 문제 최고 이사회의 회원들은 카타르 대학에서 직원으로 일하는 몇몇 교사들로 구성되어 있다. 2000년 3월 여성 문제 위원회Committee for Women's Affairs가 설립되어 국가 발전에서 여성의 역할을 강조하고 여성에게 리더십의 역할과 최고 결정과정에 참여하는 권리를 부여하였다. 그리고 NGO의 활동을 강화하고 여성관련 프로그램을 입안하는 권한을 여성들에게 부여하였다. 카타르 여성 운동이 얼마 안 되었지만 카타르 여성들은 중앙 이사회에서 임원을 선임하는 첫 선거에 참여하는 권리를 얻었다. 그리고 여성의 참정권을 확보하고 선거에 입후보할 수 있는 여성의 사회적·정치적 권리를 얻고자 정치권의 남자들을 실득하는 네 성공하였다. 이로써 카타르 여성들이 리더십에서 봉사할 수 있게 되었고 정치적인 참여를 할 수 있게 되었다. 그러나 공직에 임명된 여성들은 보수적인 카타르 사회로부터 많은 반대에 부딪혀야 했다. 특히 여성이 남자와 섞이는 문제를 둘러싸고 카타르 사회에서 여성 참정권이 행사되어서는 안 된다고 믿는 보수주의자들의 반대가 많았다. 이 같은 반대자들에게 여성의 이익을 위한 사회적인 변화는 사회적 유산과 커뮤니티 가치 체계는 물론 여성자신들의 전통적인 특성을 무너뜨리는 것으로 인식했다.

오 만

오만에서 여성의 남녀 평등을 위한 행진은 술탄 까부스Qābūs 왕이 즉위하기 전부터 있었다. 오만 여성들의 이런 독특한 경험은 걸프 국가의 다른 여성들과 다른 것이었다. 오만 여성들을 입대시킨 아랍 걸프 해방을 위한 인민 연합과 두파르Dufar 해방 전선이 이끈 무장 투쟁에 오만 여성들이 일부 참여하면서 오만 여성들은 다른 걸프지역 여성들과 전혀 다른 경험을 했다. 그러나 오만의 가난, 문맹, 거친 삶의 조건들이 여성들에게 효과적인 정치 참여를 계속하는 데 방해요소가 되었다. 그럼에도 오만 여성들은 여성들이 관심이 있는 분야의 발전을 위한 초석을 놓고 있었다. 인민 연합은 여성의 교육과 문맹퇴치에 주력했다. 라일라 압둘라 파크루Laylā Abd Allāh Fakhrū는 오만의 남부 두파르 지역에 소녀들을 위한 학교를 세우는 데 중요한 역할을 했다. 술탄 까부스가 집권하고 인민 연합이 해체되고 나서 술탄 까부스의 개발 계획이 가속화되었고 소녀들을 위한 학교들이 세워졌다. 술탄은 해외에 나갔다가 귀국한 교육받은 오만 국민들의 도움으로 오만의 정치와 교육 제도를 현대화하는 데 힘썼다. 당시 조국으로 귀국한 오만인들이 국가의 리더십 자리를 차지했는데 그 중에 카이로, 베이루트, 쿠웨이트, 바레인, 잔지바르에서 고등교육을 받은 여성들도 대거 참여하였다. 25명으로 된 오만여성 협회Omani Women's Association가 창설되었는데 이들 여성들은 오만의 여러 지역을 대표하는 사람들이었다. 1970년 9월 수도 무스카트에서 발족한 이 협회는 아랍 에미리트 여성 협회와 크게 다르지 않았다. 두 단체는 유사한 목적을 가지고 비슷한 활동을 했는데 주로 교육을 통한 여성과 아동의 복지에 초점을 두었다. 문화강좌와 문맹퇴치, 유치원 설립과 여성들을 위한 직업학교를 세워 전문훈련을 시켰다. 교육 내용에는 지역 전통을 존중하는 것도 포함되어 있었다. 그러나 이들 협회가 당시 오만 여성들에게 광범위하게 시행되고 있던 여성들의 할례(생식기 절단)를 저항하는 운동은 하지 않았다. 오만에서 아직까지도 여성 할례를 반대하는 운동은 없고 정치적인 세력도 얻지 못했다. 지금은 이들 협회가 정부의 노동사회부 산하에 있는 여성과 아동부와 긴밀하게 협력하고 있다.

사우디아라비아

사우디아라비아는 문화적인 제약 때문에 아직까지 여성들에게 군인, 고위 장관직, 경찰 등의 직업을 허용하지 않고 있다. 게다가 사우디 여성들에게 지질학, 석유 산업, 기계 공학과 같은 특정 분야의 연구는 제한되고 있다. 그러나 병원의 의사, 간호사, 직원 등은 여성 고용이 허용되고 은행 직원도 허용되었다. 사우디아라비아에서 대중들의 얼굴을 찌푸리게 하는 것은 남자들과 섞여서 일하는 것이다. 사우디 여성들은 직장에서 남자들에게 우선권을 주는 현행법에 대항하지 못하고 있다. 또 사우디 교육 환경에서 성적 평등을 거부하는 문화적인 규범과 갈등해야 했다. 사우디아라비아의 보수성이 너무 강한 것은 사우디 사람들이 전통적인 규범만을 고집하기 때문이다. 사우디아라비아 사회 안에서 문화적인 사항들은 외국인들이 이해하기 힘든 것이 많다. 사우디아라비아 안에는 이혼한 여성, 과부, 고아, 여성 죄수, 교육받지 못한 여성과 혜택을 받지 못한 여성, 가족들을 위한 기관과 아동의 특별 보호를 위한 여성 협회 그리고 20여 개 자선기관이 있다. 이들 기관은 여성들을 강의나 회의에 초청하여 대학, 모스크, 학교 등에서 여성 교육을 실시하였다. 이런 여성 기관들은 물질적인 것은 물론 여성과 가족들에게 새로운 지식들을 제공하는 일을 했다. 사우디아라비아에서 지금까지 여성 단체의 영향력은 제한적이었지만 그래도 어느 정도는 국가적인 차원에서 여성에 대한 인식의 변화를 환기시켜주는 일을 했다. 사우디아라비아에서 교육이 최우선 과제이지만 학교를 다닌 소녀들과 대학을 졸업한 여성들은 주로 여성 전용 분야에서만 일을 하는데 특히 교육 분야에 여성들이 많다. 사우디아라비아에서 성에 대한 문화적인 제한이 너무 커서 소수의 여성들만 보건과 은행에서 일을 하고 있다. 여성들의 높은 학력에도 불구하고 미취업자가 대부분이고 그 중 대부분은 학교와 대학에서 가르치는 일을 선호한다. 사우디아라비아에서 여성들의 취업에 대한 문화적인 압력이 더욱 강화되고 있는데 대부분 이런 압력은 이슬람교 단체들이 파트와를 발령하면서 여성에 대한 압력을 선동하고 있다. 파트와[1] 중에는 여성이 운전하지 못하게 하는 것과 남자와 같이 한 장소에서 일하

1_ 무프티가 꾸란과 순나에 근거하여 어떤 사안에 대한 법적 판결을 내리는 것(공일주, 코란의 의미를 찾아, 60 참조).

지 못하게 하는 것도 들어 있다.

1982년까지 사우디 여성의 교육은 사회 전반에 완전하게 받아들여지지 않았고 이집트 등 다른 아랍 국가에 비하여 여성교육이 매우 뒤쳐져 있었다. 사우디 여성들이 혼자 운전할 수 없기 때문에 그들은 남자 가족이나 다른 국가에서 온 운전수들을 고용해야 했다. 이는 사우디 여성들이 독자적으로 할 수 있는 일들, 심지어 심부름이나 직업상의 일 그리고 등교하는 일도 모두 남자들에게 의존하게 되면서 사우디 여성의 남자 의존도가 아랍 국가에서 가장 높다. 1991년 11월 47명의 여성들이, 즉 주로 직장 생활을 하는 여성과 대학생들이 평화적인 시위를 하면서 자신들도 남편이 동승하거나 친구들이 동승하는 차를 운전할 수 있도록 해달라고 시위를 벌었다. 사우디 여성들이 남자들과 동등한 직업 그리고 공직 수행에 제한받는 상황에서 이런 남자 의존도를 줄여보자는 것이었다. 이 시위에 참가한 많은 여성들은 대학 교수나 교사 그리고 고위직에 고용된 여성들이었다. 그들의 높은 사회적 · 전문적인 지위 때문에 그들은 변화에 대한 요구가 상당히 진지했다. 그러나 당국에 의하여 그들 모두가 체포되었고 커뮤니티 안에서 이들 여성들에 대한 평판이 변질되고 말았다. 이들 여성들은 직장에서 해고되었고 그들 남편들은 문화적으로 부인에 대한 책임을 물어 6개월간 사우디 땅을 떠나지 못하게 되었다. 이들 여성들이 체포된 뒤 시위에 참가한 여성들의 이름, 집 전화번호, 개인의 인적 사항이 극단주의자들에게 배포되었고 극단주의 학생들은 그들의 처형을 요구하는 극단적인 캠페인을 벌였다. 사우디와 같이 전통적인 규범이 뿌리박힌 보수적인 사회를 변화시키려는 움직임은 방법론적으로 점진적이지 않으면 이런 혼란과 파국을 가져온다는 것을 배우게 되었다. 1991년 시위에 참여한 아이샤 알마니Aisha al-Mani는 그 당시 대학 교수였는데 그녀는 지금도 여성이 운전할 수 있는 권리를 지지하는 단체라면 그 역시 적극 돕겠다고 했다. 당시 시위에 참가한 한 여성은 쿠웨이트 여성들이 이라크의 침공으로 사우디로 피신했을 때 쿠웨이트 여성들이 운전을 하고 들어오는 것을 보고서 사우디 여성들이 그런 시위를 하게 된 동기가 되었다고 했다. 또 사우디 여성들은 사우디 거리에서 미 여군들이 자유롭게 군대 차량을 운전하는 것을 보고나서 자신들도 그들이 원하면 운전할 권리가 있다고 생각했다. 사우디 여성들은 미군 여성들이 자신들보다 더 많은 자유를 누리고 있다고 느꼈다. 사실 사우디 사회에서 급격한 문화적인 변화를 겪게 된 중요한 요인은 인터넷 도입과 위성 TV 때문이었다. 외부의 영향으로 대중뿐만 아니라 정부도 여성의 자유를 허용해야 한다는 국제적인 압력을 받게 되었다. 특히 2001년 9·11 테러 이후 사우디 국가의 종교 단체들의 권한을 제한해야 한다는 목소리가 높았다. 그러나 여성들에게 자유를 허용해주려는 노력은 여러 측면에서 시도되어 2001년 사우디 여성들이 아버지나 남편에 속해 있던 신분증을 분리하여 따로 받을 수 있었고 2004년 사우디 정부는 많은 전문 직종을 여성이 취업할 수 있게 했다. 그 중에는 법률, 엔지니어 분야 등이 포함되었다. 이렇게 새로운 기회가 열린 사우디 여성들은 정부 부처에서 일하게 되었고 740만 사우디 여성들 중에서 5.5%가 취업하게 되었다. 언론과 정부 경찰의 활동 때문에 여성에 대한 제약이 아직도 많지만 문화적인 제약은 조금씩 완화되어 가고 있는 중이다. 이런 변화는 아내에 대한 남편의 절대적인 권한, 여성에게 불평등한 법적 권리, 아버지 중심의 보호법, 여성의 고위 종교직 제한 그리고 여성이 남자들보다 지적으로 열등하다는 사우디인의 통념에 어떤 영향을 줄지 그 귀추가 주목된다. 물론 사우디아라비아에 사는 외국인 여성들도 사우디 여성의 복식을 갖추고 외출하도록 요구받는다.

아랍 에미리트 연합

석유 산업과 주변 시장의 변화가 아랍 에미리트 연합의 현대화를 자극하였다. 오일의 부가 증가하면서 광범위한 아랍 에미리트 사회의 변화가 경제와 문화적 규범의 변천으로 이끌었다. 이런 변화들 중에서 가장 중요한 것 중의 하나는 1970년대부터 사막에서 도시로 이동한 도시 이주민이었다. 원유 개발로 아랍 에미리트는 새로운 경제적·정치적인 발전을 하게 되었고 경제에서 급성장을 경험했다. 또 인구 이동이 너무 급속하게 이루어져서 전통적인 사회적 관계망을 통한 부족들 간의 연계된 많은 가치관과 관습들이 혼란에 빠졌다. 이런 전통적인 체계를 대신한 것은 기존의 가치 구조에 직접적으로 영향을 준 물질적인 수익에 초점을 둔 일련의 새로운 가치관들이었다. 그들 중에는 여성의 교육과 일터에 대한 태도가 변화하고 있었다. 이런 태도 변화에 따라 여자학교들이 늘어났고 그 중 많은 학생들이 고등교육이나 대학에 진학하려고 해외 유학을 떠났다. 그런 새로운 기회들이 아랍 에미리트 여성들의 문화에 지속적인 변화를 가져오게 하였고 그들의 삶의 방식에도 변화가 일어났다. 석유 수출 이후 아랍 에미리트의 여성들이 어느 정도 경제적인 독립을 하였고 석유 수익은 영속적인 직장을 그들에게 주었다. 물론 아랍 에미리트 남자들도 정부 공무원의 기회가 주어지면 그런 기회를 놓치지 않았다. 경제 분야 이외에 여성들은 문화적으로 부족적인 전통의 굴레에 묶여 있었는데 이런 전통적인 관습과 석유 기반의 경제가 가져온 현대화가 서로 모순되는 상황에 직면하게 되었다. 석유 산업이 국가에 미친 국제적인 다이내믹한 부분은 그것의 내적 가치 구조 특히 여성들에게도 영향을 주었다. 다른 걸프 국가에서처럼 많은 변화의 움직임은 보수적인 요인들의 저항을 받았다. 이런 과정에서 가장 두드러진 변화는 여성의 교육과 취업이었다. 아랍 에미리트가 교육 분야에서 여성들의 등록이 가장 현저하게 증가되었고 여성 교육은 통계적으로 상당한 주목을 받았다. 1983년에 여자 학교는 42%이었는데 1992년에는 44%로 증가했고 2002년에는 46%로 증가했다. 2001-2002학년도 아랍 에미리트에서 대학교를 졸업한 여학생은 12,280명이었고 남학생은 6,633명이었다. 해외에서 석박사 학위과정을 공부한 여학생은 2003-2004학년도에 77명이었다. 아랍 에미리트 여성들의 지위를 바꾸게 한 사회적인 변화의 원인은 교육이었다. 교육으로 인하여 여성들에게 새로운 취업의 기회가 열렸고 이는 곧 사회적인 변화를 가져오게 했다. 이런 변화는 어머니나 할머니 세대에서 전혀 경험할 수 없는 일이었다. 결과론적으로 이런 변화는 여성들에게 더 많은 자기 개발의 기회가 되었고 여성들은 이런 변화를 수용하고 창의적으로 대처하였다. 아랍 에미리트에서 일하는 여성의 비율이 다른 국가보다 특정분야에서 크게 증가했는데 1985년에는 9.6%이었던 여성 취업이 2003년에 전체 노동력의 14.7%가 여성이었다. 교육 분야에서 일하는 남성 근로자의 비율은 49.6%이고 여성 근로자는 50.4%이다. 그런데 보건 분야에서는 직원의 60%가 남성이다. 홍보와 문화 분야에서 남자 직원은 89.4%이고 보안 직종에는 3.7%가 여성이었다. 그러나 총리실과 부총리실에는 아직도 남성들에게만 취업이 허용되고 있다. 여성들의 몫을 개선하기 위한 커뮤니티 그룹을 세우려는 노력의 일환으로 여성 부흥 협회가 1967년 라스 알카이마Rās al-Khaymah에 설립되었다. 그 뒤에 두바이에서 '오만의 소녀'라는 협회가 설립되었다. 이 단체는 곧 여성 부흥 협회에 흡수되었고 문맹퇴치와 여성들의 필요를 채우는 강의가 이뤄졌다. 이 여성 협회의 성공으로 다른 여성 협회가 발족되었고 1974년에 여성협회 수가 움무 알까이와인과 아즈만Ajmān에 9개가 있었다. 2003년에 정부가 비영리사업에 지원한 금액은 36억 디르함에 이르렀다. 그런데 아랍 에미리트에서 첫 여성 협회가 창립되었을 때 그 이름에 부흥renaissance이란 단어를 넣었는데 그 단어는 깨어남을 의미했고 국가가 발전하기를 바라는 국민의 염원이 담긴 단어이었다. 당시 식민주의의 멍에에서 벗어나서 아랍과 민족적 재탄생의 개념을 나타내고자 하였다. 그런데 여성의 사회적인 목표는 종교적인 시각에 초점을 두는 것과 보조를 같이했다. 아랍 에미리트 국민의 매일 삶에서 종교의 중요성을 강조한 것이다. 여성 부흥 협회에서 행하는 강의의 60%가 종교적인 것이었고 샤리까Shāriqah의 여성 연합 협회의 강의 중 89%가 종교적인 내용이었다. 그러나 자비자네트 여성회Zabijanet Women's Society는 종교 중심의 강의가 30%를 밑돌았다. 여성 연합과 자비자네트 여성회의 가입 회원수는 정확히 알려지지 않고 있다. 그런데 여성 협회가 실시한 교육에서 부실한 운영과 불충분한 교육 때문에 교육받은 여성들을 유인하지 못하였다. 두바이 여성 부흥회는 1981년 총회를 열고는 그 후 한 번도 모임을 갖지 못하고 있다.

일부 걸프 국가들이 여성의 정치적인 권리를 인정하는 나라가 있다. 오만이 1995년 여성의 투표권을 인정했고 카타르는 1997년 시의회에서 투표할 권리를 여성에게 허락했고 바레인도 2001년 여성의 권리를 허용했다. 쿠웨이트 역시 여성의 참정권을 허락하고 2005년에는 여성들이 공직에 나갈 수 있도록 허용되었다. 물론 이런 여성의 정치적 권리가 모두 실현되고 있는 것은 아니지만 아랍 에미리트와 사우디아라비아는 아직까지도 이런 여성의 권리조차도 허용하지 않고 있다.

예 멘

예멘 여성의 사회적인 오명, 역할, 의무를 포함한 여성의 문화적인 지위는 다른 걸프국가와 마찬가지로 경제, 종교, 교육에 큰 영향을 받았다. 예멘 경제가 비효율적이다 보니 경제가 정치적 · 사회적 장애를 많이 받았다. 166개 개발도상국developing countries 중에서 예멘은 133번째 국가에 속하고 국가 경제 엔진의 불완전함 때문에 재정적인 어려움을 겪고 있다. 예멘 사회의 대부분이 아직도 그럭저럭 먹고 살기에 정신없고 취직, 음식, 집, 교육, 건강 등 기본적인 필요가 급선무다. 이런 상황에서 여성에 대한 문화적인 활동은 극히 보수적이다. 그래서 예멘 문화는 다른 걸프 국가와 비슷하게 전통적인 규범을 바꾸는 것이 비윤리적이라는 생각을 갖고 있다. 많은 예멘 가정은 경제적으로 너무 어려워 가족의 부를 증가시키는 데 여성들의 취업이 필요했다. 그러나 예멘 사회는 남북이 이 문제에서 서로 달랐다. 북부 예멘이 더 보수적이어서 남부 예멘의 여성들이 북부 예멘보다 더 많은 자유를 누리고 더 많은 재정적인 안정과 독립을 누리고 있다. 1994년 남부 예멘과 북부 예멘이 예멘 아랍 공화국을 창설하기 위하여 통합되었다. 이후로 두 개의 상반된 경향이 나타났다. 남부 예멘의 여성들은 더 많은 권리가 주어지는 공직에서 남자들과 같이 일하도록 권장되었으나 북부 예멘의 여성들은 더욱 전통적인 생활에 치중하면서 남편과 아이들을 돌보고 남자들과는 섞이지 않았다. 현재 예멘의 여성들은 투표권이 있고 공직에도 나갈 수 있다. 2003년 국회의원 선거에서 여성들은 전체 투표권자 중에서 47%를 차지했고 비교적 적극적인 정치 참여를 보여주었다. 일부 여성들이 선거에 입후보했는데 37명의 후보 중 단 한 명만 당선되었으나 1997년에는 두 명이 당선되었다. 예멘 사회가 여성들이 공직에 나가는 것을 권장하고 있지만 아직도 보수적인 정당에 더 많은 표를 던진다. 이것은 예멘 문화가 여성의 역할을 아직도 주부와 자녀를 돌보는 사람으로 인식하기 때문이다. 반면에 남자들은 더 높은 정치적인 지위를 갖기를 원한다. 여성의 정치적인 역할이 점차 나아지고 있지만 여성의 교육은 아직도 다른 걸프 국가에 비하여 많이 뒤쳐져 있다. 2004년 유엔의 인간 개발 보고에 의하면 예멘이 세계에서 가장 문맹한 국가들 중의 하나로 나와 있다. 문맹 남자(33%)보다 문맹 여성(76%)이 두 배이다. 이런 교육의 부족은 남녀 간의 차이를 넓히고 특히 취업 시장과 정치적인 대표를 선임할 때 이 문제가 크게 부각되었다.

사회적으로 예멘 남자들은 더 많은 지배적인 역할을 갖는다. 남자들이 여자보다 더 교육을 많이 받다보니 가정에서 의사 결정권은 남자가 지배적이다. 이런 남성 지배적인 현상은 사적인 사회생활뿐만 아니라 공적 생활에서 동일하게 나타났다. 이런 현상은 리더십과 사회적 지위와 관련된 문제에서 여자보다 남자를 선호하게 하는 문화적인 규범을 낳았다. 남자들은 고용주 혹은 높은 직위의 고용인 그리고 정치인으로 나서고 의사 결정권은 가족 일이나 공적 생활에서 남자에게 있었다. 남자 중심의 의사 결정 과정은 변화를 바라는 여성의 능력을 제한시키고 있다. 특히 여성에게 일어난 변화가 남자들의 신념과 이해관계와 충돌하면 더욱 그렇다. 사회적으로 여성들은 남편에게 복종하도록 기대되고 남자들은 아내들이 남편을 잘 섬겨주기를 기대한다. 여성들은 남편이 재정적인 지원을 하지 않은 경우를 제외하고는 이혼을 청구할 수 없다. 예멘의 여성들은 또한 보호자의 허락 없이는 여행이 허락되지 않고 집을 떠날 수도 없다. 보호자는 결혼하지 않을 때에는 아버지이고 결혼한 뒤에는 남편이다. 1975년 외국의 원조를 더 많이 받으려고 정부가 나서면서 예멘의 여성지위가 조금 더 나아졌다. 그러나 예멘 정부가 이런 자유화 조치를 계속하여 여성들을 정부에서 일하게 하고 더 나은 삶의 질을 높여 주었는지에 대해서는 논의의 여지가 있다. 그 후 여성의 삶을 향상시키려는 여러 차례의 노력이 있었다. 그런 시도는 여성들의 이익을 위한 커뮤니티 단체들을 통하여 이뤄졌다. 교육, 농업, 문화, 경제, 종교, 정치적인 분야에 참여하는 여성 기관과 단체들이 226개나 있다. 이런 기관들은 전반적으로 예멘 사회와 예멘 여성들의 삶의 질을 높이는 데 기여하였다. 예멘은 여성의 평등이 실현되는 것보다 먼저 해결되어야 할 것이 여성의 교육 문제이다. 여성의 문맹과 남성 중심의 문화는 변화를 위한 가장 가공할 만한 장애물이 되고 있다.

2. 명예 살인

1999년 명예살인과 관련된 법을 없애기 위한 요르단 국가 위원회가 설립되었고 154,000명의 요르단 사람들이 4개월 동안 요르단 법 개정을 위해 서명하였다. 그러나 요르단 하원은 이 법 개정을 반대하였는데 그들은 '명예sharaf는 아랍 남자에게 해당되는 것이고 여성들에게는 해당되지 않는다'는 입장을 보였다. 그러나 일부 요르단 사람들은 단순히 법조문의 개정만으로는 안 되고 언론 매체와 교육을 통하여 명예 살인의 병폐를 알리고 올바르게 시정해 나가야 한다고 했다. 1999년부터 요르단 정부가 국회에 상정한 형법 340조 폐지안은 두 차례나 백지화되었다. 왕정국가 요르단에서 두 왕자도 가세하여 시위까지 나서며 이 조항을 없애달라고 하였는데 요르단 국회는 그 요청을 묵살하였다. 요르단 매일 신문의 나세르 기자는 그 자초지종을 다음과 같이 설명했다. "현재의 요르단 국회는 부족의 대표가 의원이 되어 대부분 학력이 저조하고 자신이 속한 부족의 의견을 전달하는 역할만을 충실히 하므로 이 법의 개정을 반대하는 부족들의 의견이 국회에까지 전달되고 있다"고 했다. 요르단 국회는 왕실을 대변하는 의원들이 포함되어 왕정의 의견을 대신하지만 명예 살인 문제는 남자들의 족쇄로 작용할 수 있기 때문에 쉽사리 법 개정에 참여하지 않고 있다. 문제의 형법 340조는 "부부 중 한 사람이 침대에서 옷을 벗고 다른 정부와 있을 때 배우자가 이런 현장에 놓인 사람들을 죽이면 배우자의 과실에 대한 벌을 완화하여 준다"는 것이다. 그런데 이 법을 없애자는 쪽은 요르단의 왕실이었고 이 법을 없애서는 안 된다는 측은 요르단 부족들이었다. 그렇다면 이 법이 왜 요르단 사회에서 쟁점이 되었는가? 요르단 정부는 이 법안의 골자가 요르단 사람들의 머릿속에 내재되어 있어서 사실 부정한 짓을 아니한 자라도 '그런 의혹이 짙거나 소문이 자신에게 속한 아내나 가족 내 여성 혹은 자매에게 생길 때는 무조건 그 여성을 죽인다'는 것이다. 이것을 무슬림 여성의 명예살인이라고 불린다. 요르단 대학교 이슬람 법학과에 다니는 알리에게 그의 의견을 물었더니 자신도 가족 중 여성이 이런 소문에 연루되면 죽이겠다고 서슴없이 말하였다. 문제는 요르단 사람들이 성적 문란에 대한 소문만 듣고 가족 내 여성을 매년 20건 이상 살해하고 있다는 것이다. 요르단 왕실은 이 법만 없애면 함부로 사람을 죽이지는 않을 것이라는 확신에서 이 법 조항을 폐지하자는 것이었으나 아직도 이 법을 폐지하지 못하고 있다.

2000년 봄에 요르단 알사빌 신문이 실시한 명예에 대한 형벌 조항인 340조의 무작위 설문조사의 결과는 요르단인 3/4가 이 법의 폐지를 반대한다고 하였다. 암만, 자르까, 이르비드를 중심으로 163명(남성 53%)을 대상으로 설문조사가 실시되었다. 조사 대상자의 76%가 이 조항의 폐지를 반대하였으며 19%만 찬성하고 5%는 잘 모르겠다고 답변하였다. 이 중 여성은 79%가 그리고 남성은 78%가 이 조항의 폐지를 반대하였다.

그러면 남성이 그들의 아내나 딸 혹은 자매들을 살해하므로 명예살인이 요르단인에게 심각한 문제를 가져다준다고 보십니까라는 설문에는 25%만이 심각한 문제가 있다고 답하고 48%는 실질적 문제는 있지만 제한적이라고 하였으며 25%는 전연 문제가 없다고 했고 7%는 모르겠다고 대답하였다. 그리고 왕실이 중심이 되어 이 조항의 폐지를 위한 캠페인을 벌이기 전에 이 법조항이 명예와 관련된 것으로 알고 있었습니까라는 설문에는 44%가 이미 들었다고 답하고 56%는 이 캠페인 이전에 들은 바가 없다고 하였다. 그리고 요르단 사람이 간통죄에 관련된 법을 지키지 않는 것이 명예로 인한 살인을 저지르는 이유 중 하나라고 보십니까라는 설문에는 81%가 그렇다고 대답하고 15%는 그렇지 않다고 하고 4%는 모르겠다고 답하였다. 이 문제가 이런 시기에 등장한 것은 그 뒤에 무슨 배경이 있다고 보십니까에 대한 설문에는 58%가 외부의 압력이라고 답하고 19%가 국내의 정치적인 술수에서 온 것이라고 답하였다. 그런데 이보다 더 심각한 법조항은 980조인데 "남자가 간통하였다가 법원에서 그 여성과 혼인하겠다고 하면 더 이상 간통의 혐의가 없다"고 하는 조항이다. 나세르 기자는 이슬람과 관련된 옛 일화를 전해 주면서 형법340조가 아주 좋은 법은 아니지만 괜찮다고 말하며 그 법이 그대로 유지되어야 한다고 주장했다.

> 한번은 싸아드라는 사람이 이슬람의 창시자 무함마드를 찾아가서 '내 아내가 다른 남자와 함께 누워 있으면 그 두 사람들을 다 죽이겠다'고 말하였더니 무함마드는 '나의 질투보다 알라의 질투가 더 크시다'고 말하며 그저 웃기만 하였다. 이슬람 전통에서 무함마드가 웃고 아무 말도 아니했다는 것은 그가 긍정으로 받아들였음을 의미한다. 또 다른 전설은 칼리파 오마르가 식사하고 있는데 한 사람이 피 묻은 칼을 들고 그에게 찾아왔다. 오마르가 그에게 식사를 하자고 하니 그는 피 묻은 칼을 옆에 세워두고 같이 식사를 하였다. 잠시 후에 일단의 사람들이 몰려왔고 그 중의 한 사람이 오마르에게 물었다. "아니! 칼리파님! 어찌 내 친구를 죽인 이 녀석과 식사를 같이 하십니까?" 그러자 조금 전에 칼리파와 같이 식사를 하던 사람이 "무슨 말이요? 나는 다른 남자와 같이 자고 있던 내 아내의 장딴지를 잘랐소"라고 대꾸했다. 이를 지켜보던 칼리파 오마르는 "나도 이 자리에 내 아내와 정을 통한 남자가 있으면 그를 죽이겠소"라고 하였는데 이 말이 아랍 무슬림들에게 오늘날까지 전해내려 오고 있다.

위 두 가지 일화는 오늘날 무슬림 사회에서 간통 현장에 붙잡힌 사람들을 죽여도 된다는 확고한 신념으로 자리 잡게 한 전승이 되었다.

그렇다면 오늘날 요르단 대학교 여대생들은 수치와 명예를 어떻게 생각할까? 2007년 6월 요르단 대학교 문과대학 여학생 70여 명에 대한 설문 조사를 해보았다. 여성의 명예가 훼손되면 다시는 그런 일을 못하도록 벌을 주어야 하는가를 묻는 질문에 여대생들은 93%가 벌을 주어야 한다고 답했고 용서해 주어야 한다는 학생은 단지 7%이었다. 명예의 의미를 묻는 질문에 명예가 가족의 의미라고 하는 학생은 8%, 부족의 의미라고 14%, 문화의 의미라고 25% 그리고 종교의 의미라고 한 학생은 53%이었다. 이 말은 여성의 명예를 이슬람 종교와 관련시키고 있다는 것이다. 다시 설명하면 이슬람 종교 윤리대로 여성들이 살면 명예살인은 일어나지 않을 것이라는 생각이다. 그리고 현재 일어나고 있는 명예살인에 대한 두려움이 있는가에 대한 질문에 그렇다고 응답한 여대생은 70%이었다. 명예 살인에 해당하는 항목을 써 보라고 하니 대부분 간음, 불법 혼인, 성희롱을 들었고 그 외에 여자가 밤에 싸돌아다니는 것, 나이트클럽에 가는 것, 이성과 외출하는 것, 남편이 없는 집에 외간 남자를 들이는 것들이라고 했다. 또, 택시 운전사, 식당 종업원, 가정부 등의 직업이 여성들에게 적합한가에 대한 설문에는 여성에게 적합하지 않다고 한 여학생이 67%이었다.

3. 아랍 여성: 전통주의와 현대화의 도전

아랍 여성과 관련된 문화적인 행동이나 의례, 사회적인 관습을 이해하려면 이 주제의 문화적인 패턴을 판독할 필요가 있다. 어느 문화를 이해한다는 것은 그들의 신앙과 실제 행위 그리고 코드를 분석해 보아야 한다. 아라비아 반도의 아랍 여성들에 대하여 이야기할 때 여성의 삶을 형성하는 서로 다른 사회적, 경제적, 종교적, 정치적인 요인들을 언급해야 한다. 그런 요인들은 계속하여 더 큰 지역적, 국가적, 국제적인 문화와 정치 과정과 더불어 끊임없이 변화한다. 아랍 국가는 많고 이들 나라마다 악센트도 다르고 어떤 부분에서는 문화적인 규준도 다르다. 그러나 아랍 여성의 지위는 명예, 미덕, 모성애와 관련되었을 때는 아랍 국가마다 서로 비슷하다. 사회 안에서 통합적인 힘으로 작용하는 공유된 신앙과 도덕적 태도가 되는 집단적 의식의 개념은 이 지역의 많은 아랍 국가의 문화적인 근친성을 설명하는 데 특히 유용하다. 성차별은 사회적인 다양성에 따라 그 방식이 다르게 나타나고 여성이 부당하게 당하는 정도도 나라마다 차이가 있다. 역사적, 정치적, 경제적인 변화로 인한 성역할이 달라지는 것도 하나의 사회적인 변화이다. 국가의 인프라 구조는 사회적인 변화와 현대화를 이끄는 새로운 역할을 갖게하고 성gender과 성의 역할은 국가의 중요한 관심 분야가 되었다. 사우디아라비아의 경우, 성에 대한 사회적인 변화와 현대화는 늘 질질 끌어오는 문제가 되었다. 1960년 사우디아라비아의 파이살 왕은 종교적

융통성이 없어서 변화를 거부하는 사람들이 도시마다 여학교를 만드는 것을 거부하자 이를 강행하기 위하여 군대를 불러 치안을 유지한 적도 있었다. 사실 사우디 여성 교육은 이런 발전을 거부하는 이슬람의 가치와 사회적인 행동에 대한 꾸란의 엄중한 해석 때문이다. 사우디아라비아에서 와하비즘의 교리가 소개되고 가르쳐졌기 때문에 많은 사람들은 사우디 여성의 불평등은 와하비즘에게 책임이 있다고 생각한다. 와하비즘의 교리는 여러 사회적 현장에서 성을 격리시키고 여성의 얼굴을 가리고 여성이 운전하는 것을 금지시키고 여성이 항공, 엔지니어, 법 등 많은 분야에서 교육을 받지 못하게 했다. 물론 경찰이나 보안원으로 일하는 것도 여성에게 금지되고 특히 대중들과 자주 접촉하는 직업은 여성들이 취업하지 못하게 했다.

카타르와 아랍 에미리트 연합의 상황은 종교적 가르침의 통제를 받는 데에서는 사우디아라비아와 많이 닮았다. 아랍 에미리트의 많은 학교들은 사우디 자금으로 세워졌다. 쿠웨이트는 여성이 교육과 노동시장에 들어가는 데 더 열려져 있었다. 쿠웨이트는 여성의 교육 기회와 노동시장에 참여하는 것을 국가 현대화의 주요 현안으로 간주하였다. 그래서 남자와 여자에게 동등한 교육의 기회를 주었는데 이것이 새로운 현대화 과정을 위한 지원과 강점이 되었다. 여성이 교육의 기회를 많이 갖는다는 것이 전통적으로 내려오던 아버지의 절대적인 통제를 지지하는 아랍 이데올로기를 바꾸는 것은 아니었다. 그러나 이런 전통을 고집하는 것은 곧 사회적으로 현대화를 반대하는 것과 같았다. 그래서 실질적으로 쿠웨이트인들이 여성의 교육을 적극 지원하고 여성이 직장에 취업하는 일은 그다지 많지 않았다. 어느 정도 세속화된 가정의 여성들이 국가의 공직에 취업했을 때에도 자신들의 업무가 남자들보다 덜 중요하고 남자들보다 월급이 적다는 것을 알게 되었다. 비슷하게 쿠웨이트 여성들은 정치적인 권리도 어느 특정 그룹의 여성들에게만 한정되었다는 것을 경험했고 쿠웨이트에서 여성의 역할은 여성이 전통적으로 했던 집안일에서 결코 벗어나지 못했다.

1980년대 걸프 여성들은 여성 스스로가 더 사회적인 보수가 되어 남성들과 같이 섞이는 직장을 피했다. 지금도 수많은 교육받은 여성과 취업할 수 있는 여성들이 전혀 밖에 나가서 일하려 하지 않고 있고 그 대신 남자들이 유일하게 돈벌이하는 것을 여성들은 만족해한다. 성 평등에 대한 전도유망한 출발이 흐지부지되어 이제는 과부와 이혼녀가 국가의 경제적인 보호를 받는 나라도 있다. 아버지의 권위에 대하여 강력하게 지지한다는 여성들의 태도에도 불구하고 바레인의 급격한 현대화는 아버지의 절대적인 통제의 권위를 조금씩 침식시키고 있다. 그 결과 바레인 여성들은 교육과 건강 개선, 건강과 행정에 관련된 직업 그리고 국가 사업 중에서 복지 사업의 일정한 몫을 여성들에게 달라고 요구하였다. 부족적인 전통과 연관된 강한 문화적 · 종교적인 충성이 순니파와 시아파 바레인 사람들 간의 다툼을 계속 일으키고 있다. 이런 순니파와 시아파 간의 끈질긴 다툼이 궁극적으로는 시골에서 여성들이 직면한 불평등한 상황을 계속 이어가게 하는 구실이 되고 있다. 바레인 여성들이 커뮤니티에 나타나지만 그들은 커뮤니티의 중요한 결정에 영향을 끼치지 못한다. 물론 개인 지위 법을 바꾸라고 압력을 행사하지도 못한다. 요약하면 사우디아라비아, 쿠웨이트, 바레인 그리고 다른 걸프 국가들은 여성들에게 현대 교육과 공적인 직업을 제공하기도 했다. 이것이 어느 정도 사회적인 현대화를 통한 성역할과의 관계에서 사회적인 변화를 가져오게 했다. 그러나 아버지의 권위를 강조하는 와하비즘, 순니와 시아파의 교리, 부족적 혹은 전통적인 아랍의 이데올로기의 부활로 인하여 그 효과가 감쇠하고 있다. 이런 전통의 힘이 국가의 현대화 시도를 막고 있다. 걸프 국가들의 정치 제도는 왕정과 국민들 간의 관계 때문에 더 나은 발전적인 역할을 하지 못했고 이들 국가들은 석유 판매로 해외에서 벌어들인 수익이 많은데도 국민의 요구에는 충분히 부응하지 못하였다. 걸프 국가 그리고 크게는 아랍국가에서 일어나는 현대화modernization는 지역적 특징을 갖고 있고 젠더gender를 연구하는 학자들은 포스트 식민지와 포스트모던의 학문을 통하여 모더니티의 담론을 비교하려고 하였다.

아랍국가에서 여성은 열등하다고 보고 여성의 권리를 침해해온 이 부당한 처우에 대한 반응으로 터키, 이란, 이집트, 레반트 지역에서 여성 운동이 일어났다. 이들 국가에서의 여성들의 운동과 경험이 가족과 문화적 유대가 있는 이웃나라 걸프지역의 여성들에게도 영향을 주었다. 이집트에서는 호다 샤으라위Hoda Sha'rawi가 여성운동의 선구자였는데 그녀는 1945년 국가의 최고 훈장을 받기도 했다. 이 일은 아랍 국가의 여권 운동가가 얻은 명성이기도 하지만 20세기 후반에 이집트가 경험한 놀라운 변화에 대한 평가이기도 했다. 그러나 이집트와 레반트 지역보다 더 늦게 시작된 걸프 지역의 여성 운동은 강한 사회적 전통이 여성을 공적인 장소로 나가지 못하게 했다. 석유 산업이 등장하여 모던 국가로 지향하면서 그때서야 여성들의 교육이 강조되었을 뿐이다. 바레인에서 공립 여자학교가 1938년에 생겼는데 남자학교가 생긴 지 25년 후의 일이다. 그런데 오만, 아랍 에미리트, 사우디아라비아에서 여자 학교가 시작된 것은 1970년대 이후의 일이다. 바레인과 쿠웨이트의 여성운동은 이집트와 레반트의 문화운동에 크게 영향을 받았는데 특히 여성의 이슈를 다룬 리파아 알따흐따위, 까심 아민 그리고 호다 샤으라위(1879-1947) 등 여성 운동가의 영향이 컸다.

그런데 지난 몇 년간 특히 2001년 9·11 이후 걸프 국가에서 여성의 사회적인 지위가 크게 개선되었다. 카타르가 새로운 노동법을 제정하여 남자와 여자에게 월급, 승진, 훈련의 기회 등 남자와 동등한 노동의 권리를 주었다. 게다가 오만의 여성들은 오만 정부에서 몇 가지 정치적인 지위를 확보했고 2006년에는 아랍 에미리트에서 여성이 경제기획성 장관에 임명되기도 하였다. 이것은 여성의 사회 참여의 중요성에 대한 점증하는 압력의 결과이다. 이런 예들을 종합하면 걸프 국가에서 여성들의 역할이 강화되는 경향이 있고 정치적, 경제적, 사회적으로 아랍 사회는 물론 걸프 사회에서도 여성들의 권리가 나아지는 것을 기대하고 있다. 물론 아직도 아랍 국가에는 조혼제도와 1부 4처제 그리고 일부 국가에서 명예살인이 계속 이어지고 있기 때문에 이혼 절차에서의 남녀평등, 여성의 참정권 확대, 주민등록 및 여성의 해외여행 자유의 확대, 교육 받을 기회의 보장에 이르기까지 여성들의 다양한 요구가 해결되어야 한다. 쿠웨이트에서는 1999년 5월 통치자 에미르(아랍어로는 '아미르') 쉐이크 자비르 알아흐마드 앗사바가 왕령으로 여성의 선거 및 피선거권 보장에 관한 법률안을 상정하였다. 그러나 1999년 말 직접선거로 선출된 50명의 남성으로 구성된 의회가 이 법안을 부결시켜 여성의 참정권 확대 움직임에 제동을 걸었다. 사우디아라비아는 1999년 말 최초로 여성들에게 주민등록증을 발급하기 시작했다. 제한적이긴 하지만 여성들의 사회 활동의 폭을 넓히려 하였고, 여성에게 인터넷을 통한 이방 세계의 탐험이 허용되었다. 2000년 11월 국가 헌법재판소가 남편들이 아내의 여행을 막는 내무부 법령은 위헌이라고 판결하였다.

이집트 의회는 2001년 1월 이슬람주의자와 일부 남성들의 거센 반대 속에서 여성들에게 이혼할 권리를 주는 법안을 통과시켰다. 이후 이집트는 여성이 제기한 이혼 소송이 봇물 터진 듯 밀려들었다. 이집트 여성 운동가들은 이집트 여성이 외국인과 혼인할 경우 그들의 국적이 자녀들에게 이어지게 하는 것을 막는 현행법을 개정하기 위하여 투쟁하겠다고 했다. 그러나 여성에게 이혼할 권리를 주는 것으로 인하여 무슬림 남편들은 아내들이 제 발로 집밖으로 걸어 나가는 것을 두고 보지 않을 것이고 그런 아내들을 살해하는 일이 늘어날 것이라고 무슬림 여성들이 우려했다. 이집트는 매우 보수적인 사회이다. 특히 시골에서는 아직도 여성 할례가 있고 가정내 폭력이 비교적 흔한 나라이다. 여성이 남편에 맞아 경찰에 가면 경찰은 남편이 한 일이 맞다고 맞장구친다. 모스크의 설교는 남자는 우월하고 여성들은 열등하다고 말한다. 카타르는 1999년 3월 8일 처음으로 여성의 지방선거 참여를 허용했다. 예멘에서도 여성 참정권 보장을 요구하는 개혁파들의 목소리가 거세어졌다. 그러나 이슬람 종교인들은 여성들에게 정치적인 권리를 부여하는 것은 이슬람과 배치되는 것이라 했다. 이런 정치적이고 사회적인 평등에 대한 가시적인 움직임들이 대중들에게는 새로운 사회적인 변화로 느껴져서 이것이 그들에게 갈등을 낳고 있다.

쿠웨이트, 오만, 카타르, 사우디아라비아, 아랍 에미리트 안에서의 걸프 문화는 다른 아랍 국가들보다 여성의 이슈에 대하여 더 보수적이었다. 걸프 지역의 여성들은 이슬람식 아바야'Abāyah라고 하는 검은 색 옷을 집 밖에 나갈 때마다 걸쳐야 했고 얼굴에 베일을 하게 하여 남자들과 직접적인 접촉을 못하게 했다. 여성들이 직장에 나가서 갑작스럽게 남자들과 섞이는 것은 성의 구별이라는 전통적인 관습과 충돌되어 상당히 불편해 했다. 대중의 저항이 아직도 커서 사회적으로 진보적인 법률을 채택하는 것이 지연되고 있다. 그러나 주목할 점은 1960년대와 1970년대 이후 사회적으로 경제적으로 문화적으로 점차적인 변화와 발전이 일어나고 있었다. 이런 변화들은 각국의 경제적이고 정치적인 조건에 크게 좌우되었다. 예를 들면, 석유가 걸프 국가에서 발견되고 나서 이들 사회의 경제적인 상황이 크게 달라지면서 여성의 교육도 활발해졌다. 교육을 통하여 여성들에게 더 나은 삶의 조건들을 만들어 주었고 여학생들의 진학이 많아지면서 여성은 전통적인 가사의 역할에서 집밖의 일로 조금씩 이동하고 가사는 고용된 가정부가 맡았다. 이런 식의 사회적인 참여가 중요하다는 인식과정에서 여성의 사회적인 진전은 이들 여성들의 세계관을 확대시켜주었다. 그 결과 여성의 교육이 증가되었고 취업 시장에서 여성의 역할이 선례가 되어 여성의 법적 지위와 종교적인 권리에 대한 인식을 다시 하게 했다. 그리고 여성들은 자신들이 공부를 많이 하는 것이 남자들에게 착취당하거나 희생양이 되는 것을 막는 것으로 여겼다.

여성의 법적 지위를 언급할 때 주목할 것은 걸프 국가의 어떤 헌법도 여성들을 공공 노동력으로 사용하는 것을 금하는 법은 없다. 이들 국가에서 법적인 내용은 서로 엇비슷하지만 각 나라마다 시행하는 내용은 서로 차이가 있다. 이와 비슷하게 이들 국가의 헌법들의 취지와 목표에서는 통일되어 있다시피 하는데 그들 사이에 세세한 각론에서는 차이가 있다. 한 예로 일부 아랍 국가의 헌법은 여성들에게 정치적인 권리를 허락하는데 다른 아랍 국가에서는 이런 권리를 인정하지 않는다. 1976년 아랍 에미리트의 과도기 헌법 36조에서는 법의 평등 원리에 근거하여 국가의 직업들은 모든 시민들에게 열려져 있었다. 그러나 많은 아랍 국가에서 여성에 대한 이런 진보적인 법이 입법이 되어도 실제 시행되지 않는다. 여성에 대한 차별을 없애라는 유엔 헌장의 내용을 받아들인다고 한 아랍 국가들도 실제로는 이를 시행하지 않는다. 여성의 고용과 사회적인 자유에 대한 이슈는 주로 여성들만이 소리를 높이는 문화적인 이슈가 되어 버렸다. 현대화와 사회적인 진보에서 아랍 여성들은 전통적인 역할과 새로운 변화를 조화시키는데 큰 갈등을 겪고 있다.

2001년 9·11 이후 일부 아랍 국가에서 보수주의가 시대에 뒤떨어졌다는 인식이 대두되었고 종교적인 근본주의의 위협을 줄이기 위하여 좀 더 리버럴한 조치가 필요하다고 인식하는 사람들도 있었다. 더구나 아랍 시민사회의 성장과 길거리 시위가 2011년 아랍 시민혁명의 성공으로 이끄는 것을 본 아랍은 여성의 이슈에 대한 커뮤니티의 인식을 강화시켜 주었다. 걸프지역의 여성 운동에 영향을 준 그런 문화적인 변화들 중의 하나는 이 지역으로 유입되는 이주민들이었다. 모든 아랍 국가에는 시민권이 없는 외국인들이 살고 있는데 특히 걸프 지역의 세 나라는 국민의 절반 이상이 비시민권자이다. 1970년대 중반에는 걸프지역 주민의 3/4이 토착 시민권자이었으나 이 비율은 나라마다 상당히 유동적이었다. 오만에서는 비토착민이 전체의 80%에 이르렀고 사우디아라비아와 바레인은 비토착민이 절반 이하이며 카타르와 아랍 에미리트는 비토착민이 30% 이하이다. 석유가 발견된 이후 여성들은 주로 서비스 산업에서 일하기 시작했고 은행, 기업, 호텔, 공항, 대학에서 일하는 여성들이 늘어갔다. 그러나 보수적인 정당과 언론은 여성이 일터로 나가는 것 특히 얼굴을 가리지 않고 나가는 여성들을 아주 부정적으로 바라보았다. 아랍무슬림 남성과 여성 간의 관계를 요약해 보면 다음과 같다. 첫째, 아랍 남자는 여성을 포함하여 자신에게 무언가 이익을 줄 것을 기대하고 관계를 갖는다. 둘째, 이익의 한 형태는 남자가 속한 집단에 복종하는 것이라고 생각한다. 셋째, 아랍 남성은 사회적인 지위를 여성에게 빼앗길 것을 염려한다. 그래서 여성에게 이혼, 명예, 자녀, 선물 등을 무기로 삼아 남성의 지배하에 두려고 한다. 넷째, 아랍 남자의 여성에 대한 소유 의식은 그녀의 몸에서 시작하여 그녀의 물질 그리고 그녀의 마음도 가지려 한다. 그래서 아랍 남자는 어떤 수단을 써서라도 여자를 구속하려든다. 다섯째, 아랍 문화는 여자가 남자를 필요로 하는 것으로 서술된다. 아랍 여성들은 아랍 사회가 경제적으로 감정적으로 남자에게 의존하게 한다고 말한다. 아라비아반도에서 여성들은 혼자 살 수 있을 만큼 경제력이 없기 때문에 남자에게 의존할 수밖에 없다. 아랍인들의 여성관은 아랍어에서도 나타난다. 아랍어에는 남성과 여성 명사가 따로 있고 2인칭과 3인칭에도 남성과 여성으로 나뉘어 있다. 그리고 문장의 일치와 호응에서 주어가 여러 명의 여성들 이름 뒤에 남성 이름 하나가 나오면 동사는 남성을 취한다. 모스크에서 성인에 대한 이슬람 교육에서 무슬림 여성은 절대로 남자를 가르칠 수 없다. 물론 대학에서는 상관없다.

4. 꾸란의 여성관

꾸란에 등장하는 여성들은 다음 세 부류로 나눌 수 있다. 첫째, 자신에 대한 내용이 극히 일부만 나오는 여성들인데 스토리 전개를 도울 때만 등장하고 어떤 말이나 행동을 하지 않은 여성들이다. 이들은 메카 시기에 예언자들의 이야기 속에 등장하고 메디나 시기에서는 이들이 가장 이론적인 모델로 등장한다.

수라 3:40, 19:5,7 imra'ati(자카리야의 아내)
수라 11:78 banāti(루뜨가 말하는 나의 딸들 혹은 마을의 소녀들)
수라 24:11(이름은 언급되지 않으나 무함마드의 아내 아이샤에 대한 내용)
수라 33:37 (이름은 언급되지 않으나 무함마드가 입양한 자이드의 아내, 나중에 무함마드의 부인이 된 자이납zaynab)
수라 33:59 banātika(무함마드의 딸들, 마을의 소녀들)
수라 66:10 imra'at nūh (누흐의 아내)
수라 111:4,5 imra'ah(아부 라합Abu Lahab의 아내)

두 번째 여성들은 꾸란에서 약간의 행동을 보이거나 약간의 말을 한 여성들인데 이런 말과 행동은 그들이 언급된 예언자들의 삶에서 일부 특정 사건에만 제한된다. 다시 말하면 이런 사건은 매우 개인적이었다.

수라, 7:83, 29:33, 11:81, 15:60, 27:57, 66:10 imr'ah lūT(루뜨의 아내)
수라 11:7, 51:29 imra'ah (이브라힘의 아내)
수라 12:23 (이름이 등장하지 않으나 유수프를 유혹한 여성)
수라 12:30 알아지즈의 아내(유수프를 유혹한 여성)
수라 12:30 niswa(유수프를 유혹한 여성의 여자 손님들)
수라 20:40, 28:7 ukhtuka(너의 누이, 무사의 누이)
수라 28:23 imr'atayn(마드얀 지역의 두 여성)
수라 33:28 azwāj(무함마드의 아내들)
수라 58:1 (이름은 언급되지 않으나) 아우스aws의 아내
수라 60:10 muhājirat(피난하는 여성들)
수라 66:3 ba'D azwājihi(무함마드의 일부 아내들)

세 번째 그룹의 여성들로는 꾸란에서 독특한 기능을 수행한 여성들로서 종교적 도덕적 헌신을 한 여성들이다.

수라 2:35, 4:1, 7:12 Adam wa zawjuka(아담과 너의 아내)
수라 3:36-37 maryam(이싸의 어머니)
수라 3:35 imra'a Imran(이므란의 아내)
수라 20:38 ummuka(무사의 어머니)
수라 27:23 imra'ah (시바의 여왕)
수라 66:11 imra'at fir'awn(바로의 아내)
수라 66:12 maryam bint 'imran(이므란의 딸, 마르얌)

꾸란은 무슬림 남자가 가장이고 무슬림 여성의 후견인이므로 여성의 책임을 남자가 맡는다고 한다. 그래서 무슬림 여성은 후견인(아버지, 남편, 그리고 가족 중 남자)을 따라야 할 의무가 있다. 이런 가부장적 관계는 끼와마(권위, 후견)와 따아(순종)에 근거한다. 끼와마와 따아의 꾸란 근거는 수라 4장 34절이다.

> "알라는 하나가 다른 하나를 더 좋아하고(faddala) 남자들은 여성들에게 돈을 쓰기 때문에 남자가 여자에게 권위(qawwāmūna)가 있다. 선행을 하는 여자는 순종한다(qānitāt). 알라가 지켜 준 것(남편의 재산과 여성 자신의 국부)을 여성들은 잘 보전해야 한다. 불순종(nushūz)을 염려하는 너의 부인들을 꾸짖고, 침대를 같이 쓰지 말고, 때려라. 만일 아내가 너에게 순종하면 부인이 싫어하는 어떤 일도 힘쓰지 마라. 알라는 지고하시다."

위 꾸란 구절은 하비바 빈트 자이드를 때린 사아드 븐 라비아의 이야기와 관련되어 있다. 아내 하비바가 남편에게 불순종했기 때문에 남편이 그녀를 때렸다. 부인이 자기 아버지에게 이 일을 말하니 아버지가 무함마드에게 이 일을 전하였다. 이슬람의 예언자 무함마드는 이 부인을 애석하게 생각하여 부인이 남편에게 복수할 수 있도록 허락하였다. 그런데 그 지역 남자들이 "이는 부인들에게 우선권을 주는 것이므로 절대로 그렇게 해서는 안 된다"고 반대하였다. 사회적 불안을 염려한 무함마드는 알라가 새로운 구절을 하늘에서 내려 주었다고 하면서 꾸란 구절을 낭송하였는데 그것이 바로 꾸란 4장 34절이었다. 그러면 위 꾸란 구절에 대한 꾸란 주석가들의 번역과 주석을 살펴보자.

픽톨Pickthall 알라가 그들 중 한 사람을 다른 사람보다 탁월하게 하였고 그들 재산을 여성들을 부양하는 데 사용하기 때문에 남자들이 여성들을 책임진다. 착한 여성들은 순종하고 알라가 지켜준 것을 비밀히 지킨다….

유수프 알리 Yusuf Ali 알라가 한 사람을 다른 사람보다 더 많은 힘을 주었고 그들의 것으로 부양하기 때문에 남자들은 여성들의 보호자들이다. 그러므로 착한 여자들은 순종하고 알라가 그들을 지켜준 것을 남편이 없을 때에도 지킨다….

알잘랄라인의 주석tafsir al-jalalayn 알라가 한 사람을 다른 사람보다 우선하고 그들 재산을 소비하기 때문에 남자들은 여성들에 대한 권위를 갖는다. 그러므로 착한 여성들은 남편이 보이지 않는 곳에서도 신이 지켜주었기 때문에 여성들이 국부를 지켜야 한다….

위 꾸란 구절에서 주석이 각각 다른 부분은 첫째 남자가 여자를 책임지는 원인이 권위, 힘, 탁월함이라고 한 것이고, 둘째 책임을 진다. 보호자이다. 권위를 갖는다는 점에서 다르고, 셋째는 남편의 재산을 지킨다. 여성의 국부를 지킨다. 알라가 지켜준 것을 지킨다는 점에서 서로 다르다. 한 마디로 위 꾸란 구절에 대한 무슬림 주석가들이 서로 동의하지 못한 부분들이 많다는 것이다. 우선 알라가 그들(남성)의 일부를 다른 사람보다 더 우선한다는 말이 무엇인지 살펴보자. 여기서 우선한다는 말은 아랍어로 팟달라faddala라고 한다. 알라가 어느 피조물을 다른 피조물보다 더 좋아한다는 말이다. 꾸란 17:70 "우리가 창조한 많은 이들보다 알라가 그들을 더 좋아한다" 또 "우리가 그들 중의 일부 메신저들을 다른 메신저들보다 더 좋아한다"(수라 2:253). 그러나 수라 2:285절에서 "우리는 메신저들 사이를 전혀 구별하지 않는다"고 하였다. 그러므로 꾸란에서 "알라가 더 좋아함"이란 절대적인 표현이 아니라 상대적이라는 것을 알 수 있다. 팟달라faddala는 사람의 어떤 행위 때문에 얻어지는 것이 아니고 알라에 의하여 주어진다는 것이다. 알라가 원하는 사람을 더 좋아한다는 것이다. 위 꾸란 구절은 무슬림들에게 남녀간의 관계를 알려주는 가장 중요한 구절이 되었다.

두 번째, 남성들이 여성들의 '까우와문qawwamūna'이 되는 조건에는 두 가지가 있다. 하나는 알라가 더 좋아한다preference는 것이고 다른 하나는 남성들이 자신의 재산으로 여성들을 부양한다는 조건이다. 남자와 여자 사이의 지위는 첫째 알라가 어느 하나를 더 좋아한다는 것이다. 꾸란에서 알라가 여성보다 남성에게 더 많은 양을 준 것은 상속에서다. 한 가족 안에서 아들를 위한 몫이 딸보다 2배이다. 그런데 위 꾸란 구절에서 다음 구절이 "남자들이 그들의 재산을 (여성을 부양하기 위하여) 소비하므로"라는 말이 있기 때문에 남자들이 여자들의 까우와문이 된다는 것이다. 여기에 남자의 특권과 책임 사이에 상호작용이 있다는 것이다. 여성을 위하여 남자가 자신의 재물을 여자에게 지불하는 책임을 남자가 가지므로 남자들이 여자보다 2배의 재산 상속을 받는다는 것이다. 그래서 일부 무슬림들은 까우와문의 해석을 경제적인 책임을 진다는 것으로 해석한다. 그런데 상당수 무슬림 남자들이 위 구절에서 알라가 여성보다 남자를 더 좋아하는 것은 무조건적이라고 해석한다. 무슬림 남자들이 위 구절을 "알라가 남자들을 (힘과 지력에서) 여자보다 우월하게 창조하였다"고 주장하면서 까우와문은 남자의 권위라는 의미로 해석했다. 문제는 까우와문이라는 단어가 하나는 권위 또 다른 하나는 경제적 책임으로 해석한다는 점이다. 그런데 알따바리 주석에서는 까우와문을 '훈육'이라고 해석하여 남자가 아내들을 훈육하여야 한다고 말한다. 알라지 역시 위 꾸란 구절의 유래를 전하면서 아내의 교양을 위한 권한이 남편에게 있다고 해석한다. 결국 책임이 있다는 말도 되지만 (교양과 훈육에서) 권위가 남편에게 있다는 말도 된다.

아미나 와두드는 위 구절에서 반드시 무조건적이라고 볼 수 없다고 했다. 그 이유는 꾸란 구절이 남자들을 여자들보다 더 좋아한다고 하지 않았기 때문이란다. 위 꾸란 본문에서 남자들 중의 일부를 다른 사람들보다 알라가 더 좋아한다고 해석하였다. 그래서 알라가 일부 남자들에게 일부 여자들보다 더 많이 주었던 문제matters에서 남자들이 여자들의 까우와문이 된다[2]고 했다. 다시 말하면 경제적인 문제에서만 남편이 아내의 까우와문이 된다는 것이다. 그런데 모든 남자들이 모든 여성들의 까우와문인가? 가족 안의 남자들이 가족 안의 여자들의 까우와문인가? 또는 남편들이 아내들의 까우와문인가? 꾸란 주석가 알자마크샤리al-zamakhshari는 "남자들이 여자의 문제들을 책임진다"고 번역했고 마우두디는 "알라가 한 사람을 다른 사람보다 우월하게 만들었으므로 남자들이 여성들의 문제의 관리자manager"라고 했다. 그리고 아지자 알

2_ Amina Wadud, Quran and Woman, Oxford : Oxford university Press, 1999, 71.

히브리azizah al-Hibri는 여기서 기본적인 개념은 도덕적인 인도와 돌봄이란 것이므로 남자들이 보호자 또는 부양자라고 번역하는 것을 반대했다.[3] 그런데 팟달라Faddala를 알라의 무조건적인 선호라고 번역하는 무슬림 학자들은 모든 남자들이 모든 여성들의 까우와문(권위를 갖는 자)이라고 해석한다.[4] 이집트의 사이드 꾸뜹은 이 구절을 한 가족 안의 남편과 아내 간의 관계로 보았다. 그런데 아미나 와두드는 이 꾸란 구절을 확대 해석하여 남성들은 여성들에게 육체적인 보호와 물질적인 지원뿐만 아니라 정신적, 도덕적, 지적, 심리적인 차원에서 여성을 도와야 한다고 했다.[5] 그러나 대부분의 무슬림들은 이 꾸란 구절을 여자들에 대한 절대적인 권위authority를 행사하는 구절로 이해한다는 것이다. 그들은 알라가 남자에게 신이 예정한 타고난 우월성superiority을 주었다고 주장하기 위하여 위 구절을 사용했다.[6] 이제 위 꾸란 구절의 후반부의 번역을 여러 꾸란 번역에서 살펴보자.

픽톨Pickthall 네가 거역을 걱정하는 사람들을 꾸짖고 그들과 잠자리를 따로 하고 채찍으로 때려라scourge them. 그들이 너에게 순종하면 그들을 반대할 방법을 찾지 마라.

유수프 알리Yusuf Ali 불성실과 잘못된 처신을 두려워하는 여성을 (먼저) 꾸짖고, (그 다음에) 그들의 침대를 같이 쓰는 것을 거부하고, (마지막으로) 그들을 (가볍게) 때려라beat them (lightly). 그러나 만일 그들이 순종으로 되돌아오면 그들을 맞서는 일을 추구하지 말라.

위 꾸란 번역에서 아내가 남편에게 순종해야 한다는 점과 아내와의 불화를 순서에 따라서 해결하라는 점에서 서로 같다. 처음에는 말로

3_ 위의 책, 71.
4_ 위의 책, 72.
5_ 위의 책, 74.
6_ 위의 책, 72.

꾸짖고 그 다음에는 잠자리를 피하고 마지막으로는 때리라는 것이다. '때리라'의 아랍어 단어는 idribū라고 되어 있어서 남편들이 아내들을 때리라고 했다. 꾸란 구절에 가볍게 때리라는 의미는 없다. 위 꾸란 구절에서 까니타트qānitāt라는 단어를 알라지는 남편에게 순종하는 여자들로 번역했다. 이 단어는 남성들(수라 2:238, 3:17, 33:35)과 여성들(수라 4:34, 33:34, 66:5)에게 사용된다. 이 단어는 알라를 믿는 자의 성격을 가리키는데 그 뜻은 알라에게 굴종하는 것이다. 사이드 꾸뜹은 외적으로 명령에 따르는 것(따아)보다는 감정적인 반응을 가리킨다고 했다.[7] 위 꾸란 본문에서 누슈즈nushūz라는 말도 남성(4:128)과 여성(4:34)에게 사용되는데 불순종 또는 자만을 의미한다. 그런데 누슈즈가 아내를 가리키면 이 말은 '남편에게 불순종'한다는 말이라고 했다. 알라지는 말이나 행동으로 불순종하는 것을 가리킨다고 했다. 사이드 꾸뜹은 이 단어를 부부간의 불화 상태를 가리킨다고 했다. 부부 간의 불화를 나타낸다고 번역하면 그 해법은 첫째, 말로 해결하는 것인데 남편과 아내 간 그리고 중재자의 도움으로 해결한다. 둘째, 별거를 한다. 그리고 마지막 방법으로 여자를 때리는 것이 허용된다.[8] 또 무슬림 여성과 관련된 주제 중에서 논의해야 할 주제 중에는 수라 2:228 등에 나오는 다라자daraja가 있다. 이 단어의 의미를 어떻게 이해하느냐에 따라 여성의 지위가 달라질 수 있기 때문이다.

픽톨Pickthall 이혼한 여성들은 별거하여 3(개월) 시기를 기다린다. 그녀들이 알라와 마지막 날을 믿는다면 그녀들의 자궁들에 알라가 창조했던 것을 그녀들이 숨긴 것이 그녀들에게 불법이다. 그녀들이 재결합을 원하면 그런 경우에 그녀들을 되돌려보내는 것이 그들의 남편들에게 더 낫다. 그녀들이 친절에서 그녀들과 남자들과 유사한 권리들을 갖는다. 남자들은 그녀들 위에 다라자이다.

7_ 위의 책, 74.
8_ 위의 책, 75.

유수프 알리Yusuf Ali　이혼한 여성들은 3개월 시기를 그들 자신을 고려하여 기다릴 것이다. 만일 그녀들이 알라와 마지막 날을 믿는다면 알라가 그녀들의 자궁에 창조한 것을 그녀들이 감추는 것은 불법이다. 만일 그녀들이 재결합을 원하면 그 기간에 그녀들의 남편들은 그녀들을 되돌려 보내는 더 나은 권리를 갖는다. 그리고 여성들은 공평한 것에 따라 그녀들을 반대할 권리들과 유사한 권리들을 갖는다. 그러나 남자들이 그녀들보다 (유리한 점에서) 다라자를 갖는다.

위 꾸란 번역에서 남자들이 그녀들보다 (권위, 유리한 점)에서 다라자를 갖는다고 하는데 다라자darajah가 뭔가? 알따바리는 그의 꾸란 주석에서 다라자는 계급, 등급, 지위 또는 순종 또는 알라가 남자에게 준 지하드와 상속에서의 유리한 점을 가리킨다고 했다. 꾸란은 다라자를 사람의 재산과 삶을 통하여(수라 4:95) 알라의 길을 위하여 노력하므로 얻어진다고 한다. 또 수라 9:20에서 사람의 재산 그리고 자신이 알라를 위한 노력 때문에 다라자를 얻는다. 그러나 대부분은 다라자가 지정되지 않은 선행을 통하여 얻어진다(수라 20:75, 6:132, 46:19)고 했다. 위 꾸란 구절에서 다라자는 모든 상황에서 모든 남자들과 모든 여자들 사이에 존재한다는 것을 의미한다. 그러나 위 문맥은 이혼의 상황과 관련되어 있어서 남자들이 여자들보다 이혼에서 유리한 점advantage이 더 있다는 것이다.[9] 꾸란에서 남자들이 갖는 유리한 점은 남자들이 언제든지 여자들에게 이혼을 선언할 수 있다는 점이다. 그러나 남편들이 아내들에게 공평한 대우를 하는 것이 이슬람 사회에서 관습적으로 동의되는 것이라고 보면 남편에게 복종하는 아내의 의무와 남편이 마흐르(결혼 지참금)를 지불하는 권리를 규정한 것이라고 알잘랄라인은 주석한다.

아미나 와두드(버지니아 commonwealth대학교의 철학, 종교학 교수)는 꾸란은 여성과 남성이 동등하게 창조되었고 둘 다 상속의 권리, 독립된

9_ 위의 책, 68.

소유권, 이혼의 권리가 있다고 했다. 그러나 무함마드가 죽고 난 다음에 무슬림 남자들은 꾸란의 윤리적인 법규에서 벗어나서 여성이 남성에게 굴종해야 한다고 주장했다고 그녀는 말했다. 그래서 여성 학자들이 오늘날 꾸란을 다시 읽고 꾸란을 다시 새롭게 해석하여[10] 남자들의 가부장적인 꾸란 해석에 도전해야 한다고 했다. 그녀는 여성들이 사회 각계 각층에서 일할 수 있도록 법의 개혁을 위하여 일해야 한다고 했다.[11] 아미나 와두드Amina wadud의 생각은 꾸란은 여성이 남성과 동등한 권리를 갖는다는 것을 가르친다고 했다.

그러나 아잠 캄구이안Azam Kamguian은 꾸란이 여성이 남성과 동등한 권리를 갖고 있지 않다고 가르친다고 했다. 이란의 작가이고 여권운동가인 아잠은 이슬람에서 여성의 지위가 항상 남성들의 지위보다 열등해 왔다는 것을 꾸란 구절들이 보여준다고 말한다. 꾸란이 여성들은 약하고 미성숙하고 독립적인 사고를 못 하는 것으로 서술했다고 한다. 그래서 무슬림 여성들은 남자 보호자 없이는 여행을 못 했고 여성의 개인적인 삶과 관련된 개인적인 결정, 심지어 부부관계를 갖는 것도 남자에 의하여 결정되었다. 아잠 캄구이안은 이슬람에 대항하는 것만이 여성의 평등과 인권을 얻는 방법이라고 했다. 여성이 불평등한 것은 알라의 계명 때문이라고 했다. 이슬람 국가의 가족법은 꾸란이 기록한 대로 따른다. 이슬람 법정에서 증언은 남자의 수가 여자 증인들의 수의 절반이다. 딸은 아들의 절반 지분을 상속받는다. 알라는 베일을 쓰지 않는 여성들을 보고 싶어하지 않는다고 무슬림 남자들이 가르친다. 여자는

10_ 꾸란 2:236절에서 "종교에는 강요가 없게 하라"는 말이 있고 꾸란 18:29절에는 "말하라, 진리는 너의 주님에게서 온다"고 했는데 이 두 구절은 다른 구절에 의하여 대체되고 무효가 된다. 이 구절들을 무효화시킨 꾸란 구절은 9장 5절이다. "금지된 달들이 끝나면 너희들이 만나는 무쉬리쿤(알라 대신에 다른 우상을 섬기는 사람)마다 죽여라. 그리고 그들을 붙잡고 포위하고 숲에서 그들을 기다리며 매복하라. 그들이 회개하고 나서 기도를 하고 자카를 하면 그들의 길을 가도록 내버려둬라. 알라는 용서해 주시고 자비롭다(수라 9:5)." 다시 말하면 "종교에는 강요가 없게 하라"는 말은 "무쉬리쿤을 만나면 만날 때마다 죽이라"는 구절로 대체되었으므로 앞의 꾸란 구절은 무효가 된다.

11_ Bruce Glassman, et Al., Women in Islam, Greenhaven Press, 2005, 9.

아버지나 형제 이외의 남자와는 대화를 하지 말도록 가르친다. 무슬림 여성의 대다수는 여성들이 남자들의 지배하에 있어야 한다고 알라가 명령했다는 확신을 갖고 살아왔고 여성의 운명은 남자에 따른다고 배워왔다.[12] 꾸란에는 여성이 남자와 동등하다고 말하는 소위 중립적인 구절(수라 3:195, 4:124, 16:97, 40:40)이 있고 여성을 비인간적으로 만드는 꾸란 구절(수라 4:34, 2:223, 2:222, 2:228)도 있다. 꾸란은 여자는 남자들의 씨를 뿌려야 할 장소라고 하고 여자가 월경이 끝날 때까지는 성관계를 갖지 말라는 구절도 있다. 또 무슬림들은 여성들을 도덕적으로 열등한 것으로 간주되는 말들을 한다. "남자와 여자가 한 장소에 있으면 세 번째 사람은 사탄이다" "지옥불을 보았는데 지옥의 거주자의 대부분이 여성들이다" "남편이 만족스러워했던 여자는 죽으면 파라다이스(잔나)에 간다"[13] 꾸란 33:59에 여성이 밖으로 나가려면 질밥jilbab을 하라고 되어 있으나 얼굴과 머리를 감싸라는 말은 없다. 아잠 캄구이안은 무슬림 여성이 히잡을 쓰는 것은 여성이 열등하다inferior sex는 것과 여성이 성의 대상sex objects이라는 것을 나타낸다고 했다. 베일을 씌우는 것은 여성을 격리시키고 성적 차별을 정착시키기 위한 강력한 도구라고 했다. 무함마드는 그가 입양한 자이드의 집을 방문했는데 자이드의 부인 자이납이 반나체인 것을 보았다. 무함마드의 그녀에 대한 욕정 때문에 자이드를 이혼시켰고 무함마드는 그녀와 잠자리를 같이 했다. 아잠 캄구이안은 지난 30년간 히잡은 정치적 이슬람의 정치적 이데올로기적인 상징이 되었다고 했고 여성들이 이런 운동의 첫 희생양이 된 것이라고 했다. 사우디아라비아에서는 검은 색 아바야를 입어야 하는데 윤리 경찰이 이를 단속한다.[14]

오늘날 이슬람의 여성관은 다음 3가지로 나뉜다. 첫째, 전통주의자의 견해인데 이들은 이슬람이 여성을 해방시킨다고 한다. 전통주의

12_ 위의 책, 15.

13_ 위의 책, 17.

14_ 위의 책, 18-19.

자들은 모든 여성들이 남자보다 열등하다고 본다. 이런 견해에 따르면 모든 생활 영역에서 여성들이 남자들의 결정에 따라야 한다. 전통주의자들은 모든 여성이 아이를 갖고 싶어 하고 어머니가 되는 것이 여자로서 행복하다고 규정한다. 여성들은 지적 능력이 열등하고 육체적으로 약하다고 한다. 유수프 알까라다위는 "여성들이 남자들의 일에 제한 없이 동원되면 여러 가지 해로운 결과를 낳게 되는데 인간 생활 그 자체를 망가뜨리고 불균형, 무질서, 혼란을 가져오게 한다"고 했다.[15] 전통주의자들은 여성이 히잡을 하는 것이 여성을 해방시키는 것이라고 주장한다. 다른 사람의 시선에 판단 받지 않고 여성의 경건성을 유지할 수 있기 때문이라고 한다. 전통주의자들은 여성들이 어머니로서의 생물학적 운명을 완수하고 가사 일을 열심히 하고 남편에게 재정적인 도움을 받고 이슬람식 의상을 입고 남자와 다른 영역에서 여성에게 규정된 역할을 하는 것이라고 한다.

둘째, 페미니스트들의 견해인데 이들은 이슬람이 여성을 억압한다고 한다. 페미니스트(여성해방론자)는 전통주의자들이 말하는 여성에게 허락된 권리들은 여성과 남성에 대한 편견이고 건전하지 못한 견해라고 주장한다. 이들은 전통주의자들이 여성들을 굴종하게 할 뿐이라고 한다. 전통주의자들이 여성은 약하고 열등하다는 견해는 결국 여성을 학대하고 억압하는 결과를 낳았다고 했다. 이런 억압을 종식시키기 위하여 페미니스트들은 이슬람 사회가 완전히 세속화되기를 원하고 여성에게 동등한 권리를 주어야 한다고 주장한다. 그들에게 전통적인 이슬람이 여성을 가장 많이 억압하는 것은 여성의 혼인의 권리와 출산[16]이라고 했다. 무슬림 여성들은 누구와 혼인할 것인가를 결정한 권한이 없고 성관계를 언제 가질지 결정할 권한이 없으며 피임을 할지 말지를 결정할 권한이 없다고 했다. 무슬림 여성들은 남편이 다른 여성과 또 결혼하는 것을 막을 수도 없었고 일부 국가에서는 여성이 이혼을 청구

15_ 위의 책, 6.

16_ 위의 책, 7.

할 수도 없었다. 또 전통적인 이슬람이 여성을 억압하는 것은 옷 입는 것에 대한 코드에서도 나타난다. 머리와 몸과 얼굴을 가려야 하는 의상은 여성을 비인간화시킨다고 페미니스트들은 주장한다. 이들은 이슬람 국가가 이슬람 율법과 이슬람 관습을 버리지 않는 한 이런 억압은 계속된다고 보았다.

셋째, 진보주의적인 견해인데 이들은 이슬람이 본래 여성에 대한 편견이 없다고 한다. 페미니스트들이 이슬람 율법 하에서는 여성들이 절대로 남자와 동등하게 될 수 없다고 믿는 반면에 진보주의자들은 이슬람이 본래 여성에 대한 편견이 있는 게 아니라고 주장한다. 그들은 꾸란이 알라의 말이고 모든 무슬림이 읽어야 하지만 여성이 약하고 열등하다고 쓴 주석가들의 권위를 받아들일 수 없다고 했다. 진보주의자들은 그들의 꾸란 해석이 과거 꾸란 학자들의 해석과 동등한 효력이 있다고 믿었다. 진보주의자들은 꾸란 구절을 정확하게 이해하면 여성이 취업하여 일하는 것과 자녀를 가지는 권한이 여성에게 있다고 주장한다. 많은 진보적인 무슬림 여성들은 자신의 경건과 얌전함을 표현하는 이슬람의 의상을 그녀들이 선택하여 입는다. 진보주의자들은 무슬림 여성의 의상은 개인이 선택하는 것이라고 했다.

더 생각해 보기

한국 여성이 아랍 이슬람 국가에 갔을 때 어떻게 하는 것이 좋을까? 우선, 여성끼리 밖을 나가려 하면 둘 이상이 함께 다닌다. 남자들이 인사하면 여성은 미소로 답하지 않는 게 좋다. 외국인 여성은 바지는 긴 것으로 입고 달라붙는 바지는 입지 않는다. 길가에서는 정숙을 요하고 아랍남성이 치근대면 아예 무시한다. 가끔 성희롱하는 남자도 있다. 한국인 여자 혼자 길거리에서 방황하지 않는다. 합승(서르비스) 택시는 뒷자리의 제일 안쪽 문 옆에 앉고 앞자리는 가능한 한 혼자 탈 때는 앉지 않는다. 아랍남성이 자가용에서 자꾸 앞자리에 앉으라고 해도 여성은 뒷자리에 앉는다. 옷은 긴 옷을 입는다. 외국인 여성의 손에 디블라(금 가락지: 결혼예물로서 여자 왼손 약지에 낀다)를 끼고 가면 아랍남성에게 희롱을 안 당하지만, 그 외 악세사리 반지는 결혼한 여성이 아니라도 낄 수 있기 때문에 아랍 남자들이 처녀라고 생각이 들면 괜히 쓸데없는 말을 건넨다.

더 질문해 보기

1. 전통이 현대화를 막고 이슬람의 가치가 여성의 교육과 사회적 행동을 막는다고 생각하는가?

2. 한국 어린이들이 <알라딘 요술램프의 지니>에서 지니는 꾸란 72장 <진Jinn>의 장에 나오는 <진>을 가리킨다. 한국인들이 아는 지니는 뛰어난 마술사이지만 꾸란의 진은 착한 진과 나쁜 진으로 나뉜다(공일주, 꾸란의 이해, 142-144 참조). 아랍인들이 생각하는 진과 한국인들이 알고 있는 지니가 동일 인물인데도 지니가 미화된 이유는 뭐라고 생각하는가?

제10장

아랍의 교육과 아랍의 한국학

한국인과 소통을 위한 **아랍문화**

1. 아랍의 고등 교육과 연구 풍토

아랍의 고등교육

요르단에서는 고등학생들이 10학년(고1)이 끝나면 문과나 이과 중 하나를 택해야 한다. 물론 소수의 학생들은 직업 교육이나 실업학교에서 기능공 수업을 받기도 하나 대부분의 학생들은 문과나 이과 계열 중 하나를 택한다. 이런 교육제도는 근대 교육이 시작되면서 지금까지 변함없이 일관되게 시행된 것이다. 이집트도 역시 이과와 문과 계열로 나뉘지만 이과 계열을 공부한 학생이 대학 입학에서는 문과 계열을 지원할 수 있다. 과거 요르단에서는 이미 고등학교 때부터 자신의 전공 영역을 생각하게 한 적이 있었다. 그 당시에는 고등학교 때 이미 전공을 생각하여 학생들이 자신의 전공 분야에 대한 학습에 더 치중하였다. 학생들로 하여금 자신의 적성을 미리 발견하도록 하였다. 그러나 오늘날 요르단에서는 10학년에 가서 만일 어느 학생이 수학이나 물리에 두각을 나타내면 다른 교과목 가령 역사나 문학을 등한시하는 풍토가 생겨났다. 그 학생은 단지 수학이나 물리 과목에만 치중하게 되어 고등학교에서 배워야 할 전 교과과정을 충분하게 이수하지 않는 기현상이 생겨났다. 지금은 요르단의 많은 고등학생들이 20여 개의 대학 중의 하나에 들어가고 나중에는 그들이 석사와 박사 학위까지 마치는 사람도 있다. 요르단에서 1960년대나 1970년대에 박사학위 취득은 참 어려웠으나 지금은 상당히 수월해졌다.

이집트도 10학년 때 이과와 문과 계열로 나뉘어 공부한다. 아랍의 고등학교에서 학생들이 문과와 이과를 택할 때에도 그들의 적성이나 능력에 따라 나뉘는 것이 아니라 학교장이나 교사 혹은 학부모들이 선택하기 때문에 학생들의 기호나 적성과 무관하게 전공을 택하는 경우가 많다. 세계의 대학들이 학부 3학년 때 전공 영역을 선택하게 하므로 아랍의 고등학생들이 고등학교 1학년 때 이과와 문과로 나뉘어 다른 학문 영역을 아예 공부하지 않는 것은 학생들의 전인교육에 문제가 있다. 그 예로 사회학과 철학, 논리학, 역사를 이과 계열의 학생들이 배우지 않게 되고 대학 입시에서는 한 자리 숫자의 학과목들을 달달 외워서 그 시험 점수가 높으면 자기가 원하는 대학에 입학하고 있다. 한마디로 아랍의 대학생들은 다양한 학과목에서 교양을 폭넓게 갖출 수 있는 기회를 갖지 못하고 있다. 2008년 요르단 대학교 1학년에 입학한 학생들 중에 컴퓨터 자판을 보고 아랍어로 타이핑하지 못 하는 학생들이 많았고 이집트도 여대생이 대학을 졸업했는데도 아랍어로 타이핑을 못 하였다.

일반적으로 아랍의 문과계열의 학생들은 이과 계열의 학생들보다 대입 성적이 낮다. 그래서 이과 계열의 학생들과 문과 계열의 대학생들을 대상으로 한국어를 가르치면 이과 계열의 학생들이 훨씬 더 빠르게 습득하였다. 물론 아랍국가의 미국계 고등학교는 미국의 ACT 시험을 치러야 하므로 미국내 고등학교와 맞먹는 교과목이 고등학교에 개설된다. 요르단이나 이집트의 고등학생들은 과외 열병에 시달리고 있다. 2011년 이집트에서 대학의 학비는 한 달에 천 파운드 정도(물론 전공마다 다르지만)이고 20여 년 외국인 회사에서 일할 경우 한 달 월급이 3천 파운드 정도이다. 일반적으로 정부 공무원의 최고 봉급은 월 1,200파운드이었다. 그러다보니 하루에도 2개의 직업을 가져야 자녀들의 과외비를 충당할 수 있었다. 시골에서 올라온 이집트 대학생들은 학교 옆의 기숙사에 살면 월 90파운드를 냈다. 이집트에서는 영어, 아랍어, 사회학, 과학, 수학, 프랑스어 과목에 대한 과외를 받는다. 사립학교 수업료로 1년에 만 파운드를 낸다. 고등학생들은 과목당 50파운드를 내고 과외를 받는데 학생의 집이나 교사의 집에서 과외를 받는다. 학교에서 잘 가르치는 교사가 직접 과외를 하거나 만일 그가 실력이 없으면 다른 실력 있는 교사를 찾아간다. 요르단이나 이집트에서 좋은 대학에 가려는 학생들은 공교육이 전혀 도움이 안 된다고 말한다. 그래서 부모들은 자녀들에게 과외를 집중적으로 시킨다. 과외는 곧 부모의 수입과 직결되므로 요르단의 경우, 공무원들이 오후 2시경에 퇴근을 하면 잠시 식사를 하고나서 택시 운전을 하여 돈을 번다. 이집트에서도 2개의 직업을 가진 사람들을 자주 볼 수 있다. 이집트에서 과외 시장이 2010년 크게 번성하고 있었다. 이집트 고등학생들은 과외비가 너무 많이 오른 것은 시간당 과외비만 아니라 교사가 학생들에게 외부 교재 대신에 자습을 위하여 학생들에게 파는 해설과 참고서의 가격이 크게 올랐다. 어느 과외 학원에서는 학원 입학료가 65파운드이고 한 과목당 35파운드에서 40파운드로 올랐다. 그리고 각 과목당 교사들의 참고서 값도 한 과목당 50에서 60파운드로 올랐다. 일부 교사들은 1학기 참고서만 팔기 때문에 2학기에는 또 다른 참고서를 사야 한다. 어느 학생은 다른 학원에 갔더니 좌석을 미리 예약하는 데 200파운드를 냈고 참고서 값으로 100파운드 그리고 5과목의 수강료도 따로 냈다고 한다. 이집트 사회 및 형사 연구소의 발표에 의하면 이집트의 학생들 중 2/3에 해당하는 66%가 과외를 받고 있다고 했으나 실제는 이보다 더 많은 학생들이 과외를 받는다. 그 이유는 공교육에서 교사들이 최선을 다하여 학생들의 학습 지도를 하지 않기 때문이다. 이집트 등 아랍 국가에서 학생들의 시험 부정은 도를 넘는 경우가 있다. 이집트 헬완 대학교 학생들이 시험을 보기 전에 아주 작은 종이에 답을 쓴 쪽지를 보여주는데 그들은 이것을 '보르샴'이라고 했다. 요르단 대학교에서는 대학생들이 시험부정을 하길래 왜 그러느냐고 하니 무슬림들은 모두 한 형제니 형제를 돕는 것이 뭐가 잘못되었느냐고 되물었다. 더구나 외국인 교수가 아랍어를 모르면 학생들이 서로 아랍어로 시험 답안을 물어보기도 한다.

전 요르단 대학교 총장 왈리드 마니는 요르단의 대학입시 응시자는 2000년도 약 40,000명에 달하는데 그 중 절반인 2만 명만 대학에 입학할 수 있다고 했다. 그런데 대학 합격자 중에서 1,500명의 학생은 저소득층의 자녀들을 위해 배당되고, 1,000명은 기술학교 학생들에게 그리고 나머지 15,700명은 정상적인 입시 경쟁을 통해 입학된다. 그러나 15,700명 중에서 20퍼센트는 군인들에게 할당되고 그 중 5%는 공립학교 교사들의 자녀에게 그리고 일부는 현직 장관과 전직 장관의 자녀들의 특례입학을 위해 할당된다. 그러면 나머지 11,000 자리만 대입 시험을 통해 입학하게 되는 것이다. 그런데 이런 특례입학자들은 평균 이하의 점수를 받아도 자리가 남으면 그냥 들어가지만 나머지 일반 학생들은 치열한 경쟁을 통해 대학에 입학하게 된다. 물론 대학 학과마다 커트라인이 있어 그 커트라인 점수에 미치지 못하면 기부금을 내고 자신이 원하는 학과에 입학하기도 한다. 대학입시에서 80점 이상이면 중간에 다리를 놓아주는 와스따가 필요 없으나 그 이하의 점수를 맞으면 아는 사람들을 통해 대학입시 전형을 하려고 한다. 요르단 정부는 상업학교와 기술학교를 강조하고 반드시 대학만을 선호하는 사회적인 분위기를 개혁하고자 힘썼으나 그리 큰 효과는 없는 것 같다.

아랍 대학의 연구 풍토

요르단 대학교에서 정교수까지 되려면 7개의 논문만 있으면 된다. 과거에는 그 논문 심사가 정실과 인맥에 의하여 결정되었다. 아직도 아랍 국가들의 교수들은 학문과 연구보다는 강의와 소일거리로 시간을 보내는 교수들이 많다. 사실 교수들의 수업 일수가 매년 늘어가고 교내 보직을 맡으면 연구할 시간이 거의 없다. 학장을 맡으면 수업은 대학원 수업 정도만 맡을 수 있으나 학장은 이래저래 바쁘다. 2011년 요르단 대학교는 기존 강의 중심의 대학을 이어가면서 연구 중심 대학으로 탈

바꿈하겠다고 하였다. 그러나 오랜 세월 타성에 젖은 아랍인 교수들이 그렇게 빨리 변하지 못하고 있다. 아라비아 반도에서 2007년 가장 처음으로 연구 중심 대학을 표방한 대학은 사우디아라비아의 알말리크 알둘라 대학이다. 기존의 전통적인 대학에서는 지식을 전달하는 강의 중심대학이지만 알말리크 압둘라 대학은 연구 중심대학으로서 연구가 먼저이고 그 다음에 강의를 중시하는 방식으로 전환하겠다고 했다. 연구 중심 대학은 지식 경제에 바탕에 두고 창의적인 학문을 지향하는 것이다. 20세기 말에 학자들은 서로 다른 전공 분야의 연구들을 융합하고자 하였다. 나노 공학도 화학, 물리, 기계 공학, 생물학이 융합된 것이다. 알말리크 압둘라 대학교는 전공 학과가 없고 연구 팀들이 여러 전공으로 되어 있다. 사우디아라비아 대학들이 그동안 학문적 발전을 가져오게 하려는 노력은 석유 수입이 큰 몫을 했다. 연구자들에세 가장 관심을 끄는 것은 역시 학자들의 논문이다. 그리고 이런 연구논문을 쓸 수 있는 능력과 이런 연구를 할 수 있도록 대학이 연구 풍토와 여건 그리고 행정 조직을 뒷받침해 주어야 한다. 또 학자들과 연구자들이 서로 협력 네트워크를 만들어 그 연구의 질을 높여야 한다. 이런 일들은 아랍인 교수들에게 아직까지는 어려운 일들 중의 하나나다.

대부분 아랍의 대학들은 연구 중심 대학이 아니고 강의 중심 대학들이다. 그리고 대학은 학과장 중심이 아니고 학장 중심 체계이고 모든 권한을 학장이 다 행사한다. 오늘날 요르단의 대학교를 졸업한 학생들은 미국, 캐나다. 유럽, 동남아시아, 러시아 등지에서 석 박사학위를 한다. 그리고 상당수가 그곳에 남는다. 요르단의 이런 두뇌 유출brain drain이 요르단 발전을 저해하는 요소가 된다. 요르단과 이집트의 졸업생들과 학자들이 고국을 떠나 외국에서 가르치고 연구하는 인력으로 남게 된 것은 아랍 대학 사회의 임용 관행과 연구비 지원의 부족 때문이었다. 요르단과 이집트에서 대학 교수들이 연구비를 받는 경우는 아주 극소수다. 한국처럼 한국연구 재단이 있는 것도 아니고 한국처럼 학회활동이 활발한 것도 아니다. 이것이 매년 아랍 대학의 학문적인 질을 낮추는 주원인이 되고 있고 더구나 인맥과 정실에 얽힌 교수 임용 때문에 해외에서 학문적 역량을 키운 인재들을 받아들일 준비가 안 되어 있다.

아랍인들 중에는 세계적인 학자로 고 에드워드 사이드Edward Said(팔레스타인 출신)나 아흐마드 주웰Ahmad Zuweil(이집트) 등을 든다. 에드워드 사이드는 팔레스타인을 떠나 영문학을 공부하기 위하여 미국에 갔다가 뉴욕의 콜럼비아 대학교 교수로 남았다. 아흐마드 주웰은 미국에서 공부하기 위하여 이집트를 떠났고 그곳에서 직장을 갖고 1999년 노벨 화학상을 받았다. 그는 요르단 대학교에서 명예박사학위를 받았고 아랍 세계에서 수준 높은 연구소를 세우려는 다각적인 노력을 하였다. 요르단 학자들 중에 소수이기는 하지만 유럽과 서구에서 박사학위를 받은 후 귀국하여 요르단의 모 대학교에서 교수생활을 하다가 장관직이나 정부 부처의 국장급으로 발탁된 경우가 있다. 그들은 대개는 자신의 위신 때문에 자리를 옮기지만 이런 공직에 있다가 다시 학교로 돌아오는 숫자는 많지 않다. 이것이 아랍에서의 신종 두뇌 유출에 해당한다. 정부 부처나 정부 기관의 잘못이 아니라 문제는 교수 사회에서 이런 흐름이 대세를 이루면서 결국 아랍 대학에서 유능한 학자들이 줄어들게 된다. 그래서 아랍의 교육이 세계적인 수준에 뒤떨어지는 것은 두말할 나위도 없다.

아랍 문화에서 인문학의 위기는 아랍인들의 비평, 논리, 창의성과 학습방법 등에서 전면적인 검토가 필요하다. 현재 아랍 대학들이 겪고 있는 것 중에는 평가 기준 부재, 연구의 부족, 서구 책에서 어설픈 아랍어로 번역한 대학 교재들, 출처를 명시하지 않는 논문과 글들, 사회학과 과학 용어를 위한 아랍어의 어휘 정립 등이 주요 문제들이다. 또 청소년들의 창의성 개발이 잘 안 되고 있고 더구나 아랍인들이 과학과 현대화에 진입하기 가장 힘든 장애는 구태의연한 교육제도를 답습하는 것과 학생들이 오직 암기하고 받아쓰는 데 익숙한 학습 방법에서도 찾아볼 수 있다. 요르단과 이집트 등 과외 망국병이 또 하나의 공교육의 한계를 드러내고 있다.

2. 아랍과 다문화 정책

요르단 타임즈(2011. 8. 4.)는 "다문화 정책이 정말로 실패했나?"라는 제목의 글을 게재한 바 있다. 독일, 영국, 프랑스 등 세 유럽의 수반들이 그들 국가에서 다문화 정책이 실패했다고 밝혔다. 호주와 스페인의 전 수상들은 다문화 정책multicultural policy이 이민자들을 자국민과 통합시키는 데 성공하지 못하였다고 했다. 무슬림들의 유럽 이주가 유럽의 치안 위협security threat과 관련되면서 2010년 10월에 독일 수상 메르켈Angela Merkel은 "다문화 개념은 서로 다른 문화를 가진 사람들이 행복하게 함께 살아가는 것을 목표로 하는 것인데 이런 다문화 개념이 실질적으로 성공을 거두지 못했고 더군다나 독일어를 이민자들이 열심히 배우지 않았다"고 했다. 그는 덧붙여서 말하기를 "독일에 1960년대 외국인 근로자들이 왔을 때 독일인들은 외국인들이 언젠가는 떠나갈 것이라고 생각했지 그들이 독일에 남아 영주할 것이라고 생각하지 못했다"고 했다. 그렇기 때문에 다문화 사회를 만들려는 접근법과 그들과 함께 살아가는 것이 실패하고 말았다고 했다. 독일은 수출 드라이브 경제를 위하여 외국인 근로자들 특히 기능을 가진 숙련된 근로자들을 필요로 했다. 전후 독일 경제가 부흥하면서 노동력이 절실하게 필요하자 터키인들이 들어왔다. 독일인에게 터키인들은 환영받지 못한 외국인들이었기에 터키인들이 독일어를 배워도 독일인과 동화하려고 하는 동기가 없었다. 수년 동안 터키 이주 노동자들의 자녀들이 독일에서 태어나 독일어를 배웠으나 독일 시민권이 거부되고 있다. 문화적인 교류는 엄격하게 말하면 상호적이다. 독일에서 태어나지 않은 무슬림들이 독일 사회와 고립되고 독일 사회에 섞이는 것이 어렵게 되자 무슬림들은 독일어 배우는 것을 포기하고 그들 자녀들을 독일어 학교에 보내는 것도 거부하였다. 영국에서는 2차 세계대전 후 영국에 도착한 무슬림 이주민 역시 영국 사회에 통합될 수 있는 행정이 아니었다. 다문화 정책이 성공하려면 외국인들이 한국에 들어와 한국문화를 존중하며 건강한 사회를 이루려고 노력해야 한다.

한국은 3D 업종에 외국인 근로자들이 들어와 있고 특히 이들 근로자들이 한국 여성과 혼인하면서 한국 국적을 취득한 이들과 오직 국제결혼을 통하여 가정을 이룬 경우가 있다. 일반적으로 이주민 정책은 서로 다른 문화의 존재를 인정하고 그 문화의 독자성을 인정하는 입장과 이주민들을 주류사회에 동화시키는 입장으로 나뉜다. 한국인과 다른 인종이 종교와 문화가 어떻게 한국사회와 동화될 수 있느냐는 우리 모두에게 큰 관심사이다. 미국에 간 한국인들 중 상당수가 고학력과 숙련된 기술로 미국 주류사회에서 미국인과 힘든 경쟁을 했던 것을 생각하면 고학력 아랍인과 숙련된 아랍인들이 한국에 와서 한국 주류 사회와 경쟁할 수 있을까? 아랍 국가의 대학들이 아직은 한국의 대학 수준에 따라오지 못하고 있고 미국과 유럽에서 공부한 아랍의 두뇌들은 자신들이 공부한 나라에 머물기 때문에 한국까지 오지는 않겠지만 지난 몇 년간 한국에 유학을 온 아랍인들이 앞으로 어떻게 한국에서 활동할지를 겨냥하고 아랍인에 대한 다문화 정책을 세워야 할 것으로 보인다. 아랍 무슬림들이 그동안 한국에 정착한 이유는 외교관, 유학생과 파견교수, 무역상, 식당 등 소수의 자영업자 그리고 모스크에서 일하는 이슬람 종교인 등인데 이들이 한국 사회에서 어떤 역할을 하고 있는지 총체적인 연구가 필요하다. 2008년 우리나라는 다문화 가족 지원법이 제정되었다. 그러나 아랍인들의 한국 체류 자격을 법무부와 노동부가 아래와 같은 기준으로 다시 검토할 필요가 있다.

(1) 유럽이 무슬림 근로자에 대한 다문화 정책에서 왜 실패했는가를 확인하고 지금의 아랍 무슬림에 대한 다문화 정책이 미래적 관점에서 적절한가?
(2) 한국의 문화와 사회 규범을 따르지 않는 무슬림들이 많아질 때 정부는 어떻게 대처할 것인가?
(3) 영국은 이미 여러 지역에서 이슬람 법정이 개정 중인데 만일 이런 현상이 한국에서도 일어난다면 어떻게 대처해 나갈 것인가? 만일 지하드를 하는 살라피salafi들이나 극단적이고 호전적인 무슬림militant Muslim들이 한국 국적을 획득했을 때 국민의 안전을 위하여 우리가 할 수 있는 일은 무엇일까?

요르단의 칼럼니스트 하산 아부 니으마는 "다문화 정책이 단순히 강요된 동화assimilation가 되어서는 안 된다"고 했다. 그는 이런 경우 인권과 문화적인 권리를 침해한다고 보았다. 아랍 무슬림이 한국 국적을 획득한 경우 그 무슬림은 이슬람문화를 한국에 와서도 버리지 않기 때문에 무슬림에 대한 다문화 정책은 다른 외국인들과는 다르게 입안해야 한다. 하산 아부 니으마는 그가 무슬림으로서 다른 나라 시민권을 얻기 위하여 왜 특정 언어를 배워야 하느냐고 반문한다. 이 말은 무슬림이 한국에 와서 한국어를 굳이 배울 필요가 없다는 것이다. 영국 수상 데이비드 카메론David Cameron은 다문화주의multiculturalism를 경고했다. 다문화주의가 극단주의 이데올로기를 자라게 하고 특히 영국 무슬림 사회에서 과격화되고 테러를 일으키는 원인이 다문화주의라고 했다. 그는 영국에서 다문화주의의 30년은 엄청나게 파괴적이었다고 했다. 영국 수상은 모든 이주자들이 영어를 반드시 배워야 하고 학교에서는 영국의 문화를 가르쳐야 한다고 강조했다. 만일 인권의 차원에서 살펴보면 무슬림들이 한국사회에 통합되는 것을 거부하고 한국인의 인권을 존중하지 않고 가족 안에서 여성의 권리를 보장하지 않는다면 우리는 어떻게 해야 할까? 무슬림들은 이슬람 종교를 실천하는 데 장애가 되는 사회라면 누구를 막론하고 어느 국가를 막론하고 순응하지 않을 것이다. 미국에서는 무슬림들이 사는 동네에서 백인 미국인들이 자꾸만 다른 곳으로 이사를 가 버려 자연히 무슬림들만의 커뮤니티가 형성되었다. 백인 미국인들이 주로 사는 미국에서 소수 인종에 대한 반응에는 다문화주의와 배타성에서 다음과 같은 반응을 보였다. 첫째, 소수 인종이 아닌 백인들은 다문화주의multiculturalism를 포용성보다는 배타성의 개념과 더 빨리 연관 짓는다. 둘째, 나와의 관계에 대하여 백인은 소수민족들보다 다문화주의 개념과 자신을 덜 관련시키고 다문화주의 개념에 더 천천히 반응한다.[1] 이런 현상은 한국에서도 소수민에 대한 태도와 크게 다르지 않은 것 같다. 인종적으로 종족별 차이를 인정하자는 다문화주의는 미국 내에서 긍정적인 반응(편견이 줄어드는 현상)과 부정적인 반응(위협의 인지)을 보였다.[2] 종족적 일체감ethnic identification의 정도에 따라 백인 미국인의 집단 간의 태도에 다문화주의가 긍정적 혹은 부정적인 영향을 준 것이다. 백인 미국인이 높은 사회적 지배 욕구가 있고 자신의 종족성ethnicity이 강하면 더 많이 소수민에 대한 편견을 보였다. 그리고 그룹 가치에 대한 인식은 다문화주의, 종족적 일체감, 편견 간의 관계에서 결정되었다. 문화적인 차이를 인정하는 다문화주의는 다수의 주민들의 편견을 줄이는 효과도 있고 종족적으로 소수민과 공존하려는 심리가 증가하기도 한다. 그러나 일반적으로 소수민보다는 다수의 주민들이 그들과 상관없다는 생각을 가지고 다문화정책을 거부하려는 경향이 있다.[3] 그렇다면 한국인들의 아랍인 소수민에 대한

1_ Victoria C. Plaut, Flannery G. Garnett, Laura E. Buffardi, Jeffrey Sanchez-Burks, "What About Me?" Perceptions of Exclusion and Whites' Reactions to Multiculturalism, Journal of Personality and Social Psychology, Washington: Aug 2011, Vol. 101, Iss. 2; 337.

2_ Kimberly Rios Morrison, Victoria C. Plaut, Oscar Ybarra, "Predicting Whether Multiculturalism Positively or Negatively Influences White Americans' Intergroup Attitudes: The Role of Ethnic," Personality and Social Psychology Bulletin, Thousand Oaks: Dec 2010, Vol. 36, Iss. 12; 1648.

3_ Kimberly Rios Morrison, Adrienne H. Chung, "'White' or 'European American'?

다문화정책은 어떻게 접근하는 것이 좋을까? 역사적으로 미국에서 아랍 미국인은 아주 부정적으로 인식되어 왔다. 아랍 미국인의 인구조사에서 공식적인 분류는 백인으로 구분되나 사회적인 구분은 아랍인이 흑인으로 대우 받는다.[4] 소수민의 보호와 혜택에서 부당하다고 느낀 아랍 미국인들이 사회적 차별을 해결하는 수단으로서 국적, 인종, 종교, 성, 피부색에 따른 차별 반대 정책affirmative action을 사용할 것을 요구했으나 미국 대법원은 이를 기각했다. 지금 미국은 적어도 외적으로 나타난 인종주의 측면에서 소수민에 대한 인종차별이 줄어드는 경향이 있는 데 반하여, 아랍 미국인에 대한 인종차별은 비교적 더 높아져 있다. 9·11 이전에도 아랍 미국인에 대한 인종주의가 있었지만 그 이후에 아랍인에게 대한 인종 차별이 마땅하다는 인식으로 바뀌었다. 2000년도 인구조사에서 아랍 미국인은 120만 명이라고 했으나 실제는 400만이 넘을 것으로 보았다. 아랍 미국인들이 인구 조사에서 자신들의 출신을 밝히려 하지 않기 때문이다. 이와 같이 아랍인에 대한 백인 미국인의 태도를 보면서 우리는 한국 내 아랍인과 무슬림에 대한 건강한 태도와 입장이 무엇인지를 다시 생각해 보게 된다.

Self-identifying labels influence majority group members' interethnic attitudes," Journal of Experimental Social Psychology, San Diego: Jan 2011, Vol. 47, Iss. 1; 165.

4_ Christine Tamer, Arab Americans, Affirmative Action, and a Quest for Racial Identity, Texas Journal on Civil Liberties & Civil Rights; Fall 2010; 16, 1, 104.

3. 한국의 아랍어 교육

한국에서 아랍어 교육은 1960년대 중반에 시작되었으나 아랍학의 학술적인 연구는 1980년대 이전에는 거의 두드러지지 않았다. 그런데 2010년 아랍어를 교양과목으로 가르치는 대학은 서울대, 연세대, 중앙대, 경원대, 고려대, 선문대 등이고 아랍어를 전공과목으로 가르치는 대학교는 한국외대(서울, 용인), 명지대, 부산외대, 조선대, 단국대 등이다. 미국에서는 한국보다 훨씬 먼저 아랍어가 대학에서 가르쳐졌고 수세기 동안 문법 번역식 교육을 통하여 고전 아랍어로 된 아랍 문학서를 접근하기 위한 독해력을 기르는 데 그 목적을 두었다. 그런데 20세기에 들어와 아랍 세계가 정치적으로 경제적으로 중요해지면서 이제는 고전 아랍어보다는 현대 문학 아랍어를 구사하는 인력이 더 필요하게 되었다. 고전 아랍어와 현대 문학 아랍어는 서로 문법에서 유사한 점이 많지만 사실 고전 아랍어와 현대 문학 아랍어는 어휘와 문체 등에서 차이가 난다. 현대 문학 아랍어보다는 아랍 각국의 대중 아랍어(암미야)가 시대를 거치면서 많은 변화를 보였고 이제는 아랍 나라마다, 지역마다, 마을마다 그 차이가 크게 벌어졌다. 현대 문학 아랍어(푸스하)는 아랍인 어느 누구의 모어도 아니고 아랍 국가의 어느 가정에서도 사용되지 않는다. 아랍인이 대중 아랍어(마을 방언, 지역 방언, 각국 방언)와 문학 아랍어, 고전 아랍어 등 어느 것을 선택하느냐는 나이, 성, 격식의 정도, 지위, 화제, 상황 등의 사회언어학적 변수에 따라 달라진다.

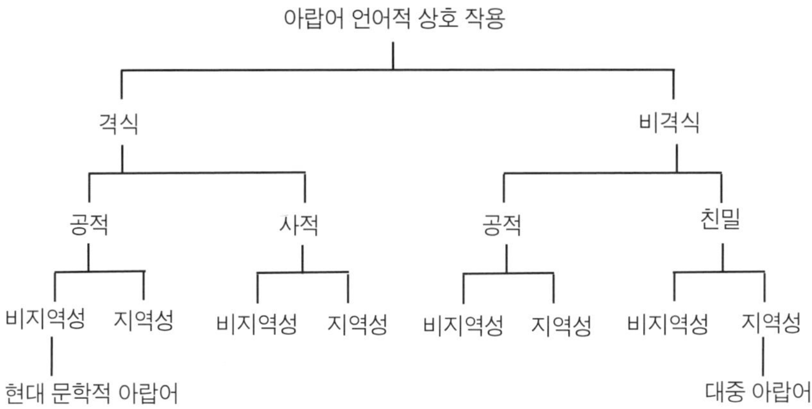

그런데 고등교육을 받은 아랍인들은 현대 문학(적) 아랍어MSA와 대중 아랍어colloquial Arabic 사이의 구분이 대화 중에 명확하지 않을 때가 많다. 위와 같은 격식formal-비격식, 공적public-사적private 그리고 지역성-비지역성non-local 등의 변수 이외에 여러 다른 사회언어학적인 요인이 작용한다(alosh, 1997, p.83). 아랍 국가에 살면 금요일 모스크에서 들려오는 아랍어 설교를 듣게 되는데 그 설교의 아랍어 어휘와 문체는 아랍어 신문과 방송에 사용되는 것과 다르다. 종교적인 용어들이 많이 들어가 있기 때문이다. 모든 이집트인들이 사용하는 언어는 이집트 대중말 아랍어이다. 대중말 아랍어와 현대 문학 아랍어의 특징은 전자가 구어이고 후자가 문학어라는 점이다. 전자는 주로 일상적인 대화를 위하여 사용되고 후자는 주로 글에 사용되지만 금요 설교나 아랍어 뉴스에 사용된다. 이집트인의 절반 이상은 현대 문학아랍어를 잘 모른다.

외국인이 아랍어를 배울 때 외국어 교육 미국위원회American Council on the Teaching of Foreign Languages; 1989는 현대 문학 아랍어와 적어도 하나의 대중 아랍어를 배워야 한다고 하였다. 그러므로 한국인이 아랍어를 배울 때는 이 두 가지 아랍어를 상황에 따라 사용할 수 있는 사회 언어학적 적응력을 가지고 있어야 한다. 그러나 대부분의 미국 대학에서는 현대 문학 아랍어만 가르친다. 아랍어를 가르치는 대부분의 강사들은 아랍인들인데 이들은 현대 문학 아랍어만이 '진짜real'아랍어이고 이 현대 문학 아랍어만을 가르쳐야 한다고 주장한다. 심지어 아랍인 강사는 대중아랍어를 가르치는 것에 죄책감을 느끼기도 했다. 최근에 와서야 미국에서 가르치는 많은 아랍인 강사들이 대중 아랍어를 학생들에게 안 가르치면 학생들에게 폐를 끼치는 것으로 인식하게 되었다. 아랍 국가에서는 보통의 비격식 상황에서 아랍인들은 대중아랍어로 소통하는데 외국인이 이 대중 아랍어를 모르면 소통이 불완전하기 때문이다. 이런 두 종류의 아랍어를 각각 하나만을 학습하거나 이 둘을 섞어 학습시키는 등 아랍어 학습 방법에서 서로 의견이 달랐다. 미국의 대학과 한국의 대학 교실에서 현대 문학 아랍어만을 가르치는데 (물론 선택과목으로 대중아랍어 수업이 한 과목이 있었다) 아랍에 가 본 학생들은 대중 아랍어를 배우기를 기대한다. 언어 소통 능력의 중심에는 말하기speaking가 중요한데 교실 현장에서 현대 문학 아랍어만을 가르치면 아랍의 실제 상황에서 말하기와 대화가 불완전하게 된다. 한국의 아랍어 교육도 역시 이런 말하기 능력의 부족이 아직까지 여실하다. 그리고 아랍어에 대한 체계적인 연구(아랍어 음성학, 아랍어 형태론, 아랍어 통사론, 아랍어 의미론 등)가 아직도 부족한 편이다. 특히 한국어와 아랍어 간의 의미론적 연구가 절실하다.

한국에서의 아랍어 교육은 순수한 언어 교육이라기보다는 아랍어(문법, 작문, 회화, 강독 등)와 지역학(중동사, 중동경제 등)이 가미된 교과과정이 주된 특징이고 아랍어는 현대 문학 아랍어(푸스하)를 주로 가르쳤다. 그러나 앞으로 중동 정치와 경제, 언어와 문화, 역사와 사회, 외교와 통상, 이슬람 종교와 철학처럼 두 가지 이상을 통합한 교과목을 개발하는 것이 학생들의 학습열을 높이고 이 분야의 전문가를 양성하는 데 아주 긴요하다. 다시 말하면 아랍과 한국에서 어떤 인재가 필요한지를 먼저 생각해보고 이에 맞는 교과목을 택하여 대학별 특화를 꾀하는 것이 필요하다. 학제적인 연구의 필요성은 이미 중동 관련 학과에서 공부한 사람이라면 익히 잘 아는 일이다. 단순히 언어만을 배워서는 오늘의 중동과 외교, 무역과 통상, 문화와 교류 등에 능동적으로 대처할 수 있는 전문가를 배출하기 어렵다. 학계와 외교계, 경제계와 정부 공직자를 위한 인재들을 양성하려면 인문학과 사회과학이 연계되어 중동을 역사적으로 사회적으로 정치적으로 경제적으로 학생들이 폭넓게 학습하도록 하는 것이다. 그리고 아랍어 수업은 가능한 한 학생 개개인이 더 많은 시간 아랍어를 소리 내어 읽고 대화하는 연습이 필요하다.

아랍 국가에서의 외국인에 대한 아랍어 교육은 어떠한가? 우선 외국어로서의 아랍어교육은 아랍인을 위한 아랍어 교육과 전혀 다른데도 아랍 국가들이 외국인을 위한 아랍어 교육에 투자하지 않고 있다. 요르단 대학교만 하더라도 언어교육원에 서너 명의 아랍어 강사를 제외하고는 모두가 외국어로서의 아랍어 교육을 잘 알지 못하는 아랍인들이 아랍어 강의를 맡았다. 이집트 역시 푸스하 아랍어를 잘 하는 교・강사를 만나기 어렵다. 아랍어 학원에도 이집트 대중 아랍어를 잘 가르칠 수 있는 선생들은 많지만 이집트에는 푸스하를 제대로 가르칠 아랍인들이 많지 않다. 그 이유는 간단하다. 모든 이집트인들이 매일 사용하는 아랍어가 현대 문학(푸스하) 아랍어가 아니고 대중아랍어(암미야)이기 때문이다. 또, 아랍 국가에는 아랍인을 위한 교재들은 많지만 외국인들을 위한 아랍어 교재는 그리 많지 않다. 미국에서도 아랍어 교육은 미시간과 콜럼비아 대학교 출판부에서 만든 EMSA(기초 현대 표준 아랍어)가 사라지고 조지타운 대학교 출판부에서 발간한 Al-Kitāb fī Tacallum al-Arabiyya가 많이 사용되고 있다. 이 책은 말하기, 읽기, 듣기, 쓰기 그리고 문화에 대한 내용을 담고 소통과 숙달 중심의 방식으로 현대 문학 아랍어와 대중아랍어(이집트와 레반트 등)를 동시에 소개하고 있다. 아랍어 문법은 아랍어로 쓰인 아랍어 책에서 배워야 아랍인들의 문법 구조를 정확히 읽힐 수 있다. 아랍인들은 전 세계인을 위한 아랍어Arabic for the globe라는 기치를 내걸고 아랍어 세계화를 위한 노력을 하자고 하지만 실질적으로 아랍 국가들이 외국인을 위한 아랍어 교재 개발에 투자하지 않았다.

4. 아랍의 한국어 교육과 한국 바로 알리기

아랍 국가에서는 그동안 모로코, 튀니지, 이집트, 요르단, 아랍에미리트, 수단, 알제리 등지에서 한국어를 가르쳤거나 지금까지 계속 가르치고 있다. 모로코의 무함마드 5세 대학교는 2001년에 한국어를 교양과목으로 가르치기 시작하였고 요르단대학교는 1999년 한국어를 교양과목으로 가르치다가 2006년 전공과목이 설치되고 2007년 봄학기 때부터 신입생을 받았다. 알제리는 2005년 한국어 과목을 열었다가 잠시 중단되었고 튀니지에서는 마누바 대학교가 1997년에 한국어를 교양과목으로 가르치기 시작했고 마나르 대학교, 가베스(까비스) 대학교(2008년)와 스팍스 대학교에서도 한국어를 가르치고 있다. 이집트에서는 아인 샴스 대학교의 알순 대학이 2005년에 한국어 전공과정을 개설하였고 헬완 대학교의 관광학과, 룩소와 알렉산드리아의 관광 호텔 고등연구원, 포트사이드 청소년 센터, 이집트 한국 대사관에서 한국어를 가르친다. 수단에서는 알자임 알아즈하리 대학교가 2003년에 한국어 과정을 연 바 있고 2010년 아랍 에미리트 자이드 대학교에는 세종학당이 설치되었다.

아랍 국가에 파견된 한국어 교수들의 한국어 교재 개발을 위하여 2007년 한국국제교류재단과 이중언어학회가 요르단대학교에서 '제1회 아프리카, 중동 한국어교육자 워크숍'을 개최했다. 이 워크숍에는 10개국 24명의 한국어 교육전문가들이 참석하여 한국어교육 커리큘럼과 교수학습법, 교재개발과 활용법 등 한국어 교육의 현황과 주요 쟁점들의 해결방안을 논의했다. 당시 한국의 신문에 실린 내용5을 인용해 보면 "요르단 대학교 한국어 전공 학생들은 대부분 취업을 동기로 한국어를 택하였다. 그렇기 때문에 해당 과목을 수강하려는 학생들의 필요와 동기에 맞추어 비즈니스 한국어, 시사 한국어 등 해당 교과과정을 만들어야 한다"고 하였다. 그리고 제2차 중동아프리카 한국어 교육자 대회는 2009년 이집트 아인 샴스 대학교에서 열렸는데 한국 국제 교류 재단의 지원을 받아 이중언어학회 소속 교수들이 한국어 어휘 교수법, 문법교수법, 발음교수법, 쓰기 교수법에 대한 워크숍을 진행하였다. 이 밖에도 아랍에서 한국어를 가르치는 한국인 교수들을 위한 국제 학술 세미나가 한국에서 그동안 자주 열렸는데 그 중에는 2011년 '세계와 소통하는 한국학 교육'이라는 주제로 한국학 중앙 연구원이 한국학 국제 학술회의를 개최하였고 한국국제교류재단은 해외 한국학 백서를 주기적으로 발간하고 '한국학 학술대회'를 자주 열어 주었다. 이런 학술대회에서 한 가지 주목되는 것은 북미와 호주에서 한국학은 지역학으로 접근되었고 유럽과 중앙아시아에서 한국학은 문헌학으로 그리고 아시아에서는 한국인과 의사소통을 위한 아시아인의 필요에 따라 한국어가 학습되고 아랍은 한국의 경제 성장에 대한 호기심에서 한국어를 접근하였다는 것이다.

요르단 대학교가 1999년 한국어를 교양과목으로 개설한 이후 7년째가 되는 2006년 요르단 고등교육성은 한국어-실용영어 학위과정 설치를 승인하여 주었고 2007년 봄 학기에 24명의 요르단 아랍학생들이 한국어 전공 과정에 입학하였다. 아프리카에 위치한 이집트의 아인 샴스 대학교가 한국어과를 2005년 개설한 지 꼭 1년 만에 아라비아 반도에 위치한 요르단에서 한국어-실용영어 전공이 처음으로 개설된 것이다. 요르단의 경우 한국학중앙연구원에서 한국학 교수를 파견하였고 3

5_ 재외 동포 신문 2007년 11월 22일자 "제 1회 아프리카, 중동 한국어교육자 워크숍"을 인용함.

번째로 파견된 한국어 교수의 한국어 수강자가 한 학기에 130명 내지 200명을 넘어서자 요르단 대학교는 한국어에 대한 깊은 관심을 갖게 되었다. 물론 한국어과 개설을 위한 신청서를 요르단 대학교 총장에게 제출한 후 한국학중앙연구원과 요르단의 한국 대사관, 한국국제교류재단, 한국국제협력단 그리고 요르단에 상주한 LG의 도움이 컸다. 그 당시 신문에 난 내용을 인용하면 "국립 요르단대학교의 한국어과 개설을 위한 1등 공신은 요르단 주재 신연성(52) 대사, 요르단대학교 공일주(50) 교수, LG전자 이태영(46) 요르단 지사장이었다. 사실 요르단 정부와 대학 당국이 일본어과, 중국어과에 앞서 한국어과를 먼저 정식 개설하게 한 것은 쉬운 일이 아니었다. 이들은 그동안 부단한 노력으로 요르단 정부와 학계를 감동시켰다. 한류 전파의 실마리는 한국국제교류재단의 지원으로 1999년부터 요르단대학교에서 한국어 강좌를 맡아온 공 교수가 풀었다. 그는 '아랍인을 위한 한국어' 등 세 권의 한국어 교재를 펴냈다. 30명 정도였던 교양 한국어 수강생은 이 책이 나온 지난해부터 100명 이상으로 늘었다. 올 가을학기에 이 대학에서 일본어는 35명, 중국어는 15명이 수강하지만 한국어 강좌는 128명이 듣고 있다. 2005년 1월 부임한 이태영 지사장은 학과 개설을 위해 지난해 12월 개설된 한국학센터에 학습 기자재를 지원했고 신연성 대사는 지난해 가을학기부터 요르단대학교에서 '한류 강사'로 활동하고 있다. 한국 문화와 역사를 알리는 정규과목인 '한국문화사'를 맡아 매주 학생과 교수들을 만났다".[6]

사실 아랍에서 2007년 이전만 해도 한국어과 개설이 쉽지 않았다. 아랍인들은 한국에 대하여 잘 몰랐다. 오히려 한국이 조금씩 아랍에 대하여 알고 싶어 하는 것과는 대조적으로 아랍인은 줄곧 유럽을 지향해 왔다. 아랍인들은 동아시아의 역사와 문화를 잘 몰라서 한국어나 일본어나 중국어가 모두 같은 뿌리를 두고 있다고 써 놓은 아랍어 책도 있

6_ 중앙일보 2006년 10월 25일 자 "요르단대학 한국어과 '한류 3총사'가 열었다" 에서 일부 인용함.

었다. 다른 말로 하면, 아랍어로 쓴 한국에 대한 책이나 한국학 저서들이 아랍 국가에 많이 필요하다는 것이다. 한국 국제교류재단은 『아랍인을 위한 한국어 (1), (2)』를 발간하도록 지원하였고 한국학술진흥재단은 『한국과의 협력 증진』이란 책을 발간하도록 지원했는데 이들 책들은 아랍의 20여 개 나라 50여 개 대학으로 보내졌다. 특히 『아랍인을 위한 한국어(2)>』에는 동해와 독도에 대한 설명이 아랍어로 되어 있어서 아랍인들에게 한국을 바로 알려 주는데 중요한 역할을 하고 있고 2012년에는 레바논에서 아랍인들에게 한국어를 가르치기 위하여 새로 개정된 『아랍인을 위한 한국어 (1), (2)』가 사용되고 있다.

요르단 대학교에서 한국어를 전공하는 아랍 학생들에게 "한국어를 배우는데 언어와 문화를 다 배워야 한다고 생각하는가"라고 물으니 모든 학생이 그렇다고 했고 한국어를 잘 하기 위하여 아랍 문화와 한국 문화의 차이점도 알아야 한다고 했다. 요르단 대학생들은 한국어를 배울 때 가장 어려워하는 부분이 한국어 문법과 발음이라고 하고 한국어 실력을 향상시키기 위해서는 한국인과 일대 일 대화가 필요하다고 했다. 한국어를 잘 하는데 도움이 되는 아랍인의 특징으로는 아랍인은 외우기를 잘하고 회화를 강조하기 때문에 한국어를 빨리 배울 수 있다고 했다. 한국어 문화와 아랍 문화가 가장 크게 차이가 나는 것이 뭐냐고 요르단대학생들에게 물으니 종교가 크게 다르다는 것과 서로 사고하는 방식이 다르다고 했다. 그런데 한국인이 알아야 할 아랍 문화의 내용은 무엇인가에 대하여 아랍 학생들은 아랍인이 사는 방식과 아랍의 전통 그리고 이슬람(꾸란)을 알아야 한다고 답하였다. 이 말은 요르단 대학교 학생들이 무슬림들이므로 한국인 교수가 아랍의 전통과 이슬람을 알아야 아랍 무슬림 학생들에게 한국어와 문화를 적절하게 가르칠 수 있다고 했다.

요르단 대학생들에게 한국인은 어떤 특징이 있는지에 대하여 물었더니 한국인은 "정직하다, 부지런하다, 섹시하다, 열정적이다, 머리가 똑똑하다"라고 했고 자신들이 생각하는 아랍인들의 특징에 대해서는 "친절하다, 섹시하다, 욕심이 많다, 제멋대로 한다, 민족적이다, 게으르다"고 평가했다. 전반적으로 한국의 대학생들이 아랍의 대학생들보다 수업량이 많고 더 많은 시간을 공부에 투자하나 아랍대학생들은 밤늦게까지 대학 도서관에 남아 공부하는 학생들이 드물다. 요르단 대학교가 늦은 시간까지 도서관의 문을 열어두지 않고 아랍 무슬림 여학생들은 해가 지면 부모가 외출하는 것을 금하기 때문이다.

한국을 아랍에 잘 알리기 위해서는 한국학 교수들의 교육 언어도 상당히 중요하다. 한국어 전공과목을 가르칠 교수는 한국어만 알아도 될지 모르지만, 아랍의 대학생이나 일반인을 대상으로 하는 한국어와 한국문화 교육은 아랍인들이 대부분 영어를 잘 모르고 아랍어만 알기 때문에 한국어 교강사가 아랍어를 어느 정도 알아야 한국어와 한국 문화를 잘 가르칠 수 있다. 아랍어도 아랍 각국마다 달라서 해당 국가의 대중아랍어(암미야)를 익혀야 아랍 학생들이 질문하는 것을 바로 대답할 수 있다. 사실, 아랍국가에서 한국어의 정착과 한국 바로 알리기는 한국학 저서들을 아랍어로 번역해 내는 것이 중요하다. 우리 정부 기관들이 만든 한국 문화나 한국에 대한 아랍어 홍보자료는 반드시 아랍어와 한국어, 한국사를 잘 아는 학자들의 감수가 필요하다. 그리고 아랍국가에 한국을 바로 알리기 위해서는 아랍의 문화와 아랍인 그리고 아랍어에 대한 이해를 정확히 한 한국인이 아랍인들의 사고에 맞게 번역해 내는 작업이 필요하다. 한국인 외교관들도 아랍에서 근무할 때에는 반드시 아랍어를 배워야 하는데 길거리에서 사용하는 암미야와 학교에서 배우는 푸스하 둘 다를 배우는 게 좋다. 그러나 이집트는 암미야와 푸스하 간의 차이가 너무 크고 실제 학교에서 푸스하 아랍어를 배워도 길거리에서 연습할 기회가 적기 때문에 가능한 한 길거리에서 아랍어를 연습할 수 있는 기회가 많은 아랍 국가에서 아랍어를 배우는 것이 좋다. 걸프지역은 아랍어 사용인구가 적고 외국인을 위한 좋은 아랍어 교육기관이 적고 리비아 서쪽에 위치한 마그립 지역에서는 푸스하 아랍어보다 현지 방언이 프랑스어와 많이 섞여 있어서 아랍어 배우기가 적절하지 않다.

한국인의 문화와 세계관은 이슬람의 문화와 세계관과 크게 다르다. 한국을 아랍인에게 알리는 일은 아랍인이 좋아하는 한국 드라마가 적격이고 K-pop은 아랍 청소년들이 주로 관심을 가질 뿐 기성세대들은 관심이 없다. 아랍국가에 대한 한국 바로 알리기는 아랍 국가마다 존재하는 국민성의 차이와 정서를 고려하면 좋다. 대체로 아랍인들에게 과격한 폭력물이나 외설스런 내용은 적절하지 않고 무슬림들의 문화를 고려하여 문화적 소통이 가능한 부분부터 제공하면 좋다. 아랍 각국의 TV 뉴스는 대부분 현대 문학 아랍어로 되어 있고 아랍인들의 영화는 모두 아랍 각국의 대중 아랍어로 되어 있어서 만일 한국의 드라마를 아랍 국가에서 더 많이 시청하도록 하기 위해서는 어느 아랍어로 번역할 것인가가 매우 중요한 요인이 된다. 한국 대사관에는 아랍 문화를 전공한 한국인들이 있어서 아랍 문화 속으로 한국어와 한국 문화를 알리는 일에 전담하게 하면 좋다. 한국 바로 알리기는 아랍에 대해 한국인 모두가 관심을 가지고 정부, 민간단체, 기업들이 한국을 알리고자 하는 적극적인 자세가 필요하다. 2010년 일본이 이집트에 이집트-일본 대학교를 설립한다고 했는데 한국도 아랍의 어느 나라에 코리언 유니버시티Korean University를 설립하고 적어도 몇 개의 아랍 국가에서 고등학교 학생들이 한국어를 선택과목으로 배울 수 있도록 해야 한다. 또 요르단대학교나 이집트 아인 샴스 대학교의 한국어과 졸업생들 중에서 해당 국가의 대학 교원이 될 만한 학생들을 골라서 해당 대학 총장의 추천을 받아 한국에서 학위과정을 마치게 하고 출신 대학으로 돌아가 한국어 발전에 기여하도록 돕는 것도 그 한 예이다. 물론 해당 대학 총장이 추천하게 한다는 말은 학위 취득 후 일정기간 해당 대학 교원으로 일한다는 것을 조건으로 장학금을 지급하면 된다. 현재 아랍국가의 한국어 교수는 한국학 중앙연구원과 한국국제 교류재단에서 파견해 왔는데 2007년 이후 한국국제 협력단KOICA소속의 봉사단원들이 한국어 강사로 파견되면서 이들의 수효가 다른 파견기관의 한국어 교수들의 수효를 훨씬 앞지르고 있다. 그러나 해외 한국어 교육과 한국의 위상을 고려하여 한국 국제 협력단에서 파견된 한국어 봉사단원은 청소년센터나 연구원 등에 파견하고 아랍의 4년제 대학교 교수요원으로 파견되는 것은 이제 지양되어야 한다. 아랍에서의 한국학 및 한국어 교육의 발전은 한국 내 아랍학 연구의 발전과 유의미한 연계성을 갖고 있기 때문에 한국의 아랍어 전공자들이 아랍 국가의 한국어 교육에도 관심을 가져야 한다. 특히 한국어-아랍어 사전이나 아랍어-한국어 사전을 만들 때 아랍에서 한국어를 전공하는 아랍인 학생들의 필요를 고려하면 아랍에서의 한국어 교육을 크게 도울 수 있을 것이다.

더 생각해 보기

철학과 지적 사조가 인간의 인식구조와 이해에 영향을 준다. 일례로 아랍 교회들 간에 기독론에서 서로 차이를 보인 것은 아리스토텔레스 철학 개념을 번역하고 해석하는 과정에서 서로 차이를 보였기 때문이다. 기독교 초기 이집트와 시리아의 지적 흐름에서 기독교인들은 그리스도의 성품과 위격과 관련된 헬레니즘적인 개념의 실재를 잘 이해하지 못하였다. 이슬람에서는 7세기 무함마드가 죽은 뒤 이슬람의 교리와 신학 그리고 꾸란 주석이 그리스 철학의 영향을 받았다. 초기 기독교인들은 모어(콥트어, 아람어 등)로 정확하게 기독교 진리를 이해했었는데 그들이 이슬람의 언어 아랍어를 배우면서 기독교 진리를 금방 이해하지 못하였다. 일반적으로 인간의 사고가 언어에 영향을 미치는데 위와 같은 경우 언어가 인간의 사고에 영향을 준 예이다.

아랍어 어휘들이 각 학문 분야별로 서로 다른 의미를 가지는 예들이 있다. 아랍어 어휘 중에 왈라히wallāhi는 문화적인 의미(정말)와 종교적인 의미(맹세코)를 갖고 또 아랍어 어휘 비나binā'는 건축, 건축하는 행위의 의미이지만 문법 용어에서는 "굴절하지 않는다, 어미변화하지 않는다"라는 뜻이다. 또 꾸란에서 나중에 내려온 구절이 시기적으로 먼저 내려온 구절을 무효화시킬 때 나중에 내려 온 꾸란 구절을 나시크라고 하는데 '후루프 나시카'(무효화시키는 불변사)는 이들 불변사가 명사 앞에 접두되면 그 다음에 오는 명사(주어)의 격을 무효화시키고 목적격을 새로 부여해주는 불변사들이다.

더 질문해 보기

1. 네스토리우스가 기독교의 이단으로 정죄된 배경에는 문화와 언어 차이 때문이라고 주장하는데 그 근거는 무엇인가?

2. 꾸란에서 이싸는 예언자이고 메신저(라술)이다. 이싸는 알라의 칼리마이고 알라에게서 온 루흐이다. 이싸는 알마시흐이고 피조된 인간일 뿐이다. 그렇다면 꾸란의 이싸는 성경의 예수 그리스도와 같은가? (공일주, A lexical and theological study of 'Īsā ibn Maryam in the Arabic Qur'ān, 서울대학교 종교문제 연구소, 『종교와 문화』 제21호, 2011, 171-213 참조).

3. 다음에서 첫 낱말은 아랍인들이 발음하는 것이고 두 번째 낱말은 한국인이 발음하는 것이다. 그 차이를 살펴보자.

알우르둔-요르단, 수리아-시리아, 미쓰르-이집트, 알자자이르-알제리, 리비아-리비아, 투니스-튀니지, 마그립-모로코, 알야만-예멘, 알에라끄-이라크, 알싸우디아-사우디아라비아, 알쿠와이트-쿠웨이트, 바흐라인-바레인, 까따르-카타르, 오만-오만, 루브난-레바논, 필라스띤-팔레스타인, 앗수단-수단.

제11장

현재와 미래의 아랍

한국인과 소통을 위한 **아랍문화**

1. 과거와 오늘의 아랍

아랍 문화의 위기이다

이집트의 지성이자 교육부 장관을 지낸 따하 후세인(1889-1973)은 1938년 '이집트에서 문화의 미래'란 글을 내놓았는데 그 내용은 아주 도발적이었다. 그는 앞으로 이집트의 문화는 현재의 문화의 확장이라고 하면서 이집트 문화의 미래는 먼 과거와 오늘의 빛 안에서 생각해 보아야 한다고 했다.[1] 그는 "이집트는 극동과 깊이 만난 역사가 없고 페르시아[2]와도 조화롭게 산 적이 없다. 이집트인의 심성은 근동과 그리스와 유익한 관계를 맺어왔고 지중해 바다와 그 주변 지역 사람들과 가까웠다. 근동과는 언어와 종교 그리고 지리적인 가까움이 이집트 역사를 일부 공유하게 되었다. 근동을 떠나면 이런 문화적인 요인들이 사라지고 종교와 정치적 경제적 요인이 부각되었다. 역사는 종교적이고 언어적인 통합이 반드시 정치적인 통합과 궤를 같이한다는 것을 보여 주지 않는다"[3]고 했다. 오늘날 아랍 이슬람국가에 남아 있는 옛 이슬람 기관

1_ John J. Donohue and John L. Esposito, Islam in transition, Oxford University Press, 2007, 54.

2_ 8-9세기 아랍 문화를 업신여긴 슈우비야 운동은 반아랍Anti-Arab 무슬림들의 운동이었다. 슈우비야 운동은 당시 페르시아 사람들이 주도한 운동인데 페르시아의 가치관을 자랑하고 아랍 문화를 과소평가한 것이다.

3_ John J. Donohue and John L. Esposito, Islam in transition, 55.

들이 크고 작게 이슬람과 연결되어 잔존하고 있지만 유럽의 강한 영향을 받아 적어도 그 형태에서 크게 변했다.[4] 무슬림 법관들이 요구하는 법적 절차가 초기 이슬람 사회와 크게 다르고 오늘날 와끄프(종교재단)라는 기관이 있더라고 초기 이슬람 사회와 다른 업무를 떠맡고 있다. 아랍의 교육제도는 유럽식 제도를 따르고 있고 오늘날 아랍 문화는 글로벌 시대를 맞으면서 큰 변화를 맞고 있다.

이슬람 문화가 병들어 있다

2011년 이집트에서 시민 혁명이 일어나기 전 이집트인 우사마 안와르는 이집트인들의 특징을 다음과 같이 요약했다. (1) 다른 사람을 거부하고 멀리한다. (2) 다원화를 거부한다. (3) 시민 국가보다 종교 국가를 더 외친다. (4) 과격하고 극단적인 모스크 설교가 증가했다. (5) 타 종교인들에 대한 차별이 심했다. 그런데 이슬람의 마틴 루터로 알려진 시리아 태생의 무함마드 샤흐루르(1938-)는 1990년에 발간한 그의 책 『책과 꾸란』에서 꾸란을 중세의 주석과 율법에 속박되지 말고 꾸란을 새롭게 읽어내야 한다고 주장했다. 그는 무슬림들에게 이슬람을 재해석하라고 촉구하였다.[5] 그는 무슬림들이 오사마 빈 라덴, 알카에다, 탈레반 등을 통하여 종교와 인종 사이에 증오와 살인을 낳고 있는 것을 보고 이슬람 문화가 병들어 있다는 말로 표현했다. 그는 오늘날 무슬림들 사이에 통용되는 문화가 병들어 있고 이슬람 종교를 믿는 사람들의 마음이 병들어 있다고 했다.[6] 이슬람 세계가 후진성을 갖는 이유들 중의 하나는 이런 병든 문화sick culture 때문이라고 했다. 무함마드 샤흐루르는 "세계에서 폭력을 행사하는 무슬림과 폭력을 행사하지 않는 무슬림 모두가 이슬람의 대체론(나시크와 만수크), 꾸란 구절이 내려온

4_ 위의 책, 56-57.

5_ 위의 책, 352.

6_ 위의 책, 352.

배경(아스밥 알누줄), 유추의 원리들을 공유하고 있다"고 했다. 그는 또 "오늘날 아랍 지성들은 유추를 중시하는 학자들이고 이들 유추적인 학자들은 어떤 지식을 만들어 내거나 창안하지 못한다"[7]고 했다. 이것은 7세기의 방식을 모방하고 있고 이 방식은 유추를 통하여 과거를 되풀이하는 것이다. 이슬람은 우마위야 시대에 일반적인 개념이 형성되었고 압바시야 시대에 최종 형태로 문서화되었다. 지금은 아랍이 내부로부터 오는 문화적인 개혁cultural reformation이 필요하다.[8] 지금 이슬람 문화 역시 위기에 빠져 있고 위험 수위에 와 있다.

7_ 위의 책, 353.
8_ 위의 책, 353.

2. 이슬람의 과거와 현재

이슬람 종교가 형식화되고 과격해진다

2001년 무슬림의 미국테러, 2001년 아프가니스탄 전쟁, 2003년 이라크 전쟁 그리고 지난 수십 년간 지속된 팔레스타인과 이스라엘 간의 충돌 이외에 무슬림들은 세계 곳곳에서 테러와 관련되고 있다. 그 이유 중의 하나는 무슬림들이 의례적이고 외형적인 이슬람 종교성을 강조하면서 이슬람의 과격화가 확산되었고 이런 과격 성향과 극단적인 사상을 맹신하는 무슬림들을 낳고 있다. 오늘날 무슬림들은 이슬람의 외형적인 종교성을 강조하여 경직되고 닫힌 사고를 갖는 무슬림들이 많아졌다. 지금 아랍 무슬림에게 쿠프르와 줄름이 주요 화두이다.

쿠프르 원래는 인간과 신과의 신앙적인 문제(예: 모스크 가는 것을 잘 지킴)인데 오늘날에는 무슬림들이 다른 사람을 카피르(이슬람의 교리와 율법을 지키지 않는 자)로 몰아가는 타크피르 문화에 젖어 있다.

줄름 모든 이에게 해를 끼치는 사회적인 문제로서 사람들 사이에 증오가 발생하고 증오는 곧 폭력으로 바뀐다. 사실상 아랍 무슬림에게 줄름은 증오의 샘이다.

정치와 이데올로기의 싸움이다

19세기 말과 20세기 들어서서 이슬람은 가장 거대한 도전에 맞닥뜨렸다. 그 도전은 정치와 이데올로기에서였다. 그때 주된 질문은 이슬람이 모더니티modernity의 정치적, 사회적, 경제적인 요구에 부응할 수 있느냐 하는 점이었다.

아랍의 전통이 무너지고 있다

이슬람의 전통은 무슬림의 정체성과 무슬림의 자기 이해가 그 중심을 이룬다. 이슬람 지역마다 순니 무슬림들의 4개 법학파 중 한두 개를 따르던 과거의 전통에서 벗어나 오늘날 이슬람 법학자들이 꾸란과 순나를 직접 조회하여 현안에 대한 이슬람 법적 견해를 내놓고 있다.

무슬림들이 자신들의 정체성을 묻고 있다

무슬림의 자기 이해는 꾸란과 초기 이슬람 역사에 근거를 두어왔다. 이슬람이 무엇이 잘못되었을까? 과거 역사에서 성공으로 인도해준 알라의 인도하심은 어디 갔는가? 다르 알이슬람(이슬람의 지역)을 확장하라고 한 신적 명령을 어떻게 실현시킬까? 비무슬림이 통치하는 사회에서 그리고 샤리아 법이 적용되지 않는 나라에서 어떻게 좋은 무슬림이 될 수 있을까? 계시와 이성 그리고 과학과 종교 간에 모순이 있는가? 이슬람식 생활 방식이 모더니티의 요구에 부응할 수 있는가? 현대 무슬림 국가의 건설과 함께 이슬람 정체성의 문제와 국가 안에서의 종교의 역할에 대한 질문이 다시 시작되었다. 대부분의 아랍 국가들이 서구적이고 세속적인 현대화를 따라가자 이슬람은 공적인 현장에서 후퇴하고 있었다. 이런 상황 때문에 이슬람의 정체성에 대해 오랫동안 질문해 왔던 문제들이 그때까지도 해결을 보지 못하였다. 국가 종교로서의 이슬람의 입지에 대한 헌법적인 토론에서 이슬람의 정체성에 대한 문제가 그 토론의 중심에 있다.

살라피 운동이 정치 세력화하였다

살라피 무슬림들은 이슬람의 초기 역사와 그 시기의 자료들을 거슬러 올라가 무함마드와 그의 초기 추종자들의 삶을 따르라고 한다. 그것이 곧 살라피 운동의 시작이었다. 사담 후세인이 떠나간 이라크에서 살라피들이 정국의 혼란을 틈타 교회를 핍박한 것처럼 2011년 초 이집트 무바라크 정부가 무너진 다음에 살라피들이 콥트 교회를 공격하여 여러 교회가 파괴되었다. 살라피들은 알코올을 금지하고 혼성을 금하고 기독교 신앙을 금했다. 무바라크가 권좌에서 떠난 후 이집트에서 살라피들이 '알누르'라는 정당을 세웠다.

무슬림 간의 종파적 충돌이 빈번해졌다

오늘날 무슬림들은 85%가 순니파이고 14%가 시아파이다. 그러나 2005년 이라크 총선에서 시아파 의원들이 다수 당선된 이후로 이란-이라크-시리아-레바논의 히즈불라로 이어지는 시아파 벨트가 약진을 보이고 있다. 순니파 아랍 무슬림들과 시아파 무슬림들 간의 타크피르(상대를 이슬람율법을 지키지 않는 자로 몰아 살해함) 문화가 확산되어 지하드와 타크피르가 아랍 무슬림들에게 확산되었다. 다니엘Daniel pipes은 이슬람주의자가 세계적으로 1억 명 내지 1억 5천만 명의 지지자를 포함하고 있다고 했다.[9]

9_ Margaret K. Nydell, Understanding Arabs, Intercultural Press, 2006, 104.

비평적사고와 창의력이 부족하다

아랍의 대학교에서 교수들이 이구동성으로 오늘날 아랍 대학생들이 비평적인 사고와 창의력이 부족하다고 한다. 지금 아랍 세계는 민주와, 세계화, 급진화가 그 특징이다.

민주화democratization 무슬림들은 개혁과 보수 진영에 따라 진보적인 성향의 무슬림은 민주주의가 이슬람에 적합하다고 하고 보수 성향의 무슬림은 민주주의가 이슬람에 적합하지 않다고 한다. 아랍의 민주주의는 아랍의 종교, 문화, 전통의 영향이 있으므로 미국식 민주주의와 다르다.

세계화globalization 아랍 무슬림들 중에 세계화를 미국화로 보는 사람들이 많다. 아랍은 가능한 한 자신들의 문화와 전통을 지켜보려는 입장이지만 여전히 국제 사회 속에서 개방과 자유라는 물결에 무슬림 젊은 층들이 더 많이 영향을 받았다.

급진화radicalization 아랍이 급진화 세력에 휘둘리고 있다. 아랍 세계는 이미 2004년에 타크피르 문화 종식을 위한 암만메시지(이슬람 이미지 쇄신을 위하여)를 발표하였고 2009년 이슬람 율법 해석과 적용에서 극단화되는 것을 막으려고 사우디아라비아 메카에서 파트와 헌장을 발표하였다.

이슬람은 여전히 타종교에 대하여 배타적이다

이집트에서 이슬람은 국가의 공식 종교이고 이슬람 율법은 입법의 주요 근거라고 한다. 2008년 1월 이집트 하원은 헌법이 종교 자유를 보장하는 것은 다른 종교로 개종을 원하는 무슬림에게는 적용되지 않는다고 해석했다. 아랍 이슬람 정부는 타종교인의 입국 거부를 공항에서 아예 거부하거나 체류 비자 연장을 안 해주거나 경찰이 그를 체포하여 구금한 뒤 곧 바로 공항을 통하여 추방했다.

이슬람은 다양하고 다면적이다

고전 이슬람은 7세기 이후 이슬람 초기의 이슬람 율법과 그 당시의 규범에 대한 내용이므로 오늘날 21세기 이슬람과 큰 차이를 보인다.[10] 둘째, 무슬림들이 이것이 이슬람이라고 자랑하는 정통 이슬람과 무슬림들이 감추고 싶어 하는 민속 이슬람이 따로 있다. 이슬람의 밝은 면과 어두운 면 이 두 가지를 다 알아야 이슬람의 전체의 모습을 알게 된다.[11] 셋째, 무슬림들 중 현대주의자modernist와 전통주의자traditionalist 간의 차이를 알아야 한다. 넷째, 현상을 유지하는 수구적인reactionary 이슬람과 변화하는 세상과 함께 움직이려는 진보적인progressive 이슬람이 있다. 이즈티하드를 허용하는 진보적인 무슬림과 이즈티하드[12]를 거부하는 보수적인 무슬림들이 있다. 서구 민주주의가 이슬람에 맞지 않는다고 주장하는 보수적인 무슬림과 서구 민주주의가 이슬람에 적합하다고 주장하는 진보적인 무슬림들이 있다. 다섯째, 무함마드가 메디나에서 내려 받은 꾸란 구절들에 비중을 둔 무슬림들은 극단적이고 호전적인militant 사고를 갖는 반면에, 메카의 꾸란 구절을 주로 강조하는 무슬림들은 상대적으로 온건moderate하다.

10_ 공일주, 이슬람 문명의 이해, 71-86.

11_ 공일주, 꾸란의 이해, 359-390.

12_ 공일주, 이슬람의 수피즘과 수쿠크, 224-229.

3. 미래의 아랍 문화

변화 요인

어느 특정 문화를 연구하다보면 문화의 상황화된 인식을 가질 수 있다. 일반적인 문화적 관행은 지역이나 종교나 부족적인 차이와 상관없이 그 사회의 대다수가 실천하는 것을 가리킨다. 그러나 특정 문화는 어느 특정한 사회적 집단에만 국한된다. 그런데 상반된 문화적 행동과 견해는 사회적인 가치에 대한 주민들이 혼동하고 있다는 증거가 된다. 가령 특정한 사회적 집단(부족, 시아 파, 히자즈 지역 등)이 자신들의 전통 문화적 기준에 근거하면 그 행동을 하기를 요구하지만 이들과 다른 문화에서는 그런 행동을 부정적으로 인식하거나 불필요하다고 생각하므로 그 행동을 하지 않는다. 사우디아라비아 무슬림들은 니깝을 종교적인 문제로 간주하고 무슬림여성이 반드시 니깝을 써야 한다고 말하지만, 다른 아랍 사회에서는 소금씩 다르다. 아라비아 반도의 부속늘은 그런 관습을 문화적이고 종교적인 견해에 근거하여 반드시 여성들이 니깝을 반드시 쓰게 하지만 다른 아랍 국가에서 이를 전혀 지키지 않는 무슬림들이 많다. 요르단 무슬림들은 니깝이 이슬람 종교와 전혀 상관이 없다고 한다.

아랍 문화의 총체적인 특징을 알기 위하여 아랍인들에게 지배되고 있는 문화적인 체계를 밝힐 필요가 있다. 이런 문화적인 체계는 아랍인의 세계관 그리고 나아가서는 그들의 삶을 형성하게 하므로 그들의 사회적, 정치적, 경제적, 종교적 생활의 미래에 영향을 주게 된다. 그러므로 아랍 문화 연구는 아랍인들의 세계관들, 그들의 행동을 통제하는 문화적 체계와 그들의 가치 체계를 알아야 한다. 이는 인간의 경험, 즉 장소(어디에 사는지), 시간(역사적인 과거, 현재, 미래 그리고 한 세대), 성과 나이, 사회적 지위에 영향을 주는 사회적 규준과 변화, 직업, 언어 형식 등 여러 요인들에 의존하게 된다. 문화 비평 분야에서 다른 사람들과 관련된 일을 상황화하기 위해서는 문화적 비평cultural critique 연구가 필요하다. 문화적인 탐구는 서민과 엘리트의 가치관을 살피고 실제 문화와 이상적인 문화도 비교해야 한다. 그들 집단의 사람들과 다른 사람들에 의하여 인식된 문서화된 유사점과 차이점이 객관적인 연구의 자료가 된다. 아랍 문화는 인간, 문화, 정체성이 근간이 되었다. 아랍의 다양한 사회적, 정치적, 종교적, 경제적 이유 때문에 변화가 여러 문화적 층위에서 일어나고 있다. 그러나 아랍에 새로운 변화를 일으키려면 다음과 같은 조건들이 필요하다는 것도 알았다. 첫째, 새로운 이념idea을 아랍 사회에 심으려면 문화적으로 친숙한 도구를 활용한다. 가령 아랍 사회에서 특정한 사회적 아이디어를 바꾸려면 이런 아이디어를 문학 아랍어(푸스하)가 아닌 지역 대중 아랍어(암미야)로 말해야 한다. 물론 아랍인들에게 친숙한 문장구조를 사용하고 군중의 반응을 바로 얻기 위하여 민간 속담을 사용할 수도 있다. 두 번째, 아랍인의 변화를 일으키기 위한 근본적인 조건은 이런 변화를 일으키려는 사람들이 사회적으로 좋은 일을 하는 사람, 즉 아랍 사회에 영향을 주고 아랍인들의 세계관에 큰 영향을 주는 사람들이어야 한다. 세 번째 이런 변화는 급작스런 충격이 아니라 천천히 일어나도록 해야 한다. 그래야 자신들의 가치에 적절한 것을 어떻게 활용할지를 이해할 필요가 있기 때문이다. 네 번째, 사회적으로 공인된 사람들이 새로운 변화를 시작할 때 다른 집단이 그를 따르게 된다. 저명한 부족의 일원이 전통적이지 않는 행동을 할 경우 나머지 부족원들은 점차적으로 그런 변화를 받아들이고 본인들도 동일한 행동을 하게 된다. 가령 신부 값을 낮추는 경우 저명한 부족 가문이 그들의 딸들을 단지 1리얄을 주고 시집보냈다면 이를 지켜본 다른 가문들은 그와 같이 행하게 된다.

전통이냐? 모더니티냐?

아랍 세계가 급격하게 변하고 있다. 사회적 정의와 민주적인 정부를 원한다는 청년들이 2011년 시위에 참여했다. 아랍 시민 혁명 이후 아랍이 개혁되기 위해서는 실질적인 프로그램이 교육과 문화 영역에서 일어나야 한다. 지금 아랍인들에게 의미 있는 주제는 모더니티와 정의이다. 아랍의 발전은 비평적인 논리와 분석력이 바탕이 된 교육제도에 의하여 더 잘 실현된다. 그런데 아쉽게도 지금 아랍 국가들의 교육은 형편없다. 민주적인 학교 행정은 성숙되지 못했고 동시에 교육의 질이 큰 문제다. 아랍 사회의 많은 부분들이 안이한 자세로 병들어 있는데 이를 극복하려면 곧 수준 높은 교육과 문화에 대한 창의적인 접근을 통해서 성취될 수 있다. 아랍 세계 어느 곳에서나 문제가 되고 있는 이슬람 종교 문제를 빠뜨릴 수 없다. 아랍인들에게 종교적인 문제는 사회적으로 정치적인 문제가 된 지 오래다. 아랍인들 중에 종교를 정치에 이용하여 사상적인 전향을 꾀하는 사람들이 있다.

아랍 세계의 변화

아랍 국가들이 다문화와 다인종 사회를 이루고 있다. 지난 수년간 아랍인들은 아랍 문화에 대하여 논의하는 것을 금기시했다. 아랍 사회의 변화, 정치적 개혁 등에서 언급된 아랍문화에 대한 공통된 아랍인들의 반응은 부정적이었다. 그 이유는 두 가지가 있다. 하나는 오늘날 아랍세계에서 서구와의 문화적인 대화에서 정치적인 담화와 수사가 너무 많아서 문화에 대한 자기 의식을 많이 잃어버렸다. 둘째는 아랍에서 사회과학이 주변화되었고 그런 상황에서 다이내믹한 과정으로서의 '변화'는 무계획적이고 느리게 진행되고 있다. 지난 20여 년전 아랍 세계는 유럽과 북미로 두뇌 유출이 많았다. 이런 두뇌유출은 교육받은 전문직종, 중산층에서 가장 많이 일어났고 대학 교수들의 두뇌유출도 잇따랐다. 와스따와 두뇌유출이 결합하여 아랍인들의 학문적 수준은 낮아져갔다. 아랍 국가에서 베두인식 정치는 비효율적이어서 결국 부패와 부조리를 낳고 말았다. 아랍인들 대부분은 아직도 아랍 국가에 민주주의가 확립되지 못한 원인을 외적인 요인 때문이라고 한다. 1798년 나폴레옹이 이집트를 침입했을 때 아랍인들은 왜 유럽이 발전하고 아랍은 뒤쳐졌는지에 대하여 질문하곤 했다. 그렇지만 이런 질문을 던지면 그 대답은 아랍인의 의식에서 정치적인 공격으로 변질되었다. 그래서 서구의 것을 채택하자(세속적인 운동)는 운동과 왜곡되지 않은 순수한 이슬람으로 되돌아가자(이슬람주의 운동)는 두 가지 운동으로 나뉘었다. 이런 두 극단 사이에 이슬람 개혁주의자와 아랍 민족주의자들이 있었다. 이슬람 개혁주의는 과거 30년 동안 아랍인의 사고를 지배하였다. 2001년 이후 서구인들에게 확산된 이슬람포비아를 별도로 하고 호전적인militant 이슬람(테러와의 전쟁)은 아랍 세계 내부에서 민주적이고 개혁적인 흐름에 큰 손상을 주었다. 서구에서 테러와의 전쟁을 계속하자 아랍 정권들은 핑계대기에 바빴고 그 결과 아랍 세계가 정치, 사회, 경제적인 발전에서 뒤처지고 결국에는 2010년부터 촉발된 아랍 시민 혁명의 단초가 되었다. 과거 40년 동안 아랍 민족주의와 이슬람주의가 아랍인의 정치와 사회생활을 지배해왔다. 그리고 아랍 정부마다 둘 중 어느 한쪽을 강조했다. 과거 10여 년전부터 <민족주의자-이슬람주의자 연례 컨퍼런스>에 민족주의자와 이슬람주의자 양측이 모두 참석하여 두 가지가 어느 정도 조정 작업을 하는 것 같았다. 전 이집트 대통령 나세르 죽음 이후 또는 이슬람의 부흥 이후에 아랍 민족주의가 사라져 버린 게 아니냐고 질의하는 사람들도 있었지만 아랍어 TV와 아랍어 위성 방송들이 아랍인들을 더 가까이 만들어 주고 있다. 아랍 민족주의와 리버럴리즘이 아랍 엘리트 계로 향하고 있으면서 이슬람주의는 민초 운동을 통하여 대중들을 동원하고 있었다. 그 결과, 2011년 튀니지와 이집트 총선에서 이슬람주의자들이 큰 약진을 보였다. 아랍의 변화는 이미 시작되었다. 그러나 아랍국별로 지역별로 그 변화의 폭이 다르다. 일부 사우디아라비아 사람들은 현대적인 테크놀로지와 스마트폰을 그들의 일상생활 속에서 사용하지만 이것들 역시 사우디아라비아의 전통적인 문화를 지켜주는 도구로 생각하기도 한다. 튀니지, 이집트, 예멘, 리비아의 아랍 혁명에서는 자유를 쟁취하고 청년 실업 문제를 해결하고자 했고 그 혁명의 여파는 다른 아랍 국가로 일파만파 퍼져나갔다. 사우디아라비아의 청년 하산(24)은 대부분의 아랍인들이 과거의 잘못을 되풀이하고 있다고 하면서 그 중 하나는 아랍통치자들이 자신의 부귀영화를 위해 국민의 재산을 도둑질해 왔다고 했다. 지금은 아랍인들이 책을 안 읽고 아랍 학생들은 암기 위주의 공부를 답습하므로 창의력과 사고하는 훈련이 턱없이 부족하여 극단적인 이데올로기에 휩쓸리기도 한다고 했다. 또 사우디아라비아처럼 경찰들이 국민의 자유를 위협하기도 하며 아랍 무슬림 여성들은 아직까지도 이슬람 종교는 물론 아랍의 전통 문화에 억눌려 있다고 했다.

아랍어는 아랍 문화의 일부이고 아랍사회 조직의 구성 요소이다. 아랍인들은 아랍어에 대한 직관이 있어서 발라가(수사적인 기법)에 익숙하나 아랍어 문법을 가장 어려워한다. 꾸란의 주석은 아랍어를 모르면 이해하기 어려운데 푸스하(문학 아랍어)의 문법을 모르면 꾸란의 정확한 의미를 아랍인들도 알기 어렵다고 했다. 고전 아랍어의 문법을 모르면 꾸란의 의미가 바뀌기도 하기 때문이다.

마그립 지역에서 아랍어가 아닌 프랑스어가 널리 사용되고 있고 아랍 각국이 자국의 대중아랍어를 일상생활에서 사용하기 때문에 푸스하 아랍어의 위상이 흔들린 지 오래되었다. 사우디아라비아 사람들은 남부 아랍어(사우디의 남부), 베두인의 아랍어(사우디의 중부와 북부), 히자즈의 아랍어(메카와 메디나 등 서부 지역), 동부 아랍어(바레인 인접지역) 중에서 대부분이 베두인의 아랍어를 이해하기는 하나 나머지 지역들의 대중아랍어는 서로 방언 간의 차이가 크다. 요르단이나 이집트 등에서는 암만과 카이로 등 수도 사람들의 대중 아랍어가 대중 언론 매체에 사용되고 있어서 베두인의 아랍어는 현대 푸스하(문학 아랍어)에서 멀어져 있다.

2011년 아랍 혁명 이후 감옥에서 나온 이슬람주의자들과 살라피들이 총선에서 두각을 보이고 있으나 이들이 아랍 국민의 민생과 복지, 교육과 문화생활, 자유와 취업기회를 확보하지 못하면 이슬람주의와 살라피 운동도 약화될 가능성이 크다고 한다. 사우디아라비아인 하산은 중세 아랍 역사가들이 이슬람 역사를 기록하면서 역사적인 사실을 과장하거나 왜곡하기도 했다고 하면서 이슬람 역사에는 사실이 아닌 내용도 있다고 했다. 앞으로 자라나는 세대를 위한 아랍인들의 교육이 달라지지 않는다면 그리고 과거처럼 사고하는 훈련이 강화되지 않으면 아랍인들의 발전은 기약할 수 없다고 했다. 그러므로 아랍이 더 나은 변화의 세계로 갈지 혹은 역행할지는 미래의 아랍 세대들에게 달려 있다.

더 생각해 보기

아랍인 무함마드는 610년부터 이슬람 종교를 메카의 아랍인들에게 전하였다. 무함마드는 아랍인의 정신을 비춰주는 거울이 되었다. 이슬람은 이런 아랍 문화와 전통이 내려오는 사우디아라비아의 메카와 메디나에서 시작되었다. 그리고 아랍의 전통과 관습법이 이슬람 율법 속에 포함되었고 이슬람이 확산되는 곳에는 아랍어와 꾸란이 동시에 전해졌다. 꾸란은 아랍어로 쓰여 있었다. 꾸란은 아랍적인 요소들을 담고 있다. 아무도 꾸란이 아랍인 무함마드와 상관없다고 할 수 없다. 이슬람학자들은 하늘에 있는 꾸란이 지브릴 천사를 통하여 무함마드에게 전해진 것이 꾸란이라고 했고 알라가 무함마드에게 와히(메시지)를 통하여 내려준 율법과 교리를 이슬람이라고 했다. 우리는 꾸란이 아랍 문화 속에 살던 무함마드에게 내려왔다는 것을 주목할 필요가 있다. 아랍문화가 꾸란과 이슬람 보다 먼저 존재했다. 그리고 꾸란은 아랍인Arab을 통하여 세상에 전해졌고 이슬람은 아랍인의 운동Arab Movement이 되었다. 꾸란에 사용된 언어는 아랍어Arabic이었고 꾸란과 이슬람에 대한 이해는 아랍인 학자들을 통하여 해석된 것을 다른 무슬림들이 배워갔다. 지금도 아랍어로 된 꾸란을 가장 잘 이해하는 사람은 아랍어와 무함마드, 꾸란의 배경을 잘 아는 사람들이고 비아랍인 무슬림들은 과거 아랍인 꾸란 주석가들의 해석과 해설을 자주 인용할 수 밖에 없다. 꾸란이 아랍인들에 의하여 해석되는 과정에서 아랍인의 가치관들이 내포되어 그대로 다른 무슬림들에게 전해졌다. 이슬람의 뿌리는 아랍에서 시작되었다. 그러나 꾸란과 이슬람이 등장한 후 아랍인들은 이슬람 이전의 아랍인과 달라져가고 있었다. 무함마드 당시 무슬림들이 아랍인이었지만 꾸란과 이슬람을 받아들인 아랍인들은 새로운 아랍인new Arab이 되었다. 결국 이슬람의 메시지는 아랍인 인간성을 만들어 가는 것이라고 할 수 있다.

더 질문해 보기

1. 아랍주의Arabism의 혼은 이슬람인가?
2. 무함마드의 이슬람이 아랍에서 다른 지역으로 퍼져나간 때는 언제인가?

■ 찾아보기 ■

한국인과 소통을 위한 **아랍문화**